Omgaan met Cybercrime

Inleiding in het herkennen, aanpakken en forensisch onderzoeken van computercriminaliteit en beveiligingsincidenten in een juridische context

Erwin van der Zwan

QDMsecurity

Omgaan met Cybercrime

Omgaan met Cybercrime: Inleiding in het herkennen, aanpakken en forensisch onderzoeken van computercriminaliteit en beveiligingsincidenten in een juridische context, Zwan E. van der, 2013

ir Erwin van der Zwan CISSP CISA CISM

1ste druk, januari 2013
ISBN/EAN 978-90-820245-1-7

Gepubliceerd door QDMsecurity
internet: www.qdmsecurity.nl
e-mail: info@qdmsecurity.nl

Geprint door Lulu, www.lulu.nl
Omslagfoto door QDMsecurity.nl

Vooraf

ICT vervult een prominente rol in het dagelijks leven, bij het uitvoeren van bedrijfsprocessen of bijvoorbeeld het bedienen van allerlei complexe processen in vitale infrastructuren. ICT is diep ingebed in de samenleving. We bewaren al onze gegevens en kennis ergens elektronisch en we zijn totaal aangewezen op de beschikbaarheid en integriteit van ingewikkelde computersystemen en telecommunicatienetwerken. Helaas kennen we ook de keerzijde waarbij ICT middelen worden misbruikt of ingezet voor illegale activiteiten.

Dit boek biedt ondersteuning aan bedrijven, overheidsinstanties, opsporingsambtenaren maar ook burgers bij het herkennen en het doen van aangifte van criminele activiteiten binnen – of dankzij - de digitale wereld. Waar moet men opletten? Wat is eigenlijk strafbaar? Welke acties kan of moet je ondernemen bij vermoedens van een incident? Wat mag ik allemaal onderzoeken? Zo maar een paar vragen als we het hebben over cybercrime of vermoedens van misbruik van ICT voorzieningen.

Het boek is een inleiding op een aspect van informatiebeveiliging dat meestal maar mondjesmaat aanbod komt, namelijk de (juridische) opvolging van een beveiligingsincident. Dit is het moment waarop ondanks een beveiligingsbeleid, maatregelen en bewustzijncampagnes het toch is misgegaan. Hoe kan je je als bedrijf voorbereiden? Hoe ga je om met een forensisch onderzoek?

Door in te gaan op deze vragen, hoopt de auteur een bijdrage te leveren aan de bestrijding en het omgaan met de gevolgen van cybercrime. Het boek vormt hierbij een brug tussen de technische en juridische aspecten van cybercrime. Het beoogt een naslagwerk te zijn en is daarom ruim voorzien van controlelijstjes, verwijzingen en uitgebreide bijlagen met afkortingen en begrippen.

Dankwoord

Het idee voor het schrijven van een boek over de juridische kanten en het omgaan met ICT misbruik en computercriminaliteit dateert zeker al vanaf 2009. Een groot deel van de basistekst en figuren was dus al gereed toen ik in 2010 werd gevraagd voor het Nationaal Cyber Security Centrum de handreiking 'Cybercrime, van herkenning tot aangifte' te maken. In eerste instantie zijn veel teksten daarin verwerkt waardoor de voorloper van dit boek ontstond. Nu, als QDMsecurity, ben ik in de gelegenheid geweest om dit onderwerp in boekvorm uit te gegeven. Hierbij bevat het boek niet alleen nieuwe paragrafen maar is het ook aangepast aan nieuwe en beoogde wetgeving.

Graag wil ik Elly, Eelco en Tim bij het NCSC bedanken voor de samenwerking. De oorspronkelijke handleiding is tot stand gekomen door een bundeling van technische en juridische kennis waarvoor deskundigen vanuit diverse organisaties en disciplines zijn geconsulteerd. Daarbij is o.a. samengewerkt met de National High Tech Crime Unit van het Korps landelijke politiediensten en het Openbaar Ministerie. Deze opsporingsbeambten maar ook alle juridische experts die hebben meegewerkt, ben ik dankbaar voor hun bijdrages.

Daarnaast wil ik Tony Bosma bedanken voor het mogen delen van zijn visie op onze wereld in transitie en zijn beschrijvingen over hedendaagse trends. Deze aspecten vormen een mooi inzicht in de veranderende wereld om ons heen.

Uiteraard moet ik Manuela en de kinderen bedanken voor hun geduld dat ik weer een boek aan het schrijven was.

Ondanks alle zorgvuldigheid blijven vergissingen en onvolkomenheden mogelijk en zijn de verantwoordelijkheid van de auteur. Alle reacties, opmerkingen en aanvullingen die dit boek kunnen helpen verbeteren zijn natuurlijk van harte welkom.

Erwin van der Zwan
januari 2013

Auteur

Erwin van der Zwan is een zelfstandig security consultant - oprichter van QDMsecurity – op het terrein van informatiebeveiliging, bescherming van vitale infrastructuren en de security van industriële controle systemen.

Erwin heeft sinds 1995 gewerkt bij werkgevers zoals Siemens, Fox-IT en Ordina. Zijn brede kennis en ervaring met security past hij toe in uiteenlopende – vaak strategische - trajecten. Hij heeft onder meer opdrachten gedaan voor het Nationaal Cyber Security Centrum (NCSC) en het ministerie van EL&I. Van 2008 tot 2010 was hij verbonden aan het toenmalige Nationaal Adviescentrum Vitale Infrastructuur (NAVI) van het ministerie van Binnenlandse Zaken en Koninkrijksrelaties. Hier voerde hij risicoanalyses uit en adviseerde hij op het gebied van cyber security, beveiliging van industriële processen en de bescherming van vitale infrastructuur tegen cybercrime, extremisme en terrorisme.

Erwin is afgestudeerd aan de Lucht- en Ruimtevaart faculteit van de Technische Universiteit van Delft. Daarnaast is hij een Certified Information Systems Security Professional, een Certified Information Systems Auditor, en een Certified Information Security Manager.

Omgaan met Cybercrime

Inhoudsopgave

Figuren

Tabellen

Omgaan met Cybercrime

1 Introductie

Het belang van informatie en de verwevenheid van informatie- en communicatietechnologie (ICT) met bedrijfsprocessen, industriële omgevingen en het maatschappelijke leven is de laatste jaren explosief toegenomen. Het gebruik van (mobiele) computers, smartphones en telecommunicatiediensten zijn een vanzelfsprekendheid geworden. Ernstige verstoringen, schendingen in de persoonlijke levenssfeer (privacy) en cybercriminaliteit zijn helaas enkele negatieve aspecten die daarmee gepaard gaan.

Daarbij komt dat diverse bedrijven diensten of producten leveren die vitaal zijn voor het functioneren van de samenleving, zoals elektriciteit, gas, olie, drinkwater, en - specifiek voor Nederland - de beheersingssystemen voor ons oppervlaktewater en waterkeringen. Deze voorzieningen maken deel uit van de vitale infrastructuur van Nederland. Het is dus belangrijk om ons niet alleen te beschermen tegen cybercrime maar ons ook voor te bereiden in het omgaan met incidenten en mogelijke vormen van misbruik van ICT voorzieningen.

Dit boek wil daar een bijdrage aanleveren door het beschrijven van verschillende verschijningsvormen van computercriminaliteit en door richtlijnen te gegeven hoe om te gaan met een beveiligingsincident en het forensisch onderzoeken hiervan. Dit eerste hoofdstuk begint met het duiden wat cybercrime nu eigenlijk inhoudt en het schetsen van de context met cyber security en informatiebeveiliging.

1.1 Waarom dit boek?

Om te kunnen voorkomen dat men slachtoffer van computercriminelen wordt, is het belangrijk dat de verschillende vormen van cybercrime inzichtelijk zijn. Het is daarom een noodzaak dat organisaties cybercrime herkennen, zowel in relatie tot de wettelijk vastgestelde strafbare feiten als in technische zin. Voor wat betreft de vraag of een bepaalde verschijningsvorm van ICT misbruik strafbaar is, dienen de strafrechtelijke criteria daarom duidelijk te zijn.

Beveiliging is bovendien nooit 100% waterdicht. Ondanks alle maatregelen kan het misgaan of vindt er toch misbruik of fraude van binnenuit plaats. Om hiermee om te gaan is het belangrijk te weten hoe hierop voor te bereiden, welke juridische stappen mogelijk zijn en binnen welke kaders een onderzoek kan plaatsvinden.

Omgaan met Cybercrime

Het is daarnaast essentieel om ook de technische aspecten van cybercrime te herkennen en met het oog op een eventuele aangifte de juiste gegevens vast te leggen. Tot slot dient ook het doen van aangifte bij de juiste instantie en het aanleveren van de daartoe benodigde informatie duidelijk omschreven en bekend te zijn. Heldere richtlijnen hier over ontbreken echter.

Dit boek geeft een antwoord op deze vragen en helpt door vormen van computermisbruik te leren herkennen en om daar in een juridische context mee om te gaan. Daarnaast is dit boek bedoeld om een organisatie te helpen zich voor te bereiden op het omgaan met incidenten. Dit boek vormt hierbij een brug tussen de technische en juridische aspecten van cybercrime.

1.2 Voor wie

Dit boek is vooral bestemd voor personen bij Nederlandse organisaties en bedrijven, belast met het gebruik, beheer en de beveiliging van informatie en ICT voorzieningen maar hierbij niet dagelijks cybercrime zaken behandelt. Er worden praktische handvatten geboden voor zowel de Chief Information Officer (CIO), de ICT-manager, de Chief Information Security Officer (CISO) of de beveiligingsmanager maar het boek geeft ook (juridische) achtergrondinformatie voor de technische expert of de systeembeheerder. Bij het onderzoeken van incidenten en een (strafrechtelijke) afhandeling, kan dit boek tevens nuttig blijken voor directieleden, personeelsmanagers, juristen en andere betrokkenen.

Er wordt geen bijzondere technische kennis vereist. Het boek is geen lesboek over ICT beveiliging of computernetwerktechniek en evenmin een juridisch handboek. Basiskennis over computers, telecommunicatienetwerken, besturingssystemen, communicatieprotocollen zoals TCP/IP of HTTP en beveiligingsmethodieken zijn echter een pré.

1.3 Wat is Cybercrime

Cybercrime is voor veel mensen vaak een onduidelijk fenomeen. Het is een containerbegrip. Cybercrime wordt wel omschreven als criminaliteit op of via het internet. Dit is echter een zeer beperkte omschrijving omdat misbruik bijvoorbeeld veelal ook van binnenuit plaatsvindt of betrekking kan hebben op ICT voorzieningen die niet op het internet zijn aangesloten. Daarnaast zijn er ook vormen van misbruik waarbij nadrukkelijk op de zwakte van de mensen wordt ingespeeld *('social engineering')*. Bovendien krijgen bestaande vormen van criminaliteit dankzij de digitalisering nieuwe verschijningsvormen.

Een bredere omschrijving omvat vormen van criminaliteit die betrekking hebben op, of gepleegd zijn met, computersystemen (inclusief communicatienetwerken).

De criminele activiteiten kunnen zijn gericht tegen personen, eigendommen en organisaties of elektronische telecommunicatienetwerken en computersystemen. Een eensluidende definitie van cybercrime ontbreekt, maar een omschrijving die kan worden gehanteerd, is:

> *Cybercrime omvat elke strafbare gedraging waarbij voor de uitvoering het gebruik van geautomatiseerde werken bij de verwerking en overdracht van gegevens van overwegende betekenis is.*

De Nederlandse wetgever gebruikt overigens niet de term cybercrime, maar *computercriminaliteit*. Elke vorm van criminaliteit met betrekking tot computers valt hieronder. Daarnaast wordt als containerbegrip voor alle vormen het moedwillig misbruiken van ICT of technisch geavanceerde middelen ook regelmatig de term *high-tech crime* gebruikt.[1]

De auteur gaat uit van het bredere begrip computercriminaliteit, maar in verband met het feit dat 'cybercrime' in literatuur en spraakgebruik inmiddels vaker wordt gebruikt dan de term 'computercriminaliteit', hanteren we meestal de term 'cybercrime'.

ICT-voorzieningen zoals telecommunicatienetwerken, computersystemen of randapparatuur kunnen hierbij zowel een direct *doelwit* zijn van criminelen of terroristen, worden ingezet als *wapen* voor het plegen 'cybercrimedelicten' en/of terroristische acties, of als (legaal) *middel* worden gebruikt, zoals voor het verzamelen van informatie of ten behoeve van communicatie. In dit boek maken we daarom onderscheid in twee categorieën cybercrime: enge zin en ruime zin.

1.3.1 Cybercrime in enge zin

Tot cybercrime in enge zin rekenen we strafbare gedragingen die niet zonder tussenkomst of gebruik van ICT gepleegd hadden kunnen worden. Kenmerkend is dat de hardware, de software of de apparatuur en de daarin of daarmee opgeslagen gegevens het doel van de actie zijn. Daarnaast kan het gaan om acties die worden gepleegd via een (openbaar) telecommunicatienetwerk. Om te spreken over cybercrime in enge zin moeten ICT middelen dus het voornaamste doelwit zijn of moet de daad niet zonder het misbruiken van ICT voorzieningen kunnen worden uitgevoerd.

---

[1] De Landelijke Eenheid van de Nationale Politie (voorheen het KLPD) hanteert aanvullend het criterium dat voor high-tech crime sprake moet zijn van vormen van zware en georganiseerde misdaad (51).

Omgaan met Cybercrime

Een complicerende factor is dat cybercrime in enge zin vaak voorkomt in combinatie met andere vormen van (computer)criminaliteit. Zo is bijvoorbeeld het verspreiden van malware bedoeld om een botnet op te bouwen of om gegevens te verzamelen ('*phishing*'), met als uiteindelijk doel geld verdienen door te stelen van bankrekeningen van slachtoffers.

Voorbeelden van cybercrime in enge zin zijn bijvoorbeeld:
- het ongeoorloofd toegang verschaffen tot een 'geautomatiseerd werk';
- het ongeoorloofd verwijderen of aanpassen van computergegevens;
- het ongeoorloofd uitschakelen of onbruikbaar maken van systemen;
- het versturen van computervirussen;
- het onderscheppen en/of veranderen van computerberichten.

Een paar belangrijke begrippen komen hierbij steeds terug: geautomatiseerde werk, gegevens, elektronisch bericht en gegevensoverdracht.

Geautomatiseerd werk

De Nederlandse wet gebruikt de term 'geautomatiseerd werk' voor een computer. Hieronder vallen bijvoorbeeld computer- en netwerkapparatuur, elektronische gegevensdragers of telecommunicatienetwerken, telefoon en fax.[2] Onder geautomatiseerd werken vallen dus 'de middelen van informatie- en communicatietechniek'.[3] Echter om juridisch te kunnen spreken van een geautomatiseerd werk moet de inrichting bestemd zijn om langs elektronische weg gegevens op te slaan, te verwerken én over te dragen (art.80sexies, Sr.).

> *Een 'geautomatiseerd werk' is een inrichting die bestemd is om langs elektronische weg gegevens: (i) op te slaan, (ii) te verwerken én (iii) over te dragen (art.80sexies, Sr.).*
> *Hieronder vallen dus alleen computer- en netwerkapparatuur, elektronische gegevensdragers of telecommunicatienetwerken mits aan alle drie de eigenschappen wordt voldaan!*

Gegevens

Onder gegevens wordt verstaan iedere weergave van feiten, begrippen of instructies, op een overeengekomen wijze, geschikt voor overdracht, interpretatie of verwerking door personen of geautomatiseerde werken (art.80quinquies, Sr.). Hieronder vallen dus alle op een elektronische gegevensdrager, computer of ander geautomatiseerde werken verwerkt of opgeslagen informatie. Het begrip

---

[2] Cleiren & Nijboer 2002, Tekst & Commentaar Strafrecht, art. 80sexies Sr., aant. 2.
[3] H. Franken, H.W.K. Kaspersen en A.H. de Wild, Recht en computer 1997, Kluwer Deventer.

gegevens omvat niet alleen gegevens die zijn opgeslagen in geautomatiseerde werken, maar ook de programmagegevens voor de besturing van de computer. [4]

Elektronisch bericht

Onder een elektronisch bericht (computerbericht) wordt verstaan een tekst-, spraak-, geluids- of beeldbericht dat over een elektronisch communicatienetwerk wordt verzonden en in het netwerk of in de randapparatuur van de ontvanger kan worden opgeslagen tot het door de ontvanger wordt opgehaald (vgl. art.11.1i, Tw). Hieronder vallen dus alle gegevens die op elektronische wijze worden uitgewisseld tussen computersystemen. Echter de Telecomwet voegt hier wel als randvoorwaarden aan toe dat het bericht via een openbaar een elektronisch communicatienetwerk wordt verzonden.

Gegevensoverdracht

In wetsartikelen wordt naast 'overdracht van gegevens' soms toegevoegd 'of andere gegevensoverdracht door een geautomatiseerd werk'. 'Overdracht van gegevens' in samenhang met het begrip 'telecommunicatie' duidt op overdracht van gegevens op afstand, tussen personen onderling, tussen personen en computers of tussen computers onderling. De toevoeging 'of andere gegevensoverdracht door een geautomatiseerd werk' geeft aan dat ook bijvoorbeeld de gegevensoverdracht op korte afstand (zoals tussen computer en randapparatuur) onder gegevensoverdracht valt.[5]

1.3.2 Cybercrime in ruime zin

Onder cybercrime in ruime zin rekenen we strafbare gedragingen die met behulp van of via ICT worden uitgevoerd. ICT middelen of digitale technieken worden dus op normale (legitieme) wijze of ter ondersteuning gebruikt bij het plegen van traditionele criminaliteit. ICT speelt een belangrijke rol als hulpmiddel of als deel van de plaats delict.

Voorbeelden van cybercrime in ruime zin zijn het valselijk beschuldigen of bedreigen via een sociaal netwerk of e-mail, fraude, oplichting, heling via verkoopsites, witwassen, (bedrijfs)spionage, relschoppen, verspreiding van kinderporno of publiceren van discriminerende leuzen. Veel van deze vormen van criminaliteit hebben hun eigen benaming zoals *cyberstalking, cyberfraude, cyberhate* of *cyber espionage*.

---

[4] Cleiren & Nijboer 2002, Tekst & Commentaar Strafrecht, art. 80quinquies Sr., aant. 2.
[5] TK, 1989 - 1990, 21551, nr. 3, p. 7.

Voorbeelden van incidenten met een moedwillige oorzaak

Zeus, 2007 en verder: Zeus is een trojaans paard (malware) dat met miljoenen besmette computers wereldwijd tot één van de bekendste en beruchtste botnets behoord. Zeus is nog steeds actief door zijn enorme omvang en 'stealth' eigenschappen. Het botnet wordt wereldwijd door allerlei criminelen gebruikt en richt daarmee voor miljoenen aan schade aan. Eerste varianten richten zich op Windows machines maar de laatste versies steeds meer op (Android) smartphones.

Stuxnet, Iran, oktober 2010: Deze malware, ontdekt in juni 2009, veroorzaakt grote opschudding als blijkt dat dit waarschijnlijk het eerste echte cyberoorlog wapen is. Stuxnet lijkt specifiek gemaakt te zijn om Iraanse nucleaire verrijkingsinstallaties aan te vallen. In juni 2012 wordt bekend dat de Amerikaanse CIA en INL samen met de Israëlische overheid de Stuxnetworm hebben ontwikkeld.[6]

Bredolab, Nederland, oktober 2010: Het Team High Tech Crime van de Nationale Recherche haalde maandag 25 oktober een berucht botnet neer, dat sinds juli 2009 wereldwijd tenminste 30 miljoen computerinfecties heeft veroorzaakt. Het gaat om het Bredolab netwerk, dat door cybercriminelen wordt gebruikt om op grote schaal andere virussen te verspreiden en nieuwe botnets aan te maken.

DigiNotar, Nederland, juli 2011: DigiNotar, een uitgever van digitale (SSL) certificaten, blijkt al vanaf 2009 te zijn gehackt. Er zijn SSL-certificaten voor Google.com domeinen uitgegeven die zijn misbruikt om Iraanse gebruikers van Gmail af te luisteren. Als de omvang van de hack blijkt en omdat niet kan worden uitgesloten dat ook de PKIoverheid certificaten die DigiNotar uitgeeft nog betrouwbaar zijn, volgen drastische maatregelen. Wereldwijd reageren leveranciers door nieuwe versies van hun webbrowsers uit te brengen waarin de Certificate Authority (CA) root-certificaten van DigiNotar niet meer worden vertrouwd. Minister Donner van Binnenlandse Zaken en Koninkrijksrelaties grijpt in omdat overheidswebsites, zoals van DigiD, RDW en de Belastingdienst gebruik maken van certificaten van DigiNotar. Omdat de PKIoverheid gebruikt wordt door overheidsdiensten, gemeenten en voor de authenticatiediensten van DigiD, vinden grootschalige inventarisaties en omruilacties van digitale certificaten plaats. Het operationeel beheer van alle certificaten wordt van DigiNotar overgenomen. Het bedrijf gaat in september 2011 failliet.

Nitro-aanvallen, juli 2011: Gerichte cyberaanvallen op tientallen bedrijven in

---

[6] Bron: *http://en.wikipedia.org/wiki/Stuxnet* en het Symantec rapport: *http://www.symantec.com/content /en/us/enterprise/media/security_response/whitepapers/w32_stuxnet_dossier.pdf*

de chemische industrie en defensiebedrijven. De getroffen bedrijven bevinden zich in twintig verschillende landen waaronder Nederland.

Duqu, september 2011: De malware die wordt ontdekt vertoond zulke grote gelijkenis met Stuxnet van een jaar eerder, dat onderzoekers er vanuit gaan dat Duqu eveneens gerichte cyberaanvallen moet uitvoeren hoewel specifieke incidenten voor als nog niet zijn gepubliceerd.[7]

SpyEye, Nederland, najaar 2011: SpyEye is een Banking Trojan, malware gespecialiseerd in het plunderen van online bankrekeningen. Wereldwijd gebruikten tientallen verschillende bendes de malware, waarmee minstens 2,2 miljoen besmette computers worden aangestuurd, waarvan een flink deel in Nederland zou staan. De malware wacht totdat het slachtoffer inlogt om vervolgens naar de balans te kijken. Is de rekening 'klaar' om geplunderd te worden, dan wordt geld overgemaakt en de sporen weer uitgewist. Alleen via een papieren afschrift of via een andere PC ziet het slachtoffers het werkelijke saldo van de bankrekening.[8]

NU.nl, Nederland, maart 2012: Hackers slagen er in om kwaadaardige code op de bekende nieuwssite te plaatsen. Dit gebeurt nadat inloggegevens van een medewerker in verkeerde handen raken. Naar schatting 100.000 mensen raken besmet met de Sinowal banking malware die via deze drive-by-download besmetting.

Flashback, april 2012: Het eerste grote botnet bestaande uit ruim 500.000 Apple Mac-computers wordt ontdekt. 95% van de besmette systemen bevinden zich in Verenigde Staten, Canada, Verenigd Koninkrijk en Australië.

Flame, mei 2012: Een complex spionagevirus dat wordt gemeld door Iran, blijkt met alle modules 20MB in beslag te nemen. Het omzeilt een groot aantal beveiligingsprogramma`s en steelt onzichtbaar grote hoeveelheid data. De malware wordt één van de meest opzienbarende ontdekkingen van de afgelopen jaren genoemd.

Shamoon, Saudi Arabië augustus 2012: Een virus schakelt zo'n 28.000 clients en 2.000 servers computers uit van het Saoedische Saudi Aramco, het grootste oliebedrijf ter wereld. Naast het isoleren van alle elektronische systemen van het gehele bedrijf, werd de externe toegang en website als voorzorgsmaatregel afgesloten. Het virus probeerde gegevens van besmette computers te stelen, waarna de harde schijf werd overschreven.[9]

---

[7] Bron: *http://en.wikipedia.org/wiki/Duqu*
[8] http://www.security.nl/artikel/38212/1/SpyEye_Trojan_plundert_gevulde_bankrekeningen.html
[9] http://www.security.nl/artikel/42814/1/%27Virus_beschadigt_30.000_computers_bij_oliegigant%27.html

Dorifel, Nederland, najaar 2012: Het Dorifelvirus steelt de surfgeschiedenis en bankgegevens van slachtoffers en gijzelt MS-Office bestanden door deze te versleutelen. Diverse Nederlandse gemeenten, banken en instellingen worden getroffen door het virus.

Groene Hart Ziekenhuis, Nederland, november 2012: Gedurende een periode van twee weken wordt meerdere keren digitaal ingebroken op een server van het Groene Hart Ziekenhuis in Gouda. De hacker download zo'n 7 GB aan data waaronder meer dan 1800 pagina's patiëntengegevens. Daarnaast bleek de server ook algemene gegevens van 493.000 patiënten te bevatten. De hacker wil vooral bereiken dat alle ziekenhuizen de les leren dat er heel kritisch op medische dossiers moet worden gelet. "Het Groene Hart is een voorbeeld en niet meer."[10]

1.4 Wat is Cyberterrorisme

Terreurorganisaties gebruiken ICT ter ondersteuning van hun activiteiten. Het internet wordt volop ingezet als middel voor het verspreiden van hun ideologie, het verzenden van propaganda, het leggen en onderhouden van contacten, rekrutering en fondswerving. De relatieve veiligheid en anonimiteit van internet gebruik vormt hierbij een belangrijk aspect (1). Daarnaast gebruiken terreurorganisaties het internet voor hun onderlinge communicatie en het verkrijgen van informatie.

Terroristen willen door het dreigen met, of het uitvoeren van aanslagen, een doel bereiken of aandacht vragen voor hun gedachtegoed (2). Terroristen plegen doorgaans aanslagen die er op zijn gericht om zo veel mogelijk (burger)slachtoffers te veroorzaken. De symbolische waarde van het doelwit speelt daarbij een belangrijke rol. Om de kans van slagen zo groot mogelijk te maken plegen terroristen bij voorkeur meervoudige aanslagen op eenvoudige 'zachte' doelen: personen, objecten en evenementen die moeilijk zijn te beveiligen.

Echter voor 'klassieke' terroristen is het aanvallen van ICT of het dreigen met cyberaanvallen alleen waarschijnlijk geen bevredigend middel en onvoldoende als solistisch terreurmiddel. Er gaat te weinig dreiging met grote aantallen onschuldige slachtoffers vanuit. Het mist daarmee symbolische waarde. ICT is vanuit die vorm van terrorisme vooralsnog meer een middel voor communicatie en voorbereiding. 'Cyberterrorisme' pur sang bestaat daarom niet. Toch zullen we moeten anticiperen op 'nieuwe' vormen van terreur waarbij een aanval verloopt via ICT middelen en industriële controle systemen.

---

[10] http://www.nu.nl/binnenland/2931010/directie-groene-hart-zeker-niet-ontslaan-lek.html

> *Cyberterrorisme is het uitvoeren van een aanval op de fysieke
> infrastructuur van het internet, of het veroorzaken van ernstige
> zaakschade of economische crisis door het veroorzaken van
> schade in de 'fysieke wereld', waaronder de vitale
> infrastructuur, door gebruikmaking van het internet en/of de
> computergestuurde technologie.*
> *(Nationaal Coördinator Terrorismebestrijding en Veiligheid)*

Een uitgebreidere definitie van het Nationaal Coördinator Terrorismebestrijding
en Veiligheid (NCTV) vat dit samen door onder de term cyberterrorisme ook
cyberaanvallen die vitale infrastructuur ontregelen en ernstige fysieke schade
veroorzaken te scharen. [11]

Voor het begrip van vormen van cybercrime, hun strafbaarheid of het omgaan
met het aanpakken en onderzoeken hiervan, is de motivatie van de opponent
ondergeschikt. Dit boek gaat daarom niet specifiek verder in op cyberterrorisme
of bescherming van vitale infrastructuur.

1.5   Wat is informatiebeveiliging

Door allerlei oorzaken kan informatie onbedoeld uitlekken, kwijtraken of gewijzigd
worden. Menselijke fouten of technische falen kunnen leiden tot een incident.
Digitale informatiedragers, zoals USB sticks, zijn klein en worden nogal eens
verloren. Daarnaast zijn er natuurlijk de incidenten die bewust moedwillig en
kwaadwillend worden veroorzaakt. Alleen dan spreken we over cybercrime.

Moedwillig menselijk handelen omvat onder meer: diefstal van gegevens,
identiteitsdiefstal, onbevoegde beïnvloeding, verstoringen veroorzaakt door
kwaadwillenden en manipulatie gericht op het belemmeren, aanpassen of
verstoren van een (bedrijfs)proces. Drijfveren zijn bijvoorbeeld financieel gewin,
wrok, activisme, (bedrijfs)spionage of het misbruik met een terroristisch oogmerk.

Het beschermen van informatie tegen kwaadwillend en moedwillig menselijk
handelen, valt onder de noemer beveiliging. Het beschermen en treffen van
maatregelen tegen bijvoorbeeld menselijke fouten, technisch falen of externe
invloeden zoals het weer of overstromingen, valt beter te omschrijven als *digitale
veiligheid*. Dit is niet hetzelfde als beveiliging.

---

[11] *http://www.nctb.nl/onderwerpen/trefwoorden.*

Omgaan met Cybercrime

Dit verschil kan als volgt worden verwoord:

- Beveiliging (*security*) is het beschermen en het onttrekken aan geweld, bedreiging, gevaar of schade als gevolg van moedwillig kwaadwillend handelen door het treffen van maatregelen.

- Veiligheid (*safety*) is het beschermen en het vrijwaren van iemand of iets van gevaar of schade als gevolg van (niet-moedwillige kwaadwillende) gebeurtenissen, zoals falen, ongelukken of externe invloeden, door het treffen van maatregelen.

In de praktijk lopen deze twee termen nogal eens door elkaar heen. Dit boek gaat over cybercrime en dus het beschermen van computersystemen en digitaal verwerkte informatie tegen moedwillig veroorzaakte incidenten: *beveiliging*.

Informatiebeveiliging (IB) wordt hierbij meestal gezien als het overkoepelende vakgebied dat zich bezig houdt met de beschikbaarheid, integriteit en vertrouwelijkheid van informatie. Omdat vrijwel alle informatie digitaal wordt opgeslagen en verwerkt, is het werkveld nauw verbonden met privacy, cyber security en cybercrime.

Voor de duidelijkheid zullen we deze begrippen kort toelichten.

Informatiebeveiliging

Informatiebeveiliging omvat het proces van vaststellen van de vereiste kwaliteit van informatie(systemen) in termen van vertrouwelijkheid, beschikbaarheid, integriteit, onweerlegbaarheid en controleerbaarheid evenals het treffen, onderhouden en controleren van een integraal pakket van (fysieke, personele, organisatorische en technische) beveiligingsmaatregelen. Hierbij gaat het niet alleen om digitale informatie maar om alle verschijningsvormen van informatie, ongeacht of deze nu wordt bewaard, verwerkt of getransporteerd op bijvoorbeeld papier, een harde schijf, e-mail of alleen bekend is bij een persoon.

Informatiebeveiliging spitst zich toe op drie kernbegrippen: *beschikbaarheid* (de mate waarin informatie en systemen op het gewenste moment toegankelijk zijn voor gebruikers), *vertrouwelijkheid* (de mate waarin de toegang tot informatie en systemen beperkt is tot een vastgestelde groep van gebruikers) en *integriteit* (de mate waarin informatie en systemen geen fouten bevatten). Naast deze kernbegrippen gaat informatiebeveiliging ook over de *controleerbaarheid* en *onweerlegbaarheid* van uitgevoerde handelingen en de informatieverwerking. Het onafhankelijk kunnen aantonen dat informatie betrouwbaar wordt behandeld, het afleggen van verantwoording en zorgdragen dat misstanden kunnen worden ontdekt, zijn aspecten die onlosmakelijk zijn verbonden met informatiebeveiliging.

> *Informatiebeveiliging is het samenhangend stelsel van*
> *maatregelen, richtlijnen en procedures gericht op het*
> *waarborgen van de informatie, het in bedrijf zijn van de*
> *computersystemen en het minimaliseren van schade.*

Het vakgebied van informatiebeveiliging houdt zich dus bezig met alle vormen van informatie en het waarborgen van de kwaliteit hiervan. Het vakgebied mengt daarbij nogal eens beveiliging en veiligheid van digitale informatie met elkaar. Dit is niet erg maar het moet wel worden onderkend. Soms kan het namelijk essentieel zijn om te beseffen dat maatregelen moeten worden getroffen om bijvoorbeeld de beschikbaarheid te waarborgen bij cyberaanvallen door beroepscriminelen of als gevolg van bijvoorbeeld stroomstoringen.

Informatiebeveiliging is daarmee een continu, complex proces en een vast aspect van de dagelijkse bedrijfsvoering. Informatiebeveiliging beweegt zich in een risicomanagement cyclus van risicoafweging, het nemen van maatregelen en het evalueren van beleid en uitvoering. Als zodanig kan informatiebeveiliging het strategisch uitgangspunt zijn om tevens andere deelgebieden zoals de bedrijfscontinuïteit (BCM) bij calamiteiten vorm te geven.[12] De auteur kiest er daarom meestal voor om alle beveiligingsaspecten gerelateerd aan data, informatie, ICT of industriële controle systemen te hangen onder een overkoepelend *integraal informatiebeveiligingsraamwerk*.

In de opinie van de auteur ligt de focus van informatiebeveiliging hierbij primair bij de bescherming tegen kwaadwillend en moedwillig misbruik.

Cyber security

Cyber security is het geheel aan (technische) ICT maatregelen met als doel om vrij te zijn van gevaar of schade veroorzaakt door misbruik, verstoring of uitval van ICT. Het gevaar of de schade kan bestaan uit beperking van de beschikbaarheid en betrouwbaarheid van de ICT, schending van de vertrouwelijkheid van in ICT opgeslagen informatie of schade aan de integriteit van die informatie. Hiertoe worden zowel beschermende, detecterende en herstellende maatregelen gerekend. Cyber security kan zodanig als uitwerking van de technische ICT aspecten van informatiebeveiliging worden gezien.

---

[12] De bekende BCM standaard BS 25999 definieert BCM eveneens als aanvulling op een totaal risicomanagement raamwerk.

17

Privacy

Privacy is een afweerrecht om de persoonlijke levenssfeer te beschermen en het recht op onder andere persoonlijke vrijheid, het ongehinderd en onbespied ergens kunnen vertoeven of afzonderen. Het is een breed begrip dat gaat om de bescherming van persoonsgegevens, de bescherming van het eigen lichaam en van de eigen woning, de bescherming van familie- en gezinsleven en het recht vertrouwelijk te communiceren. In het kader van informatie die betrekking heeft op iemands persoonlijke levenssfeer komt daarbij het recht om te bepalen wie deze persoonsgegevens kan verkrijgen, inzien of verwerken, en het recht om hierop toe te zien en persoonsgegevens te laten verbeteren of verwijderen.

> **Privacy is <u>niet</u> gelijk aan security! Schending van de privacy is wel een beveiligingsincident maar (meestal) geen cybercrime.**

Privacy is niet gelijk aan informatiebeveiliging! Omgekeerd geldt echter dat informatiebeveiliging essentieel is om privacy, en dus de bescherming en afscherming van persoonsgegevens (de *informationele privacy*), mogelijk te maken. Veel schendingen van de privacy ontstaan door foute procedures, onnodige registratie van persoonsgegevens, slordigheden, configuratiefouten, verlies van gegevensdragers met gevoelige informatie enzovoort. Dit levert een schrikbarende dagelijkse stroom van voorbeelden op waar de privacy in het geding is. Deze zijn aan te merken als beveiligingsincidenten. Echter – tenzij door moedwillig handelen, veroorzaakt waarbij een strafbaar feit is gepleegd – is een schending van de privacy <u>geen</u> cybercrime.

1.6   Risicomanagement

Iedereen is bezig met beveiliging en het schatten van risico's. Zonder bewust na te denken over (be)dreigingen maken we aan de lopende band afwegingen en beoordelen we kwetsbaarheden. Is het veilig om mijn creditcard op deze website te gebruiken? Wie houdt een oogje in het zeil als ik van huis ben? Afwegingen en keuzes voor maatregelen zijn echter subjectief. Wat de ene persoon ervaart als een groot risico, is voor een ander misschien geen probleem. Afwegingen worden moeilijker te maken wanneer het gaat over belangen die ons niet direct persoonlijk raken maar die gaan over het bedrijf of de samenleving. Alle betrokken partijen zullen hun eigen subjectieve benadering, invloed en agenda hebben. Naar mate de diversiteit en belangen van partijen toenemen, wordt het steeds belangrijker vast te houden aan een zo objectief mogelijke beschouwing. Welke belangen spelen er? Wat zijn de afhankelijkheden? Wat vinden we nog acceptabele schade? Wat moet nu eigenlijk worden beveiligd tegen wie en wat? Welke risico's lopen we? Hoeveel risico kan ik accepteren? Waar moeten we en kunnen we het beste maatregelen treffen?

> *Risicomanagement is het proces van continu identificeren en beoordelen van risico's en het vaststellen en aanpassen van beheersmaatregelen.*

Alleen een gestructureerde omgang met risico's kan tegen acceptabele kosten een zinvolle bijdrage leveren aan het wegnemen of verkleinen van risico's. Risicomanagement is het proces van het beheersen van risico's ten aanzien van de organisatorische of bedrijfsactiviteiten, activa en middelen, of personen en omvat: (i) het uitvoeren van een risicoanalyse en beoordeling, (ii) het ontwikkelen van een risicomanagementstrategie, (iii) het voorbereiden op onvoorziene gebeurtenissen door reactie- en herstelprocedures waaronder voor incidentopvolging, bedrijfscontinuïteit, crisis- en calamiteiten management, en (iii) de inzet van technieken en procedures voor de continue beheersing van risico's en de bewaking van de status.

Een risico-gedreven aanpak van informatiebeveiliging en het omgaan met cybercrime gaan daarom hand in hand met risicomanagement. De beveiliging kan daarbij het beste worden geborgd in een integraal Security Management Systeem dat zowel informatiebeveiliging, ICT, ICS, personele- en fysieke beveiliging, en bedrijfscontinuïteit omvat. Het voert echter veel te ver om in dit boek ook nog de organisatie van beveiliging en verschillende risicomanagementstrategieën of risicoanalysemethodieken te behandelen. Deze kunnen echter ruimschoots gevonden worden in andere literatuur (3).

1.7 Kwetsbaarheden

Misbruik van ICT systemen kan alleen plaatsvinden als er kwetsbaarheden zijn die kunnen worden uitgebuit. Kwetsbaarheden zijn de zwakke plekken in bijvoorbeeld de organisatie, installaties of ICT voorzieningen waardoor misbruik een kans heeft om ook daadwerkelijk op te treden. Misbruik van ICT voorzieningen wordt mede mogelijk gemaakt doordat er zwakke plekken bestaan in de computersystemen, netwerkcomponenten of software. Andere oorzaken kunnen gelegen zijn in bijvoorbeeld kwetsbaarheden in de procedures of menselijke factoren.

Bij veel vormen van cybercrime vindt besmetting met malware plaats of worden kwetsbaarheden misbruikt om binnen te dringen of om ongeautoriseerde handelingen uit te voeren. Een besmetting met malware kan bijvoorbeeld plaatsvinden door mensen te verleiden (*'social engineering'*) of door in te breken op een computersysteem (*'hacken'*). Enkele veel voorkomende groepen van (technische) kwetsbaarheden zijn buffer overflows, injectie van code (onverwachte combinaties van codes aanbieden), configuratiefouten, zwakke wachtwoorden, onbeveiligde data en netwerkprotocollen, en zero-day kwetsbaarheden.

Omgaan met Cybercrime

Kwaadwillenden zijn steeds sneller in staat zulke zwakheden te misbruiken ten opzichte van de lange doorlooptijden die organisaties nodig hebben om patches te implementeren.

Ruim een derde van de (ICT) kwetsbaarheden leidt potentieel tot een volledige inbreuk op de beveiliging. Te verwachten is dat zelfs met een afnemend aantal bekende technische ICT kwetsbaarheden deze een belangrijke bron blijven voor toekomstige incidenten. De voornaamste reden is dat dergelijke kwetsbaarheden niet door organisaties verholpen worden of verholpen kunnen worden (4).

Er wordt in dit boek niet uitgebreid ingegaan op de verschillende kwetsbaarheden die aanleiding geven tot het daadwerkelijk laten van slagen van een bepaalde vorm van cybercrime. Hoofdstuk 4 geeft bij de verschillende verschijningsvormen van cybercrime wel een korte toelichting bij onder meer enkele veel misbruikte klassen van kwetsbaarheden.

Een omvangrijk overzicht van kwetsbaarheden en mogelijke beschermende maatregelen voor webapplicaties wordt gegeven in de '*Whitepaper Raamwerk Beveiliging Webapplicaties*' (5) of op het internet bij het '*Open Web Application Security Project*' (6). Documentatie over veel voorkomende kwetsbaarheden in het bedrijfsleven en bij vitale infrastructuur is te vinden in verschillende publicaties en artikelen, zoals in '*Grip op ICS Security*' van dezelfde auteur (3).

1.8 Vormen van cybercrime

In dit boek worden de verschijningsvormen ingedeeld naar de belangrijkste herkenbare wijze waarop de handelingen plaatsvinden, te weten:
- Malware
- Computerinbraak (*hacking*)
- Website aanvallen
- Botnets
- Denial of Service aanvallen
- Social engineering
- E-Mail aanvallen

Vrijwel altijd komen de verschillende vormen van cybercrime voor samen met andere technieken. Er wordt bijvoorbeeld eerst een computernetwerk afgeluisterd om vervolgens met de verkregen gegevens een ander computersysteem binnen te dringen. Centraal staat meestal het misbruiken van een zwakke plek (*exploit*) door middel van een stukje kwaadaardige software (*malware*). Een slachtoffer wordt hierheen geleid door bijvoorbeeld misleiding, aanlokkelijke e-mailberichten of besmette websites.

Relatie tussen aanvalsmethoden

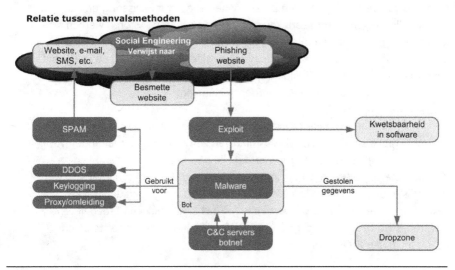

Figuur 1, Relatie tussen aanvalsmethoden

Eenmaal besmet met malware kan deze – vaak op afstand bediend via C&C servers in een botnet – zijn malafide werk uitvoeren, zoals het kopiëren van gegevens naar een tijdelijke plek op het internet (*dropzone*) waar de cybercrimineel deze later in alle rust kan bekijken. Een en ander wordt in Figuur 1 geïllustreerd.

Een ander onderscheid dat kan worden onderkend, is tussen *gerichte* en *ongerichte* cyberaanvallen. Ongerichte cyberaanvallen hebben geen specifiek bedrijf of computersysteem als doelwit. Bij ongerichte aanvallen wordt getest op het bestaan van specifieke kwetsbaarheden en, indien geconstateerd, wordt getracht de kwetsbaarheid van het computersysteem te misbruiken, bijvoorbeeld door het installeren van malware. Ongerichte cyberaanvallen worden bijvoorbeeld gepleegd door digitale vandalen of door aanvallers die grote aantallen computers onder hun controle willen krijgen voor het vormen van botnets.

Bij gerichte cyberaanvallen wordt een specifiek bedrijf of specifiek computersysteem op de korrel genomen. De gebruikte aanvalsmethode zal bestaan uit maatwerk om de kans van slagen te vergroten en de kans op detectie te verkleinen. Gerichte cyberaanvallen in de vorm van voortdurende en blijvende aanwezigheid van kwaadwillende met toegang tot de computersystemen (*Advanced Persistent Threats*), insiders en infiltratie, zero-day attacks, cyber afpersing, identiteitsdiefstal en spionage nemen steeds meer de overhand.

21

De tendens van de afgelopen jaren is een toenemende criminalisering en een professionalisering van het misbruik van computersystemen. Actoren werken steeds meer samen en delen direct of indirect en bedoeld of onbedoeld kennis. Deze trend geldt zowel voor actoren met een positieve bijdrage aan de veiligheid van internet als voor kwaadwillende opponenten (4). ICT maakt tegenwoordig deel uit van de *modus operandi* van beroepscriminelen.

Cybercrime neemt in alle sectoren van de samenleving toe en is ondertussen 'big business'. Digitale spionage en cybercriminaliteit zijn de grootste dreigingen voor overheid en bedrijfsleven (4). Tegenwoordig zijn bedrijven, zoals de banken en financiële instellingen, echter niet langer meer het exclusieve doelwit. Bijna alle aandacht is verschoven naar de klanten, de eindgebruiker. Zij zijn de zwakke schakel. Door in te spelen op bijvoorbeeld hebzucht, vertrouwen of medeleven van de mens wordt getracht gegevens te ontfutselen, identiteiten te stelen en toegang te krijgen tot vertrouwelijke (inlog)gegevens.

Cybercrime kenmerkt zich onder meer door het anonieme karakter, het massaal en snel kunnen verrichten van handelingen, het gebrek aan (land)grenzen en de dynamiek van de cyberwereld. Deze aspecten belemmeren de rechtshandhaving op het internet. Misbruik van ICT en internet wordt almaar laagdrempelig.

> *Het internet is anoniem, massaal, snel en zonder grenzen. Het is daarmee ideaal voor activisme of het plegen van criminaliteit.*

Dit boek schaart het uitvoeren van zowel ongerichte als gerichte cyberaanvallen onder de noemer *hacking*, met uitzondering van de specifieke terreinen zoals malware, aanvallen op websites en *'denial of service' (DDOS)*, welke apart worden beschreven.

1.9   Afbakening

Verstoringen van de ICT voorzieningen, het lekken van informatie of vernietigen van gegevens kan op vele manieren plaatsvinden. Dit boek zoomt in op de herkenning van moedwillig menselijk handelen door kwaadwillenden.

Het boek beperkt zich voornamelijk tot cybercrime *in enge zin*. Dat wil zeggen tot criminaliteit waarbij ICT middelen (hardware en software) het voornaamste doelwit zijn of waarbij de daad niet zonder het misbruik van ICT voorzieningen kan worden uitgevoerd. Dit zijn bijvoorbeeld handelingen specifiek gepleegd in de digitale wereld, waarvan het klassieke 'hacken' (computervredebreuk) wellicht het meest aansprekende voorbeeld is.

Daarnaast zijn er verschillende vormen van criminaliteit die niet specifiek met of gericht tegen ICT systemen plaatsvinden maar die wel een enorme vlucht hebben genomen met de opkomst van de nieuwe digitale middelen. Zo wordt kinderporno tegenwoordig vaak verspreid via internet, maar daarmee is het nog geen computercriminaliteit. Ook fraude of verduisteringszaken worden in veel voorkomende gevallen gepleegd door digitale informatie te manipuleren. Deze vormen van criminaliteit vallen onder de noemer cybercrime *in ruime zin*. Hiervan komen enkele voorbeelden eveneens aanbod in dit boek.

Dit boek gaat niet over criminaliteit waarbij ICT middelen op normale wijze (legitiem) worden gebruikt voor 'normale' vormen van criminaliteit. Dit zijn vormen van criminaliteit waarbij de digitale wereld slechts een nieuw middel vormt om een bestaande malafide praktijk uit de fysieke wereld voort te zetten.

Het boek beschrijft technische aspecten van verschillende vormen van cybercrime en geeft hierbij de toepasselijke juridische bepalingen. De nadruk wordt gelegd op incidenten die kunnen worden gepleegd via een openbaar elektronisch communicatienetwerk zoals het internet of die zich voordoen bij bedrijfsnetwerken. Het zijn beschrijvingen die achtergrond informatie en aanwijzingen geven betreffende de herkenbaarheid, de gegevensverwerking, de juridische aspecten en het doen van aangifte van cybercrime in enge zin. Gezien de ontwikkelingen ten aanzien van cybercrime - op zowel het technische als het juridische vlak - is dit boek daarin niet uitputtend.

In dit boek gaan we niet verder in op informatiebeveiliging, risicomanagement of het treffen van maatregelen. Daarvoor kan men terecht bij diverse handboeken en bijvoorbeeld de *'Code voor Informatiebeveiliging'* (NEN-ISO/IEC 27001 en 27002); een juridische aanvulling is te vinden in *'De Code voor Informatiebeveiliging naar Nederlands recht'* (7).

1.10   Hoe dit boek is opgedeeld

De auteur heeft ervoor gekozen om dit boek te beginnen met het duiden van cybercrime om vervolgens semi-chronologisch door het proces heen te lopen van juridisch en technisch herkennen van cybercrime, het voorbereiden, omgaan en onderzoeken van een incident, en het vervolgens doen van aangifte of het anderszins optreden.

Dit boek is verdeeld in zeven hoofdstukken die zoveel mogelijk onafhankelijk van elkaar kunnen worden gelezen.

Hoofdstuk 1 is de introductie. Dit hoofdstuk geeft een definitie van cybercrime en enkele achtergrondbegrippen ten aanzien van informatiebeveiliging.

Omgaan met Cybercrime

Hoofdstuk 2 beschrijft ter inleiding trends in ICT. Deze ontwikkelingen worden kort beschreven om een idee te krijgen van de tijdgeest waarbinnen we leven.

Hoofdstuk 3 gaat uitgebreid in op de juridische context, achtergronden en strafrechtelijke bepalingen die van toepassingen kunnen zijn op cybercrime in enge zin. Ter volledigheid worden ook enkele strafbare gedragingen beschreven die niet tot cybercrime in enge zin worden gerekend maar – in ruime zin - wel worden geassocieerd met computercriminaliteit.

Hoofdstuk 4 beschrijft bijpassende verschijningsvormen van cybercrime in enge zin en hun de technische aspecten. Hierbij zijn de strafbare gedragingen waaraan deze zijn toe te rekenen toegelicht en wordt gerefereerd naar de juridische context.

Hoofdstuk 5 besteed, onder andere als overbrugging naar het kunnen doen van aan aangifte, aandacht aan het opvolgen van cyberincidenten. Het hoofdstuk gaat hierbij in op de organisatie van incidentopvolging en -afhandeling, en geeft aanwijzingen voor het omgaan met en reageren op beveiligingsincidenten.

Hoofdstuk 6 beschrijft verschillende juridische en forensische aspecten bij het onderzoeken van incidenten. Dit hoofdstuk gaat o.a. in op de bevoegdheid van de rechtsmacht, het gebruik van elektronisch materiaal als bewijsmiddel en aandachtspunten bij het (forensisch) rechercheonderzoek.

Hoofdstuk 7 besteedt ter afsluiting aandacht aan de verschillende vervolgstappen – zoals het doen van aangifte - die een organisatie kan ondernemen in het geval zij vermoedt of constateert dat zich een bepaalde vorm van cybercrime heeft voorgedaan.

Daarnaast bevat dit boek een aantal uitgebreide bijlagen om de lezer te helpen zich de taal, afkortingen en begrippen eigen te maken. Daarnaast bevatten de bijlagen een samenvatting van wetsartikelen ten aanzien van cybercrime in enge zin en enkele handige controlelijsten.

2 Trends in ICT

ICT wordt als vanzelfsprekend geassocieerd met een technisch vakgebied. Vanuit het perspectief van security is het echter interessant om in een bredere context te begrijpen waarom en welke verschillende ontwikkelingen plaatsvinden. Per slot van rekening zijn het mensen die door de (on)mogelijkheden van techniek en maatschappelijke invloeden worden gedreven om al deze computertechnologie op een bepaalde manier te gebruiken. Security en privacy blijven meestal onderbelicht of worden onvoldoende begrepen en biedt zo een voedingsbodem voor cybercriminelen. Zij weten vaak als geen ander te profiteren van net op de markt verschenen nieuwe ICT toepassingen en hun technische onvolkomenheden. Managers, security officers en ICT architecten hebben daarom baat bij begrip voor wat er in de wereld om hen heen gebeurt en voor de bijdrage die security kan leveren in het voorkomen van misdrijven begaan in de digitale wereld. Er is inzicht nodig in huidige ontwikkelingen om het heden te kunnen koppelen aan toekomstige bedreigingen.

> **Beveiliging is dynamisch en tijdgebonden. Het gaat om het heden te koppelen aan de toekomst, rekening houdend met actuele en relevante trends.**

Dit hoofdstuk beschrijft ter inleiding verschillende trends in en met gebruik van ICT. Eerst op enkele hoofdthema's, vervolgens rondom enkele technologieën of toepassingsgebied. Het overzicht van ontwikkelingen dat wordt gepresenteerd, is uiteraard niet uitputtend maar dient om een idee te krijgen van de tijdgeest waarbinnen we leven. [13]

2.1 De hoofdthema's

Diginormalisering

Digitaal wordt normaal, gevoed door de menselijke drang naar vooruitgang. De mensheid staat pas aan het begin van zijn digitaliseringsproces en zal alles, waar mogelijk, digitaliseren en/of verbinden met de digitale wereld. In de nieuwe online wereld zijn 'digitaal' en 'verbonden' gemeengoed. Steeds meer aspecten van het

---

[13] Bron van de hoofdthema's en de gevolgen van trends: *www.extendlimits.nl (Tony Bosma)*

25

fysieke leven worden gedigitaliseerd en/of verbonden met de virtuele wereld. De digitale wereld krijgt hierdoor in toenemende mate een onmisbare en dominante rol in ons leven. Digitaal en virtueel leveren een duidelijke toegevoegde waarde aan de fysieke wereld. Steeds meer mensen ervaren een verrijking van de leefwereld door technologie, bijvoorbeeld door slimmere huishoudelijke apparaten, digitale leersystemen of in het omgaan met een handicap.

Data als brandstof

Data is de nieuwe brandstof' voor economie en maatschappij. In een *'connected wereld'* is alles meetbaar en realtime te interpreteren. Hierdoor wordt data een essentiële productiefactor voor iedere organisatie.[14] We zijn steeds actiever in de virtuele wereld waar data eenvoudig kan worden vastgelegd en geanalyseerd. Deze enorme hoeveelheid aan data wordt voor organisaties, overheden en instituten een essentieel middel voor succes. In een realtime wereld waarin communicatie en productie tot op individueel niveau gepersonaliseerd worden en contextueel zijn, is juiste informatie onmisbaar.

Men gaat steeds meer data gaat verzamelen. Daarbij komt dat de technologische mogelijkheden voldoende zijn om in de databehoefte van menig manager te voorzien. Met de technologische mogelijkheden is de veranderende vraag van de markt een belangrijke aanjager voor de gegevensverzamelwoede. Consumenten verwachten van overheden en organisaties dat zij op persoonlijk niveau dienstverlening leveren. Data is hierin onmisbaar. Een ontwikkeling die daarbij meespeelt, is het aanwezige onveiligheidsgevoel wat binnen de maatschappij lijkt te heersen. Onder de noemer veiligheid wordt steeds meer data verzameld en persoonlijke gegevens gedeeld. Gegevens die in eerste instantie beperkt en afgeschermd zijn, kunnen door het leggen van verbanden tussen verschillende informatiebronnen een inbreuk betekenen op de persoonlijke levenssfeer en misbruik in de hand werken. Er ontstaan onoverzichtelijke grote en onderling gekoppelde dataverzamelingen (*Big data*). De hernieuwde belangstelling voor niet-relationele database systemen (non-RDBMS) kan hiermee worden verklaard.

Virtualisering intelligentie

Technologie en apparaten waren 'dom' en emotieloos, maar onze omgeving wordt in snel tempo volledig interactief en intelligent. Op het terrein van kunstmatige intelligentie worden grote vorderingen gemaakt, waardoor er steeds meer verbondenheid ontstaat met de alledaagse praktijk. ICT raakt steeds verder geïntegreerd in allerlei andere apparatuur. Hierdoor ontstaan nieuwe

---

[14] De mens genereerde meer data in 2009 dan in de voorafgaande 5000 jaar gezamenlijk. Bron: *Internet World Stats, 2010*

geïntegreerde systemen (*embedded devices*). Ze worden door de toenemende integratie met ICT autonoom en bieden meer functionaliteit met eigen foutdetectie en correctiemethoden.

Al omvattend netwerk

De wereld transformeert naar een dynamisch en alomvattend netwerk waarin mens, machine en omgeving continu met elkaar verbonden zijn. Vrijwel ieder nieuw elektronisch of IT-apparaat heeft een aansluiting die verbinding met een computernetwerk mogelijk maakt. De mogelijkheid om over informatie te kunnen beschikken wordt door iedereen aangegrepen en als zodanig normaal ervaren dat we op elk moment en op elke plaats over die informatie willen beschikken. Deze trend zet zich voort naar allerlei niet-standaard (ICT) apparaten. Door de voortgang van geïntegreerde technologie ontstaat een *future internet* waarbij overal om ons heen en bij alles wat we doen internet aanwezig zal zijn. Veel producten om ons heen zijn al voorzien van een (RFID) chip, zoals artikelen in winkels, smartphones of huishoudelijke systemen. Zo kan bijvoorbeeld een kopieerapparaat automatisch een storing doorgegeven aan een storingsdienst, of kan een kassa- of uitgiftesysteem nieuwe bestellingen plaatsen als de voorraad opraakt. Er ontstaat een integratie van functies in traditioneel gescheiden en weinig intelligente apparatuur waarbij ieder apparaat een connectie tot het internet en een eigen IP-adres heeft.

Mobiele samenleving

Steeds meer aspecten in ons leven worden beïnvloed door mobiele technologie. Ons functioneren wordt afhankelijker van mobiele technologie en verrijkt door mobiele dienstverlening die contextueel en persoonlijk is. Toenemende mobiliteit is een van de grote drijfveren achter nieuwe toepassingen en sociaal-maatschappelijke transities. Mobiele toepassingen worden gezien als één van de belangrijkste toekomstige ontwikkelingen. Niet langer bestaat het internet uit 'netwerken', 'servers' en 'PC clients'. De diversiteit aan mobiele apparaten vormen de nieuwe 'uiteinden van het internet'.

Mobiele gebruikers zijn het nieuwe doelwit voor criminelen.

De belevingswereld van mobiele toepassingen zorgt dat bestaande interfaces niet geschikt zijn. Een groot beeldscherm, toetsenbord, muis of randapparatuur ontbreken. Men eist snelle en gemakkelijke gebruikerservaring zonder de noodzaak om extra apparatuur mee te moeten nemen, zoals authenticatie tokens. Een mobiele samenleving is een relatief nieuw en nog nauwelijks ontgonnen terrein. Bestaande websites en toepassingen worden steeds geschikter voor mobiele apparatuur. De smartphone en tablets bevatten een opeenstapeling van digitale identiteiten, toegangscodes, bankgegevens, elektronische betaalmiddelen, agenda en contacten. Met de opkomst van allerlei mobiele toepassingen verschuift de aandacht van criminelen daarom mee naar de kwetsbare mobiele apparaten.

Nieuw communicatiegedrag

Communicatie is door nieuwe media verworden tot een bi-directionele activiteit op basis van gelijkwaardigheid. We delen hierdoor steeds meer met elkaar en communicatie dringt in ieder aspect van het leven door. We zijn continu met elkaar verbonden, communiceren meer en delen meer met elkaar. [15] We leggen ons gehele leven vast en weten direct ons hele netwerk in te schakelen. Deze nieuwe vorm van communiceren wordt in het bijzonder gevoed door technologische ontwikkelingen, waarbij deze voorzien in één van de basale behoeften van de mens: de dialoog aangaan en zich uiten. Met de toenemende digitalisering verplaatst het gesprek zich richting de virtuele wereld, en maakt de dialoog plaats voor de 'multiloog'. Deze virtuele wereld zorgt er voor dat deze waarneembaar is, gesprekken realtime kunnen worden gevolgd of op een later moment worden geraadpleegd.

> *De wereld is continu in transitie. Op dit moment transformeren we richting een volledig digitaal bestuurde en gecontroleerde omgeving; realtime, visueel, mobiel en autonoom.*

Transrealiteit

De fysieke en digitale wereld hebben zich afzonderlijk van elkaar ontwikkeld. Nu groeien beide werelden naar elkaar toe en versterken zij elkaar. Tekenen van deze transrealiteit zijn te vinden in nieuwe online toepassingen die de fysieke omgeving uitbreiden met informatie die beschikbaar en toegankelijk is in de digitale wereld (*augmented reality* en *quick response* codes). Virtuele realiteit omgevingen zijn visueel en/of auditief, en werken op basis van beelden, stereoscopische brillen en geluid. Soms kunnen geur en tastzin zijn toegevoegd. Een andere vorm is tele-operations waarbij de besturing van een menselijke handeling is ontkoppeld van de uitvoering van de handeling. De plek waar een persoon een handeling wil laten plaatsvinden is dus niet de locatie waar hij zich bevindt. In het verlengde hiervan worden geavanceerde mens-machine interfaces ontwikkeld waarbij gedacht kan worden aan touchscreens, spraakherkenning, en bewegingsanalyse. Dergelijke toepassingen worden ingezet om eventuele 'onvolkomenheden' van de fysieke wereld op te heffen en fysieke ervaringen te verrijken. Omgekeerd betekent dit

---

[15] In 2010 vonden er al 45 miljoen status updates per dag plaats. Bron: *A day in the Internet, 2010*

een grotere realiteitszin in de virtuele wereld. Een belangrijk gevolg hiervan is dat de zichtbare grens tussen fysieke en virtuele werkelijkheid aan het verdwijnen is.

Realisatie van de realtime economie

De realtime economie is het stelsel waarin de verbondenheid tussen mens en machine ervoor zorgt dat direct en contextueel gecommuniceerd en geacteerd moet en kan worden. In een wereld waarin alles en iedereen verbonden is en waarin data een voorname 'grondstof' is, is de vorming van het realtime economisch stelsel een logisch gevolg. In deze economie is het 'normaal' dat wensen en behoeften realtime gemonitord worden. Informatie wordt daarbij direct en contextueel naar het individu ontsloten. Uiteindelijk worden producten en diensten direct en op basis van individuele behoeften geconfigureerd. De realtime economie is sterk gedigitaliseerd en afhankelijkheid van technologie.

Bloei van de beeldcultuur

Visuele beelden spelen een steeds meer indringende rol in communicatieve situaties. De beeldcultuur bestaat al jaren maar versnelt door nieuwe technologische mogelijkheden. Communicatie wordt gedreven door beeld, een cultuur waarin de visuele mens optimaal gedijt. We zijn allemaal verbonden en beelden zijn eenvoudig te maken en wereldwijd te delen. We denken en doen steeds meer in beeld en dit zal alleen maar toenemen nu de technologische mogelijkheden dit toelaten. De beeldcultuur wordt voornamelijk gestimuleerd door gemak en mogelijkheid. Camera's zijn toegankelijker dan ooit en bevinden zich in iedere gadget. Beeldmateriaal is online vrij toegankelijk en eenvoudig te bewerken. Denk daarbij aan de successen van bijvoorbeeld YouTube en Qwiki (zoekmachine met behulp van beeld). Digitalisering zorgt ervoor dat we meer via beeld en video communiceren. Schriftelijke (tekstuele) communicatie staat in toenemende mate onder druk.

Humanisering technologie

Technologie is een 'jong begrip'. De 'onvolwassenheid' van technologische ontwikkelingen heeft ervoor gezorgd dat de mens zich moest aanpassen aan de techniek. Technologie past zich in toenemende mate aan de menselijke eigenschappen aan in plaats van andersom. We zijn ons als mens gaan aanpassen aan technologie. We hebben ons typen aangeleerd en het toetsenbord en de muis zijn de meest zichtbare manieren waarop de mens interacteert met technologie. De interactie tussen mens en machine heeft nu een bepaalde volwassenheidsfase bereikt waarbij de mens weer moet leren om zelf leidend te zijn in hoe te interacteren. We zien nu langzaam steeds meer initiatieven waarin nieuwe technologische mogelijkheden worden gebruikt om 'menselijkheid' in onze digitale communicatie wereld toe te voegen, zoals *natural user interfaces*. Door een meer natuurgetrouwe manier van interacteren tussen mens en technologie(machine) zal het gebruik van technologie extra toenemen.

Rise of Humanware

De mens heeft de behoefte om haar menselijke gebreken te verbergen of teniet te doen. De (zichtbare) grens tussen technologie en mens verdwijnt langzaam maar zeker. De afhankelijkheid van technologie wordt groter wanneer deze haar weg vindt in het lichaam van de mens. Technologie smelt samen met het menselijk lichaam. Veel van de ontwikkelingen rondom deze trend zien we voornamelijk in de militaire industrie (bijvoorbeeld exoskeletons) en in de medische wetenschap. Was het jarenlang een belangrijke uitdaging voor de wetenschap, tegenwoordig komen we dichtbij het creëren van humanoïde robotica, cyborgs en bijvoorbeeld protheses die nagenoeg niet te onderscheiden zijn van 'echt'.

Rise of Robotics

De robot maakt de transitie door van de fabriekshal naar de humanoïde in de straat. De robot kent zijn plek al in het productieproces maar de inzet van robotica verplaatst zich nu naar de maatschappij en het alledaagse leven. Met de hedendaagse opkomst van robotica in de maatschappij worden de indrukwekkende technologische vorderingen binnen de wereld van robotica zichtbaar. De mens heeft robotica in het verleden voornamelijk ingezet voor repeterende taken of activiteiten die de mens liever niet doet. Nu ontstaat er een situatie waarin robotica dusdanig ontwikkeld is dat interactie en samenwerking in alledaagse situaties tussen mens en robot gewenst en mogelijk is. Er is een duidelijke omslag gaande naar meer 'menselijke' robots om zodoende de 'gebruiks-' en interactie-ervaring tussen mens en robot optimaal te laten verlopen. Hierdoor wordt het maatschappelijke acceptatieproces versneld.

2.2 Trends en technologieën

Mobiele technologieën

De steeds mobieler wordende samenleving is misschien wel het meest zichtbare hoofdthema. De noodzakelijke technologie is vergevorderd. Breedband mobiele telecommunicatieverbindingen (zoals WiFi, 3G of 4G) zijn steeds meer beschikbaar. Door eenvoudige maatwerkoplossingen aan te bieden waarbij iedere toepassing een specifieke taak vervult, ontwikkelen aanbieders hun mobiele dienstverlening.

De voornaamste mobiele ontwikkelingen zijn (8):
- de snelle toename en expansie van smartphones en tablets gebruik;
- integratie in dagelijks leven en een toenemende vraag naar online diensten;

- grote beschikbaarheid van mobiele applicaties (Apps) en Cloud toepassingen om functionaliteit naar keuze uit te breiden;
- ontwikkeling van specifieke besturingssystemen voor mobiele platformen zoals iOS, Android, Windows Phone, Blackberry OS;
- ontwikkeling van kleinere en snellere energiezuinige chips;
- de ontwikkeling van touchscreens;
- inbouwen GPS-ontvanger in smartphones en tablets;
- inbouwen fotocamera in smartphones en tablets;
- ontwikkeling van 4G-netwerktechnologie (Long Term Evolution);
- mobile Instant Messaging (MIM);
- location based services;
- geïntegreerd gebruik met online sociale netwerken.

De combinatie van financiële en persoonlijke informatie op één mobiel platform zorgt voor een sterke aantrekkingskracht op criminelen. Gebruikers zijn onder meer kwetsbaar voor *'schoudersurfen'* (meekijken door derden), phishing en *social engineering*. Deze technieken blijken effectief om zwakke wachtwoorden te achterhalen. Daarnaast zijn verlies of diefstal een grote kwetsbaarheid van het gebruik van mobiele platformen.

Mobiele platformen zijn kwetsbaar voor malware en hacking. Een besmetting met malware kan bij mobiele apparatuur langs verschillende kanalen plaatsvinden:
(i) Via de applicatie processor: deze dient vooral voor de uitvoering van het besturingssysteem en de toepassingen. Een besmetting is reëel en eenvoudig, bijvoorbeeld tijdens het synchroniseren van het apparaat met een PC, malware op een SD-kaart, via Bluetooth, SMS of e-mail, downloaden van besmette apps of het bezoeken van gecompromitteerde websites (*'drive-by downloads'*);
(ii) Uniek voor mobiele platformen is een aanval of besmetting via de aanwezige radiocommunicatieverbinding, geïmplementeerd door de baseband radio processor: deze beheert en bestuurt alle radiofrequentie functies zoals het daadwerkelijk bellen. Het langs deze weg besmetten van mobiele platformen is technisch moeilijk maar wel mogelijk.[16]

Door de enorme groei van mobiele toepassingen (apps), software die niet up-to-date is en het gebrek aan strenge beveiligingseisen ontstaan kwetsbaarheden in de software. Smartphones en tablets kunnen, net als andere computersystemen, vatbaar zijn voor zero-day, man-in-the-middle of man-in-the-browser aanvallen. Omdat steeds meer functies worden geïntegreerd in de mobiele platformen, kan er door malware misbruik worden gemaakt van een scala van aantrekkelijke

---

[16] Gedemonstreerd op Blackhat 2011 congres. Smartphones kunnen worden misbruikt als bijvoorbeeld een verborgen microfoon.

gegevens, zoals van lokaal opgeslagen data, positiegegevens, microfoons (surveillance) en fotocamera's (9).

De draadloze communicatie is door een zwakke beveiliging van GSM, SMS, WiFi en Bluetooth, te onderscheppen (af te luisteren) en te manipuleren. Ook het GSM-netwerk zelf is kwetsbaar. De verouderde beveiliging van het GSM-protocol A5/1 is met eenvoudige middelen te omzeilen waarmee communicatie kan worden afgeluisterd. UMTS en GPRS gebruiken encryptie-algoritmen die minder kwetsbaar zijn (10).

Mobiel bankieren

De bancaire sector breidt zijn dienstverlening uit door klanten altijd en overal toegang te bieden; dit betekent een compleet nieuwe manier van klantcontact en –binding. We bankieren niet meer binnen de muren van de bank maar regelen nu onze zaken op afstand over openbare telecommunicatienetwerken. Lastige identificatieprocedures ondermijnen deze behoefte en het is dus een uitdaging om een afweging te maken tussen gebruiksgemak en veiligheid. Dit is een belangrijk verschil met internetbankieren waarbij er vanuit wordt gegaan dat de klant een volwaardige computer tot zijn beschikking heeft en eventuele extra voorzieningen onder handbereik, zoals TAN codes, random calculators en uiteraard een mobiele telefoon.

Mobiel bankieren wordt gebruikt om direct inzicht te krijgen in saldi, snel betaalopdrachten af te geven of om beleggingen in te zien en aan te passen. Bij bancaire transacties bestaat echter altijd de kans om via misbruik direct een financieel voordeel te verkrijgen. De georganiseerde misdaad verschuift nu haar doel van bank naar klant; zij zijn immers de zwakste schakel. Door hierop in te spelen wordt getracht (inlog)gegevens te ontfutselen of identiteiten te stelen en zo toegang te krijgen tot financiële gegevens. Klassieke phishing methodes worden toegepast maar ook SMSishing (SMS phishing) waarbij de bron van de berichten wordt gemaskeerd (11).

Mobiel betalen

De toenemende mobiliteit heeft ook zijn uitwerking op de manier waarop betalingen in de toekomst verricht kunnen worden. Voor mobiel betalen hoeft er vooraf geen bekende relatie tussen consument en leverancier aanwezig te zijn, zoals dit wel het geval is in een vertrouwde één op één relatie tussen een bank en haar klanten. Mobiel betalen is anoniemer en heeft meer weg van een digitale portemonnee. Momenteel kennen we al toepassingen op het gebied van betaalvoorzieningen in parkeergarages.

De bestaande pin- en chipvoorzieningen zullen op lange termijn mogelijk verdwijnen.

Bij mobiele betalingen vindt de communicatie plaats tussen koper en leverancier op korte afstand van elkaar, bijvoorbeeld met via Near Field Communication, SMS of het internet. De financiële transacties worden op de achtergrond via tussenpartijen en banken afgehandeld. De grootste uitdagingen voor mobiel betalen liggen in beveiliging van lokale techniek (smartphone en winkelvoorzieningen), de identificatie en authenticatie van gebruikers en de benodigde infrastructuur tussen systemen bij winkeliers, telecommunicatienetwerken en banken. In het verlengde van de risico's die spelen bij mobiel bankieren, lijken identiteitsdiefstal en social engineering ook hier niet te onderschatten risico's.

Bitcoins

Bitcoins zijn een digitale munteenheid. Ze representeren een nieuwe vorm van elektronisch geld (*cryptocurrency*). Gebruikers maken via internet Bitcoins over naar andere particulieren of verrichten betalingen bij – nu nog een beperkte selectie van - commerciële bedrijven. Kenmerkend voor Bitcoins is dat deze niet afhankelijk zijn van een centrale uitgever maar dat er gebruik wordt gemaakt van een peer-to-peer netwerk om in transacties te kunnen voorzien. De Bitcoins kennen een bepaalde waarde omdat ze 'gedolven' dienen te worden, zoals bij de winning van grondstoffen. Iedere dag worden enkele van de in totaal 21 miljoen Bitcoins beschikbaar gesteld aan diegenen die – al dan niet gezamenlijk – rekenkracht beschikbaar stellen om naar het elektronische geld te zoeken. Vervolgens vindt er levendige handel plaats op digitale handelsplatforms waar de Bitcoins in fracties van centen kunnen worden aangekocht.

Omdat er geen centrale instelling is die de Bitcoin-valuta beheert, kan er door overheden geen belasting worden geheven en beschikken banken niet over de autoriteit om transacties te blokkeren. Vanwege het anonieme karakter lijken Bitcoins geschikt voor witwaspraktijken; er kan geen aanvullende informatie aan transactiegegevens worden gekoppeld en de opsporing wordt hiermee aanzienlijk bemoeilijkt. Dit betekent ook dat er geen centrale beveiliging of bescherming is voor gebruikers. Bitcoins kunnen lokaal worden opgeslagen in *e-wallets*. De beveiliging hiervan is sterk afhankelijk van de beveiligingseisen die de gebruiker aan zijn systeem stelt. Misbruik is moeilijk aan te tonen en de gevolgen van misbruik zijn dan ook zwaarder. Bitcoins lijken nog gevoeliger dan aandelenmarkten: een hack in 2011 bij het grootste Bitcoin-handelsplatform leidde tot een enorme 'flash-crash'.

Omgaan met Cybercrime

Cloud Computing

Onder het thema 'Al omvattend netwerk' ontstaat ook een belangrijke groep van toepassingen die kan worden samengevat onder de naam *'Cloud Computing'*. Hieronder verstaan we een architectuurmodel waarbij ICT-infrastructuren, platformen, software services of data niet langer lokaal, maar via én op het internet worden benaderd en gebruikt. Hierbij is veelal sprake van een soort uitbesteding (*outsourcing*) waarbij echter de grenzen tussen verschillende klanten en de relatie met de leverancier(s) veel diffuser zijn geworden. Clouddiensten zijn generiek en vaste aanspreekpunten of 1–op-1 contracten ontbreken meestal.

De toename van Cloud-toepassingen leidt, of wordt gestimuleerd door (8):
- de mogelijkheid eenvoudig data te delen of om telewerken te ondersteunen;
- flexibiliteit en lagere ICT (ontwikkel- en beheer)kosten;
- toenemende integratie met standaard kantoorautomatiseringssoftware;
- de beschikbaarheid en dalende kosten van snelle (mobiele) internettoegang;
- groei van draadloze communicatie tussen allerlei apparatuur en computers;
- groei van de hoeveelheid data (foto's, video, muziek, e.d.);
- vertrouwen in externe data opslag door toenemend online gebruik;
- sterke prijsdaling harde schijfgeheugen gedurende de afgelopen vijf jaar;
- vervlechting van allerhande (traditionele) infrastructuren met het internet;
- toename van net-centrisch werken tussen verschillende organisaties;
- snelle gebruikersacceptatie als het gaat om nieuwe technologieën. Wat gisteren is geïntroduceerd, is vandaag als gemeengoed geaccepteerd. Gebruikers die niet meegaan 'missen de boot.

Bedreigingen en kwetsbaarheden bij Cloud Computing kunnen zijn (12): (i) niet voldoen aan wet- en regelgeving met bijvoorbeeld verlies van certificeringen, juridische consequenties of sancties van toezichthouders tot gevolg; (ii) lekken van gegevens via Cloud-dienst; (iii)communicatie over open of zwak beveiligde internet verbindingen (iv) verminderde controle en beheersbaarheid; (v) gebrek aan transparantie en audit mogelijkheden; (vi) onduidelijkheid over backup- en herstelprocedures; (vii) gebonden aan oplossing en techniek van Cloud-aanbieder (*vendor lock-in* en/of geen *export/exit* optie); (viii) malware verspreiding; (ix) gebrek aan beschikbaarheid of DDOS-aanvallen, (x) spionage.

De aantrekkelijkheid van de (goedkopere) functionaliteit en het gemak waarmee de Cloud-diensten kunnen worden 'geïnstalleerd' en uitgebreid leiden er vaak toe dat organisaties overstappen naar de Cloud zonder zich voldoende bewust te zijn van de risico's. Dit is wellicht de grootste valkuil van Cloud Computing. Publieke en hybride Clouds lenen zich in beginsel niet voor de verwerking van gevoelige informatie: de gegevens worden verwerkt en opgeslagen door onbekende partijen op onbekende locaties en worden bovendien vaak gedeeld met medegebruikers ('*multi-tennant*'). Daarbij manifesteert zich een aantal juridische kwetsbaarheden: (i) buitenlandse wetgeving kan mede van toepassing blijken te zijn en daardoor is het mogelijk dat onbekende (buitenlandse) overheidsorganisaties gegevens mogen inzien; (ii) de eigendomsrechten van data zijn vaak diffuus. De Cloud-aanbieder kan mogelijk de opgeslagen data inzetten voor eigen doeleinden, waaronder het doorverkopen voor marketing doeleinden.

Overigens wil dit niet zeggen dat het in eigen beheer houden van ICT altijd veiliger zou zijn. Wel doen organisaties er goed aan zich onder meer de volgende vragen te stellen (13):
- Is de Cloud voor mijn omgeving (on)veiliger dan lokaal beheerde IT?
- Welke applicaties en diensten zijn geschikt voor de Cloud?
- Hoe bepaal ik wat het beveiligingsniveau is van de Cloud-diensten?
- Waar staan mijn data en wie heeft jurisdictie?
- Bieden gebruikersnaam en wachtwoord wel voldoende bescherming?
- Kan ik de bescherming van mijn data overlaten aan mijn Cloud-aanbieder?
- Wat zijn de mogelijkheden voor (forensisch) onderzoeken van beveiligingsincidenten?

Overheidsorganen, bedrijven in vitale sectoren en vitale infrastructuur-beheerders moeten extra alert zijn bij het gebruik van Cloud-diensten. In veel gevallen zal Cloud Computing een onacceptabel beveiligingsrisico voor dit soort organisaties met zich brengen. Vooral de kans op lekken van gevoelige informatie, privacy van burgers en het zich onnodig kwetsbaar opstellen ten aanzien van spionage, hacktivisme en terrorisme, maakt dat Cloud Computing binnen de overheid en vitale infrastructuur slechts sporadisch zal kunnen worden toegepast (8).

Sociale media
Sociale media – zoals Facebook, Twitter, LinkedIn, Hyves - is een verzamelnaam voor alle internet-toepassingen waarmee het mogelijk is om informatie digitaal met elkaar te delen en te communiceren. Deze manier van communiceren draagt in belangrijke mate bij aan het ontstaan van een nieuw communicatie gedrag. Sociale media worden gebruikt als zakelijke en privé blogs, ontmoetingsplekken, nieuwsgroepen, vriendenclubs, snelle verspreiding van actualiteiten, bedrijfsnieuws, zakelijke tips, enzovoort. Sociale netwerken kunnen daarnaast gebruikt worden voor het waarschuwen van het publiek of het inroepen van hulp. Organisaties maken steeds meer gebruik van software om via sociale media trends in dialogen te volgen. Deze middelen worden ingezet om de behoeften van consumenten te signaleren. Voor consumenten betekent het dat het eenvoudiger is om in contact te treden met gelijkgestemden. Online sociale netwerken zijn niet meer weg te denken uit ons dagelijks leven.

Omgaan met Cybercrime

De belangrijkste bedreigingen van sociale media zijn (14):
* gevoelige informatie wordt (per ongeluk) openbaar gemaakt;
* informatie wordt misbruikt bij social engineering aanvallen;
* informatie brengt de persoonlijke veiligheid in de fysieke wereld in gevaar;
* besmetting met malware verspreid via populaire sociale media sites en links;
* prijsgegeven van informatie waarmee wachtwoorden zijn te achterhalen;
* negatieve of onjuist berichtgeving over medewerkers of de organisatie;
* reputatieschade, schadeclaims, juridische aansprakelijkheid.

Consumerization

Nieuwe ICT technologie vindt tegenwoordig vaak eerst een afzetmarkt bij consumenten en later pas in de zakelijke markt. Deze ommekeer vergroot onder meer de mobiliteit en de individualisering van de werkplek. Men wil de laatste gadgets en toepassingen ook op kantoor gebruiken. De eigen meegebrachte apparatuur moet kunnen worden aangesloten op het bedrijfsnetwerk *(Bring Your Own Device)*. Bovendien zien we een toename van gemengd zakelijk en privé gebruik op zelf meegebrachte apparatuur. Dit draagt positief bij aan flexibel kunnen werken op tijd en plaats naar keuze *(Het Nieuwe Werken)*, maar draagt negatief bij aan het risiconiveau waaraan een organisatie bloot staat (15). Een alternatief voor het ongecontroleerde BYOD kan zijn om werknemers zelf te laten kiezen uit een breed aanbod van apparatuur maar waar de werkgever wel de (beveiligings)controle over kan behouden *(Choose Your Own Device)*.

> **De gebruiker als innovator is uitdaging voor beveiligers.**
> *NCSC, 2012*

Internet- en communicatieprotocollen

Het internet functioneert doordat telecommunicatienetwerken onderling zijn verbonden waarbij ze gebruik maken van gestandaardiseerde communicatieprotocollen. Enkele van de bekendste en belangrijkste zijn het Border Gateway Protocol (BGP), Internet Protocol (IP), Transmission Control Protocol (TCP) en Domain Name System (DNS). Vrijwel zonder uitzondering zijn dit oudere protocollen die allemaal fundamentele kwetsbaarheden kennen. Bij de ontwikkeling is vaak maar beperkt rekening gehouden met mogelijk misbruik. Ter illustratie: in 1998 werd bij een DNS cyberaanval op de domeinregistrator InterNic al het verkeer omgeleid via een concurrerende organisatie. Dergelijk misbruik van DNS servers kan ingezet worden ter voorbereiding van cyberaanvallen, door netwerken te identificeren en gegevens te manipuleren (16). Hoewel er bestaande technieken zijn die de veiligheid vergroten (DNSSEC, DANE, IPSec of VPN), wordt hier maar mondjesmaat gebruik van gemaakt.

Het Internet Protocol IPv4 zelf staat aan de vooravond van een gedwongen overgang naar een nieuwe versie. De opvolger, IPv6, wordt in gebruik genomen omdat het aantal beschikbare IPv4-adressen ontoereikend is. Internet providers zijn of zullen overschakelen naar IPv6. De bedrijfs- en thuisnetwerken zullen echter nog geruime tijd blijven werken met IPv4 (17). Het gecombineerd gebruik van IPv4 en IPv6 kan misbruik in de hand spelen. Ten eerste communiceren deze protocollen niet rechtstreeks met elkaar, maar naast elkaar. Ze moeten ondersteund worden door een gateway, een netwerkpunt dat dienst doet als toegang tot een ander netwerk. Hierdoor is het mogelijk om de herkomst van cyberaanvallen op een netwerk te maskeren. Verder schuilt er een risico in het ongemerkt gebruik van IPv6 omdat lokale firewalls veelal alleen IPv4 afschermt. Een kennisgebrek over IPv6 zal dit risico vergroten.

Peer-to-peer netwerk

Een peer-to-peer netwerk (P2P) is een netwerk waarin aangesloten computers gelijkwaardig zijn, elkaar *peers*. Een dergelijk netwerk kent geen vaste servers. P2P-netwerken bieden de mogelijkheid om gratis en relatief anoniem bestanden uit te wisselen. Voorbeelden hiervan zijn Gnutella, FastTrack, WinMX en BitTorrent. Veelal faciliteren deze het downloaden van muziek en films. Inmiddels zijn er ook steeds meer gesloten P2P-netwerken. In een gesloten P2P-netwerk bepaalt de ‘beheerder welke personen toegang krijgen en met welke personen er bestanden uitgewisseld kunnen worden. Door gebruik te maken van *P2P-caching* wordt populaire content tijdelijk opgeslagen (in *cache*) zodanig dat downloaders de beschikbare bandbreedte minimaal belasten. Besloten P2P-netwerken worden bijvoorbeeld gebruikt bij het online telefoneren met behulp van Skype, het *onion router* netwerk of het spelen van internet games.

Het grootste risico van het gebruik van P2P-netwerken is dat er geen centraal toezicht gehouden wordt op de bestanden die worden uitgewisseld. Met het downloaden van bestanden via deze weg kan dus ongemerkt allerlei malware worden opgeslagen. Daarnaast delen gebruikers vaak onbewust en onbedoeld gegevens met een groot aantal computers waardoor het eenvoudiger wordt om profielen van personen op te stellen die misbruikt kunnen worden voor identiteitsfraude. Het traceren van P2P-netwerkverkeer is niet eenvoudig waardoor opsporing aanzienlijk wordt bemoeilijkt.

HTML5

HyperText Markup Language versie 5 (HTML5) is de nieuwste telg van de HTML-standaard gebruikt om webpagina's te tonen en webtoepassingen te gebruiken. Deze internettaal bevat de functionaliteit van zowel HTML als XHTML, verbetert kleine onvolkomenheden van zijn voorganger en levert betere ondersteuning voor webapplicaties. HTML5 biedt veel mogelijkheden voor het ontwikkelen van moderne professionele toepassingen die centraal beheerd en aangeboden worden. Het voordeel hiervan is dat vanaf webservers altijd de laatste versie van een toepassing kan worden aangeboden.

HTML5 introduceert veel nieuwe technieken en zogenaamde *tags* die ervoor zorgen dat er meer structuur in internetdocumenten komt. Verder komen er mogelijkheden om interactieve inhoud af te spelen zonder gebruik te maken van plug-ins en laden pagina's sneller. HMTL5 kan grafieken genereren en andere visuele effecten ondersteunen. Verder is er een mogelijkheid om *drag and drop* – de bekende sleepbeweging met de muis – te implementeren en om gegevens lokaal op te slaan; HTML5 zorgt ervoor dat webapplicaties offline beschikbaar worden. Bij het eerste bezoek aan de applicatie download de browser de benodigde bestanden om de webtoepassing later offline te gebruiken. Wijzigingen die offline worden aangebracht worden naar de webserver doorgestuurd op het eerstvolgende moment dat er weer internetverbinding is.

Omdat HTML5 de grens tussen web- en desktopapplicaties vervaagt, ontstaan voor virusmakers veel nieuwe mogelijkheden om malware te verspreiden, al dan niet door misbruik te maken van eventuele configuratiefouten in scripts. Daarnaast is men door het gebruik van de HTML5-technologie kwetsbaar voor cliënt-side aanvallen en aanvallen via cross site scripting (XSS, CSRF, XFS) of SQL injectie. Door data lokaal op te slaan wordt door middel van verlies en diefstal van mobiele apparaten een andere ingang geboden om persoonlijke gegevens te stelen.

Webbrowsers

Webbrowsers vormen voor eindgebruikers vaak de eerste toegang tot internetdiensten. De browser blijft daarom voor gebruikers een van de belangrijkste instrumenten om data te ontsluiten. Over het algemeen worden browsers steeds uitgebreider, slimmer en ondersteunen zij steeds meer mediaformaten om aan de wensen van de eindgebruiker te kunnen voldoen. Webbrowsers zijn misschien wel de meest veiligheidsgevoelige component in het gebruik van online informatiebronnen en diensten. Belangrijke technologische ontwikkelingen zijn de private browsing mogelijkheden, WebSockets, HTML5, cross-origin communicatie en technieken waarmee toegang tot lokale data en randapparatuur zoals GPS locatiegegevens mogelijk is.

WebSocket is een technologie voor bi-directionele, full-duplex communicatiekanalen via een enkele TCP netwerkverbinding (een *socket*). Waar de communicatie tussen browser en server nu eenrichtingsverkeer is – de webbrowser stuurt een verzoek en de server antwoordt – is het met websockets voor de server mogelijk ook gegevens door te sturen. Omdat bij gewone TCP-verbindingen andere poorten dan poort 80 (http) vaak worden geblokkeerd door firewalls, kan websocket technologie worden gebruikt als een manier om deze beperkingen te omzeilen. Met multiplexing kunnen verschillende WebSocket diensten via een enkele TCP-poort worden gefaciliteerd.

Cross-Origin Resource Sharing (CORS) is een webbrowsertechnologie waarmee een webserver gegevens (resources) ook toegankelijk maakt voor webpagina's afkomstig uit een ander domein. Deze toegang zou anders verboden zijn.

Kwetsbaarheden van de nieuwe generatie webbrowsers komen vooral voort uit onvolkomenheden in technieken als HTML5, CORS en websockets. Dit veroorzaakt een aantal risico's (18):
- gebruik van (ongecontroleerde) plugins;
- interactie met oudere platformen (legacy) via CORS;
- Web Messaging: in het berichtenverkeer tussen twee partijen kan één van de bronnen – ongemerkt - worden doorgezet naar een derde partij;
- HTML5 content en protocol handlers geven een machtiging aan externe service providers waardoor mogelijk (onopgemerkte) activiteiten door derden kan worden uitgevoerd;
- HTML5 disabling click-jacking protection: een techniek om de impact van zulke aanvallen te verminderen is een controle op frames via JavaScript maar biedt echter geen bescherming bij misbruik via i-frames;
- HTML5 form tampering: omdat het mogelijk wordt om buttons buiten formulieren te plaatsen, wordt het ook makkelijker gebruikers te verleiden om ingevulde formulieren naar een minder veilige omgeving te sturen;
- Geo-location cache polling: het gebruik van geo-location (de GPS positiebepaling) cache API maakt het mogelijk om inzicht te krijgen in de laatst bekende positie van gebruikers van mobiele apparaten.

Native Apps

Onder *native apps* verstaan we applicaties die – in tegenstelling tot HTML5 - speciaal zijn ontwikkeld voor mobiele apparaten met een internetverbinding. Veel apps zijn niet meer dan een schil voor een populaire website met een aangepaste interface. Anderen hebben echter de mogelijkheid om van de volledige functionaliteit van een platform gebruik te maken, zoals lokale data opslag, positie-informatie (GPS), grafische mogelijkheden, camera's, bewegingssensoren en randapparatuur. Door het toenemende gebruik van mobiele apparaten neemt het inzetten van (bedrijfs)toepassingen in de vorm van apps eveneens toe.

Bij de distributie van apps speelt de authenticiteit van de app een belangrijke rol. Het is voor een gebruiker niet afzonderlijk vast te stellen of deze een officiële toepassing van aanbieder is. Daarnaast is het voor gebruikers niet zichtbaar wat er met de data gebeurt die lokaal wordt opgeslagen en of deze data toegankelijk zijn voor andere toepassingen op het mobiele apparaat. Apps die ongevraagd data met elkaar uitwisselen kunnen misbruikt worden om gegevens van gebruikers te achterhalen en deze ongemerkt door te zenden, denk hierbij aan apps die ongemerkt altijd online zijn en positiegegevens verzenden. Bovendien stimuleert het gemak waarmee apps zijn te installeren het snel bekijken en uitproberen van gratis apps. Dit geeft spyware en malware veel speelruimte. Nieuwe versies – met gedichte veiligheidsgaten – zijn pas actief wanneer gebruikers deze downloaden en installeren, waardoor er onvermijdelijk verouderde versies in omloop zullen zijn.

Near Field Communicatie

Near Field Communication (NFC) is een draadloze verbindingstechnologie voor korte afstanden (enkele centimeters) die communicatie mogelijk maakt tussen verschillende apparaten. NFC kan worden gebruikt voor e-ticketing, mobiel betalen of het onderling verbinden van mobiele apparaten en maakt bijvoorbeeld de toepassing van de mobiele telefoon als pinpas, creditcard, lidmaatschapskaart, spaarkaart, treinticket, vliegticket of als huissleutel mogelijk. NFC kent ook toepassingen in de beveiliging van gebouwen en in de gezondheidszorg. In Nederland wordt NFC al gebruikt in scholen, stadions, pretparken en bij congressen. NFC is een variant van de RFID-technologie zoals we die kennen in bijvoorbeeld de OV-chipkaart. De verwachting is dat NFC binnen twee jaar gemeengoed is in de meeste smartphones.

NFC bestaat uit een contactloze smartcard en reader in één chip, geschikt om op lage bandbreedtes te communiceren over maximaal 10 centimeter afstand. NFC opereert in een actieve of een passieve modus. In de actieve modus geneert de chip een RF-veld dat door een passieve, luisterende chip wordt gebruikt. De communicatie bestaat uit een bericht verzonden door de initiërende chip dat door de ontvangende chip wordt beantwoord. De NFC-communicatie is niet beveiligd tegen afluisteren of modificatie van data. NFC biedt wel weerstand bieden tegen *man-in-the-middle* aanvallen door gebruik te maken van actieve controle op verstoringen in het RF-veld, toepassen van actieve-passieve communicatie en controle op verdachte antwoordberichten (19).

Specifiek voor NFC valt een drietal kwetsbaarheden te onderscheiden:
- afluisteren van NFC communicatie: transactiegegevens worden onderschept;
- datamodificatie: transacties worden beïnvloed;
- man-in-the-middle aanvallen: ongewenste en onopvallende tussenkomst.

Geïntegreerde systemen

Geïntegreerde systemen dragen bij aan het thema 'Virtualisering intelligentie'. Ze bestrijken een zeer breed terrein. Ze raken alle vormen van geautomatiseerde apparatuur, zoals huishoudelijke apparaten, televisie en multimedia-apparatuur, telefonie- en videoconferentiesystemen, kassasystemen, camerasystemen, bouwkundige installaties, luchtbehandelingsinstallaties, procesautomatisering etcetera. Geïntegreerde systemen zullen we steeds meer gaan aantreffen in de leefomgeving, auto's, kantoorpanden maar ook binnen industriële installaties zoals olieraffinaderijen, elektriciteitscentrales en fabrieken. Zo zien we dat elektronica steeds meer taken van de bestuurder van voertuigen overneemt of ondersteunt met bijvoorbeeld de automatische detectie van overstekende voetgangers. Positiebepalingssystemen (zoals GPS) zijn daarbij standaard aanwezig en ook voorzieningen als het geautomatiseerd oproepen van hulpdiensten wordt gemeengoed. Een ander voorbeeld is de domotica wat staat voor de automatisering en integratie van ICT-technologieën in onze privé sfeer, voornamelijk in de woonomgeving. Door het automatiseren ontstaan er intelligente gebouwen die zich aanpassen en meebewegen met de bewoners. Ook in de zorg wordt meer en meer gebruik gemaakt van domotica, waardoor senioren langer zelfstandig kunnen wonen.

Virtuele intelligentie en geïntegreerde systemen worden mogelijk door o.a.:
- compacter wordende hardware en energiezuinigere chips;
- toenemende rekenkracht en opslagcapaciteit;
- integratie met draadloze netwerken zoals GSM/UMTS, 4G LTE, NFC, WiFi, en Bluetooth;
- combinatie met andere technologieën zoals automobiel-, nano- en biotechnologie;
- ontwikkeling van accu technologie (langere levensduur, krachtiger en kleiner) en alternatieve energiebronnen (zoals lichaamsbeweging of stem);
- beschikbaarheid van volwaardige geïntegreerde besturingssystemen waaronder Windows en Linux.

Omgaan met Cybercrime

The Internet of Things

Netwerkprinters, scanners, webcams, netwerkopslag apparatuur (NAS), televisies en apparatuur voor huisautomatisering (zoals thermostaten en verlichting) worden aan thuis- of kantoornetwerken gekoppeld (20). Door het aansluiten van geïntegreerde apparaten op het internet ontstaat: 'The Internet of Things'. Deze trend draagt bij aan het thema 'Al omvattend netwerk'. Dit internet van dingen maakt veel nieuwe toepassingen en diensten mogelijk maar zorgt tevens voor nieuwe beveiligingsuitdagingen. Zo zullen apparaten steeds meer fungeren als 'gebruikers' van andere systemen. Apparaten communiceren zelfstandig via het internet. Er ontstaat een onbegrensd netwerk van machines, informatie, mensen en dingen. Dit heeft een grote impact op de manier waarop we communiceren, werken, produceren, leren enzovoort. Uiteindelijk ontstaat door een toenemende verbondenheid tussen mens en machine een 'intelligent' en realtime netwerk wat adaptief op menselijke behoeften kan acteren. Door het alomvattend netwerk en de steeds verdergaande verwerking van microchips en sensoren in alledaagse producten en omgevingen wordt bovendien overal data verzameld.

Voertuigdigitalisering

Voertuigdigitalisering wordt toegepast in tal van onderdelen van de auto: airbags, radio, vergrendeling, cruise control en de handrem worden veelal elektronisch aangestuurd. Elektronica in de auto neemt daarnaast steeds meer taken van de bestuurder over of ondersteunt de bestuurder zoals met automatische detectie van overstekende voetgangers. Positiebepalingssystemen (GPS) zijn vrijwel standaard in nieuwe voertuigen. Sommige fabrikanten bieden geavanceerde telefoniesystemen en internetverbindingen, waaronder via WiFi hotspots, voor de apparaten die mee gaan de auto in. Moderne voertuigen zitten overvol met geïntegreerde systemen, drive-by-wire (sensoren sturen via elektronisch systeem bijvoorbeeld het gaspedaal), GPS, RFID, Bluetooth en in-vehicle infotainment.

Door de voortschrijdende integratie kunnen kwetsbaarheden ontstaan waardoor onbevoegden op afstand toegang tot essentiële voertuigelektronica kunnen krijgen. Het is denkbaar dat de auto op deze manier gemanipuleerd of zelfs volledig uitgeschakeld wordt. Daarnaast kan de automatische communicatie met hulpdiensten worden verstoord, boordsystemen worden afgeluisterd of de locatie van het voertuig worden gevolgd.

Medische interactie

De afhankelijk van technologie neemt toe wanneer deze samen smelt met het menselijk lichaam. Patiënten worden thuis gemonitord door diagnostische systemen die gegevens rechtstreeks naar de behandelaar verzenden. Er zijn pillen bekend die zijn uitgerust met een RFID-chip om de conditie van het lichaam en de werking van de medicijnen in de gaten te houden. Deze gegevens worden via een RFID-ontvanger doorgestuurd naar smartphones (21). Ook bestaat een medicijnpomp die onderhuids wordt geïmplanteerd en een gedoseerde hoeveelheid geneesmiddel afgeeft. Een ander voorbeeld is de defibrillator die onder de huid geplaatst kan worden en een prikkel afgeeft wanneer het hart te snel klopt (22). Daarnaast boekt de medische technologie vooruitgang bij oogcamera's, neuroprostetics (ledematen aangesloten op zenuwbanen), brein-pacemakers en micro-elektroden die in de hersenen geïmplanteerd kunnen worden ten bestrijding van neurologische aandoeningen.

De veiligheidsrisico's die met deze ontwikkelingen gepaard gaan hebben vooral betrekking op de gezondheid en privacy van patiënten. Door verstoring via malware of een gerichte cyberaanval op medische apparatuur kunnen enorme gevaren ontstaan in de vorm van ernstig letsel of een mogelijk overlijden. Door foute informatie kan een arts of verpleegkundige mogelijk verkeerd ingrijpen of foute medicatie toedienen. Daarnaast maakt de techniek het mogelijk om op afstand controle te krijgen over protheses of signalen van RFID-chips te onderscheppen en inzicht te krijgen in medische gegevens.

Industriële controlesystemen

Binnen veel industriële processen en vitale infrastructuren maakt men intensief gebruik van industriële controlesystemen (ICS). In de regel zijn ICS van kritisch belang voor het proces dat zij ondersteunen. Ze zorgen onder meer voor de aansturing van machines en het transport van gas, vloeistoffen en goederen. *Supervisory Control And Data Aquisition* systemen (SCADA) zijn voorbeelden van een ICS; deze systemen zorgen voor het meten, het beheer, de uitvoering en de monitoring van een (productie)proces. Verkeersregelsystemen, de complete bewaking en besturing van drinkwatervoorzieningen, elektriciteitscentrales, distributienetwerken of luchtverkeersleidingssystemen zijn voorbeelden van ICS.

Enkele belangrijke ontwikkelingen binnen industriële omgevingen zijn:
- onbemande locaties en beheer op afstand;
- koppelingen tussen procesautomatisering en kantoornetwerken;
- toenemend gebruik van standaard ICT platformen en systemen (COTS);
- toenemend gebruik van TCP/IP, WiFi, Bluetooth en webtechnologie;
- slimmere veldapparatuur (zoals PLC's en RTU's');
- uitbesteding van telecommunicatieverbindingen binnen het ICS netwerk

De interactie tussen machines (hardware) en ICT (software) is specialistisch en specifiek voor ICS. Een ICS omgeving bestaan in veel voorkomende gevallen uit een gelaagde ICT-architectuur met centrale bedieningsconsoles, servers en databasesystemen, decentrale slimme apparatuur in het veld (*field controllers* zoals PLC's, RTU's of IED's) en proces-, meet- en schakelapparatuur. Vooral bij deze apparatuur in het veld (*field devices* zoals meters, sensoren, kleppen, pompen) wordt veel geïntegreerde techniek toegepast.

Een overzicht van kwetsbaarheden en specifieke aspecten ten aanzien van industriële security is te vinden in het boek *"Grip op ICS Security: Een introductie in de beveiligingsaspecten van industriële controle systemen en netwerken"* (3).

Intelligente netten

Intelligente netten ('*smart grids*') zijn een toepassing van geïntegreerde apparaten. Ze helpen onder meer bij het omgaan met decentrale opwekking van energie via zonnecellen, windmolens of door particulieren door snel op fluctuaties te kunnen anticiperen en vraag en aanbod beter op elkaar te kunnen afstemmen. Intelligente netten zijn ICT-infrastructuren voor drinkwater, elektriciteit, gas of warmte die niet alleen (energie)stromen meten, maar ook de (toegestane) consumptie, de onderlinge communicatie, productie en distributie kunnen regelen. Standaard (TCP/IP) netwerktechnologie convergeert zo met industriële controlesystemen. Door deze ontwikkeling wordt telecommunicatie, naast de huidige elektriciteit- en gasnetten, de derde infrastructuur voor energiebedrijven.

Binnen de intelligente netten is de '*slimme meter*' een belangrijke bouwsteen. Deze geeft elektriciteits- en gasstanden op afstand door aan het nutsbedrijf. Via GPRS of het elektriciteitsnet stuurt de ingebouwde software de meterstanden door. Meterstanden hoeven niet meer te worden opgenomen of jaarlijks te worden gemeld. De intelligente netten maken de energieproductie en –distributie niet alleen efficiënter maar levert ook een schat aan gedetailleerde informatie die verder kan worden gebruikt voor allerlei toepassingen bij energiepartijen, zoals de verhandeling van energie en energiemanagementsystemen (23).

Met de komst van intelligente netten neemt de kwetsbaarheid door verstoring van vitale infrastructuur zoals de energievoorziening toe, al dan niet via gerichte DDOS-aanvallen. Lokale energievoorzieningen worden door slimme meters mogelijk kwetsbaar voor cyberaanvallen die relatief weinig technologische kennis vereisen (24). Een risico van slimme meters schuilt ook in de mogelijke schending van privacy van individuele klanten, omdat er in de onderlinge communicatie tussen verschillende apparaten onontkoombaar gegevens worden uitgewisseld waaruit het leefpatroon van personen valt af te leiden. Door misbruik van deze gegevens neemt ook de kans op criminaliteit toe (25).

Een ander gevaar is dat de slimme meters worden gemanipuleerd om fraude te plegen: door het modificeren van de meter of door deze van valse informatie te voorzien, kan via nieuwe hightech methoden illegaal energie worden afgetapt.

2.3 Trends en hun gevolgen

Prelude tot participatie

Consumenten en burgers worden steeds actiever richting organisaties en overheden. We willen serieus worden genomen en inspraak hebben. Nieuwe voldoening halen we in toenemende mate uit het actief consumeren wat inhoudt dat we meedenken met organisaties, eigen producten ontwikkelen, personaliseren enzovoort. Deze trend vervangt de traditionele marketing P's (product, promotie, prijs, plaats) door de P van Participatie. We willen een bijdrage leveren aan de dingen die er voor ons, of ons netwerk, toe doen. De toenemende digitalisering maakt participatie door consumenten steeds eenvoudiger en verlaagt de drempel hiertoe. Organisaties beseffen dat als zij hun klanten de mogelijkheid niet bieden tot actieve participatie zij hele doelgroepen zullen verliezen. Participatie zorgt voor een afname van de kloof tussen consument/burger en organisatie/overheid. Tevens voedt participatie innovatie.

De naakte waarheid

Met het versmelten van de fysieke met de digitale wereld komen ook onze fysieke en digitale profielen bij elkaar. Privacy komt in toenemende mate onder druk te staan en verdient een herdefinitie. Zeggenschap over persoonlijke gegevens wordt schaars omdat informatie steeds toegankelijker is. Privacy houdt in dat persoonlijke gegevens alleen bekend zijn bij het individu op wie het slaat. Het houdt in dat het individu in staat is zelf te bepalen wie persoonlijke gegevens mag inzien. Deze definitie houdt moeilijker stand omdat persoonlijke data steeds toegankelijker is voor derden. Dit komt omdat steeds meer informatie wordt verzameld. Om gebruik te kunnen maken van allerlei aangeboden diensten is men genoodzaakt om persoonlijke gegevens op verschillende plekken achter te laten. Deze digitale footprint is onuitwisbaar. Er ontstaat toenemende wetgeving om individuen beter te beschermen maar dit zal uiteindelijk niet voldoende blijken. Mensen gaan de komende jaren merken in hoeverre de hedendaagse privacy al is aangetast. Er zal de komende jaren een grote weerstand ontstaan tegen het gebruik van intelligente sensoren in het dagelijks leven.

Volledige transparantie

Het volledige handelen van organisaties, overheden, instituten en zelfs individuen wordt inzichtelijk. De eisen van consumenten richting organisaties en overheden zijn sterk aan verandering onderhevig. Er wordt verwacht dat men oprecht en authentiek is, toegankelijk en transparant. Hierbij houdt transparantie in: open over het beleid van de organisatie, pricing van producten, gebruikte grondstoffen, omgang met medewerkers, cultuur, winst enzovoort. Organisaties en overheden moeten in toenemende mate eerlijk communiceren over hun eigen organisatie. Transparantie houdt niet in dat er geen fouten gemaakt mogen worden. De markt begrijpt dat niets en niemand perfect is. We verlaten een tijdperk waarin men kon groeien door 'slecht te doen'. Consumenten zoeken en vinden elkaar en eisen om als gelijkwaardige te worden behandeld. De consument is niet meer afhankelijk van organisaties en kan zichzelf (via het web) met alle benodigde informatie wapenen tegen diezelfde organisaties. De autoriteit wordt bepaald aan de hand van de mate waarin iemand of een instantie wordt aangeraden door anderen. Autoriteit op basis van in het verleden behaald aanzien is verleden tijd.

Manifest van hergroepering

In een wereld in transitie zijn er altijd groepen die vasthouden aan de wereld zoals die was. Er is een maatschappelijke tweedeling tussen de 'vernieuwers' en 'behouders' met vergaande consequenties voor de maatschappij en organisaties. Met het versmelten van technologie in onze leefomgeving zien we ook de vervolgstappen richting een toekomst die gedreven is door technologische vooruitgang en afhankelijkheid. Technologie blijft zich ontwikkelen en neemt haar plaats in onze levens snel, en steeds vaker onzichtbaar, in. De kloof tussen de mensen die hierin mee kunnen omgaan en diegene die dat niet kunnen of willen, lijkt groter te worden. Bedrijven en organisaties – zeker die met een maatschappelijk belang – zullen zich moeten beraden hoe ze met beide groepen in de samenleving aansluiting behouden. Door te veronderstellen dat iedereen behoort tot de 'vernieuwers', zal hele groepen van mensen mogelijk uitsluiten.

Steeds meer mensen waarschuwen voor de vergaande digitalisering en de negatieve gevolgen, zoals ten aanzien van privacy, of ontwikkelen als tegentrend van de digitalisering juist een afkeer van technologie.

> *There is no control over complexity. Each element changes the behaviour of the whole.*
> *(Gigi Tagliapietra, 2012)*

Eenvoud in essentie

Het toevoegen van complexiteit is onbewust in veel branches gemeengoed geworden. Regelgeving, complexe systemen en een toenemende druk op het hebben van een unieke identiteit van producten en diensten zorgden ervoor dat de eenvoud onder druk kwam te staan. Het toevoegen van complexiteit lijkt een randvoorwaarde te zijn geworden voor het succes van organisaties. Een voorbeeld hiervan is uiteraard de financiële branche. Maar dit is niet de enige branche die uitmunt in het creëren van complexe producten. Zo laten de processen tussen burgers en overheid, de zorg en ICT zich eveneens kenmerken door unieke complexe producten en diensten. Nieuwe producten en diensten hebben een voordeel omdat zij met moderne ICT technologie wel eenvoudig realiseerbaar zijn.

3 Wetgeving en bepalingen

Dit hoofdstuk begint met een overzicht van meest relevante wet- en regelgeving. Vervolgens worden een aantal juridische en strafrechtelijke begrippen besproken die veelvuldig de revue passeren of van belang zijn voor het - strafrechtelijk - omgaan met cybercrime. Daarnaast geeft dit hoofdstuk een toelichting bij de strafrechtelijke bepalingen relevant voor de verschillende verschijningsvormen van cybercrime in enge zin. Per strafbepaling wordt aangegeven wat de criteria of aandachtspunten zijn voor strafbaarstelling.

3.1 Overzicht van belangrijkste wet- en regelgeving

Het Nederlands recht is verdeeld in een publiek en een privaat recht. De eerste behartigt de publieke belangen en legt zaken vast zoals de staatkundige inrichting en het administratief recht. Daarnaast omvat dit het materieel (feitelijk) en formeel (procedureel) strafrecht. Het privaat (burgerlijk of civiel) recht regelt de relatie tussen burgers onderling. Het Burgerwetboek is hiervan de belangrijkste.

Mogelijke rechtsbronnen zijn: (i) gewoonte (dit geldt met name in burgerlijk en staatsrecht), (ii) wetten (zoals de Grondwet, organieke wetten zoals voorgeschreven door de grondwet, bijzondere wetten gemaakt door wetgever, formele wetten gemaakt door regering, algemene maatregelen van bestuur (AMVB), Koninklijk Besluiten, verordening gemaakt door provinciale staten of gemeenteraad, of Keur gemaakt door water- of polderschappen), (iii) verdragen (tractaat) welke rechtsreeks bindend zijn, en (iv) jurisprudentie, een arrest van de hoge raad welke leidend maar niet bindend is voor lagere rechters.

> *'Recht' is de kunst van het goede en billijke. Recht bestaat uit het geheel van gedragsregels ter regeling van de uiterlijke gedragingen van mensen in een samenleving, waarbij de dwang tot naleving van die regels door de overheid wordt georganiseerd.*

Dit overzicht geeft een overzicht wetgeving op basis waarvan activiteiten als strafbare gedragingen onder de vlag van cybercrime in enge zin worden gerekend. Daarnaast zijn enkele bepalingen uit het bestuursrecht opgenomen omdat deze veelal worden geassocieerd met misbruik van ICT voorzieningen.

Omgaan met Cybercrime

Voor de volledigheid worden ook enkele wetten aangehaald waarmee rekening dient te worden gehouden bij het herkennen en opsporen van cybercrime. Dit boek gaat verder echter niet uitgebreid in op bevoegdheden van opsporingsinstanties of de wijze van strafvervolging.

3.1.1   Cybercrime-verdrag (CCV)

Omdat cybercrime zich niet tot landsgrenzen beperkt, deden zich vaak vragen voor over de toepasselijkheid van nationale wetgeving en de omvang van de bevoegdheden van nationale opsporingsinstanties.[17] De landen aangesloten bij de Raad van Europa hebben in een Cybercrime-verdrag afgesproken tot een gemeenschappelijk strafrechtelijk beleid te komen, gericht op de bescherming van de samenleving tegen strafbare feiten verbonden met elektronische netwerken. Vooral het tot stand brengen van passende geharmoniseerde wetgeving en het versterken van de internationale samenwerking zijn speerpunten (26).

Het verdrag geeft aan welke gedragingen van cybercrime in enge zin ten minste strafbaar dienen te worden gesteld (art.1 t/m 6 CCV). De meeste van deze gedragingen waren al strafbaar in Nederland door de Wet computercriminaliteit uit 1993 die het Wetboek van Strafrecht (Sr) en het Wetboek van Strafvordering (Sv) wijzigde om de nodige strafbepalingen en bevoegdheden voor computercriminaliteit te regelen. Naar aanleiding van het verdrag is deze wetgeving in 2006 verder geactualiseerd.

Het verdrag beperkt zich niet alleen tot cybercrime in enge zin maar stelt ook dat het invoeren, aanpassen, verwijderen of andere vormen van interfereren met een computer systeem met als doel valsheid in geschrifte (art.7 CCV) of fraude (art.8 CCV) met nadelige gevolgen voor anderen, strafbaar is. Het verdrag stelt ook dat alle vormen van produceren, bezitten of verspreiden van kinderporno strafbaar moet zijn (art. 9 CCV). In een additioneel protocol van 1 maart 2006 bij het Cybercrime-verdrag is ook het doen van racistische en xenofobie uitingen via computersystemen strafbaar gesteld.[18]

Het verdrag strekt zich ook uit naar de bescherming van het auteursrecht en de naburige rechten voor zover de inbreuken moedwillig, op commerciële schaal en met behulp van een computer(systeem) plaatsvinden (art.10 CCV). Nederland heeft dit vastgelegd in de Auteurswet 1912 en in de Wet op de naburige rechten.

---

[17] Zie ook 'Internationale bestrijding cybercrime brengt wetswijzigingen met zich mee' persbericht Ministerie van Justitie 28.11.2000.
[18] http://conventions.coe.int/Treaty/Commun/QueVoulezVous.asp?NT=189&CL=ENG

Het tweede gedeelte van het verdrag bevat bepalingen over formeel strafrecht die zien op het onderzoek van computers en computergegevens, en het onderzoek van telecommunicatie. De bepalingen zijn relevant voor alle vormen van criminaliteit (27). Door de Nederlandse inbedding van het Cybercrime-verdrag vallen de meeste vormen van computercriminaliteit ook onder het Nederland strafwet wanneer een Nederlander ze in het buitenland begaat.

3.1.2 Grondwet

De belangrijkste borging van de rechten van personen, is uiteraard de Grondwet (28). De Grondwet kent klassieke en sociale grondrechten.

Artikel 10 legt het klassieke grondrecht vast op privacy en eerbiediging van de persoonlijke levenssfeer.

Artikel 13 legt het klassieke grondrecht op de onschendbaarheid van brief-telefoon en telegraafgeheim vast en, op basis van latere jurisprudentie, tot op zekere hoogte ook de onschendbaarheid van de vertrouwelijkheid van e-mail (29). De onschendbaarheid van e-mail als zodanig is echter nog niet expliciet vastgelegd in wetgeving.[19]

Artikel 18 legt het sociale grondrecht op rechtsbijstand vast.

Grondwet artikel 13 (*voorgestelde nieuwe tekst*)

1. Ieder heeft recht op eerbiediging van zijn brief- en telecommunicatiegeheim.
2. Beperking van dit recht is mogelijk in de gevallen bij de wet bepaald met machtiging van de rechter, of in het belang van de nationale veiligheid, met machtiging van een of meer bij de wet aangewezen ministers.
3. De wet stelt regels ter bescherming van het brief- en telecommunicatiegeheim.

---

[19] In 2012 is een nieuwe formulering voorgesteld voor artikel 13 van de Grondwet waardoor deze vormen van communiceren onder het formele grondrecht gaan vallen. Beperkingen blijven mogelijk in gevallen door de wet bepaald of waar de nationale veiligheid in het geding is. Alle vormen van elektronische communicatie zullen onder artikel 13 grondwettelijk worden beschermd. Onder 'telecommunicatie' worden zaken gerekend zoals "*e-mail, besloten communicatie via sociale media en de opslag van persoonlijke bestanden in de 'cloud'.*" Afgeschermde Facebook berichten gaan er dus vermoedelijk onder vallen, evenals SMS berichten, chatgesprekken en privé-tweets. Verkeersgegevens, de gegevens *over* de communicatie derhalve, vallen hierbuiten.
Bron: http://www.rijksoverheid.nl/ministeries/bzk/nieuws/2012/09/28/grondwet-gaat-elektronische-vormen-van-communicatie-beschermen.html

3.1.3 Burgerwetboek (Bw)

Het Nieuw Burgerwetboek uit 1992 regelt het materieel privaat (civiel) recht tussen burgers onderling en in de maatschappij. Het legt belangrijke zaken vast zoals de arbeidsovereenkomst, het aannemen van werk, het verrichten van diensten en het bedrijfsreglement.[20]

Het Burgerlijk Wetboek regelt o.a. de volgende zaken die in het kader van het omgaan met cybercrime of bij een onderzoek naar misbruik van ICT voorzieningen een rol kunnen spelen:

* het vergoeden van de schade die een ander lijdt als gevolg van een onrechtmatige daad welke kan worden toegerekend (art.6:162 Bw);
* de werkgever en de werknemer zijn verplicht zich als een goed werkgever en een goed werknemer te gedragen (artikel 7:611 Bw);
* de werkgever kan boete stellen op de overtreding van de voorschriften van de arbeidsovereenkomst indien dit is gesteld en het bedrag van de boete zijn vermeld (artikel 7:650 Bw);
* de werknemer is verplicht zich te houden aan de voorschriften omtrent het verrichten van de arbeid alsmede aan die welke strekken ter bevordering van de goede orde in de onderneming van de werkgever (artikel 7:660 Bw);
* de werknemer die schade toebrengt aan de werkgever of aan een derde is niet aansprakelijk tenzij de schade een gevolg is van opzet of bewuste roekeloosheid (artikel 7:650 Bw).

3.1.4 Wetboek van Strafrecht (Sr)

Sinds 1 september 2006 is de Wet computercriminaliteit II van kracht. Hiermee zijn strafbare gedragingen verankerd in het Nederlandse Wetboek van Strafrecht (Sr) en de opsporingsbevoegdheden in het Wetboek van Strafvordering (Sv). Het Wetboek van Strafrecht bepaalt in welke gevallen er aan mensen of rechtspersonen een straf kan worden opgelegd.

Naast de Wet computercriminaliteit II kunnen misdrijven ook op basis van overige wetgeving worden aangepakt zoals de strafbaarstelling van de vernieling, beschadiging of het onbruikbaar maken van de waterhuishouding (art.161), elektriciteit (art.161bis/ter), luchtvaart (art.162-163/168-169), spoorwegen (art.164-165), scheepvaart (art.166-167) en drinkwater (art.172-173).

---

[20] Het Burgerlijk Wetboek is verdeeld in boeken die met een cijfer worden aangeduid. De artikelen worden per boek genummerd. De indeling in boeken is: 1. Personen- en familierecht, 2. Rechtspersonen, 3. Vermogensrecht in het algemeen, 4. Erfrecht, 5. Zakelijke rechten, 6. Algemeen gedeelte van het verbintenissenrecht, 7. Bijzondere overeenkomsten, 8. Verkeersmiddelen en vervoer, en 10. Internationaal privaatrecht. Boek 9 is vervallen. Een aanduiding als "art.6:162 Bw" betekent: artikel 162 van Boek 6 van het Burgerlijk Wetboek.

Het Wetboek van Strafrecht stelt o.a. de volgende gedragingen strafbaar die tot cybercrime <u>in enge zin</u> worden gerekend:

- het binnendringen in een geautomatiseerd werk (*'computervredebreuk'*) (art.138ab, lid 1);
- het binnendringen in een geautomatiseerd werk en vervolgens kopiëren van gegevens (art.138ab, lid 2);
- het binnendringen in een geautomatiseerd werk via een openbaar telecommunicatienetwerk en vervolgens verder hacken (art.138ab, lid 3);
- het belemmeren van toegang tot een geautomatiseerd werk (art.138b)
- het aftappen of opnemen van gegevens (*'afluisteren'*) (art.139c);
- het ter beschikking stellen of voorhanden hebben van technisch hulpmiddelen bedoeld om het binnendringen van een geautomatiseerd werk, belemmeren van toegang of aftappen te plegen (art.139d, lid2a);
- het ter beschikking stellen of voorhanden hebben van toegangscodes of middelen met als doel om het binnendringen van een geautomatiseerd werk, belemmeren van toegang of aftappen te plegen (art.139d, lid2b);
- het vernielen of een stoornis teweeg brengen in de gang van enig geautomatiseerd werk of enig werk voor telecommunicatie (art.161sexies en 161septies);
- het misbruiken van een publieke telecommunicatiedienst met het oogmerk daarvoor niet volledig te betalen (art.326c);
- het wederrechtelijk veranderen, wissen, onbruikbaar of ontoegankelijk maken van gegevens (art.350a, lid1);
- het ter beschikking stellen of verspreiden van gegevens die schade aanrichten door zichzelf te vermenigvuldigen (*'computervirussen'*) (art350a, lid3).

Daarnaast stelt het Wetboek van Strafrecht de volgende gedragingen strafbaar die tot cybercrime <u>in ruime zin</u> worden gerekend:

- het bezit van gegevens of een voorwerp waarop gegevens staan die door wederrechtelijk aftappen zijn verkregen (art.139e);
- het plaatsen van afluistermiddelen (art.139d, lid 1);

Elke vorm van opzettelijk en wederrechtelijk binnendringen is strafbaar gesteld, ook als daarbij geen beveiliging wordt doorbroken. Bovendien is het ter beschikking stellen of anderszins voorhanden hebben van de technische hulpmiddelen of de wederrechtelijke verkregen gegevens mogelijk strafbaar.

Cybercrime in ruime zin, zoals valsheid in geschrifte of fraude, is op verschillende plaatsen in de wet vastgelegd onder de traditionele wetsartikelen. Artikel 232 Sr stelt bijvoorbeeld het valselijk opmaken of vervalsen van een betaalpas, een waardekaart of een drager van identiteitsgegevens, bestemd voor het verrichten of verkrijgen van betalingen langs geautomatiseerde weg, strafbaar.

3.1.5   Wetboek van Strafvordering (Sv)

Het Wetboek van Strafvordering bepaalt hoe strafbare feiten opgespoord en vervolgd kunnen worden (formeel strafrecht). Wat de strafbare feiten zijn en welke straffen ervoor uitgesproken kunnen worden, is te vinden in het Wetboek van Strafrecht (materieel strafrecht).

Het Wetboek van Strafvordering stelt o.a. de volgende regels vast t.a.v. het doorzoeken ter vastlegging van gegevens:[21]

- de rechter-commissaris, de officier van justitie, de hulpofficier van justitie en de opsporingsambtenaar komt de bevoegdheid toe tot het doorzoeken van plaatsen om gegevens vast te leggen (te kopiëren) die op een gegevensdrager zijn opgeslagen (art.125i);
- het doorzoeken van een geautomatiseerd werk dat met een netwerk verbonden is, mag op afstand plaatsvinden als dit redelijkerwijs nodig is om de waarheid aan de dag te brengen (art.125j, lid 1);
- het onderzoek moet zich beperken tot geautomatiseerd werken (netwerklocaties) waar de normale gebruikers van de doorzochte computer rechtmatig toegang toe hebben, vanaf de plaats (computer) waar de doorzoeking plaatsvindt (art.125j, lid2);
- een persoon (maar niet de verdachte) die kennis draagt van de wijze van beveiliging van een geautomatiseerd werk of (versleutelde) gegevens, kan het bevel krijgen toegang te verschaffen tot de geautomatiseerde werken of (versleutelde) gegevens (art.125k);[22]
- naar gegevens – of in een geautomatiseerd werk waarin zodanige gegevens zijn opgeslagen - die zijn ingevoerd door personen die uit hoofde van hun stand, hun beroep of hun ambt tot geheimhouding verplicht zijn vindt, tenzij met hun toestemming, geen onderzoek plaats (art.125l);
- zodra blijkt dat de gegevens die zijn vastgelegd tijdens een doorzoeking, van geen betekenis zijn voor het onderzoek, worden zij vernietigd (art.125n, lid1);
- als gegevens worden aangetroffen tot welke of met behulp waarvan het strafbare feit is gepleegd, kan de officier van justitie of de rechter-commissaris bepalen dat die gegevens ontoegankelijk worden gemaakt voor zover dit noodzakelijk is ter beëindiging van het strafbare feit of ter voorkoming van nieuwe strafbare feiten (art.125o, lid1).

---

[21] 'Maatregelen ter gelegenheid van een schouw of een doorzoeking', artikel 125 Sv.
[22] In 2012 is door de minister van Veiligheid en Justitie voorgesteld dat "verdachten in (onder andere) kinderpornozaken te verplichten om medewerking te verlenen bij het toegankelijk maken van gegevens op hun computer die met het gebruik van encryptie zijn versleuteld". Dit voorstel vormt echter een ernstige inbreuk op het grondrecht van privacy en het recht dat verdachten niet actief mee hoeven te werken aan hun eigen veroordeling. De invoering hiervan is dan ook nog onzeker.

Belangrijk is op te merken, zoals is vastgesteld bij de Wet computercriminaliteit in 1993, dat ook bij de normale doorzoekingbevoegdheden computers kunnen worden onderzocht en gegevens kunnen worden gekopieerd. Bovendien kunnen door de vermelding van bijna alle computerdelicten in het Sv verdachten in voorlopige hechtenis worden genomen, ook als er minder dan vier jaar gevangenisstraf als maximum voor het feit geldt (art. 67 lid 1 Sv). Hierdoor zijn ook de meeste opsporingsbevoegdheden toepasbaar.

3.1.6   Wet bescherming persoonsgegevens (Wbp)

De rechten en verplichtingen bij de verwerking met persoonsgegevens zijn vastgelegd in de Wbp (30). Deze verplicht organisaties tot het nemen van voorzorgsmaatregelen zodat persoonsgegevens niet ten nadelen van de desbetreffende personen gebruikt kunnen worden. De wet is uitgewerkt in drie verschillende risicoklassen met bijbehorende te nemen maatregelen in adviezen van het College Bescherming Persoonsgegevens (CBP) (31).[23]

In het geval een organisatie vermoedt of constateert slachtoffer te zijn van cybercrime, zal veelal worden overgegaan tot het verzamelen van gegevens alvorens (eventueel) aangifte wordt gedaan. Bij het verzamelen en verwerken van gegevens die kunnen worden herleid tot een bepaald persoon moet rekening worden gehouden met de Wbp. De wet staat dit in het algemeen toe, mits de verwerking zorgvuldig gebeurt, wat onder andere betekent dat alleen de nodige gegevens voor het doel van aangifte mogen worden verzameld en doorgegeven, dat deze goed moeten worden beveiligd, en dat het belang van aangifte zwaarder weegt dan het privacybelang van degene over wie de gegevens gaan.

De Wbp schrijft een aantal zaken in de verwerking van persoonsgegevens voor, waarvan de belangrijkste in de context van ons onderwerp zijn:
- de definitie van een persoonsgegeven als *"elk gegeven betreffende een geïdentificeerde of identificeerbare natuurlijke persoon"* (art.1 Wbp);
- de rol van verantwoordelijke en de verwerker van persoonsgegevens;
- verplichting dat alleen die gegevens worden verwerkt die noodzakelijk zijn voor het doel van de verwerking (*doelbinding*) (art.7 en 9 Wbp);
- het voldoen aan proportionaliteits- en subsidiariteitsbeginsels. Er moet een rechtmatige grondslag zijn voor de verwerking(en) (art.8 Wbp) en de gegevens moeten noodzakelijk voor het doel van de verwerking (art.11 Wbp);
- de specificatie van de bewaartermijn van de gegevens (art.10 Wbp);

---

[23] De verplichting om de verwerking – indien niet deze niet valt onder het Vrijstellingsbesluit - te melden bij het CBP, komt met de invoering van nieuwe Europese regelgeving waarschijnlijk te vervallen.

- het treffen van passende technische en organisatorische maatregelen om persoonsgegevens te beveiligen tegen verlies of tegen enige vorm van onrechtmatige verwerking (art.13 Wbp).
- het verbod op de verwerking van bijzonder persoonsgegevens (art.16 Wbp);[24]
- het verbod om strafrechtelijke persoonsgegevens te verwerken is niet van toepassing wanneer deze ten behoeve van derden worden verwerkt door verantwoordelijken krachtens een vergunning op grond van de Wet particuliere beveiligingsorganisaties en recherchebureaus (art.22 lid4a Wbp).
- een informatieplicht ten aanzien van de registratie en verwerking van persoonsgegevens (art.30 lid 3, 33, 34, 35, 35 en 40 Wbp).
- het recht van betrokkene om gegevens te laten verbeteren, aan te vullen, te doen verwijderen *("het recht om vergeten te worden")*, of om af te laten schermen (art.36 Wbp).
- het onverwijld in kennis stellen van betrokkene(n) en het CBP van een inbreuk waarvan kan worden aangenomen dat die leidt tot een aanmerkelijk risico op verlies of onrechtmatige verwerking (*'meldplicht datalekken'*) (art.34a Wbp).[25]
- een verplichting om een overzicht bij te houden met feiten en gegevens van alle inbreuken (art.34a Wbp).

Het College Bescherming Persoonsgegevens (CBP) kan aan een verantwoordelijke een (bestuurlijke) boete opleggen van ten hoogste € 200.000,- bij een overtreding van de – nieuw in te voeren - meldplicht (art.34a Wbp en art.15.4 Tw).

3.1.7 Telecommunicatiewet (Tw)

Op basis van de Europese Unie richtlijn 2009/136/EG *'Europese Richtlijn privacy en elektronische communicatie'* dienen aanbieders van openbare elektronische communicatienetwerken en -diensten waarborgen te bieden tegen inbreuken op de persoonlijke levenssfeer van abonnees of gebruikers van hun netwerken of diensten (32). In de Europese Richtlijn wordt onder meer aandacht besteed aan de schending van de persoonlijke levenssfeer als gevolg van ongevraagde commerciële communicatie (spam), cookies en spyware. Nederland heeft dit geborgd in de *Telecommunicatiewet* (33).

---

[24] Bijzondere persoonsgegevens zijn gegevens betreffende iemands godsdienst of levensovertuiging, ras, politieke gezindheid, gezondheid, seksuele leven, het lidmaatschap van een vakvereniging, strafrechtelijke persoonsgegevens of gegevens over onrechtmatig of hinderlijk gedrag in verband met een opgelegd verbod naar aanleiding van dat gedrag.
[25] Pas van kracht met de invoering van verwachte nieuwe Europese regelgeving die verplichting om: (i) datalekken van persoonsgegevens per direct (maar binnen 24 uur) te melden aan betrokkenen en autoriteiten (art.34a Wbp), (ii) persoonsgegevens overdraagbaar te maken naar andere dienstverleners, en (iii) gegevens op verzoek te verwijderen.

Spam is niet strafbaar volgens de strafwet in Nederland, het valt onder het bestuursrecht. Er zijn alleen bestuurlijke boetes mogelijk. Overtredingen van het spamverbod vallen strikt genomen niet onder de noemer cybercrime. Toch halen we hier kort het gebruiken van e-mail en cookies (art.11.7 en 11.7a Tw) aan om een vollediger beeld rondom het misbruik van ICT systemen te geven.

De Telecommunicatiewet stelt o.a. de volgende regels vast t.a.v. de bescherming van persoonsgegevens en de persoonlijke levenssfeer:

- de aanbieder[26] zorgt voor de bescherming van persoonsgegevens en de persoonlijke levenssfeer van abonnees en gebruikers van zijn netwerk of dienst ('*zorgplicht*' en '*goed huisvaderschap*') (art.11.2 Tw);
- de aanbieder zorgt voor het vertrouwelijke karakter van de communicatie (art.11.2a, lid1 Tw);
- de aanbieder onthoudt zich van het aftappen, afluisteren of anderszins onderscheppen of controleren van de communicatie tenzij de betrokken abonnee voor deze handelingen zijn uitdrukkelijke toestemming heeft gegeven of voor zover noodzakelijk zijn om de integriteit en de veiligheid van de netwerken en diensten te waarborgen (art.11.2a, lid2 Tw);
- de aanbieder zorgt er voor dat de abonnees worden geïnformeerd over bijzondere risico's voor de doorbreking van de veiligheid of de beveiliging van het aangeboden netwerk of de aangeboden dienst (art.11.3 lid3 Tw);
- de aanbieder stelt het CBP onverwijld in kennis van een inbreuk op de beveiliging die nadelige gevolgen heeft voor de bescherming van persoonsgegevens ('*meldplicht datalekken*') (art.11.3a lid1 Tw);
- de aanbieder stelt degene wiens persoonsgegevens het betreft onverwijld in kennis van een inbreuk in verband met persoonsgegevens indien de inbreuk waarschijnlijk ongunstige gevolgen zal hebben voor diens persoonlijke levenssfeer (art.11.3a lid2 Tw);
- het gebruik van automatische oproepsystemen zonder menselijke tussenkomst, faxen en elektronische berichten voor het overbrengen van ongevraagde communicatie voor commerciële, ideële of charitatieve doeleinden aan abonnees is uitsluitend toegestaan met daarvoor voorafgaand toestemming ('*spam*') (art.11.7 Tw);
- voor het toegang verkrijgen tot, of opslaan van gegevens, in de randapparatuur van een abonnee of gebruiker, dient voorafgaand de gebruiker volledig te worden geïnformeerd én om toestemming te worden gevraagd ('*cookiewet*') (art.11.7a Tw).

---

[26] De aanbieder van een openbaar elektronisch communicatienetwerk of -dienst.

3.1.8   Auteursrechten

Auteursrecht (*'copyright'*) is het recht van de maker of een rechtverkrijgende van een werk van literatuur, wetenschap of kunst om te bepalen hoe, waar en wanneer zijn werk wordt openbaar gemaakt of verveelvoudigd (34). Het auteursrecht ontstaat van rechtswege. Men hoeft niets te deponeren of te registreren. Aanvankelijk was het auteursrecht bedoeld voor de tekst van geschriften van literaire of wetenschappelijke aard, maar door een geleidelijke uitbreiding van het werkingsgebied is het tegenwoordig ook op veel andere zaken van toepassing, zoals toespraken, software, foto's, films, opgenomen muziek, beeldende kunstwerken, bouwwerken en journalistiek werk. Ook de schrijver van een e-mail kan soms via zijn auteursrecht optreden tegen ongewenste publicatie (35).

Opzettelijke schending van het auteursrecht, waaronder wordt verstaan een verveelvoudiging en verspreiding zonder de vereiste voorafgaande toestemming van de rechthebbende, geldt in Nederland als een misdrijf en kan met gevangenisstraf worden bestraft.

De Auteurswet stelt in artikelen 31 t/m 36b o.a. de volgende gedragingen strafbaar die tot cybercrime in ruime zin kunnen worden gerekend:
- inbreuk op auteursrechten (art.31 Auteurswet);
- verspreiden van auteursrechtelijk beschermde werken;
- verspreiden of commercieel voorhanden hebben van middelen om technische beveiligingen van computerprogrammatuur te omzeilen (art.32a Auteurswet).

3.1.9   Wet particuliere beveiligingsorganisaties en recherchebureaus

Soms kan het noodzakelijk zijn om onderzoek te verrichten naar (vermoedens) van cybercrime. Er gelden echter strikte regels t.a.v. het bewaken (monitoren) van computersystemen en telecommunicatienetwerken, het opsporen van cybercrime en het verzamelen van mogelijk bewijsmateriaal. Zo mag een medewerker, een systeembeheerder of de directeur van een bedrijf niet zondermeer in (zakelijke en privé) computerbestanden of e-mail kijken. Het Wetboek van Strafrecht verbiedt beheerders van een openbare of bedrijfscommunicatienetwerk om opzettelijk en wederrechtelijk kennis te nemen van vertrouwelijke communicatie van hun gebruikers (art. 273d Sr). Werkgevers mogen communicatie of internetgebruik van werknemers monitoren maar moeten volgens het goed werkgeverschap (art. 7:611 Bw) dat wel zorgvuldig en proportioneel doen.

Een bedrijf kan een onafhankelijk particulier onderzoeksbureau inschakelen om objectief aan waarheidsvinding te doen. Particuliere onderzoeksbureaus houden zich op commerciële basis bezig met het verrichten van feitenonderzoek in zaken met een privaatrechtelijke, bestuursrechtelijke of strafrechtelijke achtergrond. Het verrichten of aanbieden van recherchewerkzaamheden zonder vergunning van de minister van Veiligheid en Justitie is verboden. Zowel het beveiligingsbedrijf als de ingezette particuliere onderzoekers dienen te beschikken over een vergunning en vallen onder de Wet particuliere beveiligingsorganisaties en recherchebureaus (36) en de aanvullende Regeling particuliere beveiligingsorganisaties en recherchebureaus (37). Een particulier onderzoeker (rechercheur) heeft echter geen extra bevoegdheden, wel verplichtingen.

3.2   Algemene juridische aspecten

In deze paragraaf volgt een uiteenzetting van enige algemene stafrechtelijke begrippen die als een rode draad door het strafrecht lopen. Er wordt kort ingegaan op de volgende begrippen:

- Rechtsbeginselen;
- Misdrijf versus overtreding;
- Opzet versus schuld;
- Wederrechtelijkheid;
- Poging en voorbereiding;
- Deelnemingsvormen;
- Aansprakelijkheid.

3.2.1   Rechtsbeginselen

Het Nederlands recht kent een aantal belangrijke basisbeginselen. Deze worden hier kort opgesomd:

Nemo tenetur-beginsel: Een verdachte kan in beginsel niet gedwongen worden om aan het strafrechtelijk onderzoek of zijn eigen veroordeling mee te werken. Niemand kan worden gedwongen om tegen zichzelf te getuigen of een bekentenis af te leggen. Dit staat in de juridische praktijk bekend als het "verbod op zelfincriminatie".

Presumptie van onschuld: Degene die strafrechtelijk wordt vervolgd, wordt door de vervolgende en rechtsprekende instanties voor onschuldig gehouden, totdat - buiten redelijke twijfel - in rechte zijn schuld is komen vast te staan.

Cautie: De mededeling aan een verdachte dat deze het recht heeft om te zwijgen. Dit om te voorkomen dat een verdachte ongewild meewerkt aan zijn eigen veroordeling.

Legaliteitsbeginsel: Strafbare gedragingen als ook de op te leggen straf moeten in een wettelijke bepaling zijn opgenomen. Dit moet vooraf gaan aan het plegen van het strafbare feit (geen terugwerkende kracht).

Omgaan met Cybercrime

Territorialiteitsbeginsel: Iedereen die zich in Nederland schuldig maakt aan een strafbaar feit (misdrijf en/of overtreding) kan een straf krijgen opgelegd.[27]

Exterritorialiteitsbeginsel: Er gelden uitzonderingen op het territorialiteitsbeginsel op basis van Volkenrecht voor o.a. staatshoofden en gezanten. Deze personen kunnen niet strafrechtelijk worden vervolgd maar wel worden aangehouden en uitgewezen.

Vlagbeginsel: Iedereen die zich buiten Nederland schuldig maakt aan een strafbaar feit (misdrijf en/of overtreding) kan een staf krijgen opgelegd als hij zich bevindt aan boord van een Nederlands vaartuig of luchtvaartuig.

Universaliteitsbeginsel: Iedereen die zich waar dan ook in de wereld bevindt kan een staf krijgen opgelegd voor met name genoemde strafbare feiten.

Domiciliebeginsel: Iedereen van wie de strafvervolging door Nederland is overgenomen op verzoek van een vreemde staat.

Personaliteitsbeginsel: Iedere Nederlander waar dan ook ter wereld die zich schuldig maakt aan met name genoemde misdrijven kan een staf krijgen opgelegd.

Proportionaliteit: De evenredigheid tussen beoogd doel en geschonden rechtsbelang.

Subsidiariteit: Het kiezen voor het minst ingrijpende middel.

3.2.2 Misdrijf versus overtreding

De Nederlandse strafwetgeving kent een onderverdeling in misdrijven en overtredingen. De strafbaarstellingen met betrekking tot de misdrijven staan in Boek II van het Wetboek van Strafrecht. Overtredingen staan in Boek III van het Wetboek van Strafrecht. Het belangrijkste onderscheid tussen misdrijven en overtredingen is dat bij een overtreding nooit hoeft te worden aangetoond dat er sprake is van opzet of verwijtbare nalatigheid; het enkele bewijs van de gedraging volstaat. Bovendien wordt van misdrijven een aantekening gemaakt in het strafblad van de veroordeelde.

Een onderscheid in het kader van de juridische analyse van de verschillende vormen van cybercrime, is de mogelijkheid om poging of medeplichtigheid ten laste te leggen. Op basis van de Nederlandse strafwetgeving kunnen de poging tot en de medeplichtigheid aan een strafbaar feit alleen in relatie tot misdrijven

---

[27] In de juridische context bestaat Nederland uit het landgebied, het luchtruim hierboven, de territoriale wateren tot 12 NM uit de kust, en booreilanden (geen grondgebied wel strafwetgeving van toepassing) op het Nederlands deel van het continentaal plat (zee tot 200m. diep). Daarnaast is het Nederlands recht van toepassing op vaartuigen en luchtvaarttuigen onder Nederlandse vlag.

ten laste worden gelegd. Voor wat betreft de verschillende vormen van cybercrime is er altijd sprake van misdrijven.

Misdrijf	Overtreding
'Gaat in tegen rechtsgevoel'	'Niet houden aan afspraak'
Rechtsdelict	Wetsdelict
Opzet of schuld moet worden bewezen door het Openbaar Ministerie	Opzet of schuld verondersteld aanwezig te zijn
Poging is strafbaar	Poging is niet strafbaar
Medeplichtigheid is strafbaar	Medeplichtigheid is niet strafbaar
Behandeld door arrondissementsrechtbank	Behandeld door kantonrechter
Vrijheidsstraf is gevangenisstraf	Vrijheidsstraf is hechtenis
Verjaring na 6 jaar of langer	Verjaring na 3 jaar (art.70 Sr)

Tabel 1, Misdrijf versus overtreding

3.2.3 Opzet versus schuld

In een aantal wetsartikelen komt het woord *'opzet'* of *'schuld'* voor. Dit zijn niet alleen twee belangrijke verschillende juridische begrippen maar bovendien begrippen die allebei weer verschillende gradatie kennen (38).

> **Gradaties in opzet (*dolus*) en schuld (*culpa*)**
>
> Artikel 161sexies Sr betreft de *opzettelijke* vernieling van een publiek geautomatiseerd werk of werk voor telecommunicatie. Artikel 161septies Sr echter beschrijft de vernieling van een publiek geautomatiseerd werk of werk voor telecommunicatie door *schuld* (culpose variant). Ook voor de vernieling, het veranderen of onbruikbaar maken van gegevens wordt dit onderscheid gemaakt. In artikel 350a Sr is opzet vereist, in artikel 350b Sr dient er sprake te zijn van het veranderen, vernielen of onbruikbaar maken door schuld.

Opzet

* *Oogmerk, opzet en voornemen*
  Indien één van deze woorden voorkomt in een strafbepaling dan wordt daarmee gedoeld op een vorm van opzet waarbij de dader de bewuste wil heeft om op een bepaalde wijze te handelen of iets na te laten. De gedraging moet dan ook voortvloeien uit een wilsbesluit. Deze vorm van opzet wordt ook wel samengevat als *"willens en wetens"*: de dader wist zeker dat zijn handelen of nalaten een bepaald gevolg zou doen intreden en heeft dat gevolg ook gewild. Wanneer ongewild of ongeweten gehandeld is, is er dus geen sprake van opzet in de zwaarste vorm.

- Een lichtere variant van opzet is het zogenaamde *voorwaardelijke opzet*. Dit houdt in dat een dader weliswaar er niet bewust voor kiest om de gevolgen van zijn handelen of nalaten te doen intreden, maar dat hij zich wel willens en wetens blootstelt aan de aanmerkelijke kans dat een bepaald gevolg zal intreden. Het 'op de koop toenemen' van een bepaald gevolg wordt dus ook als opzet beschouwd.
Daarnaast kent de wet ook het *noodzakelijkheidsbewustzijn*: de dader had zich moeten beseffen dat bepaalde consequenties eigenlijk onvermijdelijk waren als gevolg van een door hem verrichte handeling of nalaten.

Schuld

Onvoorzichtige gedragingen kunnen zowel door een handelen als door een nalaten worden begaan. Naast de *onachtzaamheid* die aanwezig moet zijn is het voor de beantwoording van de schuldvraag ook van belang dat deze onachtzaamheid - die ligt besloten in de schuld - ook *verwijtbaar* is. Met andere woorden: kon de dader weten dat zijn handelen vernieling of verandering van bijvoorbeeld een geautomatiseerd werk tot gevolg had?

Ook bij schuld bestaan er verschillende gradaties. De zwaarste vorm van schuld omvat bewuste en onbewuste schuld. In dit geval kan iemand geacht worden om te weten dat iets zou kunnen gebeuren. Schuld bestaat in dit geval uit het begaan hebben van een strafbare gedraging of onachtzaamheid van de dader (38).

De kern van de schuld (*culpa*) wordt gevormd door onvoorzichtigheid, onachtzaamheid of nalatigheid (39).

3.2.4   Wederrechtelijkheid

In diverse wetsartikelen is het begrip '*wederrechtelijk*' opgenomen. In artikel 138ab Sr moet er bijvoorbeeld sprake zijn van '*opzettelijk en wederrechtelijk binnendringen*'. Wederrechtelijkheid betekent 'in strijd met het geschreven of ongeschreven recht, of zonder daartoe gerechtigd te zijn'. De wederrechtelijkheid ontbreekt wanneer (i) men (legitieme) toestemming had om de gedraging te verrichten, (ii) als is gehandeld in noodweer of noodtoestand, (iii) of als gehandeld op grond van een wettelijk voorschrift of een bevoegd gegeven ambtelijk bevel.

In het geval het begrip 'opzet' vóór het begrip 'wederrechtelijk' in een wetsartikel staat, betekent dit dat het opzet zowel op de wederrechtelijkheid als de strafbare gedraging slaat. In het geval het woordje '*en*' tussen het begrip 'opzet' en 'wederrechtelijk' staat, hoeft niet te worden bewezen dat de dader ook wist dat de gedraging wederrechtelijk was. De opzet slaat in dit geval niet op de wederrechtelijkheid.

3.2.5   Poging en voorbereiding

Bij misdrijven is ook een *poging* tot die misdrijven strafbaar (art.45, lid 1 Sr). Bij poging moet er sprake zijn van een voornemen van de dader en een begin van uitvoering van de daad. Het voornemen mag gelijk gesteld worden met (voorwaardelijk) opzet. Er is sprake van een begin van uitvoering als de gedragingen, objectief bekeken, gericht zijn op de voltooiing van het misdrijf.

Om te kunnen spreken van een poging dienen het middel en het object wel enigszins deugdelijk te zijn, anders is er sprake van een ondeugdelijke poging. De poging kan daarbij *relatief* of *absoluut* ondeugdelijk zijn: (i) Bij een relatief ondeugdelijke poging deugt het gebruikte middel en het object, maar de manier waarop beide tot elkaar worden gebracht niet. (ii) Bij een *absoluut* ondeugdelijke poging is hetzij het middel, hetzij het object op zichzelf geheel ondeugdelijk. Slechts de absoluut ondeugdelijke pogingen zijn niet strafbaar.

Ook het *voorbereiden* van een misdrijf is strafbaar. Het misdrijf moet dan wel strafbaar zijn met een gevangenisstraf van acht jaren of meer én de dader moet opzettelijk voorwerpen, stoffen, informatiedragers, ruimten of vervoermiddelen bestemd tot het begaan van dat misdrijf verwerven, vervaardigen, invoeren, doorvoeren, uitvoeren of voorhanden hebben (art.46 lid1, Sr).

Als maximumstraf bij poging geldt de hoofdstraf die op het misdrijf gesteld is, verminderd met een derde (art.45, lid 2 Sr) en bij voorbereiding met de helft (art.46, lid 2 Sr). Indien een dader zelf - uit vrije wil, dus niet bijvoorbeeld door arrestatie - afziet van het verder daadwerkelijk uitvoeren en voltooien van het misdrijf, bestaat er geen voorbereiding of poging. Hij kan hiervoor dan dus niet worden bestraft (art.46b, Sr).

3.2.6   Deelnemingsvormen

Bij verschillende vormen van cybercrime kan sprake zijn van één van de in het Wetboek van Strafrecht omschreven deelnemingsvormen aan strafbare feiten. . Er bestaat een onderscheid tussen daderschap en medeplichtigheid.
Artikel 47 Sr omschrijft de verschillende categorieën *daders*, te weten zij die het feit (misdrijf of overtreding):

- *plegen*; de materiële dader, ofwel degene die het strafbare feit zelf pleegt;
- *doen plegen*; de intellectuele dader die iemand anders (dwingend) doet plegen;
- *medeplegen*; twee of meer personen plegen gezamenlijk een strafbaar feit door bewuste samenwerking of gezamenlijke uitvoering;
- *uitlokken*; degene die door giften, beloften, misbruik van gezag, geweld, bedreiging, of misleiding of door het verschaffen van gelegenheid, middelen of inlichtingen het feit opzettelijk uitlokt.

Omgaan met Cybercrime

Van *medeplichtigheid* is sprake indien iemand opzettelijk direct behulpzaam is bij het plegen van het misdrijf, dan wel indirecte door opzettelijk gelegenheid, middelen of inlichtingen te verschaffen tot het plegen van het misdrijf (art.48 Sr). Iemand verleent hierbij dus opzettelijk hulp bij een misdrijf dat door een ander wordt gepleegd maar niet zodanig dat hij zelf als dader (medepleger) wordt beschouwd.

Bij de verschillende vormen van daderschap (art. 47 Sr) geldt de maximumstraf voor het misdrijf. Als maximumstraf bij medeplichtigheid geldt de hoofdstraf die op het misdrijf gesteld is, verminderd met een derde (art.49, lid 2 Sr). Bij een overtreding is medeplichtigheid is niet strafbaar, medeplegen of uitlokken wel.

Samenspanning bestaat zodra twee of meer personen overeengekomen zijn om het misdrijf te plegen (art.80 Sr).

3.2.7   Strafmaat

In het Wetboek van Strafrecht kunnen mogelijk twee soorten van strafmaat zijn vermeld bij een artikel: een gevangenisstraf en/of een geldboete. De hoogte van de geldboete is vermeld als een categorie, waarvan de hoogte in artikel 23 Sr zijn opgenomen, te weten:[28]

- de eerste categorie,   € 390,-
- de tweede categorie,   € 3.900,-
- de derde categorie,   € 7.800,-
- de vierde categorie,   € 19.500,-
- de vijfde categorie,   € 78.000,-
- de zesde categorie,   € 780.000,-

3.2.8   Verhalen van schade

Onder het Burgerlijk wetboek kan (financiële) schade die ontstaat als gevolg van de handelingen van een dader, worden verhaald. Er moet hierbij kunnen worden aangetoond dat er ook echt schade is ontstaan. Zo is het bijvoorbeeld lastig om financiële schade aan te tonen als iemand inbreekt op een draadloze netwerkverbinding en deze vervolgens gebruikt om het internet op te gaan. Hierbij is het moeilijk om aan te tonen dat schade voor de eigenaar is ontstaan omdat een verlies aan bandbreedte niet kwantificeerbaar is.

Kan de schade als gevolg van een onrechtmatige daad wel worden aangetoond, dan kan dit in een civiele procedure worden verhaald (art.6:162 Bw). Daarnaast

---

[28] Bedragen geldend per 1 januari 2012.

kan een *'verzoek tot voeging'* worden ingediend bij de Officier van Justitie om de civiele zaak toe te voegen aan een lopende strafzaak (art.51a Sv).

3.2.9   Aansprakelijkheid en schuld van de eigenaar

Eigenaren van computersystemen of netwerken zijn in beginsel aansprakelijk voor alles wat vanaf zijn computer of (draadloze) netwerk gebeurt. Onder artikel 6:162 van het Burgerlijk Wetboek gelden een drietal gronden waarop een bepaalde schadeveroorzakende gedraging als onrechtmatig kan worden aangemerkt: (i) een inbreuk op een recht, (ii) of een doen of nalaten in strijd met een wettelijke plicht, (iii) of een doen of nalaten in strijd met hetgeen volgens ongeschreven recht in het maatschappelijk verkeer betaamt. In dit laatste geval wordt hier ook wel gesproken van betamelijkheids- of zorgvuldigheidsnormen.[29]

Op basis hiervan kan bijvoorbeeld de eigenaar die de voordeur van zijn draadloze netwerk wagenwijd open laat staan, beticht worden van onvoorzichtig handelen. De eigenaar had moeten weten dat daar tegenwoordig gemakkelijk misbruik van gemaakt kan worden. Hierbij spelen de individuele omstandigheden een belangrijke rol, zoals de expertise van de eigenaar, mogelijkheden tot voorkoming en normaal gebruik van WiFi. Als aan deze voorwaarden voldaan wordt en de eigenaar kan het slachtoffer op geen enkele manier richting de daadwerkelijke dader wijzen, kan de eigenaar eventueel zelf aansprakelijk worden gesteld.

Een eigenaar van een systeem kan ook strafbaar zijn voor het veroorzaken van stoornis in de gang of werking van een geautomatiseerd werk van een ander door schuld. Zo kan bijvoorbeeld degene die het mogelijk maakt dat er sprake is van een *open web proxy* of *mail relay* strafbaar zijn op grond van artikel 161septies Sr.

Schuld kan ontstaan door onachtzaamheid. Van onachtzaamheid is sprake indien men een netwerk open laat staan. Hierdoor wordt namelijk de mogelijkheid gecreëerd dat een ander toegang krijgt tot het netwerk. In het geval van onachtzaamheid moet voor de beantwoording van de schuldvraag nog wel worden bewezen dat deze onachtzaamheid ook verwijtbaar is. Met andere woorden, kon de rechthebbende weten dat het feit dat hij zijn netwerk heeft laten openstaan heeft geleid tot stoornis in de gang of werking van het (computer)systeem.

---

[29] Zie ook http://www.iusmentis.com/aansprakelijkheid/onrechtmatigedaad/

3.3 Cybercrime in enge zin

Strafrechtelijke bepalingen uit het Wetboek van Strafrecht die van toepassing kunnen zijn bij cybercrime in enge zin, bevatten de volgende hoofdcategorieën:

- Binnendringen in een geautomatiseerd werk;
- Stoornis in de gang of werking van een (publiek) geautomatiseerd werk;
- Onbruikbaar maken, veranderen of aantasten van gegevens;
- Afluisteren.

Per categorie volgt een weergave van het integrale artikel of artikelen uit het Wetboek van Strafrecht en een uiteenzetting van de criteria waaraan moet worden voldaan om van een strafbaar feit te kunnen spreken.

3.3.1 Binnendringen in een geautomatiseerd werk

Het binnendringen in een geautomatiseerd werk (*computervredebreuk*) is strafbaar gesteld in artikel 138ab Sr.[30]

Artikel 138ab Sr

1. Met gevangenisstraf van ten hoogste een jaar of geldboete van de vierde categorie wordt, als schuldig aan computervredebreuk, gestraft hij die opzettelijk en wederrechtelijk binnendringt in een geautomatiseerd werk of in een deel daarvan. Van binnendringen is in ieder geval sprake indien de toegang tot het werk wordt verworven:
   a. door het doorbreken van een beveiliging,
   b. door een technische ingreep,
   c. met behulp van valse signalen of een valse sleutel, of
   d. door het aannemen van een valse hoedanigheid.

2. Met gevangenisstraf van ten hoogste vier jaren of geldboete van de vierde categorie wordt gestraft computervredebreuk, indien de dader vervolgens gegevens die zijn opgeslagen, worden verwerkt of overgedragen door middel van het geautomatiseerd werk waarin hij zich wederrechtelijk bevindt, voor zichzelf of een ander overneemt, aftapt of opneemt.

3. Met gevangenisstraf van ten hoogste vier jaren of geldboete van de vierde categorie wordt gestraft computervredebreuk gepleegd door tussenkomst van een openbaar telecommunicatienetwerk, indien de dader vervolgens
   a. met het oogmerk zichzelf of een ander wederrechtelijk te bevoordelen gebruik maakt van verwerkingscapaciteit van een

---

[30] Ingevoerd in 1993 als art. 138a Sr; bij wet van 24 juli 2010 is dit opnieuw genummerd in art. 138ab.

> geautomatiseerd werk;
> b. door tussenkomst van het geautomatiseerd werk waarin hij is
>   binnengedrongen de toegang verwerft tot het geautomatiseerd
>   werk van een derde.

Toelichting

Er is sprake van opzettelijk binnendringen in een computer als de *wil* van de dader
gericht is op het binnendringen. Het binnendringen in een computer is te
vergelijken met het binnendringen in een woning. Van huisvredebreuk is sprake
als men binnengaat *tegen* de wil van de bewoner. De wil kan blijken uit woorden
of uit daden.

Met dit artikel is elke vorm van opzettelijk en wederrechtelijk binnendringen
strafbaar gesteld, ook als daarbij geen beveiliging wordt doorbroken. Wel moet er
expliciet sprake zijn van een geautomatiseerd werk, of wel een inrichting die
bestemd is om langs elektronische weg gegevens: (i) op te slaan, (ii) te verwerken
én (iii) over te dragen.

> *In een rechtszaak in maart 2011 (waarbij een scholier werd bestraft voor het*
> *online plaatsen van dreigementen) stelde het Hof in Den Haag dat het niet*
> *strafbaar is om mee te liften op het wifi-netwerk van anderen, ook niet als dat*
> *netwerk beveiligd is. Naar het oordeel van de rechter is wel toegang verschaft*
> *tot de router en gebruik gemaakt van andermans internetverbinding. Echter – zo*
> *oordeelde de rechter – is de router een apparaat dat alleen bestemd is voor het*
> *overdragen van gegevens. Het op slaan valt buiten die beschrijving en om die*
> *reden valt de router niet onder een geautomatiseerd werk. Volgens het Hof is het*
> *pas strafbaar op het moment dat naast het gebruik maken van de*
> *internetverbinding tevens wordt rondgeneusd in iemands computer. Dan pas is*
> *er namelijk sprake van computervredebreuk of wel het "binnendringen op een*
> *geautomatiseerd werk".* [31]

De opsomming onder lid 1, met de woorden 'in ieder geval', is niet-limitatief. Het
doorbreken van een beveiliging of het gebruik van een technische ingreep, valse
signalen of hoedanigheid is dus geen noodzakelijke voorwaarde. Het is wel een

---

[31] Het oordeel is gebaseerd op – verouderde - wetsgeschiedenis waarbij twee artikelen worden
aangehaald waarvan er één stamt uit 1990 en één uit 1989. Moderne routers voldoen tegenwoordig op
alle fronten aan de voorwaarden gesteld aan een geautomatiseerd werk. Deze uitspraak van het Hof in
Den Haag is dan ook in cassatie bij de Hoge Raad.
http://zoeken.rechtspraak.nl/resultpage.aspx?snelzoeken=true&searchtype=ljn&ljn=BP7080&u_ljn=
BP7080

voldoende voorwaarde: het enkel doorbreken van een beveiliging is voldoende om van binnendringen te spreken.

Bij het toegang verwerven tot een computer door middel van het gebruik van een valse hoedanigheid kan bijvoorbeeld worden gedacht aan het gebruik van het wachtwoord en de gebruikersnaam van een ander. Een veelgebruikte manier om deze gegevens te ontfutselen betreft het zogenaamde *'social engineering'*. Via een listige manier worden deze gegevens van een ander verkregen, bijvoorbeeld door zich voor te doen als systeembeheerder die deze gegevens nodig heeft van een gebruiker ten behoeve van het onderhoud aan het systeem.

Van een technische ingreep is bijvoorbeeld sprake als er wordt binnengedrongen door middel van een speciaal daarvoor geschreven programma. Een voorbeeld van valse signalen of een valse sleutel betreft het gebruik van een zelf gegenereerde toegangscode die wordt geaccepteerd door het computersysteem of een (geldig) wachtwoord dat de persoon in kwestie niet behoort te hebben.

Strafmaat

Indien aan bovengenoemde criteria voldaan is, kan de rechter ten hoogste een jaar gevangenisstraf of een geldboete van maximaal € 19.500,- opleggen.

De straf wordt verhoogd indien iemand na het binnendringen de in het geautomatiseerde werk opgeslagen gegevens overneemt, opneemt of aftapt. De rechter kan in dat geval vier jaren gevangenisstraf of een geldboete van maximaal € 19.500,- opleggen. Een voorbeeld van het overnemen en vastleggen van gegevens is wanneer de dader de gegevens uit de computer waar hij heeft ingebroken kopieert en overbrengt op een eigen gegevensdrager (zoals een harde schijf).

Deze strafverzwarende omstandigheid is vaak aan de orde. Er wordt immers niet vaak in een geautomatiseerd werk ingebroken zonder dat er vervolgens gegevens worden overgenomen, vastgelegd of gewist. In dit laatste geval is ook sprake van het misdrijf aantasting van gegevens (artikel 350a en 350b Sr).

Een andere strafverzwarende omstandigheid, met dezelfde maximumstraffen, betreft het geval dat iemand via een openbaar telecommunicatienetwerk – dus geen intern bedrijfsnetwerk - heeft ingebroken in een geautomatiseerd werk en hij vervolgens één van de volgende twee acties onderneemt:

- gebruik maken van de verwerkingscapaciteit van een geautomatiseerd werk met het doel om zichzelf te bevoordelen.
- gebruik maken van het geautomatiseerd werk waarin hij is binnengedrongen, om binnen te dringen in het geautomatiseerde werk van een derde.

De achterliggende gedachte van deze strafverhoging is ontstaan toen computer rekenkracht nog relatief schaars en dus duur was. Bovendien is het misbruiken van een computer via het internet hiermee strafbaar op grond van het binnendringen in een geautomatiseerd werk. Daarnaast is voor strafverhoging gekozen omdat het bij een keten van computerinbraken moeilijk is om de bron te achterhalen, en justitie daarom aftapbevoegdheden moet kunnen inzetten.

3.3.2 Stoornis in de gang of werking

Belemmeren van de toegang of het gebruik

Het belemmeren van de toegang tot of het gebruik van een geautomatiseerd werk doormiddel van het aanbieden of toezenden van gegevens is strafbaar gesteld in artikel 138b Sr.

Artikel 138b Sr

Met gevangenisstraf van ten hoogste een jaar of geldboete van de vierde categorie wordt gestraft hij die opzettelijk en wederrechtelijk de toegang tot of het gebruik van een geautomatiseerd werk belemmert door daaraan gegevens aan te bieden of toe te zenden.

Toelichting

Deze bepaling richt zich in het bijzonder op het strafbaar stellen van zogenaamde DDoS aanvallen (*distributed denial-of-service*) en bijvoorbeeld *'e-mail bombing'*.

Op basis van artikel 138b Sr kunnen de volgende criteria voor strafbaarstelling worden onderscheiden:

1. opzettelijk en wederrechtelijk de toegang tot of het gebruik van een geautomatiseerd werk belemmeren;
2. door middel van het aanbieden of het toezenden van gegevens.

"Opzettelijk en wederrechtelijk" betekent in dit verband dat de dader opzet had om de toegang tot of het gebruik van het geautomatiseerde werk te belemmeren, ongeacht of hij op de hoogte was van het feit dat hij daarmee een wederrechtelijke handeling uitvoerde.

"De toegang tot of het gebruik van (...) belemmeren" wijst erop dat dit artikel bewust is geschreven met het oog op (D)DoS-aanvallen. De brede scope van de definitie heeft tot doel om zoveel mogelijk (D)DoS-vormen eronder te brengen. Dergelijke aanvallen kennen namelijk weliswaar een soortgelijke aanvalstechniek, maar ze kunnen zeer verschillende doelen en uitwerkingen hebben. Het aanbieden of toezenden van gegevens is eveneens een voorbeeld van de bewust gekozen brede definitie. Semantische discussies over wat precies verstaan moet worden onder de term "toezenden" zijn daardoor overbodig.

Naast DoS-aanvallen ziet artikel 138b Sr ook op het platleggen van een mailbox door enorme hoeveelheden gegevens toe te zenden (een e-mailbom). Spam is echter niet strafbaar op basis van dit artikel, behalve als het opzettelijk wordt toegezonden om de mailbox van de gebruiker te verstoppen.

Dit artikel is breder van toepassing dan artikel 161sexies Sr (zie hierna), aangezien voor toepasselijkheid van dat laatste artikel sprake moet zijn van een openbaar belang of van gevaar voor goederen of leven.

Strafmaat

Indien een dader strafbaar is onder art. 138b Sr kan hij maximaal een jaar gevangenisstraf opgelegd krijgen of een geldboete van maximaal € 19.500,

Stoornis in de gang of werking van een publiek geautomatiseerd werk

Naast artikel 138b, is het veroorzaken van stoornis in de gang of werking ook strafbaar gesteld in de artikelen 161sexies en 161septies Sr. Met deze artikelen wordt de ongestoorde automatische opslag, verwerking en overdracht van gegevens beschermd, voor computers of gegevens met een publiek belang (bijvoorbeeld nuts- of overheidsdiensten) of waarbij levensgevaar dreigt. Het Wetboek van Strafrecht onderscheidt hierbij de situatie waarin iemand *opzettelijk* een werk vernielt (art.161sexies Sr) van de situatie dat dit niet opzettelijk gebeurt, maar waarbij de dader verwijtbaar nalatig is (art.161septies Sr).

Artikel 161sexies: opzet

Het opzettelijk veroorzaken van stoornis van een computer of openbaar telecommunicatienetwerk is strafbaar gesteld in artikel 161sexies Sr.

> **Artikel 161sexies Sr**
>
> 1. Hij die opzettelijk enig geautomatiseerd werk of enig werk voor telecommunicatie vernielt, beschadigt of onbruikbaar maakt, stoornis in de gang of in de werking van zodanig werk veroorzaakt, of een ten opzichte van zodanig werk genomen veiligheidsmaatregel verijdelt, wordt gestraft:
>
>   1°. met gevangenisstraf van ten hoogste een jaar of geldboete van de vijfde categorie, indien daardoor wederrechtelijk verhindering of bemoeilijking van de opslag, verwerking of overdracht van gegevens ten algemene nutte of stoornis in een openbaar telecommunicatienetwerk of in de uitvoering van een openbare

---

telecommunicatiedienst, ontstaat;

2°. met gevangenisstraf van ten hoogste zes jaren of geldboete van de vijfde categorie, indien daarvan gemeen gevaar voor goederen of voor de verlening van diensten te duchten is;

3°. met gevangenisstraf van ten hoogste negen jaren of geldboete van de vijfde categorie, indien daarvan levensgevaar voor een ander te duchten is;

4°. met gevangenisstraf van ten hoogste vijftien jaren of geldboete van de vijfde categorie, indien daarvan levensgevaar voor een ander te duchten is en het feit iemands dood ten gevolge heeft.

2. Met gevangenisstraf van ten hoogste een jaar of geldboete van de vijfde categorie wordt gestraft hij die, met het oogmerk dat daarmee een misdrijf als bedoeld in het eerste lid wordt gepleegd:

a. een technisch hulpmiddel dat hoofdzakelijk geschikt gemaakt of ontworpen is tot het plegen van een zodanig misdrijf, vervaardigt, verkoopt, verwerft, invoert, verspreidt of anderszins ter beschikking stelt of voorhanden heeft, of

b. een computerwachtwoord, toegangscode of daarmee vergelijkbaar gegeven waardoor toegang kan worden verkregen tot een geautomatiseerd werk of een deel daarvan, verkoopt, verwerft, verspreidt of anderszins ter beschikking stelt of voorhanden heeft.

Toelichting

Bij het opzettelijk veroorzaken van stoornis van een computer of openbaar telecommunicatienetwerk gaat het om:
1. het beschadigen of onbruikbaar maken van een geautomatiseerd werk, of
2. het vernielen van een geautomatiseerd werk, of
3. het buiten werking stellen van een veiligheidsmaatregel die ten opzichte van het geautomatiseerde werk is genomen.

Op basis van artikel 161sexies Sr zijn deze handelingen alleen strafbaar als een bepaald *gevolg* optreedt. Afhankelijk van de ernst van het gevolg staan er zwaardere strafmaxima op de gedraging. Het gaat om:
- De opslag of verwerking van gegevens ten algemene nutte (bijvoorbeeld van www.overheid.nl of van vitale infrastructuur zoals een elektriciteitscentrale) wordt verhinderd of bemoeilijkt, er ontstaat stoornis in een openbaar

69

telecommunicatienetwerk of er ontstaat stoornis in de uitvoering van een openbare telecommunicatiedienst;

- Er bestaat gemeen (vanuit het publiek belang gezien) gevaar voor goederen of voor de verlening van diensten;
- Er bestaat levensgevaar voor een ander;
- Er bestaat levensgevaar voor een ander en het feit heeft iemands dood ten gevolge.

Artikel 161septies: schuld

Het – per ongeluk - veroorzaken van stoornis van een computer of openbaar telecommunicatienetwerk is mogelijke strafbaar onder artikel 161septies Sr.

Artikel 161septies Sr

Hij aan wiens schuld te wijten is dat enig geautomatiseerd werk of enig werk voor telecommunicatie wordt vernield, beschadigd of onbruikbaar gemaakt, dat stoornis in de gang of in de werking van zodanig werk ontstaat, of dat een ten opzichte van zodanig werk genomen veiligheidsmaatregel wordt verijdeld, wordt gestraft:

1°. met gevangenisstraf van ten hoogste zes maanden of geldboete van de vierde categorie, indien daardoor verhindering of bemoeilijking van de opslag, verwerking of overdracht van gegevens ten algemenen nutte, stoornis in een openbaar telecommunicatienetwerk of in de uitvoering van een openbare telecommunicatiedienst, of gemeen gevaar voor goederen of voor de verlening van diensten ontstaat;

2°. met gevangenisstraf van ten hoogste een jaar of geldboete van de vierde categorie, indien daardoor levensgevaar voor een ander ontstaat;

3°. met gevangenisstraf van ten hoogste twee jaren of geldboete van de vierde categorie, indien het feit iemands dood ten gevolge heeft.

Toelichting

De criteria voor strafbaarstelling voor de veroorzaking van stoornis in het geautomatiseerd werk verschillen niet van die van artikel 161sexies Sr, anders dan dat er in dit artikel sprake is van *schuld* in plaats van opzet.

De term 'opzettelijk' (art.161sexies) geeft aan dat de wil van de dader gericht moet zijn op het veroorzaken van stoornis in de gang of in de werking van een geautomatiseerd werk. Het betreft hier elke vorm van opzet, inclusief 'voorwaardelijk opzet' (het 'op de koop toenemen' dat de stoornis optreedt).

Bij schuld (art.161septies) gaat het om verwijtbare nalatigheid, bijvoorbeeld als de systeembeheerder van elektriciteitscentrale dusdanig slordig is dat er brandgevaar dreigt wegens defecte computeraansturing.

Een voorbeeld van een veiligheidsmaatregel is een technische voorziening zoals een firewall, logische toegangsbeveiliging zoals username en password of het gebruik van encryptie maar het kunnen ook de safety en besturingssystemen zijn om een industrieel proces veilig te kunnen laten plaatsvinden (zoals industriële controle systemen, SCADA of DCS).

Bij het verhinderen of bemoeilijken van de opslag of verwerking van gegevens ten algemene nutte dient het te gaan om werken die iedereen ten diensten staan, dus niet de computersystemen die binnen een organisatie worden gebruikt. Als bijvoorbeeld met die systemen een openbare dienst verleend wordt, dan is dit 'ten algemene nutte' (40). Dit laatste is bijvoorbeeld van groot belang voor overheidsinstellingen. Steeds meer contacten met de burger vinden immers geautomatiseerd plaats of worden geautomatiseerd afgehandeld, bijvoorbeeld de aangifte bij de belasting, het opvragen van informatie en huursubsidie.

Het teweeg brengen van gemeen gevaar voor de verlening van diensten is strafbaar gesteld omdat dit in economisch opzicht in de informatiemaatschappij van vergelijkbaar belang is als de productie en handel in goederen (39). Een voorbeeld van gemeen gevaar is de storing van een computernetwerk van de elektriciteit- of watervoorziening dan wel een ander vitale infrastructuur.[32]

Voorbereidingshandelingen

In navolging van het Cybercrime-verdrag is het misbruik van hulpmiddelen strafbaar gesteld.[33] Het gaat om voorbereidingshandelingen voor het veroorzaken van stoornis in de gang van een publiek geautomatiseerd werk. Hiervoor is artikel 161sexies uitgebreid met lid 2.

In dit artikel is strafbaar gesteld het maken, verkrijgen, verspreiden of bezitten van hulpmiddelen om bijvoorbeeld een DoS-aanval te plegen of computers te saboteren om daarmee een publieke voorziening te treffen. Ook het bezit van wachtwoorden of toegangscodes die geschikt zijn om het genoemde delict uit te kunnen voeren is strafbaar. Een aanvullend criterium voor de strafbaarstelling is dat iemand de hulpmiddelen moet maken, (ver)kopen of bezitten met het

---

[32] In de rechtspraak is in het verleden een DDoS-aanval op de webpagina van een e-winkel onder art. 161sexies gebracht, maar dat was voordat art. 138b Sr was ingevoerd en past niet goed bij het 'gemeengevaarlijke' karakter van art. 161sexies en 161septies.
[33] Artikel 139d lid 2 en 3 en artikel 161sexies lid 2 Sr zijn hiervoor toegevoegd.

oogmerk (dus willens en wetens) dat er daadwerkelijk een delict zoals bedoeld in artikel 161sexies lid 1 mee zal worden gepleegd. Deze bedoeling zal moeten blijken uit zijn woorden, daden of uit de omstandigheden van het geval..

Strafmaat

In beide artikelen wordt een opsomming gegeven van de gevolgen die kunnen optreden naar aanleiding van het veroorzaken van stoornis in een geautomatiseerd werk. De strafbaarstelling is gebaseerd op het optreden van één van deze gevolgen. Afhankelijk van de gevolgen die intreden in het geval van het opzettelijk veroorzaken van stoornis in de gang of in de werking van een geautomatiseerd werk kan de strafmaat variëren van een gevangenisstraf van ten hoogste één tot vijftien jaar of een geldboete van € 78.000,-.

Als sprake is van schuld in plaats van opzet, ligt de strafmaat een stuk lager. Evenals bij het opzettelijk veroorzaken van stoornis in een geautomatiseerd werk is bij het veroorzaken van stoornis door schuld de strafmaat afhankelijk van de gevolgen die intreden. De strafmaat kan variëren van een gevangenisstraf of hechtenis van ten hoogste zes maanden tot een gevangenisstraf of hechtenis van ten hoogste twee jaar of een geldboete van €19.500,-.

Bij voorbereidingshandelingen is de straf gelijk als die op de hoofddelicten staat. Dat wijkt af van de algemene strafbaarstelling van voorbereidingshandelingen, waarbij de straf met de helft wordt verminderd (art. 46 Sr). Dat betekent dat op misbruik van hulpmiddelen voor (enkel) hacken en computersabotage een gevangenisstraf van ten hoogste een jaar of geldboete van € 78.000,- staat.

3.3.3   Onbruikbaar maken, veranderen of aantasten van gegevens

Het onbruikbaar maken, veranderen of anderszins aantasten van gegevens is strafbaar gesteld in de artikelen 350a en 350b Sr. Deze artikelen beschermen het ongestoorde gebruik van computergegevens tegen onder meer onbevoegde verandering of het ontoegankelijk maken van die gegevens (29).

Het Wetboek van Strafrecht onderscheidt de situatie waarin iemand *opzettelijk* gegevens onbruikbaar maakt of verandert (art.350a Sr) van de situatie dat dit niet opzettelijk gebeurt, maar er wel sprake is van *schuld* (art.350b Sr).

Artikel 350a: opzet

Het opzettelijk onbruikbaar maken of veranderen van gegevens op een computer of verzonden via een telecommunicatienetwerk is strafbaar gesteld in artikel 350a Sr.

Artikel 350a Sr

1. Hij die opzettelijk en wederrechtelijk gegevens die door middel van een geautomatiseerd werk of door middel van telecommunicatie zijn opgeslagen, worden verwerkt of overgedragen, verandert, wist, onbruikbaar of ontoegankelijk maakt, dan wel andere gegevens daaraan toevoegt, wordt gestraft met gevangenisstraf van ten hoogste twee jaren of geldboete van de vierde categorie.

2. Hij die het feit, bedoeld in het eerste lid, pleegt na door tussenkomst van een openbaar telecommunicatienetwerk, wederrechtelijk in een geautomatiseerd werk te zijn binnengedrongen en daar ernstige schade met betrekking tot die gegevens veroorzaakt, wordt gestraft met gevangenisstraf van ten hoogste vier jaren of geldboete van de vierde categorie.

3. Hij die opzettelijk en wederrechtelijk gegevens ter beschikking stelt of verspreidt die zijn bestemd om schade aan te richten in een geautomatiseerd werk, wordt gestraft met gevangenisstraf van ten hoogste vier jaren of geldboete van de vijfde categorie.

4. Niet strafbaar is degeen die het feit, bedoeld in het derde lid, pleegt met het oogmerk om schade als gevolg van deze gegevens te beperken.

Toelichting

In beide artikelen zijn twee gedragingen strafbaar gesteld: (i) het aantasten van gegevens (lid 1 en 2), en (ii) het ter beschikking stellen en verspreiden van gegevens die bedoeld zijn om schade aan te richten door zichzelf te vermenigvuldigen in een geautomatiseerd werk, zoals computervirussen, wormen en andere malware (lid 3).

Op basis van artikel 350a Sr worden de volgende criteria onderscheiden voor strafbaarstelling van het *opzettelijk* onbruikbaar maken en veranderen van gegevens:
1. Er is sprake van gegevens.
2. De gegevens zijn door middel van een geautomatiseerd werk opgeslagen, of worden door een computer verwerkt of overgedragen.
3. De gegevens worden opzettelijk en wederrechtelijk veranderd, gewist, onbruikbaar of ontoegankelijk gemaakt, of er worden opzettelijk andere gegevens aan toegevoegd.

Naast het opzettelijk veranderen of onbruikbaar maken van gegevens, is expliciet strafbaar gesteld het ter beschikking stellen en verspreiden van gegevens die schade aanrichten door zichzelf te vermenigvuldigen. In de praktijk is dit artikel specifiek gericht op de computervirussen en andere vormen van malware. Voor strafbaarheid is het voldoende dat iemand de malware ter beschikking stelt of verspreidt, ongeacht of de malware vervolgens ook daadwerkelijk schade aanricht.

Merk op dat spyware hier <u>niet</u> onder valt; dergelijke software is niet bestemd om *schade in de computer* aan te richten. Op spyware is mogelijk wel het eerste lid van art. 350a Sr van toepassing.

Artikel 350b: schuld

Het – per ongeluk - onbruikbaar maken of veranderen van gegevens op een computer of verzonden via een telecommunicatienetwerk is strafbaar gesteld in artikel 350a Sr.

Artikel 350b Sr

1. Hij aan wiens schuld te wijten is dat gegevens die door middel van een geautomatiseerd werk of door middel van telecommunicatie zijn opgeslagen, worden verwerkt of overgedragen, wederrechtelijk worden veranderd, gewist, onbruikbaar of ontoegankelijk gemaakt, dan wel dat andere gegevens daaraan worden toegevoegd, wordt, indien daardoor ernstige schade met betrekking tot die gegevens wordt veroorzaakt, gestraft met gevangenisstraf of hechtenis van ten hoogste een maand of geldboete van de tweede categorie.

2. Hij aan wiens schuld te wijten is dat gegevens wederrechtelijk ter beschikking gesteld of verspreid worden die zijn bestemd om schade aan te richten in een geautomatiseerd werk, wordt gestraft met gevangenisstraf of hechtenis van ten hoogste een maand of geldboete van de tweede categorie.

Toelichting

De criteria voor strafbaarheid voor het aantasten van gegevens door *schuld* zijn hetzelfde als bij de opzettelijke variant, behalve dat er sprake van moet zijn dat er *ernstige schade* optreedt. Ernstige schade is bijvoorbeeld schade die grote financiële gevolgen heeft en/of schade die moeilijk te herstellen is. De rechtspraak noemt als voorbeeld als (een deel van) een computersysteem van een bedrijf meer dan 12 uur ontoegankelijk is.[34]

---

[34] HR 19 januari 1999, NJ 1999, 251.

Niet alleen gegevens die op het moment van handelen van de dader in een geautomatiseerd werk aanwezig zijn (opgeslagen), ook de gegevens die ten tijde hiervan worden verwerkt of overgedragen (waaronder het verzenden) vallen onder de bescherming van het artikel. Voorbeelden van gegevens die worden verwerkt of overgedragen zijn de gegevens die worden overgedragen van een floppy naar een beeldscherm, van een computer naar een printer en van een computer naar een andere computer (41).

Het 'onbruikbaar maken' van gegevens kan bijvoorbeeld plaatsvinden door het wijzigen, veranderen, toevoegen, wissen of ontoegankelijk maken van de gegevens. Een voorbeeld van een manier om bepaalde gegevens ontoegankelijk te maken is het wijzigen van een toegangscode. Het ontoegankelijk maken kan leiden tot het onbruikbaar maken van gegevens. Een andere wijze waarop gegevens onbruikbaar gemaakt kunnen worden, is door het veranderen of wissen van gegevens. Het toevoegen van gegevens is eveneens strafbaar gesteld, omdat het de integriteit van de verzameling computergegevens als geheel aantast.

Opzettelijk betekent dat de verdachte (i) de bedoeling moet hebben gehad om gegevens ter beschikking te stellen en te verspreiden, en (ii) wist dat de gegevens bestemd zijn om schade aan te richten.
Wat betreft de *'culpoze'* (aan schuld te wijten) malware-verspreiding zijn de criteria hetzelfde als bij de opzettelijke variant, behalve dat het nu gaat om verwijtbare nalatigheid. Een dader is niet strafbaar in het geval dat hij de gegevens verspreidt met de bedoeling om de schade die veroorzaakt werd door een eerder (door een ander) verspreid programma te beperken (art.350a, lid 4 Sr).

Strafmaat

Indien aan genoemde criteria is voldaan, kan de rechter een gevangenisstraf van ten hoogste twee jaren of een geldboete van € 19.500,- opleggen.
Het opzettelijk en wederrechtelijk ter beschikking stellen en verspreiden van malware wordt gestraft met gevangenisstraf van ten hoogste vier jaren of een geldboete van € 78.000,-.

In het geval dat iemand een openbaar telecommunicatienetwerk gebruikt om in te breken in een geautomatiseerd werk en vervolgens ernstige schade toebrengt aan gegevens die zich in dat geautomatiseerd werk bevinden, kan een hogere straf krijgen opgelegd. De gevangenisstraf kan hierbij oplopen tot vier jaar.

Als sprake is van schuld in plaats van opzet, ligt de strafmaat een stuk lager. Het wederrechtelijk veranderen of onbruikbaar maken van gegevens door schuld kan worden gestraft met een gevangenis of hechtenis van ten hoogste één maand of een geldboete van € 3.900,-. Ook het wederrechtelijk ter beschikking stellen en verspreiden van malware kan worden gestraft met een gevangenisstraf of hechtenis van ten hoogste één maand of een geldboete van € 3.900,-.

3.3.4 Afluisteren

De artikelen 139a tot en met 139e Sr regelen het wederrechtelijk afluisteren van gesprekken en opnemen van gegevens. De artikelen 139c, 139d en 139e Sr gelden voor het aftappen en opnemen van gegevens in relatie tot een telecommunicatienetwerk of doormiddel van een geautomatiseerd werk.

Het aftappen en/of opnemen van gegevens

Het aftappen en/of opnemen van gegevens doormiddel van een geautomatiseerd werk of telecommunicatienetwerk is strafbaar gesteld in artikel 139c Sr.

Artikel 139c Sr

1. Met gevangenisstraf van ten hoogste een jaar of geldboete van de vierde categorie wordt gestraft hij die opzettelijk en wederrechtelijk met een technisch hulpmiddel gegevens aftapt of opneemt die niet voor hem bestemd zijn en die worden verwerkt of overgedragen door middel van telecommunicatie of door middel van een geautomatiseerd werk.

2. Het eerste lid is niet van toepassing op het aftappen of opnemen:

   1°. van door middel van een radio-ontvangapparaat ontvangen gegevens, tenzij om de ontvangst mogelijk te maken een bijzondere inspanning is geleverd of een niet toegestane ontvanginrichting is gebruikt.

   2°. door of in opdracht van de gerechtigde tot een voor de telecommunicatie gebezigde aansluiting, behoudens in geval van kennelijk misbruik;

   3°. ten behoeve van de goede werking van een openbaar telecommunicatienetwerk, ten behoeve van de strafvordering, dan wel ter uitvoering van de Wet op de inlichtingen- en veiligheidsdiensten 2002.

Toelichting

De termen *'aftappen'* of *'opnemen'* hebben in de strafwet al een min of meer vastomlijnde betekenis en worden gebruikt voor het onderscheppen en vastleggen van stromende gegevens (vgl. art.126m Sv). Waar het gaat om het kopiëren van bestaande, opgeslagen gegevens, wordt de term *'overnemen'* gebruikt.

Op basis van dit artikel kunnen de volgende criteria worden onderscheiden voor strafbaarheid van het aftappen en/of opnemen van gegevens:
1. er moet sprake zijn van gegevens;
2. deze gegevens worden via een telecommunicatienetwerk, een geautomatiseerd werk, dan wel daarop aangesloten randapparatuur overgedragen;
3. iemand gebruikt een technisch hulpmiddel om de gegevens af te tappen en/of op te nemen;
4. de gegevens zijn niet voor hem, mede voor hem of voor degene in wiens opdracht hij handelt bestemd;
5. het aftappen geschiedt opzettelijk;
6. er is geen sprake van een van de genoemde uitzonderingen:
   o het opvangen van radiosignalen zonder bijzondere inspanning;
   o aftappen of opname door of in opdracht van de gerechtigde voor een door hem gebruikte aansluiting (bijvoorbeeld een werkgever), behalve als deze zijn bevoegdheid kennelijk misbruikt;
   o voor de goede werking van een openbaar telecommunicatienetwerk, of door de strafvordering of door inlichtingen- en veiligheidsdiensten.

De achterliggende gedachte van dit artikel is gelegen in de bescherming van de overdracht van gegevens die plaatsvindt binnen computers of via een elektronisch communicatienetwerk, dan wel door middel van daarop aangesloten randapparatuur.

Uit het feit dat de gegevens niet voor de dader, mede voor de dader, of voor degene in wiens opdracht hij handelt bestemd zijn, blijkt dat de dader normaliter geen toestemming had voor het aftappen en/of opnemen. Wanneer de dader geen toestemming heeft gekregen om af te tappen en/of op te nemen, handelt hij onrechtmatig.

Het aftappen en/of opnemen is wel toegestaan in een aantal situaties;
- De eerste situatie waarin het aftappen en/of opnemen is toegestaan betreft het geval dat er sprake is van het opnemen van gegevens door middel van apparaten die radiocommunicatiesignalen ontvangen, zoals radio's en portofoons (walkie-talkies). De reden voor deze uitzondering op het verbod op aftappen en/of opnemen is dat signalen verzonden via de ether vrij zijn. Als iemand echter een bijzondere inspanning verricht, bijvoorbeeld met speciale apparatuur of door langdurig een bepaald signaal fysiek te volgen, is hij wel strafbaar.
- De tweede uitzondering betreft de situatie dat er sprake is van het aftappen en/of opnemen van een door, of in opdracht van de gerechtigde tot een voor de telecommunicatie gebezigde aansluiting. Er mag dan geen misbruik van

worden gemaakt. Een voorbeeld van deze uitzonderingssituatie is dat een bedrijf misbruik van haar netwerk door haar werknemers, wil opsporen. Het bedrijf kan hiertoe een technisch hulpmiddel (laten) installeren om het systeem af te tappen.

- De derde uitzondering is het – onder voorwaarden - opnemen van een gesprek. Het opzettelijk afluisteren van een gesprek met een technisch hulpmiddel, zonder zelf deelnemer te zijn of daartoe door een deelnemer opdracht te hebben gekregen, is strafbaar onder art. 139a Sr. Een persoon die wèl gespreksdeelnemer is en zonder toestemming een gesprek heeft opgenomen, is <u>niet</u> strafbaar. Een deelnemer aan een vertrouwelijk gesprek mag dus heimelijk opnamen maken met bijvoorbeeld een smartphone. Het op kenbare wijze opnemen van gesprekken in een publieke ruimte is eveneens niet strafbaar.

In het conceptwetsvoorstel 'Versterking bestrijding computercriminaliteit' uit 2010 wordt onder meer voorgesteld om de artikelen 139a, 139b, 139c en 139e te wijzigen. Dit houdt o.a. in om (i) het wederrechtelijk overnemen van computergegevens en het beschikken over of bekend maken van dergelijke gegevens strafbaar te stellen, en (ii) de strafbepalingen betreffende het afluisteren, aftappen of opnemen van vertrouwelijke communicatie te verruimen zodat het ook strafbaar wordt als personen stiekem de communicatie opnemen waaraan zij zelf deelnemen en/of de desbetreffende gegevens vervolgens over het internet verspreiden. Als het conceptwetsvoorstel wordt ingevoerd, wordt:
- *het in een woning heimelijk (opzettelijk en wederrechtelijk met een technisch hulpmiddel) opnemen van een gesprek strafbaar (ar.139a Sr);*
- *iedere vorm van opzettelijk en wederrechtelijk met een technisch middel aftappen of opnemen van de niet-openbare overdracht van gegevens, of overnemen van opgeslagen niet-openbare gegevens voor zichzelf of voor een ander, strafbaar (art.139c lid 1 Sr).*

Deze wijzigingen uit het conceptwetsvoorstel zijn echter (nog) niet ingevoerd.

Gelet op de afbakening van dit boek tot vormen van cybercrime in enge zin, zijn de artikelen over het afluisteren van gesprekken in of buiten een woning, besloten lokaal of erf (art.139a en 139b Sr) verder buiten beschouwing gelaten.

Strafmaat

Het aftappen en opnemen van gegevens die worden overgedragen door middel van een telecommunicatienetwerk, een computersysteem of een daarop aangesloten randapparatuur kan worden gestraft met een gevangenisstraf van ten hoogste één jaar of een geldboete van € 19.500,-.

Het plaatsen van opname-, aftap- c.q. afluisterapparatuur

Het plaatsen van opname-, aftap- c.q. afluisterapparatuur is strafbaar gesteld in artikel 139d Sr.

Artikel 139d Sr

1. Met gevangenisstraf van ten hoogste een jaar of geldboete van de vierde categorie wordt gestraft hij die met het oogmerk dat daardoor een gesprek, telecommunicatie of andere gegevensoverdracht of andere gegevensverwerking door een geautomatiseerd werk wederrechtelijk wordt afgeluisterd, afgetapt of opgenomen, een technisch hulpmiddel op een bepaalde plaats aanwezig doet zijn.

2. Met dezelfde straf wordt gestraft hij die, met het oogmerk dat daarmee een misdrijf als bedoeld in artikel 138ab, eerste lid, 138b of 139c wordt gepleegd:

   a. een technisch hulpmiddel dat hoofdzakelijk geschikt gemaakt of ontworpen is tot het plegen van een zodanig misdrijf, vervaardigt, verkoopt, verwerft, invoert, verspreidt of anderszins ter beschikking stelt of voorhanden heeft, of

   b. een computerwachtwoord, toegangscode of daarmee vergelijkbaar gegeven waardoor toegang kan worden gekregen tot een geautomatiseerd werk of een deel daarvan, verkoopt, verwerft, verspreidt of anderszins ter beschikking stelt of voorhanden heeft.

3. Met gevangenisstraf van ten hoogste vier jaren of geldboete van de vierde categorie wordt gestraft hij die het in het tweede lid bedoelde feit pleegt terwijl zijn oogmerk is gericht op een misdrijf als bedoeld in artikel 138ab, tweede of derde lid.

Toelichting

Het gaat in dit artikel om de fase vóór het aftappen en/of opnemen. Als iemand hierbij gebruik wil gaan maken van een technisch hulpmiddel, zal hij dit eerst ergens moeten plaatsen. Om te beoordelen of iemand de bedoeling heeft gehad om een gesprek, telecommunicatie of andere gegevensoverdracht af te luisteren en/of op te nemen, is de kennelijke intentie van de dader doorslaggevend. Voldoende is dat een technisch hulpmiddel is geplaatst, het hoeft nog niet in werking te zijn gesteld.[35]

---

[35] Zoals bijvoorbeeld een netwerkadapter in promiscuous mode plaatsen.

Omgaan met Cybercrime

De volgende criteria worden onderscheiden voor strafbaarheid van het plaatsen van opname, aftap- c.q. afluisterapparatuur. Er moet sprake zijn van:

1. Plaatsing van een technisch hulpmiddel op een bepaalde plaats.
2. Met het plaatsen heeft iemand de bedoeling om een gesprek, telecommunicatie of andere gegevensoverdracht door een geautomatiseerd werk af te luisteren, af te tappen en/of op te nemen.
3. Er is geen toestemming verleend door een rechthebbende om het technische hulpmiddel te plaatsen.

Toestemming kan blijken uit woorden of daden van de rechthebbende, meestal de eigenaar van de desbetreffende plaats of geautomatiseerd werk.

Voorbereidingshandelingen

In navolging van het Cybercrime-verdrag is eveneens het misbruik van hulpmiddelen strafbaar gesteld. Het gaat om voorbereidingshandelingen voor het plegen van een computerdelict of afluisteren. Hiervoor zijn lid 2 en 3 toegevoegd aan artikel 139d Sr.

In dit artikel is strafbaar gesteld het maken, verkrijgen, verspreiden of bezitten van hulpmiddelen om bijvoorbeeld te hacken, een DoS-aanval te plegen, computers te saboteren of af te luisteren. Hulpmiddelen om virussen of andere malware te maken vallen hier overigens niet onder (zie daarvoor artikel 350a Sr).Onder hulpmiddelen wordt zowel software als hardware verstaan. Ook het bezit van wachtwoorden of toegangscodes die geschikt zijn om de genoemde delicten uit te kunnen voeren is strafbaar.

Een aanvullend criterium voor de strafbaarstelling is dat iemand de hulpmiddelen moet maken, (ver)kopen of bezitten met het oogmerk (dus willens en wetens) dat er daadwerkelijk een computerdelict zoals bedoeld in artikelen 138ab lid 1, 138b of 139c mee zal worden gepleegd. Deze bedoeling zal moeten blijken uit zijn woorden of daden. Het maken of bezitten is toegestaan als de hulpmiddelen dienen om (rechtmatig) de beveiliging van een computersysteem te testen.[36]

Het reclame maken voor een technisch hulpmiddel voor het heimelijk afluisteren, aftappen of opnemen van gesprekken, telecommunicatie of andere gegevensoverdracht door een geautomatiseerd werk, is eveneens strafbaar gesteld (art.441a Sr).

---

[36] TK 2000 - 2001, 23530, nr 45, p. 6.

Strafmaat

Het plaatsen van opname-, aftap- c.q. afluisterapparatuur kan worden gestraft met een gevangenisstraf van ten hoogste één jaar of een geldboete van € 19.500,-

Bij voorbereidingshandelingen is de straf dezelfde als die op de hoofddelicten staat. Dat wijkt af van de algemene strafbaarstelling van voorbereidingshandelingen, waarbij de straf met de helft wordt verminderd (art. 46 Sr). Dat betekent dat op misbruik van hulpmiddelen voor (enkel) hacken of afluisteren een gevangenisstraf van ten hoogste een jaar of geldboete van € 19.500,- staat. De straf kan worden verhoogd tot een gevangenisstraf van ten hoogste vier jaar als het hulpmiddel tot doel heeft om binnen te dringen in een computersysteem en vervolgens gegevens op te nemen of verder te hacken (als bedoeld in art.138ab, lid 2 of lid 3).

Het beschikken over en gebruiken van door afluisteren verkregen gegevens

Het voorhanden hebben of gebruiken van gegevens die door onrechtmatig afluisteren, aftappen en/of opnemen zijn verkregen is strafbaar gesteld in artikel 139e Sr.

Artikel 139e Sr

Met gevangenisstraf van ten hoogste zes maanden of geldboete van de vierde categorie wordt gestraft:

1°. hij die de beschikking heeft over een voorwerp waarop, naar hij weet of redelijkerwijs moet vermoeden, gegevens zijn vastgelegd die door wederrechtelijk afluisteren, aftappen of opnemen van een gesprek, telecommunicatie of andere gegevensoverdracht of andere gegevensverwerking door een geautomatiseerd werk zijn verkregen;

2°. hij die gegevens die hij door wederrechtelijk afluisteren, aftappen of opnemen van een gesprek, telecommunicatie of andere gegevensoverdracht of andere gegevensverwerking door een geautomatiseerd werk heeft verkregen of die, naar hij weet of redelijkerwijs moet vermoeden, ten gevolge van zulk afluisteren, aftappen of opnemen te zijner kennis zijn gekomen, opzettelijk aan een ander bekend maakt;

3°. hij die een voorwerp als omschreven onder 1° opzettelijk ter beschikking stelt van een ander.

81

Omgaan met Cybercrime

Toelichting

De volgende varianten zijn strafbaar:

1. De beschikking hebben over voorwerpen waarop afgeluisterde, afgetapte en/of opgenomen gegevens zijn vastgelegd. Vereist is dat de dader weet, of redelijkerwijs moet vermoeden, dat de gegevens zijn verkregen door onbevoegd afluisteren, aftappen, of opnemen.
2. Het opzettelijk bekendmaken aan een ander van gegevens waarvan hij kan weten dat, of die hij heeft verkregen door, onrechtmatig afluisteren, aftappen of opnemen.
3. Het opzettelijk ter beschikking stellen van een voorwerp aan een ander waarop zulke onrechtmatig verkregen gegevens staan.

Onder voorwerpen vallen alle gegevensdragers, zoals een USB-stick. Dit criterium geeft aan dat de wil van de dader erop gericht moet zijn, het voorwerp aan een ander te geven. Onder het begrip 'ter beschikking stellen' kan ook worden verstaan het aan een ander meedelen van de inhoud van het voorwerp.

Strafmaat

Het beschikken over en gebruiken van door het afluisteren, aftappen c.q. opnemen verkregen gegevens kan worden gestraft met een gevangenisstraf van ten hoogste zes maanden of een geldboete van € 19.500,-.

Schending van geheimhouding

Hoewel geen cybercrime in enge zin, wordt voor het overzicht hier onder het kopje 'afluisteren' ook het schenden van een geheimhoudingsplicht aangehaald.

Het bekendmaken of misbruiken van gegevens die door een misdrijf zijn verkregen of waar men vanuit een arbeidsovereenkomst over beschikt, is mogelijk strafbaar onder artikel 273 Sr. Vooralsnog is het niet strafbaar als iemand die rechtmatig toegang heeft tot een computer en tot niet-openbare gegevens daarin, deze zonder toestemming overneemt. Bijvoorbeeld een medewerker van een bedrijf of instelling die opzettelijk persoonlijke gegevens van een bekende Nederlander kopieert met de bedoeling ze aan een ander te verkopen.[37]

---

[37] Het conceptwetsvoorstel 'Versterking bestrijding computercriminaliteit' stelt alle vormen van opzettelijk en wederrechtelijk met een technisch hulpmiddel niet-openbare gegevens overnemen strafbaar (art.139c lid 1 Sr).

Artikel 273 Sr

1. Met gevangenisstraf van ten hoogste zes maanden of geldboete van de vierde categorie wordt gestraft hij die opzettelijk

    1°. aangaande een onderneming van handel, nijverheid of dienstverlening bij welke hij werkzaam is of is geweest, bijzonderheden waarvan hem geheimhouding is opgelegd, bekend maakt of

    2°. gegevens die door misdrijf zijn verkregen uit een geautomatiseerd werk van een onderneming van handel, nijverheid of dienstverlening en die betrekking hebben op deze onderneming, bekend maakt of uit winstbejag gebruikt, indien deze gegevens ten tijde van de bekendmaking of het gebruik niet algemeen bekend waren en daaruit enig nadeel kan ontstaan.

2. Niet strafbaar is hij die te goeder trouw heeft kunnen aannemen dat het algemeen belang de bekendmaking vereiste.

3. Geen vervolging heeft plaats dan op klacht van het bestuur van de onderneming.

Afluisteren door medewerker van een communicatiedienst

Beheerders van (interne) bedrijfsnetwerken en aanbieders van (openbare) telecommunicatiediensten hebben een geheimhoudingsplicht ten aanzien van hun gebruikers en klanten. Schending van de geheimhouding door beheerders van besloten communicatienetwerken of medewerkers van een Internet service provider (ISP) is strafbaar gesteld in artikel 273d Sr.

Artikel 273d Sr

1. Met gevangenisstraf van ten hoogste een jaar en zes maanden of geldboete van de vierde categorie wordt gestraft de persoon werkzaam bij een aanbieder van een openbaar telecommunicatienetwerk of een openbare telecommunicatiedienst:

    a. die opzettelijk en wederrechtelijk van gegevens kennisneemt die door tussenkomst van zodanig netwerk of zodanige dienst zijn opgeslagen, worden verwerkt of overgedragen en die niet voor hem zijn bestemd, zodanige gegevens voor zichzelf of een ander overneemt, aftapt of opneemt;

    b. die de beschikking heeft over een voorwerp waaraan, naar hij weet of redelijkerwijs moet vermoeden, een gegeven kan worden ontleend, dat door wederrechtelijk overnemen, aftappen of

---

> opnemen van zodanige gegevens is verkregen;
>
> c. die opzettelijk en wederrechtelijk de inhoud van zodanige gegevens aan een ander bekendmaakt;
>
> d. die opzettelijk en wederrechtelijk een voorwerp waaraan een gegeven omtrent de inhoud van zodanige gegevens kan worden ontleend, ter beschikking stelt van een ander.
>
> 2. Het eerste lid is van overeenkomstige toepassing op de persoon werkzaam bij een aanbieder van een niet-openbaar telecommunicatienetwerk of een niet-openbare telecommunicatiedienst.

Toelichting

Het inkijken, overnemen of doorgeven van de inhoud van communicatie van klanten door medewerkers bij een aanbieder van een communicatienetwerk of – dienst of beheerders van een bedrijfsnetwerk, is strafbaar. Dit geldt alleen als het wederrechtelijk gebeurt.

In artikel 273d lid 1, wordt vastgelegd dat het voor een medewerker van een telecombedrijf (inclusief ISP's) strafbaar is opzettelijk en wederrechtelijk kennis te nemen van de inhoud van communicatiegegevens (zoals gesprekken, e-mail, voicemail, chat, sms enz.) van klanten.

Lid 2 stelt bovendien dat dit ook geldt voor beheerders van niet-openbare communicatiediensten en computernetwerken, zoals voor bedrijfsnetwerken.

Als een ISP in haar contract met klanten heeft opgenomen dat zij, onder strikte voorwaarden, de inhoud van communicatie kan inzien (bijvoorbeeld als de afzender zoveel e-mails verstuurt dat het systeem instabiel wordt, of bij het toepassen van een geautomatiseerd spamfilter op inkomende e-mail, is het bekijken van de communicatie niet wederrechtelijk.

Strafmaat

Het misbruik of de schending van de geheimhouding door een medewerker van een openbare telecommunicatiedienst of bijvoorbeeld een (netwerk- of systeem)beheerder van een besloten bedrijfsnetwerk, kan worden gestraft met een gevangenisstraf van ten hoogste anderhalf jaar of een geldboete van € 19.500,-.

3.4   Cybercrime in ruime zin

Dit boek gaat primair over cybercrime in enge zin. Echter 'gewone' criminaliteit met misbruik of gebruik van ICT als deel van de modus operandi, komt misschien wel vaker voor. Bovendien kunnen vormen van cybercrime in enge zin dienen als voorbereiding of ter uitvoering van een ander misdrijf. Zo staat het inbreken op computersystemen vaak niet op zichzelf als een delict.

Voor de volledigheid worden hier daarom summier enkele misdrijven beschreven die tegenwoordig regelmatig mede door middel van ICT worden gepleegd. Hierbij is onder meer gebruik gemaakt van een onderzoek naar welke wetsartikelen door de politie in het verleden aan dossiers zijn gekoppeld (42).

3.4.1   Oplichting en e-fraude

Cybercrime komt steeds vaker voor als middel in vermogensdelicten, zoals oplichting, fraude, afpersing of verduistering. Met het voortschrijdende gebruik van digitale informatieverwerking verplaatsten deze vormen van criminaliteit zich naar de digitale wereld.

Oplichting

Fraude staat niet als zodanig in het Wetboek van Strafrecht maar kan meestal als oplichting (art.326 Sr) en/of valsheid in geschrifte (art.225 Sr) worden aangemerkt. Binnen het cyberdomein komen bijvoorbeeld vormen als oplichting via verkoopsites, handel in valse goederen, valse financiële transacties, veilingfraude en voorschotfraude regelmatig voor. Digitale oplichting, waarbij bijvoorbeeld via een vervalste website of e-mail om persoonlijke gegevens wordt gevraagd ('*phishing*'), komt op grote schaal voor. Phishing is meestal strafbaar op basis van artikel 326 Sr.

Artikel 326 Sr

1. Hij die, met het oogmerk om zich of een ander wederrechtelijk te bevoordelen, hetzij door het aannemen van een valse naam of van een valse hoedanigheid, hetzij door listige kunstgrepen, hetzij door een samenweefsel van verdichtsels, iemand beweegt tot de afgifte van enig goed, tot het verlenen van een dienst, tot het ter beschikking stellen van gegevens, tot het aangaan van een schuld of tot het teniet doen van een inschuld, wordt, als schuldig aan oplichting, gestraft met gevangenisstraf van ten hoogste vier jaren of geldboete van de vijfde categorie

2. Indien het feit wordt gepleegd met het oogmerk om een terroristisch misdrijf voor te bereiden of gemakkelijk te maken, wordt de op het feit gestelde gevangenisstraf met een derde verhoogd.

Misbruik van telecommunicatie door bedrog

Het misbruiken van een publieke telecommunicatiedienst met het oogmerk daarvoor niet volledig te betalen valt onder artikel 326c Sr. Deze vorm van het misbruiken van openbare telecommunicatiediensten kan worden gestraft met een gevangenisstraf van ten hoogste vier jaren of een geldboete van € 78.000,-.

Artikel 326c Sr

1. Hij die, met het oogmerk daarvoor niet volledig te betalen, door een technische ingreep of met behulp van valse signalen, gebruik maakt van een dienst die via telecommunicatie aan het publiek wordt aangeboden, wordt gestraft met gevangenisstraf van ten hoogste vier jaren of geldboete van de vijfde categorie.

2. Met gevangenisstraf van ten hoogste twee jaren of geldboete van de vierde categorie wordt gestraft hij die opzettelijk een voorwerp dat kennelijk is bestemd, of gegevens die kennelijk zijn bestemd, tot het plegen van het misdrijf, bedoeld in het eerste lid,
   a. openlijk ter verspreiding aanbiedt;
   b. ter verspreiding of met het oog op de invoer in Nederland voorhanden heeft of
   c. uit winstbejag vervaardigt of bewaart.

3. Hij die van het plegen van misdrijven als bedoeld in het tweede lid, zijn beroep maakt of het plegen van deze misdrijven als bedrijf uitoefent wordt gestraft hetzij met gevangenisstraf van ten hoogste vier jaren en geldboete van de vijfde categorie, hetzij met één van deze straffen.

3.4.2   Diefstal en verduistering

Diefstal en diefstal onder verzwaarde omstandigheden zijn strafbaar onder respectievelijk artikelen 310, 311 of 312 Sr.

Artikel 310 Sr

Hij die enig goed dat geheel of ten dele aan een ander toebehoort wegneemt, met het oogmerk om het zich wederrechtelijk toe te eigenen, wordt, als schuldig aan diefstal, gestraft met gevangenisstraf van ten hoogste vier jaren of geldboete van de vierde categorie.

Verduistering, het opzettelijk enige goed dat aan een ander toebehoort en dat hij onder zich heeft, wederrechtelijk toe eigenen, is strafbaar onder artikelen 321, 322 of 323 Sr.

Artikel 321 Sr

Hij die opzettelijk enig goed dat geheel of ten dele aan een ander toebehoort en dat hij anders dan door misdrijf onder zich heeft, wederrechtelijk zich toeëigent, wordt, als schuldig aan verduistering, gestraft met gevangenisstraf van ten hoogste drie jaren of geldboete van de vijfde categorie.

Diefstal of verduistering is het wederrechtelijk wegnemen van een goed zodanig dat de rechtmatige eigenaar er niet meer over kan beschikken. Diefstal van gegevens is nu <u>niet</u> als zodanig strafbaar omdat de eigenaar de gegevens feitelijk niet kwijt raakt. Een wezenlijke eigenschap van een 'goed' is dat er niet meer over kan worden beschikt als een ander ermee vandoor gaat. 'Gegevens' of 'informatie' zijn <u>geen</u> goed. Als een persoon een computerbestand kopieert en doorsluist, raakt de eigenaar de gegevens niet kwijt: ze staan nog in de computer. Er is uiteraard wel sprake van diefstal als het fysieke medium waarop de gegevens staan opgeslagen wordt ontvreemd.[38]

Toch kunnen virtuele objecten onder sommige omstandigheden als goederen gekwalificeerd worden. Bij twee zaken werd succesvol aangevoerd dat ook in de virtuele wereld goederen kunnen voorkomen omdat het om 'unieke' zaken ging. In de Habbo-hotel[39] en RuneScape-uitspraken beriep de verdediging zich erop dat men slechts informatie ('eentjes en nulletjes') had gekopieerd, wat geen diefstal is. Revolutionair was echter de uitspraak waarbij voor het eerst werd geaccepteerd dat het in deze specifieke gevallen niet alleen ging om gegevens maar dat deze gegevens een uniek identificeerbare virtuele zaak vormden. Als men na het overnemen hiervan vervolgens deze gegevens verwijdert, is er sprake vernieling van gegevens, dat een aparte handeling is onder artikel 350a Sr.[40]

Het is <u>niet</u> strafbaar om (onrechtmatig verkregen) computergegevens, zoals gegevens afkomstig van gecompromitteerde computers, wachtwoorden en toegangscodes van gebruikers, door te verkopen of te verhandelen (heling). Onder de huidige wetgeving is het wel verboden om een wachtwoord of andersoortige toegangsinformatie door te sluizen als je beoogt dat daarmee een

---

[38] http://www.om.nl/onderwerpen/cybercrime/@153915/hirsch_ballin/

[39] Habbo Hotel is een virtuele wereld waar tieners elkaar kunnen ontmoeten met zelf ontworpen karakters (zogenaamde Habbo's). Binnen de virtuele wereld vind je Openbare Ruimtes waar spelers met elkaar kunnen kletsen en Gastenkamers die gemaakt worden door de spelers. Bezoekers van Habbo Hotel kunnen hun Gastenkamer voorzien van meubels en kunnen bijvoorbeeld een huisdier adopteren. In november 2007 heeft het Korps Amsterdam-Amstelland een verdachte aangehouden voor diefstal van virtuele goederen uit het Habbo Hotel. De 17-jarige tiener uit Breda zou zich voor zo'n 4.000 euro aan virtuele meubels wederrechtelijk hebben toegeëigend.

[40] Zie voor de complete uitspraken http://jure.nl/bh9789 en http://jure.nl/BK2773

misdrijf wordt gepleegd (zie voorbereidingshandelingen bij artikelen 161sexies en 139d Sr). Personen die wederrechtelijk verkregen digitale informatie zonder een zodanig specifiek oogmerk doorsluizen aan een derde, zijn nu niet strafbaar omdat ook bij heling sprake moet zijn van een 'goed'.[41]

3.4.3   Afpersing

Afpersen is strafbaar als afpersing (art.317 Sr), afdreiging (art.318 Sr) en soms ook als bedreiging (art.285 Sr). Vormen die bijvoorbeeld voor kunnen komen in het cyberdomein zijn dreigen met lamleggen van netwerken of websites (DDoS), beschadigen of verstoren van productiesystemen, vernietigen of ontoegankelijk maken van computergegevens, het openbaar maken van gevoelige informatie of het dreigen met smaad. Ook het afpersen of afdreigen van gegevens is strafbaar, zoals het onder dreiging van geweld iemand dwingen om zijn pincode af te geven.

Artikel 317 Sr

1. Hij die, met het oogmerk om zich of een ander wederrechtelijk te bevoordelen, door geweld of bedreiging met geweld iemand dwingt hetzij tot de afgifte van enig goed dat geheel of ten dele aan deze of aan een derde toebehoort, hetzij tot het aangaan van een schuld of het teniet doen van een inschuld, hetzij tot het ter beschikking stellen van gegevens, wordt, als schuldig aan afpersing, gestraft met gevangenisstraf van ten hoogste negen jaren of geldboete van de vijfde categorie.

2. Met dezelfde straf wordt gestraft hij die de dwang, bedoeld in het eerste lid, uitoefent door de bedreiging dat gegevens die door middel van een geautomatiseerd werk zijn opgeslagen, onbruikbaar of ontoegankelijk zullen worden gemaakt of zullen worden gewist.

3. De bepalingen van het tweede en derde lid van artikel 312 zijn op dit misdrijf van toepassing.

---

[41] Als het conceptwetsvoorstel 'versterking bestrijding computercriminaliteit' uit 2010 wordt ingevoerd, wordt de beschikking hebben over niet-openbare gegevens waarvan redelijkerwijs moet worden vermoeden dat deze zijn verkregen door wederrechtelijk afluisteren, aftappen, opnemen of overnemen van een gesprek, gegevensoverdracht of gegevensverwerking door middel van telecommunicatie of een geautomatiseerd werk en het zodanige gegevens opzettelijk ter beschikking van een ander stellen of aan een ander bekend maken, strafbaar (art.139e Sr).

Artikel 318 Sr

1. Hij die, met het oogmerk om zich of een ander wederrechtelijk te bevoordelen, door bedreiging met smaad, smaadschrift of openbaring van een geheim iemand dwingt hetzij tot de afgifte van enig goed dat geheel of ten dele aan deze of aan een derde toebehoort, hetzij tot het aangaan van een schuld of het teniet doen van een inschuld, hetzij tot het ter beschikking stellen van gegevens, wordt als schuldig aan afdreiging, gestraft met gevangenisstraf van ten hoogste vier jaren of geldboete van de vijfde categorie.

2. Indien het feit wordt gepleegd met het oogmerk om een terroristisch misdrijf voor te bereiden of gemakkelijk te maken, wordt de op het feit gestelde gevangenisstraf met een derde verhoogd.

3. Dit misdrijf wordt niet vervolgd dan op klacht van hem tegen wie het gepleegd is.

Artikel 285 Sr

1. Bedreiging met openlijk in vereniging geweld plegen tegen personen of goederen, met geweld tegen een internationaal beschermd persoon of diens beschermde goederen, met enig misdrijf waardoor gevaar voor de algemene veiligheid van personen of goederen of gemeen gevaar voor de verlening van diensten ontstaat, met verkrachting, met feitelijke aanranding van de eerbaarheid, met enig misdrijf tegen het leven gericht, met gijzeling, met zware mishandeling of met brandstichting, wordt gestraft met gevangenisstraf van ten hoogste twee jaren of geldboete van de vierde categorie.

2. Indien deze bedreiging schriftelijk en onder een bepaalde voorwaarde geschiedt, wordt ze gestraft met gevangenisstraf van ten hoogste vier jaren of geldboete van de vierde categorie.

3. Bedreiging met een terroristisch misdrijf wordt gestraft met gevangenisstraf van ten hoogste zes jaren of geldboete van de vijfde categorie.

4. Indien het feit, omschreven in het eerste, tweede of derde lid, wordt gepleegd met het oogmerk om een terroristisch misdrijf voor te bereiden of gemakkelijk te maken, wordt de op het feit gestelde gevangenisstraf met een derde verhoogd.

3.4.4   Identiteitsdiefstal

Identiteitsdiefstal is als zodanig niet expliciet strafbaar gesteld in Nederland. Echter de identiteit- of toegangsgegevens worden meestal wel verkregen via strafbare handelingen. Bovendien worden de verkregen identiteit- of toegangsgegevens vaak misbruikt bij diefstal of oplichting (art. 310 of 326 Sr) of bij valsheid in geschriften, opgave van onware gegevens en schending van de verplichting gegevens te verstrekken (art. 225 t/m 232 Sr). Het vervaardigen, ontvangen, aanschaffen, verkopen, overdragen of voorhanden hebben van stoffen, voorwerpen of gegevens bestemd tot het plegen van deze laatste misdrijven, kan tevens strafbaar zijn (art.234 Sr).

Artikel 227a Sr

Hij die, anders dan door valsheid in geschrift, opzettelijk niet naar waarheid gegevens verstrekt aan degene door wie of door wiens tussenkomst enige verstrekking of tegemoetkoming wordt verleend, wordt, indien het feit kan strekken tot bevoordeling van zichzelf of een ander, terwijl hij weet of redelijkerwijze moet vermoeden dat de verstrekte gegevens van belang zijn voor de vaststelling van zijn of eens anders recht op die verstrekking of tegemoetkoming dan wel voor de hoogte of de duur van een dergelijke verstrekking of tegemoetkoming, gestraft met gevangenis straf van ten hoogste vier jaren of geldboete van de vijfde categorie.

Artikel 231 Sr

1. Hij die een reisdocument valselijk opmaakt of vervalst, of een zodanig stuk op grond van valse gegevens doet verstrekken dan wel een aan hem of een ander verstrekt reisdocument ter beschikking stelt van een derde, met het oogmerk het door deze te doen gebruiken als ware het aan hem verstrekt, wordt gestraft met gevangenisstraf van ten hoogste zes jaren of geldboete van de vijfde categorie.

2. Met dezelfde straf wordt gestraft hij die in het bezit is van een reisdocument waarvan hij weet of redelijkerwijs moet vermoeden, dat het vals of vervalst is, dan wel opzettelijk gebruik maakt van een niet op zijn naam gesteld reisdocument.

Identiteitsdiefstal wordt o.a. uitgevoerd voor het verkrijgen van toegang tot bankrekeningen van slachtoffers. Het opzettelijk vervalsen van een betaalpas of een andere drager van identiteitsgegevens, die bestemd is voor het verrichten of verkrijgen van betalingen of andere prestaties langs geautomatiseerde weg, is strafbaar onder artikel 232 Sr. Dit is onder meer mogelijk van toepassing bij *phishing* of *skimming*.

Artikel 232 Sr

1. Hij die opzettelijk een betaalpas, waardekaart, enige andere voor het publiek beschikbare kaart of een voor het publiek beschikbare drager van identiteitsgegevens, bestemd voor het verrichten of verkrijgen van betalingen of andere prestaties langs geautomatiseerde weg, valselijk opmaakt of vervalst, met het oogmerk zichzelf of een ander te bevoordelen, wordt gestraft met gevangenisstraf van ten hoogste zes jaren of geldboete van de vijfde categorie.

2. Met dezelfde straf wordt gestraft hij die opzettelijk gebruik maakt van de valse of vervalste pas of kaart als ware deze echt en onvervalst, dan wel opzettelijk zodanige pas of kaart aflevert, voorhanden heeft, ontvangt, zich verschaft, vervoert, verkoopt of overdraagt, terwijl hij weet of redelijkerwijs moet vermoeden dat de pas of kaart bestemd is voor zodanig gebruik.

3.4.5 Piraterij

Cyber- of digitale piraterij is het illegaal kopiëren, verspreiden of aanbieden van auteursrechtelijk beschermde materialen. Vooral muziek, films, e-books en software zijn populair. In Nederland is het maken van een thuiskopie van muziek- of filmbestanden voor eigen gebruik toegestaan onder de Auteurswet 1912 (art.16b en 16c). Hierbij hoeft men bovendien niet eigenaar te zijn van het origineel (geen origineel exemplaar te bezitten). Om deze rede geldt er een heffing op gegevensdragers (thuiskopieheffing) waaruit auteur hebbende gecompenseerd worden. [42] Echter – op basis van artikel 45n – is dit niet van toepassing op het verveelvoudigen van bouwwerken, computerprogramma's en met elektronische middelen toegankelijke verzamelingen (zoals databases).

Effectief betekent dit dat downloaden voor eigen gebruik van tekst, muziek of films veelal <u>niet</u> strafbaar is. Het verspreiden van auteursrechtelijk beschermde werken is dat wél. Het up- en downloaden van software is in vrijwel de meeste gevallen eveneens strafbaar.

---

[42] Vanaf 1 januari 2013 wordt deze heffing uitgebreid voor allerlei nieuwe gegevensdragers zoals smartphones, tablets, pc's en geheugenkaartjes. Echter er wordt eveneens nog steeds gesproken over de invoering van een uitgebreider downloadverbod.

Omgaan met Cybercrime

Verspreiding vindt vaak plaats via *torrents*, *peer-to-peer* netwerken of *'usenet groups'*. In torrents (via peer-to-peer netwerken) wordt gelijktijdig een bestand binnengehaald en direct weer verspreid. Dit is dus strafbaar. Gebruik van usenetgroepen haalt bestanden van een centrale server binnen. Er is dan dus sprake van alleen downloaden en mogelijk niet strafbaar.

Het inbreuk maken op het auteursrecht of het openlijk aanbieden, ter verveelvoudiging of ter verspreiding voorhanden hebben, invoeren of doorvoeren of bewaren van een voorwerp waarbij inbreuk wordt gemaakt op - of waarvan redelijkerwijs kan worden vermoeden dat - dit gebeurd, of het doorbreken van een technische voorziening ter bescherming, zijn als misdrijf strafbaar gesteld in de Auteurswet onder artikelen 30 t/m 34.

Artikel 31 Auteurswet

Hij, die opzettelijk inbreuk maakt op eens anders auteursrecht, wordt gestraft met gevangenisstraf van ten hoogste zes maanden of geldboete van de vierde categorie.

Artikel 31a Auteurswet

Hij die opzettelijk een voorwerp waarin met inbreuk op eens anders auteursrecht een werk is vervat,

  a. openlijk ter verspreiding aanbiedt,
  b. ter verveelvoudiging of ter verspreiding voorhanden heeft,
  c. invoert, doorvoert, uitvoert of
  d. bewaart uit winstbejag

wordt gestraft met gevangenisstraf van ten hoogste één jaar of geldboete van de vijfde categorie.

3.4.6   Kinderporno en grooming

De relatieve verborgenheid en anonimiteit op het internet heeft geleid tot een internationaal ondergronds circuit van kinderpornografie in het cyberdomein. Misdrijven tegen de zeden zijn strafbaar onder de artikelen in Titel XIV in het Wetboek van Strafrecht. Kinderpornografie is strafbaar gesteld in artikel 240b Sr.

Ook het lokken van kinderen komt in de virtuele wereld voor. Hierbij wordt door communicatie via het internet kinderen benaderd met als doel een ontmoeting te regelen om ontucht te plegen (*grooming*). Dit is strafbaar onder artikel 248e Sr.

Artikel 240b Sr

1. Met gevangenisstraf van ten hoogste vier jaren of geldboete van de vijfde categorie wordt gestraft degene die een afbeelding - of een gegevensdrager, bevattende een afbeelding - van een seksuele gedraging, waarbij iemand die kennelijk de leeftijd van achttien jaar nog niet heeft bereikt, is betrokken of schijnbaar is betrokken, verspreidt, aanbiedt, openlijk tentoonstelt, vervaardigt, invoert, doorvoert, uitvoert, verwerft, in bezit heeft of zich door middel van een geautomatiseerd werk of met gebruikmaking van een communicatiedienst de toegang daartoe verschaft

2. Met gevangenisstraf van ten hoogste acht jaren of geldboete van de vijfde categorie wordt gestraft degene die van het plegen van een van de misdrijven, omschreven in het eerste lid, een beroep of een gewoonte maakt.

Artikel 248e Sr

Hij die door middel van een geautomatiseerd werk of met gebruikmaking van een communicatiedienst een persoon van wie hij weet of redelijkerwijs moet vermoeden dat deze de leeftijd van zestien jaren nog niet heeft bereikt, een ontmoeting voorstelt met het oogmerk ontuchtige handelingen met die persoon te plegen of een afbeelding van een seksuele gedraging waarbij die persoon is betrokken, te vervaardigen wordt, indien hij enige handeling onderneemt gericht op het verwezenlijken van die ontmoeting, gestraft met gevangenisstraf van ten hoogste twee jaren of geldboete van de vierde categorie.

3.4.7 Discriminatie

De relatieve anonimiteit van het internet geeft ruimte aan het publiceren van haatzaaiende teksten en van radicale en terroristische uitingen. In Nederland is de vrijheid van meningsuiting vastgelegd in artikel 7 van de Grondwet. Echter stelt de wet grenzen aan de vrijheid van meningsuiting. Zo zijn het beledigen van bevolkingsgroepen en het aanzetten tot discriminatie niet toegestaan. Discriminatie is verboden op grond van artikel 1 van de Grondwet. Artikelen 137c tot en met 137e Sr stellen verschillende vormen van discriminatie strafbaar.

Artikel 137e van het Wetboek van Strafrecht stelt het openbaren van discriminerende uitingen strafbaar. In principe is de plaaster van een uiting op bijvoorbeeld een website zelf aansprakelijk. Onder omstandigheden kan de eigenaar van de website echter ook aansprakelijk worden gesteld. Onder artikel 137e is een website-eigenaar (mogelijk) medeverantwoordelijk voor de publicaties en reacties van de bezoekers van de website. Als bezoekers berichten kunnen plaatsen op de website, bijvoorbeeld als reacties op artikelen, in een gastenboek of op een forum, komen hun uitingen via de website in de openbaarheid. Een website-eigenaar is zelf verantwoordelijk voor zijn website. Toezicht houden op geplaatste reacties is één manier waarmee een website beheerder de kans verkleind om aansprakelijk gesteld te worden voor andermans reacties. In elk geval is het van belang voor de beheerder om, zodra hij kennis krijgt van (onmiskenbaar) onrechtmatige inhoud, deze zo spoedig mogelijk te verwijderen, om aan aansprakelijkheid te ontkomen.

Artikel 137e Sr

1. Hij die, anders dan ten behoeve van zakelijke berichtgeving:

    1°. een uitlating openbaar maakt die, naar hij weet of redelijkerwijs moet vermoeden, voor een groep mensen wegens hun ras, hun godsdienst of levensovertuiging, hun hetero- of homoseksuele gerichtheid of hun lichamelijke, psychische of verstandelijke handicap beledigend is, of aanzet tot haat tegen of discriminatie van mensen of gewelddadig optreden tegen persoon of goed van mensen wegens hun ras, hun godsdienst of levensovertuiging, hun geslacht, hun hetero- of homoseksuele gerichtheid of hun lichamelijke, psychische of verstandelijke handicap;

    2°. een voorwerp waarin, naar hij weet of redelijkerwijs moet vermoeden, zulk een uitlating is vervat, aan iemand, anders dan op diens verzoek, doet toekomen, dan wel verspreidt of ter openbaarmaking van die uitlating of verspreiding in voorraad heeft;

    wordt gestraft met gevangenisstraf van ten hoogste zes maanden of geldboete van de derde categorie.

2. Indien het feit wordt gepleegd door een persoon die daarvan een beroep of gewoonte maakt of door twee of meer verenigde personen wordt gevangenisstraf van ten hoogste een jaar of geldboete van de vierde categorie opgelegd.

3.4.8 Belediging en stalking

Smaad is strafbaar onder artikel 261 Sr, een eenvoudige belediging onder artikel 266 Sr en bij belediging aan het adres van bijzondere organen of functionarissen onder artikel 267 Sr.

Cyberstalking kan worden vervolgd als belaging (art. 285b Sr) of, afhankelijk van de situatie, worden gezien als een vorm van bedreiging (art.285 Sr).

Artikel 285b Sr

1. Hij, die wederrechtelijk stelselmatig opzettelijk inbreuk maakt op eens anders persoonlijke levenssfeer met het oogmerk die ander te dwingen iets te doen, niet te doen of te dulden dan wel vrees aan te jagen wordt, als schuldig aan belaging, gestraft met een gevangenisstraf van ten hoogste drie jaren of een geldboete van de vierde categorie.

2. Vervolging vindt niet plaats dan op klacht van hem tegen wie het misdrijf is begaan.

3.5 Telecommunicatiewet en –besluiten

Omdat het aanpakken van spam en mogelijk misbruik van cookies vaak ook met het misbruiken van computersystemen wordt geassocieerd, zijn enkele bepalingen uit de telecommunicatiewet hier opgenomen.

3.5.1 Spam

De waarborgen over spam uit de Europese Richtlijn 2002/58/EG zijn omgezet in artikel 11.7 van de Telecommunicatiewet.[43]

Artikel 11.7 Tw, lid 1 t/m 4

1. Het gebruik van automatische oproep- en communicatiesystemen zonder menselijke tussenkomst, faxen en elektronische berichten voor het overbrengen van ongevraagde communicatie voor commerciële, ideële of charitatieve doeleinden aan abonnees of gebruikers is uitsluitend toegestaan, mits de verzender kan aantonen dat de desbetreffende abonnee of gebruiker daarvoor voorafgaand toestemming heeft verleend, onverminderd hetgeen is bepaald in het tweede en derde lid.

2. Indien de gebruiker, bedoeld in het eerste lid, een rechtspersoon is dan wel een natuurlijke persoon die handelt in de uitoefening van zijn beroep of bedrijf, geldt met betrekking tot het door middel van elektronische berichten overbrengen van ongevraagde communicatie voor commerciële, ideële of charitatieve doeleinden dat geen voorafgaande toestemming is vereist:

---

[43] Staatsblad 2004, 308.

a. indien de verzender bij het overbrengen van de communicatie gebruik maakt van elektronische contactgegevens die door de gebruiker daarvoor zijn bestemd en bekendgemaakt, en deze zijn gebruikt in overeenstemming met de door de gebruiker aan die contactgegevens verbonden doeleinden, of

b. indien de gebruiker is gevestigd buiten de Europese Economische Ruimte en voldaan is aan de in het desbetreffende land geldende voorschriften met betrekking tot het verzenden van ongevraagde communicatie.

3. Een ieder die elektronische contactgegevens voor elektronische berichten heeft verkregen in het kader van de verkoop van zijn product of dienst mag deze gegevens gebruiken voor het overbrengen van communicatie voor commerciële, ideële of charitatieve doeleinden met betrekking tot eigen gelijksoortige producten of diensten, mits bij de verkrijging van de contactgegevens aan de klant duidelijk en uitdrukkelijk de gelegenheid is geboden om kosteloos en op gemakkelijke wijze verzet aan te tekenen tegen het gebruik van die elektronische contactgegevens, en, indien de klant hiervan geen gebruik heeft gemaakt, hem bij elke overgebrachte communicatie de mogelijkheid wordt geboden om onder dezelfde voorwaarden verzet aan te tekenen tegen het verder gebruik van zijn elektronische contactgegevens. Artikel 41, tweede lid, van de Wet bescherming persoonsgegevens is van overeenkomstige toepassing.

4. Op het gebruik van elektronische berichten voor de in het eerste lid genoemde doeleinden zijn de vereisten van artikel 15e, eerste lid, onderdelen a tot en met c, van boek 3 van het Burgerlijk Wetboek van overeenkomstige toepassing en bedoeld gebruik bevat geen aanmoedigingen informatie op het internet te raadplegen die in strijd is met dat artikel. Bij dat gebruik dienen te allen tijde de volgende gegevens te worden vermeld:

a. de werkelijke identiteit van degene namens wie de communicatie wordt overgebracht, en

b. een geldig postadres of nummer waaraan de ontvanger een verzoek tot beëindiging van dergelijke communicatie kan richten.

Toelichting

Wellicht ten overvloede wordt opgemerkt dat het spamverbod betrekking heeft op het versturen van spam *in of vanuit* Nederland.

Om te kunnen spreken van een overtreding van het spamverbod moet aan de volgende criteria worden voldaan:
1. Er wordt gebruikgemaakt van automatische oproepsystemen zonder menselijke tussenkomst, faxen en elektronische berichten.
2. Er is sprake van het overbrengen van ongevraagde communicatie voor commerciële, ideële of charitatieve doeleinden.
3. De ongevraagde communicatie is gericht aan gebruikers.
4. De gebruiker heeft voorafgaande aan de ontvangst van de ongevraagde communicatie geen toestemming verleend voor ontvangst.

Ten aanzien van het versturen van spam is gekozen voor het zogenaamde 'opt-in regime'. Het opt-in regime houdt in dat ongevraagde communicatie enkel en alleen mag worden verstuurd in het geval de abonnee hieraan voorafgaande uitdrukkelijk hiervoor zijn toestemming heeft verleend. De bewijslast voor de verkregen toestemming van de ontvanger ligt bij de verzender van de ongevraagde communicatie.

Het spamverbod geldt voor verzending van berichten aan een abonnee. Hieronder verstaat de wet een natuurlijk- of rechtspersoon die partij is bij een overeenkomst met een aanbieder van openbare elektronische communicatiediensten.[44] Hiermee geldt het spamverbod zowel voor natuurlijke personen (consumenten) maar ook voor zakelijke e-mailadressen.

Ongevraagde elektronische berichten (zoals e-mail, sms, nieuwsbrief, fax, etc.) mogen niet verstuurd worden aan bedrijven, tenzij een bedrijf expliciet heeft aangegeven dat het ongevraagde berichten wil ontvangen, bijvoorbeeld middels zijn website. Het is dus wel toegestaan spam te versturen aan een bedrijf wanneer deze zelf contactgegevens publiceert met als doel dergelijke e-mail te ontvangen.

Het spamverbod uit de richtlijn geldt alleen voor Europese lidstaten. Grote delen van alle spam komt van buiten Europa, bijvoorbeeld uit de Verenigde Staten of Azië. Nederland kan voorlopig alleen opgetreden tegen personen of organisaties die spam versturen in of vanuit Nederland.

---

[44] Artikel 1.1 sub p Tw.

Omgaan met Cybercrime

Er is een uitzondering waardoor, onder strikte voorwaarden, het wel mogelijk is om zonder voorafgaande toestemming commerciële e-mails te verzenden. Deze voorwaarden zijn:

- de commerciële mail wordt gestuurd aan bestaande klanten;
- de commerciële mail heeft betrekking op eigen gelijksoortige producten of diensten;
- bij de verkrijging van de contactgegevens is aan de klant duidelijk en uitdrukkelijk de gelegenheid geboden om kosteloos en op gemakkelijke wijze verzet aan te tekenen tegen het gebruik van die elektronische contactgegevens;
- bij elke overgebrachte communicatie wordt de klant alsnog de mogelijkheid geboden om onder dezelfde voorwaarden verzet aan te tekenen tegen het verder gebruik van zijn elektronische contactgegevens.

Strafmaat

De handhaving van het spamverbod in Nederland is neergelegd bij de Onafhankelijke Post en Telecommunicatie Autoriteit (OPTA). Deze bevoegdheid is gebaseerd op artikel 15.1, derde lid, van de Telecommunicatiewet. Deze bestuursrechtelijke handhaving houdt in dat de OPTA bij niet naleving van artikel 11.7 van de Telecommunicatiewet bevoegd is een bestuurlijke boete van ten hoogste € 450.000,- op te leggen (art.15.4 Tw). Ook kan de OPTA in geval van overtreding van artikel 11.7 van de Telecommunicatiewet kiezen voor gebruikmaking van zijn bevoegdheid om een last onder dwangsom op te leggen (art.15.2 Tw).

3.5.2 Cookies

Met de Telecommunicatiewet herziening van 2012 zijn in overeenstemming met de 'Europese Richtlijn privacy en elektronische communicatie' voorwaarden gesteld betreffende het gebruik van zogenaamde cookies en soortgelijke software ter bescherming van persoonsgegevens en de persoonlijke levenssfeer.[45]

> **Artikel 11.7a Tw**
> 1. Onverminderd de Wet bescherming persoonsgegevens dient een ieder die door middel van elektronische communicatienetwerken toegang wenst te verkrijgen tot gegevens die zijn opgeslagen in de

---

[45] Een cookie is een manier voor een webserver om gegevens – in de vorm van kleine tekstbestandjes - op te slaan op de harddisk van de computer van de bezoeker. Ze worden uitgelezen door de browser. Zolang een gebruiker geen persoonsgegevens invult, kan het cookie deze informatie normaal ook niet bevatten. Er zijn directe (*first party*) en indirecte (*third party*) cookies. Bij de eerste plaatst de website een cookie bij de gebruiker die de website opent. Een indirect cookie 'volgt' een gebruiker langere tijd over verschillende websites en is zo in staat een profiel op te bouwen.

randapparatuur van een gebruiker dan wel gegevens wenst op te slaan in de randapparatuur van de gebruiker:

a. de gebruiker duidelijke en volledige informatie te verstrekken overeenkomstig de Wet bescherming persoonsgegevens, en in ieder geval omtrent de doeleinden waarvoor men toegang wenst te verkrijgen tot de desbetreffende gegevens dan wel waarvoor men gegevens wenst op te slaan, en

b. van de gebruiker toestemming te hebben verkregen voor de desbetreffende handeling.

2. De in het eerste lid, onder a en b, genoemde vereisten zijn ook van toepassing in het geval op een andere wijze dan door middel van een elektronisch communicatienetwerk wordt bewerkstelligd dat via een elektronisch communicatienetwerk gegevens worden opgeslagen of toegang wordt verleend tot op het randapparaat opgeslagen gegevens.

3. Het bepaalde in het eerste en tweede lid is niet van toepassing, voor zover het de technische opslag of toegang tot gegevens betreft met als uitsluitend doel:

a. de communicatie over een elektronisch communicatienetwerk uit te voeren, of

b. de door de abonnee of gebruiker gevraagde dienst van de informatiemaatschappij te leveren en de opslag of toegang tot gegevens daarvoor strikt noodzakelijk is.

Toelichting

De voorwaarden voor een dienstenaanbieder voor de inzet van een cookie zijn dus: (i) voorafgaand aan de plaatsing wordt de betrokkene op een duidelijke en volledige wijze geïnformeerd over het doel van de inzet van de cookie, en (ii) de dienstenaanbieder vraagt vooraf om toestemming aan de gebruikers.

Cookies worden in de praktijk voor verschillende, legitieme, doeleinden ingezet. Helaas worden cookies ook ingezet voor niet legale toepassingen en zonder medeweten van de computergebruiker. Het volgen van het surfgedrag van de computergebruiker met behulp van cookies kan, als hierbij persoonsgegevens worden vastgelegd, bijvoorbeeld in strijd zijn met de Wet bescherming persoonsgegevens (Wbp). Deze verbiedt het zonder voorafgaande toestemming, of andere legitieme grondslag, en zonder voldoende doelbinding opslaan en verwerken van persoonsgegevens.

Omgaan met Cybercrime

Artikel 11.7a lid 3 Tw geeft weer dat het toestemmingsvereiste geldt voor alle cookies behalve de cookies die noodzakelijk zijn om de communicatie uit te voeren of om gevraagde dienst te leveren. Het gaat hier om cookies die noodzakelijk voor de gebruiker en niet voor de website eigenaar. Voorbeelden hiervan zijn cookies die nodig zijn bij een online winkelwagentje en cookies ten behoeve van het onthouden van inloggegevens.

Door de invoering van de informatieplicht wordt de inzet van cookies met waarborgen omkleed. De inzet van cookies kan immers ook het gebruik van bepaalde diensten op het Internet gebruiksvriendelijker maken. Een voorbeeld hiervan is het toegang krijgen tot een bepaalde dienstverlening waarbij de algemene voorwaarden moet worden geaccepteerd. Het voordeel van de inzet van een cookie is in dit geval dat iedere keer als de gebruiker weer gebruik wil maken van de desbetreffende dienstverlening, niet steeds opnieuw de algemene voorwaarden hoeven te worden geaccepteerd. Pas als de algemene voorwaarden voor de dienstverlening worden gewijzigd, zal de gebruiker van deze dienst deze voorwaarden opnieuw moeten accepteren.

Overigens gebruikt de wet hier niet de term 'cookie' maar wordt gesproken in generieke termen over 'het toegang verkrijgen tot gegevens' dan wel over 'gegevens op te slaan'. Hieronder moet bijvoorbeeld dus ook worden verstaan het gebruiken van (GPS) locatiegegevens van mobiele apparatuur of smartphones, of het gebruik van een ingebouwde camera. Met de opkomst van HMTLv5 techniek neemt de mogelijkheid om zodanig interactie met de bezoekers gegevens uit te wisselen alleen maar enorm toe.

Voor de dienstverleners op het internet verdient het aanbeveling om ten aanzien van de inzet van cookies aan te sluiten bij het privacy-beleid op grond van de Wet bescherming persoonsgegevens. In de praktijk zal waarschijnlijk worden voldaan aan de informatie- en toestemmingsplicht door het opnemen van een privacy-statement op de website en het <u>duidelijk</u> verstrekken van informatie aan de bezoeker en expliciet vragen om de toestemming (43).

Bijlage I geeft een controlelijst van punten die in een privacy-statement moet zijn opgenomen.

Strafmaat

Het toezicht op de naleving van de voorwaarden voor het gebruik van cookies ligt eveneens bij de OPTA. Deze bestuursrechtelijke handhaving houdt in dat de OPTA bij niet naleving bevoegd is een boete van ten hoogste 450.000 euro op te leggen. Ook kan de OPTA kiezen om een last onder dwangsom op te leggen.

4 Vormen van Cybercrime

Dit hoofdstuk gaat in op verschijningsvormen van cybercrime in enge zin, de technische aspecten en de strafbare gedragingen waaraan deze zijn toe te rekenen. De nadruk ligt op verschijningsvormen die kunnen worden gepleegd ten aanzien van bedrijfssystemen of via een elektronisch telecommunicatienetwerk zoals het internet of het bedrijfsnetwerk.

Bij iedere verschijningsvorm wordt aandacht besteed aan de volgende onderwerpen:
- wat wordt er onder de verschijningsvorm verstaan;
- de technische verschijningsvormen en herkenbaarheid;
- de benodigde gegevens voor het vaststellen;
- strafbaarstelling.

Steeds vaker gebruiken aanvallers combinaties van de genoemde technieken. De beschreven verschijningsvormen komen daarom nog maar zelden in geïsoleerde vorm voor. Toch blijft het noodzakelijk om de verschillende basisvormen te herkennen en daarmee te kunnen aangeven wanneer nu precies een strafbare handeling heeft plaatsgevonden.

Met het oog op eventuele strafbaarstelling wordt - vanuit technisch perspectief - voor de verschillende verschijningsvorm aangegeven of er sprake is van bepaalde gedragingen. Daarna wordt per verschijningsvorm aangegeven of deze ook strafbaar is op grond van bijvoorbeeld het Wetboek van Strafrecht of bijvoorbeeld de Telecommunicatiewet. In de praktijk zal het van de concrete omstandigheden afhangen of aan alle criteria van een bepaalde strafrechtbepaling wordt voldaan en dus of de strafrechtelijke bepaling daadwerkelijk van toepassing is.

Bij het registeren van vrijwel alle incidenten of het doen van aangiftes is algemene informatie nodig zoals namen van betrokkenen, een situatiebeschrijving, een technische netwerkbeschrijving, aanwezig beveiligingsmaatregelen zoals antivirus en firewalls, een overzicht van de misbruikte computers en hun lokale beveiliging- en netwerk logbestanden.

Bijlage F geeft een uitgebreid overzicht van de algemene benodigde (technische) gegevens voor het vaststellen en het doen van aangifte.

4.1 Malware

Malware is een verzamelnaam voor alle vormen van software met kwaadaardige bedoelingen, zoals computervirussen, wormen, Trojaanse paarden, spyware of keyloggers. Het onderscheid tussen de diverse vormen van malware vervaagt steeds meer. We maken geen specifiek onderscheid meer tussen bijvoorbeeld computervirussen, wormen of Trojaanse paarden. Wel worden hierna nog enkele korte omschrijvingen gegeven om de technische herkenbaarheid inzichtelijker te maken.

Wat is een virus?

Een virus is een stuk kwaadaardige programmacode dat zichzelf toevoegt aan reeds bestaande stukken programmacode; dit wordt *infecteren* genoemd. Er zijn zowel virussen als wormen in omloop die zichzelf aanpassen en veranderen om detectie te ontlopen. Deze worden *'polymorphic'* (in verschillende verschijningsvormen) genoemd.

Wat is een worm?

Over het algemeen wordt een worm beschreven als een stuk code dat zichzelf repliceert, zonder of met minimale menselijke tussenkomst. Wormen zijn mogelijk alleen maar aanwezig en actief in het computergeheugen. Dit soort wormen bevindt zich dan dus alleen in het geheugen van een systeem ('memory-resident') en zijn daardoor op bestandsniveau niet of moeilijk te herkennen. Een worm repliceert zich door gebruik te maken van kwetsbaarheden in computer- en netwerksystemen.

Virussen en wormen kwamen vroeger veel voor met als doel om de maker roem en naamsbekendheid te verschaffen onder computervandalen (*'naming and faming'*). Computercriminaliteit is ondertussen steeds geavanceerder geworden en heeft zich inmiddels geprofessionaliseerd. Virussen en wormen dienen steeds vaker een breder doel of zijn onderdeel van een uitgebreidere aanval. Een voorbeeld is zogenaamde *'ransomware'* waarbij computerbestanden van geïnfecteerde slachtoffers worden versleuteld en pas na betaling weer vrijgegeven. De malware versleutelt bekende bestandstypes. Het slachtoffer krijgt vervolgens een bericht met e-mailadres om de sleutel aan te vragen tegen betaling van een niet onaanzienlijk geldbedrag.

Wat is een Trojaans paard?

Met de term *'Trojan horse'* (Trojaans paard) wordt een kwaadaardig programma bedoeld dat ongemerkt met een ander programma meekomt en dat onder valse voorwendselen (direct of indirect) op een computer wordt uitgevoerd. Tegenwoordig wordt de term Trojaans paard (of 'trojan') gebruikt als verzamelterm voor programma's die, van binnenuit, onopgemerkt op een computer actief zijn en die een kwaadwillende ongemerkt toegang geeft of (ongewenste) acties uitvoert, zoals het openen van netwerkpoorten of het onderscheppen van gegevens. Voorbeelden zijn zogenaamde b*ackdoors*, *bots*, *rootkits*, *keyloggers* of *spyware*. Trojaanse paarden zijn een vorm van malware.

Trojaanse paarden worden steeds geavanceerder en gebruiken verschillende technieken om zo lang mogelijk onopgemerkt te blijven. Voorbeelden hiervan zijn het uitschakelen van beveiligingssoftware (zoals personal firewalls of antivirus software) en het camoufleren van hun activiteiten.

Trojaanse paarden komen veelal mee met andere (illegaal verspreide) software. Daarnaast raken computers vaak geïnfecteerd als gevolg van het openen van een besmette e-mail, besmetting via een USB geheugenstick of een *'drive by download'* waarbij besmette bestanden worden gedownload van een website (*'client site attack'*).

Virussen en wormen kunnen zijn gecombineerd met een Trojaans paard om zo als verspreidingsmechanisme voor het Trojaanse paard te fungeren. Een verschil is dat virussen en wormen zichzelf verspreiden naar slachtoffers ('push') en Trojaanse paarden meestal door het slachtoffer worden binnengehaald ('pull').

Trojaanse paarden worden onder meer op de volgende manieren verspreid:
- *verborgen* bij (legale) software die is aangeschaft of gedownload. Besmette populaire games of 'gratis' antivirus software ('fake antivirus') opgehaald vanaf het internet zijn bekende voorbeelden.
- *geautomatiseerd* via kwetsbaarheden in software, veelal webbrowsers. Trojaanse paarden worden bijvoorbeeld geïnstalleerd vanaf een kwaadaardige webpagina waarop mensen per ongeluk terechtkomen;
- *als een virus of worm*, zodat deze, na het infecteren van de computer ook een Trojaans paard installeert;
- *via een software-update*. Soms is een software-update dusdanig door een kwaadwillende gemanipuleerd dat deze een Trojaans paard bevat;
- *via e-mail*. Soms wordt op zeer grote schaal een e-mail verzonden (spam) met als bijlage een Trojaans paard. Door de ontvanger over te halen de bijlage te installeren wordt op grote schaal een Trojaans paard verspreid;
- *direct* door een hacker, nadat op een systeem is binnengedrongen installeert deze een Trojaans paard om het systeem te misbruiken en/of later makkelijker opnieuw te kunnen binnendringen.

Er zijn veel uiteenlopende soorten Trojaanse paarden. Grofweg zou wat functionaliteit betreft een onderscheid gemaakt kunnen worden tussen het ongewenst verzamelen van gegevens en het ongewenst toegang verlenen tot een systeem. Hieronder wordt een aantal verschillende vormen van Trojaanse paarden opgesomd, alsmede wat in het algemeen onder deze verschillende vormen van Trojaanse paarden wordt verstaan.

Backdoor

De term backdoor wordt heel algemeen gebruikt voor (onderdelen van) software die buiten de normale methoden om toegang geeft tot een systeem. Een voorbeeld hiervan is een stuk programmacode dat door een programmeur in een programma is gestopt, zodat hij of zij zichzelf later toegang kan verschaffen tot de software of het systeem waar het op draait. Veel malware bevatten tegenwoordig een backdoor component, die een kwaadwillende op een later tijdstip toegang kan verschaffen tot de geïnfecteerde computer.

Rootkit

Een rootkit is een Trojaans paard dat zich, met volledige beheerderrechten, in een besturingssysteem heeft genesteld en essentiële onderdelen van het systeem vervangt. Alle rootkits hebben als overeenkomst dat ze verborgen willen blijven en dat ze actief willen zijn. Ze moeten dus geladen worden door het besturingssysteem. Het blijft echter moeilijk om de aanwezigheid van de rootkit vanaf het systeem zelf te detecteren, omdat sporen van de aanwezigheid door de vervangen onderdelen worden verborgen. Vooral rootkits die zich in het hart van het besturingssysteem ('kernel') nestelen zijn moeilijk te detecteren. Veel rootkits bevatten een backdoor component.

Keylogger

Een keylogger is de benaming voor een specifiek soort software die maar één ding doet: het loggen van toetsaanslagen en eventueel muiskliks. De gelogde gegevens worden vaak automatisch verstuurd naar een derde partij. Een keylogger kan op zichzelf staan maar komt ook voor als onderdeel van een backdoor of een rootkit.

Spyware

Spyware is de benaming voor (onderdelen van) software die specifieke gegevens van een computer verzamelen, zoals bijvoorbeeld surfgedrag. Spyware wordt soms door de softwarefabrikant toegevoegd en soms door anderen aan bestaande software toegevoegd. In zeldzame gevallen wordt in licentievoorwaarden melding gemaakt van spyware-activiteiten, maar over het algemeen is dit niet het geval. Spyware 'verstopt' zich vaak niet echt en is redelijk gemakkelijk op te sporen.

Bot
===

De term bot wordt over het algemeen gebruikt voor malware met een backdoor component. Bots melden zich aan bij een centrale commandoserver ('*Command & Control*' kanaal) waarna ze commando's kunnen ontvangen. Vaak werden hiervoor IRC-kanalen gebruikt maar ook HTTP of bijvoorbeeld *peer-to-peer* netwerken. Moderne C&C kanalen divers en moeilijker op te sporen.

Besmette computers worden veel gebruikt om gezamenlijk DDoS aanvallen uit te voeren. Ze kunnen echter zeer divers worden ingezet zoals een *dropzone* of als proxy voor het versturen van spam of malware.

Technische verschijningsvormen en herkenbaarheid

Gezien de aard van malware, is het zeer moeilijk om vooraf afdoende indicaties te definiëren waaraan ze te herkennen zijn. De wijze waarop malware zich verspreidt is een indicatie voor de technische herkenbaarheid. Daarnaast kan bekende malware meestal door antivirusprogramma's worden herkend aan de hand van specifieke kenmerken in het computerbestand ('*signatures*') of aan hun gedragingen. Hieronder volgen enkele voorbeelden van de 'vectoren' (verspreidingsmechanismen) die virussen en andere malware gebruiken.

Replicatie via het netwerk door middel van kwetsbaarheden in software

Replicatie via het netwerk gebeurt over het algemeen zonder menselijke tussenkomst. Door bijvoorbeeld misbruik te maken van een buffer overflow, kan een worm zichzelf naar een andere computer activeren en verder verspreiden.[46] Dit verspreidingsmechanisme laat weinig variatie toe, aangezien een buffer overflow meestal slechts onder bepaalde omstandigheden ontstaat. Als gevolg hiervan kan malware die zich op deze manier verspreidt herkend worden aan het netwerkverkeer dat het genereert. Indien malware zichzelf op een agressieve manier verspreidt, zal de netwerkbelasting snel stijgen. Door middel van netwerkanalyse kan worden achterhaald dat het om een worm gaat, als het netwerkverkeer uniformiteit vertoont (bijvoorbeeld het veelvuldig voorkomen van bepaalde data naar een bepaalde poort).

Replicatie via netwerkshares of intern netwerk

Dit is een methode die veelvuldig wordt gebruikt op het Windows platform. Hierbij wordt bijvoorbeeld gebruikgemaakt van onjuist geconfigureerde computers die toegang met schrijfrechten geven aan onbevoegden. Verspreiding is in dit geval automatisch, maar activering van de geïnfecteerde computer gebeurt meestal pas nadat de computer opnieuw gestart is. De malware kan referenties naar zichzelf opslaan om bij een herstart automatisch te activeren.

---

[46] Slammer d.m.v. SQL-server of Ramen d.m.v. wu-ftpd, rpc.statd en lpd

Omgaan met Cybercrime

Replicatie via e-mail

Replicatie via e-mail is zeer populair voor het Windows platform. Hierbij kijkt de malware in een aantal bronnen om e-mailadressen te verzamelen, zoals het adresboek, mailfolders, lokale bestanden. [47] De meeste malware bevatten algoritmes om ervoor te zorgen dat de e-mail die ze versturen niet gemakkelijk automatisch te herkennen is. Vaak zijn zowel de onderwerpregel (*subject*), als de tekst zelf en de bijlage dynamisch aangepast. Deze replicatiemethode is eigenlijk alleen te herkennen aan de e-mails zelf en aan een verhoogde e-mailactiviteit.

Replicatie via infectie van andere bestanden

Door infectie van andere bestanden kan malware zich verspreiden, zij het met een vrij lage snelheid. De malware verspreidt zich bijvoorbeeld via besmette USB geheugensticks, of (onbevoegd) aangesloten randapparatuur of laptops. Malware kan virale code toevoegen aan andere programma's, maar ook in scripts of macro's. Handmatig zijn deze veranderingen alleen goed te herkennen doordat bijvoorbeeld de grootte van een bestand is veranderd. Van oudsher scannen verreweg de meeste virusscanners bestanden op bepaalde kwetsbare punten en zoeken daar naar de aanwezigheid van kenmerkende code ('*signatures*').

Inmiddels werkt een klein aantal virusscanners op het principe van vergelijking: door gegevens over bestanden te vergelijken met een opgeslagen lijst gegevens (bijvoorbeeld hash-codes), kan worden vastgesteld of een bestand is veranderd. De laatste ontwikkelingen gebruiken een vergelijking tussen computers onderling ('*Reputation-based malware detection*'). Voor deze nieuwe techniek is echter wel een (internet) netwerkverbinding nodig voor de antivirus software. Daardoor is deze techniek niet geschikt voor geïsoleerde netwerkomgevingen.

Trojaanse paarden

Het herkennen van een Trojaans paard is over het algemeen niet gemakkelijk omdat het tot doel heeft ongemerkt op een computer te verblijven. De volgende zaken zouden op de aanwezigheid van een Trojaans paard kunnen wijzen:
- de aanwezigheid van onbekende processen die op de computer draaien;
- de aanwezigheid van onbekende (vreemde) bestanden op de computer;
- onverwachte open netwerkpoorten op de computer;
- onverwacht netwerkverkeer van en naar de computer;
- onverklaarbaar systeem crash;
- afwijkend gedrag zoals onbekende vensters ('pop-ups') en meldingen.

---

[47] In zo'n geval ook wel een mailer of massa-mailer genoemd.

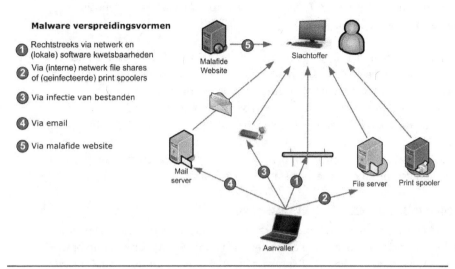

Figuur 2, Malware verspreidingsvormen

Trojaanse paarden nestelen zich op zo'n manier in het besturingssysteem, dat ze automatisch zullen opstarten. Een startpunt voor een onderzoek is dus altijd om op het systeem op die plekken te kijken van waaruit programma's automatisch gestart kunnen worden (zie bijlage G voor een lijst van netwerkshares en opstartlocaties).

Als de sterke verdenking bestaat dat op een systeem een Trojaans paard aanwezig is, en inspectie vanaf het systeem zelf levert niets op, inspecteer het systeem dan met behulp van tools waarvan de integriteit vaststaat. Dit zijn bijvoorbeeld 'read-only' media waarmee het systeem opgestart is, zoals een bootable DVD met bekende analysetools. Tools van het systeem zelf zijn namelijk mogelijk aangepast door het Trojaans paard, om ervoor te zorgen dat het onopgemerkt blijft.[48]

Rootkits kunnen mogelijk worden ontdekt door een analyse van het systeem te maken op een normaal (hoog) niveau en een laag niveau. Als hoog niveau wordt bijvoorbeeld vanuit het geïnstalleerde besturingssysteem naar de harde schijf gekeken en als laag niveau wordt vanaf een bootable DVD naar dezelfde harde schijf gekeken. Door de uitkomsten te vergelijken en verschillen te zoeken, kunnen aanwijzingen worden gevonden of een rootkit aanwezig is. Bijvoorbeeld kan vanuit het besturingssysteem een lijst worden gemaakt van alle bestanden op de lokale harde schijf (*directory listing*) en kan deze worden vergeleken met de

---

[48] Een bekende, en gratis beschikbare, bootable DVD-ROM met audit en onderzoeksprogramma's, is BackTrack (http://www.backtrack-linux.org/).

informatie uit de *Master File Table* (MFT) die de daadwerkelijke bestandsindeling op de harde schijf bevat.[49]

Trojaanse paarden die zich bijvoorbeeld nestelen tussen de gebruiker en de achterliggende dienst (*'man-in-the-middle'*) zijn in staat om de gebruiker wijs te maken dat alles klopt omdat ze dicteren wat de gebruiker te zien krijgt. Voorbeelden zijn Trojaanse paarden ingebed in de webbrowser die specifiek de communicatie van en naar een internetbank manipuleren. Zo kan een Trojan altijd gemanipuleerd bedragen laten zien op het beeldscherm. De enige manier om vast te stellen dat dit niet klopt, is om deze gegevens te vergelijken met een papieren rekeningafschrift of direct te vernemen van de bank.[50]

Benodigde gegevens voor het vaststellen

Voor het vaststellen van een malware, zoals computervirus of Trojaanse paarden, is een overzicht van de gedane constateringen nodig waaruit blijkt, of op basis waarvan wordt vermoed, dat er sprake is van een malware besmetting. Dit kan bijvoorbeeld de melding van het antivirus programma zijn. Daarnaast kunnen alle afwijkende gedragingen van de computer een aanwijzing zijn, zoals onbekende meldingen in een firewall/IDS log, trager worden prestaties of internetverbinding, foutmeldingen of veelvuldig 'vastlopende' computers of applicaties.

De belangrijkste benodigde technische informatie is:
- een technische beschrijving van de getroffen systemen;
- een lijst van geïnstalleerde programmatuur;
- een lijst van besmette of gewijzigde computerbestanden;
- een overzicht van de actieve processen in het computergeheugen;
- logbestanden;
- kopie van de geïsoleerde malware bestanden;
- image van het schone systeem (voor infectie) en het besmette systeem.

Indien mogelijk, is het voor het technisch onderzoek wenselijk om ook de beschikking te hebben over een kopie van het computervirus of de geïsoleerde bestanden die bij het Trojaans paard horen. Dit kan bijvoorbeeld door het isoleren van de besmette computerbestanden. De malware kan hiermee op een testsysteem worden geanalyseerd om het gedrag vast te leggen. Voor de analyse kan het bovendien waardevol zijn als kan worden beschikt over een image van het

---

[49] Als vergelijking kan dezelfde informatie ook worden geverifieerd met een lijst verkregen door het systeem op te starten vanaf een read-only medium, zoals een DVD-ROM. Rootkits kunnen mogelijk ook worden ontdekt met hulpprogramma's zoals de Microsoft RootkitRevealer (http://technet.microsoft.com/en-us/sysinternals/bb897445.aspx).
[50] Out-of-band verificatie.

schone systeem, voordat deze werd geïnfecteerd, en een image van het gecompromitteerd systeem.

Strafbaarstelling

Wordt er binnengedrongen?

Mogelijk. Er wordt een programmacode die oorspronkelijk niet op de computer stond, ingebracht en uitgevoerd. Echter als de rechtmatige gebruiker (ongerichte) besmet wordt met een computervirus of een Trojaans paard doordat hij bijvoorbeeld een geïnfecteerd bestand binnenhaalt, wordt dit niet direct gezien als binnendringen in een geautomatiseerd werk. Dit is wel het geval als iemand de malware (wederrechtelijk) gebruikt om in de computer iets te doen (bijvoorbeeld als onderdeel van een botnet) of om zonder toestemming van de rechtmatige eigenaar programmatuur aan te brengen of handelingen uit te voeren.

Wordt stoornis in het geautomatiseerde werk veroorzaakt?

Mogelijk. Door het toedoen van een virus of andere malware kan in het geautomatiseerde werk stoornis worden veroorzaakt. De malware, zoals een Trojaans paard, kan bijvoorbeeld (kritieke) bestanden verwijderen of onopgemerkt andere acties uitvoeren. Daarnaast zal door de installatie van malware computerbestanden op een systeem worden aangepast of toegevoegd. Mogelijk dat op het eerste gezicht het systeem normaal zal blijven functioneren. Echter het is waarschijnlijk dat het verwijderen van de malware alleen mogelijk is door bepaalde of alle delen van de software opnieuw te installeren. Bovendien is het mogelijk dat andere programma's, die afhankelijk zijn van de originele, niet geïnfecteerde besturingssysteem componenten, niet meer correct functioneren. In dat geval is wel een stoornis veroorzaakt.

Worden gegevens veranderd, onbruikbaar gemaakt, vernield of toegevoegd?

Ja. Door de malware worden er gegevens toegevoegd aan andere gegevens of toegevoegd aan het geautomatiseerd werk. Daarnaast is het mogelijk dat opgeslagen gegevens veranderen, wijzigen of vernield worden hoewel dit niet per se het geval is. De meeste Trojaanse paarden zullen dit bijvoorbeeld niet zonder meer doen omdat ze onopgemerkt willen blijven.

Worden gegevens afgetapt of afgeluisterd?

Mogelijk. Hoewel dit niet voor alle malware geldt. Echter veel vormen van malware zullen bijvoorbeeld gegevens die interessant zijn voor de kwaadwillende of nodig zijn voor de verdere verspreiding, proberen af te tappen en door te sturen. Zeker bij veel vormen van Trojaanse paarden dienen om gegevens ongeautoriseerd te kunnen kopiëren, door te sturen en te misbruiken.

Omgaan met Cybercrime

Strafbaarheid

Er is altijd sprake van strafbare gegevensaantasting (art. 350a lid 1 Sr), omdat er onrechtmatig gegevens worden toegevoegd aan andere computergegevens. Alleen bij programma's die in de licentieovereenkomst vermelden dat er gegevens worden verzameld (spyware) zal het toevoegen van gegevens niet onrechtmatig zijn. Alle vormen van het opzettelijk en wederrechtelijk verspreiden van gegevens die bestemd zijn om schade aan te richten in een computer vallen onder artikel 350a lid 3 Sr; volgens de wetgever vallen daar ook computervirussen, Trojaanse paarden en logische bommen onder.

Als er (opzettelijk of door schuld) stoornis in de gang of werking wordt veroorzaakt bij computers of netwerken met een publieke functie waarbij tevens sprake is van een openbaar belang (stoornis in de uitvoering van een nutsdienst of openbaar telecommunicatienetwerk of telecommunicatiedienst), van gemeen gevaar voor goederen of diensten of levensgevaar, is dit strafbaar (artikel 161sexies en 161septies Sr).

Bij veel vormen van malware is bovendien sprake van het ongeautoriseerd binnendringen in het geautomatiseerde werk als gevolg waarvan strafbaarheid op grond van computervredebreuk kan bestaan (art.138ab Sr). Een eventuele uitzondering is een Trojaans paard dat mee lift met andere programmatuur en dus door de gebruiker zelf wordt geïnstalleerd. Echter als het Trojaanse paard vervolgens wordt gebruikt om wederrechtelijk handelingen uit te voeren in de computer of deze acties te laten verrichten, zoals tijdens phishing of in een botnet, is er in ieder geval sprake van binnendringen in een geautomatiseerd werk, artikel 138ab lid 1 Sr. Als de malware gegevens gaat verzamelen en doorsturen, is tevens sprake van een strafbaar feit onder artikel 138ab, lid 2 Sr, het plegen van computervredebreuk en het vervolgens overnemen van gegevens. Mogelijk kan dit ook worden geschaard onder artikel 139c, eerste lid Sr, het aftappen en/of opnemen van gegevens.

Ransomware is een vorm van cybercrime in ruime zin en bovendien strafbaar als afpersing (art.317 Sr lid 2) of afdreiging (art.318 Sr lid 1).[51]

Op het openlijk ter beschikking stellen van programma's waarmee malware gemaakt kan worden, bijvoorbeeld op internet, kunnen de strafrechtelijke bepalingen van toepassing zijn met betrekking tot deelneming aan of strafbare voorbereiding van strafbare feiten (art. 48 en art.139d lid 2 Sr). Artikel 139d lid 2

---

[51] Afdreiging: dwingen tot afgifte van een goed of aangaan van een schuld door bedreiging met smaad of openbaring van een geheim.

stelt voorbereidingshandelingen zoals het vervaardigen, verkopen, verwerven, invoeren, verspreiden of anderszins ter beschikking stellen strafbaar.

4.2 Computerinbraak

Deze paragraaf behandelt verschillende vormen van (lokaal en op afstand via een telecommunicatie- of computernetwerk) inbreken en/of misbruik van computersystemen. Als verzamelterm wordt ook wel gesproken over 'hacking'.

Computerinbraak ('hacken') is een verzamelterm voor het wederrechtelijk binnendringen in een computersysteem. Hierbij kan onderscheid worden gemaakt tussen ongerichte en gerichte cyberaanvallen ('targeted attacks').

Ongerichte cyberaanvallen zijn geautomatiseerd en hebben geen specifiek bedrijf of computersysteem als doelwit. Bij ongerichte aanvallen wordt, grootschalig, getest op het bestaan van specifieke kwetsbaarheden en, indien geconstateerd, getracht het computersysteem te misbruiken, bijvoorbeeld door het installeren van malware.

Bij gerichte cyberaanvallen is een specifiek bedrijf of computersysteem doelwit. De gebruikte aanval zal bestaan uit een stuk maatwerk om de kans van slagen en het risico op detectie te verkleinen. Voor het uitvoeren van gerichte cyberaanvallen is over het algemeen meer kennis nodig en meer voorbereidingstijd.

We onderscheiden drie manieren van binnendringen op een computersysteem:
- *Fysieke inbraak*: Deze vorm van inbraak houdt in dat een hacker fysieke toegang heeft tot een systeem. Hierdoor kan iemand bijvoorbeeld via een console (toetsenbord) toegang krijgen, of een harddisk uit een systeem halen.
- *Lokale inbraak*: Bij deze inbraak heeft een hacker al gebruikersrechten op een systeem. Via bijvoorbeeld een exploit of het afkijken van een wachtwoord kan een hacker zijn gebruikersrechten uitbreiden.
- *Inbraak op afstand*: Een hacker heeft bij deze inbraak geen gebruikersrechten op een systeem. Door middel van bijvoorbeeld één of meerdere 'exploits' kan een hacker zichzelf toch toegang verschaffen tot een systeem.

Cyberaanvallen kunnen plaatsvinden langs een tal van verschillende paden (aanvalsvectoren). Enkele mogelijke aanvalspaden zijn: (i) direct via het internet, (ii) via thuiswerkplekken gekoppeld (met VPN) aan het bedrijfsnetwerk, (iii) via draadloze toegangspunten, (iv) ongeautoriseerde apparatuur (zoals niet-toegestane laptops of USB geheugensticks), (v) inbraak/insluiping en fysieke manipulatie van computersystemen, of (vi) manipulatie van personen.

Omgaan met Cybercrime

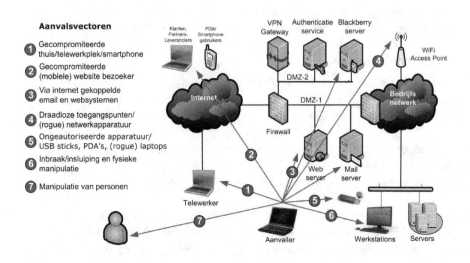

Aanvalsvectoren

1. Gecompromiteerde thuis/telewerkplek/smartphone
2. Gecompromiteerde (mobiele) website bezoeker
3. Via internet gekoppelde email en websystemen
4. Draadloze toegangspunten/ (rogue) netwerkapparatuur
5. Ongeautoriseerde apparatuur/ USB sticks, PDA's, (rogue) laptops
6. Inbraak/insluiping en fysieke manipulatie
7. Manipulatie van personen

Figuur 3, Verschillende aanvalsvectoren

Cyberaanvallen kunnen bovendien plaatsvinden op diverse (technische) niveaus, te weten de netwerklaag, de platformlaag en de applicatielaag.

- Op de *netwerklaag* kunnen gegevens worden afgeluisterd ('sniffen') of informatie worden verzameld (*'enumeration'*) door bijvoorbeeld het scannen van computersystemen ('poortscan').
- Op de *platformlaag* richten de aanvallen zich op het misbruik maken van bekende en nieuwe kwetsbaarheden in besturingssystemen (*'exploits'*). Echter ook aanvallen op de hardware en de daarin ingebouwd programmacode ('firmware') komen voor.
- Op de *applicatielaag* kan misbruik worden gemaakt van fouten die vaak hun oorsprong hebben bij de ontwikkelaars, het ontwerp, configuratiefouten of de implementatie een (web)applicatie.

Een hacker kan – of het nu een lokale of een inbraak op afstand is - onder meer van softwarematige fouten of kwetsbaarheden in het systeem gebruikmaken om toegang te krijgen tot een systeem. Enkele veel voorkomende kwetsbaarheden die regelmatig worden misbruikt, zijn hierna kort weergegeven.

Buffer overflow

Veel kwetsbaarheden zijn gebaseerd op een buffer overflow. Een buffer is een reeks gereserveerde geheugenblokken, die gebruikt wordt voor het vasthouden van data. De grootte van deze buffer is op voorhand gedefinieerd. Een buffer overflow ontstaat op het moment dat er meer informatie naar een buffer wordt geschreven dan de buffer toelaat. Hierdoor wordt de grens van de buffer overschreven, met het gevolg dat extra programmacode kan worden geïnjecteerd. Een hacker kan hiermee applicaties laten crashen of bepaalde code laten uitvoeren, en zichzelf op die manier toegang tot het systeem verschaffen.

Code injectie

Op computersystemen is tegelijkertijd verschillende software aanwezig. Door het geven van een opdracht of het aanbieden van invoergegevens aan een programma kunnen gevolgen optreden in andere programma's. Er wordt als het waar uit de oorspronkelijke applicatie gebroken en naar een (onderliggende) andere applicatie overgegaan. Vervolgens kan zo andere software worden geïnstrueerd opdrachten uit te voeren. Dit soort kwetsbaarheid kan het beste worden geïllustreerd aan de hand van een voorbeeld;

Een veel gebruikte werkwijze is het invoeren van een bepaalde tekststring via een webapplicatie, uitgebreid met een onverwachte combinatie met programmacode. Dit kan de string `| mail user < /etc/passwd` zijn. De webapplicatie verzoekt via deze string aan het besturingssysteem om de output van het wachtwoorden bestand `/etc/passwd` te mailen. De hacker kan op deze manier de wachtwoorden misbruiken om toegang te krijgen tot een systeem.

Een soortgelijke techniek wordt ook toegepast bij zogenaamde *SQL-injection*, waarbij door listig misbruik van een niet goed geprogrammeerde applicatie direct commando's aan de database zelf gegeven kunnen worden.

Configuratiefouten

In een aantal gevallen kunnen door configuratiefouten kwetsbaarheden ontstaan, of worden standaardconfiguraties gebruikt die niet afdoende zijn afgeschermd. Door deze kwetsbaarheden kan bijvoorbeeld toegang tot het systeem worden verkregen middels standaardwachtwoorden, of kan een derde misbruik maken van onnodig draaiende services op een systeem.

Zwakke wachtwoorden

Vaak zijn wachtwoorden de belangrijkste afscherming voor geautoriseerde toegang tot computersystemen en informatie. Mensen hebben de neiging om eenvoudig te onthouden wachtwoorden te kiezen. Bijvoorbeeld bestaande woorden waarbij eenvoudige vervangingen van letters door een cijfer worden gebruikt of wachtwoorden afgeleid van persoonlijke interesses of omstandigheden (familienamen, data, postcodes, autonamen, huisdier, etc.). Aanvallers weten dit en trachten met geautomatiseerde hulpstukken om informatie over een persoon te verzamelen en vervolgens wachtwoorden te raden of eindeloos verschillende wachtwoorden proberen.

Omgaan met Cybercrime

<u>Onbeveiligde data en netwerkprotocollen</u>

Veel gebruikte netwerktopologieën en –protocollen zijn nooit ontwikkeld met een kijk op beveiliging zoals wie die nu kennen. Dergelijke netwerkprotocollen kennen dan ook de nodige intrinsieke kwetsbaarheden. Ethernet is het meest gebruikte netwerkprotocol. Het is een zogenaamd 'shared medium', wat betekent dat het computernetwerk gedeeld wordt met meerdere systemen. Via een *sniffer* kan op een Ethernet onbeveiligde data worden onderschept of 'afgeluisterd'. Ook WiFi netwerken en verschillende communicatieprotocollen (zoals telnet, FTP, SMTP) zijn gevoelige voor het onderscheppen van onbeveiligde gegevens. Op deze manier kan gevoelige informatie, zoals wachtwoorden, in handen komen van hackers.

<u>Zero-day</u>

Een zero-day aanval misbruikt een nog onbekende of niet gemelde zwakke plek in een computerprogramma. Zero-day kwetsbaarheden zijn nog niet bekend bij de softwareontwikkelaar of er is nog geen oplossing ('*patch*') beschikbaar om het gat te dichten. Zero-day exploits worden gebruikt of gedeeld door hackers voordat de softwareontwikkelaar weet heeft van de kwetsbaarheid.

Fysieke computerinbraak

Bij een fysieke computerinbraak kan vrijwel altijd het lokale besturingssysteem worden omzeild door het systeem te starten vanaf een ander medium, zoals een opstart CD-ROM ('*bootable*' disk).[52] Alle toegangs- en beveiligingsmaatregelen die zijn getroffen op de computer in het besturingssysteem en geïnstalleerde applicaties zijn dan waardeloos. Alleen een volledig versleutelde harde schijf (hard disk encryptie) kan bescherming bieden, mits het systeem volledig is uitgeschakeld ten tijde van de aanval.

Als de computer fysiek wordt benaderd terwijl deze nog in bedrijf is, zal hard disk versleuteling niet helpen waardoor het besturingssysteem en/of de hardware kan worden gecompromitteerd. Bekende aanvalstechnieken zijn bijvoorbeeld USB, CD-ROM of DVD media die automatisch worden geladen ('*autorun*') of via de Firewire aansluiting.

Een vorm van fysieke computerinbraak of verkrijgen van gegevens, is het plaatsen van een fysieke keylogger. Deze worden geplaatst tussen toetsenbordaansluiting en de computer. Het zijn meestal kleine USB stekkers waar de kabel van het toetsenbord op is aangesloten. Dergelijke keyloggers leggen alle toetsaanslagen

---

[52] Ook andere opstart media zijn mogelijk, zoals via DVD, USB, netwerk. Bootable disks met kant en klare crack software voor bijvoorbeeld Windows platformen waarmee direct op de lokale hard schijf kan worden gelezen en geschreven zijn vrij verkrijgbaar op het internet.

vast en dus ook wachtwoorden. Keyloggers moeten door een kwaadwillende weer worden opgehaald om de gegevens eraf te kunnen halen. Enkele keyloggers zijn ook in staat om via e-mail of andere netwerkverbindingen de gegevens door te sturen.

Misschien wel de meest voor de hand liggende vorm van fysieke inbraak is wanneer een kwaadwillende direct toegang kan verkrijgen doordat een computer simpelweg onbeheerd en niet vergrendeld is achtergelaten. Dit kan tevens uitnodigend zijn voor nieuwsgierigen en gelegenheidscriminelen. Een passerende kwaadwillende kan bijvoorbeeld toegang verkrijgen tot gevoelige informatie, gegevens wijzigen of toevoegen, of e-mail versturen onder de gebruikersnaam van de nog aangemelde gebruiker. Feitelijk betreft het nu een vorm van lokale computerinbraak. Computervredebreuk zal bij een fysieke inbraak doordat een computer niet afgesloten was moeilijk te bewijzen zijn (art.138ab Sr). Echter het wederrechtelijk wijzigen of vernielen van gegevens blijft natuurlijk apart strafbaar.

Lokale computerinbraak

Bij een lokale computer inbraak heeft de aanvaller al (geautoriseerde en legale) toegang. Echter door bijvoorbeeld het omzeilen van beveiligingsmaatregelen, het misbruiken van een gebruikersnaam en wachtwoord, of door het inzetten van 'exploits' om zwakke plekken te misbruiken, verschaft de aanvaller zich toegang tot delen van het systeem waar hij/zij niet toe is gemachtigd. De aanvaller verkrijgt zo bijvoorbeeld hogere gebruikersrechten dan waarvoor de hij normaal geautoriseerd is ('elevatie van toegangsrechten'). De aanvallen kunnen bijvoorbeeld worden uitgevoerd door het eigen personeel, tijdelijke medewerkers of bezoekers met fysieke toegang tot de systemen.

Het detecteren van dergelijke 'insiders' is lastig omdat het gedrag in grote lijnen overeenkomst zal vertonen met het normale gedrag. Bovendien zullen bijvoorbeeld netwerk IDS oplossingen deze aanvallen in het geheel niet signaleren omdat alles lokaal plaatsvindt. Een lokale (personal) firewall, antivirus, en een Host-based IDS kunnen mogelijk wel dit gedrag detecteren en registeren.

Niet zelden blijken gefrustreerde (ex-)medewerkers de boosdoener te zijn. Zij kunnen bijvoorbeeld gevoelige informatie hebben gekopieerd, spam of beledigende e-mail berichten verstuurd, wachtwoorden aanpassen of achterdeuren (zoals Trojaanse paarden of verborgen draadloze WiFi apparatuur) installeren. Een lokale computerinbraak kan zo de achterdeur wijd openzetten naar het totale bedrijfsnetwerk.

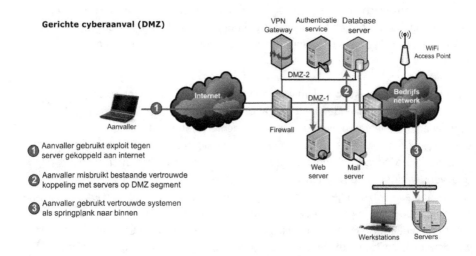

Figuur 4, Computerinbraak op afstand

Computerinbraak op afstand

Bij een computerinbraak op afstand tracht de aanvaller via een (draadloze) netwerkverbinding zich toegang te verschaffen tot interne computersystemen. Een aanval zal vaak een verkennende en een aanvallende fase kennen. In de verkennende fase worden systemen die via een netwerk, zoals het internet, benaderbaar zijn, afgetast op netwerkpoorten en daaraan gekoppelde actieve services. Zo kan een aanvaller bijvoorbeeld ontdekken dat een webserver actief is.

Door kwetsbaarheden ('exploits') of zwakke systeemconfiguraties (zoals zwakke wachtwoorden) te misbruiken, verschaft een aanvaller zich toegang tot de webserver. Tegenwoordig bevindt een webserver zich vrijwel nooit direct op een bedrijfsnetwerk maar bijvoorbeeld in een bufferzone, een zogenaamd *'Demilitarized Zone'* (DMZ)netwerk. Mogelijk zijn er zelf meerdere van dergelijke DMZ-netwerken aanwezig. Servers aangesloten op een DMZ-netwerk hebben vaak geautoriseerde verbindingen naar interne systemen nodig, zoals naar database servers of voor e-mail. Door de eerder gecompromitteerde webserver als een springplank te misbruiken, kan een aanvaller zich mogelijk verder toegang verschaffen tot het interne bedrijfsnetwerk.

Veel organisaties bieden hun gebruikers voorzieningen voor telewerken. Meestal wordt hierbij de verbinding tussen het werkstation of laptop van de gebruiker en het bedrijfsnetwerk versleuteld om de vertrouwelijkheid van de gegevens over het internet te waarborgen (*'Virtual Private Network'* of VPN). Vaak worden gebruikers bovendien niet alleen geauthentiseerd op basis van hun gebruikersnaam en

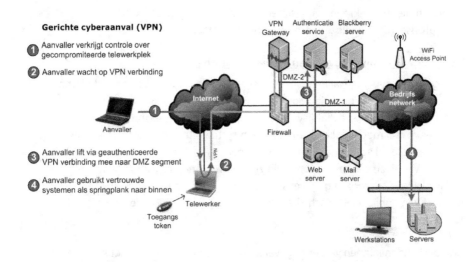

Figuur 5, Computerinbraak op afstand via VPN

wachtwoord maar wordt ter aanvulling een token gebruikt (2-factor authenticatie). Een token kan bijvoorbeeld voor iedere keer dat verbinding wordt gemaakt een eenmalige toegangscode genereren. Ook kunnen bijvoorbeeld smartcards als token worden gebruikt. Ondanks deze beveiligingsmaatregelen kan een (geavanceerde) aanvaller toegang proberen te verkrijgen.

VPN verbindingen sluiten niet uit dat een aanvaller niet binnen kan dringen. Een aanvaller kan als eerste stap nu proberen om de werkplek van de gebruiker te compromitteren. Omdat deze zich vaak buiten de directe invloed van de systeembeheerder bevindt, is het maar de vraag of deze voldoende is beveiligd. Bovendien worden werkstations van gebruikers regelmatig gecombineerd met privé gebruik. Hierdoor is de kans op besmetting met malware groot.

Een aanvaller kan vervolgens wachten tot een VPN verbinding tot stand wordt gebracht. Vervolgens lift de aanvaller op deze verbinding mee naar binnen en naar de interne systemen. Firewalls en IDS oplossingen kunnen dit niet of moeilijk detecteren omdat de VPN verbinding vanaf een toegestane werkplek en geauthentiseerde gebruiker afkomstig is. Vanuit het perspectief van het VPN systeem is het een legitieme verbinding.

Andere kwetsbaarheden waarlangs een aanval op afstand kan plaatsvinden zijn bijvoorbeeld via onvoldoende beveiligde draadloze toegangspunten ('Access Points'). Ook door draadloze mogelijkheden van laptops, PDA's en andere

117

apparaten die (tijdelijk) zijn aangesloten op het bedrijfsnetwerk, kunnen ongeautoriseerde draadloze toegangspunten ontstaan.

Technische verschijningsvormen en herkenbaarheid

Veel (gerichte) cyberaanvallen gaan gepaard met voorbereidingen en technische verkenningen van het doelwit, voordat misbruik wordt gemaakt van een kwetsbaarheid op een bepaald systeem. Via dit vooronderzoek probeert de aanvaller zoveel mogelijk gegevens over een systeem te verzamelen. Daarvoor hoeft de hacker in sommige gevallen zelfs geen contact te maken met het doelwit systeem. Via diverse informatiebronnen zoals een routing registry, zoekmachines en DNS kan de hacker zijn gegevens verzamelen. Daar waar gebruik wordt gemaakt van publiekelijk beschikbare informatie, is het moeilijk de aanvaller te traceren.

Kwaadwillenden kunnen verder gegevens over de configuratie van het systeem en eventuele kwetsbaarheden ontdekken door onder meer de volgende technieken:

Footprinting

Bij footprinting wordt een systeem rechtstreeks onderzocht om te kijken wat voor softwareversies actief zijn op het systeem. Dit kan in sommige gevallen worden gedetecteerd. Via footprinting probeert een aanvaller vaak onder meer de volgende gegevens te achterhalen (*enumeration*):

- IP-adres(sen) van het systeem
- Locatie van het systeem
- Hostnaam van het systeem, dat zich in de DNS bevindt
- Softwareversie van het besturingssysteem en van applicaties
- Proceseigenaren van bepaalde applicaties
- Directorystructuur van een systeem
- Lijst van gebruikersaccounts
- Lijst van actieve services

Vooral op oudere Windows platformen kan veel informatie worden verkregen via zogenaamde *nulsessies*. Dit zijn verbindingen waarbij geen gebruikersnaam en wachtwoord nodig zijn. Een Windows computer wordt als het ware bevraagd om bepaalde gegevens te verstrekken. Dit is nodig om een Windows platform in bijvoorbeeld een bedrijfsnetwerk te laten functioneren. In nieuwere Windows versies is de beveiliging hiervan aangepast.[53]

---

[53] Een nulsessie op een Windows platform kan worden getest met het commando:
```
net use \\ipaddress "" /user:""
```

Veel netwerkapparatuur, zoals routers, printers en servers ondersteunen ook het Simple Network Management Protocol (SNMP). Hoewel dit protocol in de latere versies is voorzien van beveiligingsopties, komen er nog veel installaties voor waarbij deze niet zijn toegepast. Footprinting kan dan eenvoudig worden uitgevoerd door een aanvaller (*SNMP walking*).[54]

Netwerkanalyse

Een aanvaller kan technieken als *sniffing* (afluisteren van netwerkverkeer), *poort scanning*, of *netwerk mapping* methodieken hanteren om de topologie van een netwerk te bepalen en om informatie over een systeem in te winnen.

Sniffing is mogelijk als een aanvaller direct toegang heeft tot het netwerk, bijvoorbeeld door fysiek toegang te verschaffen tot de netwerkbekabeling of door een gecompromitteerde netwerk router of werkstation te misbruiken. Door het afluisteren van het netwerkverkeer kan waardevolle informatie worden verkregen over de aangesloten systemen. Als het netwerkverkeer niet versleuteld wordt verzonden, zoals vrijwel altijd op een intern bedrijfsnetwerk plaatsvindt, kan een aanvaller bijvoorbeeld ook wachtwoorden van onbeveiligd netwerkprotocollen onderscheppen. Voor een aanvaller van buitenaf is het vaak niet mogelijk om netwerkverkeer te sniffen zonder eerst al te hebben ingebroken op een systeem. Een insider echter kan direct aan de gang met sniffing.

Met poort scanning, DNS bevragingen of netwerk scanning (zoals traceroutes) kan de aanvaller zich een beeld vormen van de netwerktopologie. Welke systemen bevinden zich waar in het netwerk? Welke functies hebben ze en welke diensten ('services') bieden zij aan?

Benodigde gegevens voor het vaststellen

Voor het vaststellen van een gerichte cyberaanval is veel deskundigheid nodig. De aanvaller zal zijn acties heimelijk en mogelijk verspreid over een langere periode uitvoeren. Daarnaast kunnen alle afwijkende gedragingen van de computer een aanwijzing zijn, zoals onbekende meldingen in een firewall/IDS log, trager worden prestaties of internetverbinding, foutmeldingen of veelvuldig 'vastlopende' computers of applicaties.

De belangrijkste benodigde technische informatie is:
- een overzicht van de gedane constateringen en het tijdstip waaruit blijkt, of op basis waarvan wordt vermoed, dat er sprake is van een cyberincident;

---

[54] SNMP werkt standaard over netwerkpoort 161 en heeft als instelling 'public'. Met (gratis) SNMP browsers kan veel informatie van een systeem zo worden opgevraagd.

- een technische beschrijving van de systemen;
- een lijst van geïnstalleerde programmatuur;
- een lijst van gewijzigde computerbestanden;
- een overzicht van de actieve processen in het computergeheugen;
- logbestanden;
- informatie over het netwerk, firewalls en andere beveiligingsmaatregelen;
- een kopie van het volledig netwerkverkeer (*TCP/IP network dump*);
- kopie van de geïsoleerde malware bestanden;
- image van het schone systeem (voor infectie) en het besmette systeem.

Strafbaarstelling

Wordt er binnengedrongen?

Ja. Er is sprake van binnendringen als een hacker bepaalde gebruikersrechten op een onrechtmatige manier heeft verkregen. Het maakt niet uit of hierbij wordt binnengedrongen via het computernetwerk of bijvoorbeeld door het lokaal manipuleren van de computer. Zo is het fysiek aansluiten van illegale randapparatuur aan bijvoorbeeld de firewire aansluiting of het plaatsen van een DVD met malware en vervolgens instructies verzenden naar de computer, een vorm van het aanbieden van een vals signaal. Ook als iemand of een gebruiker onder normale omstandigheden legitiem toegang heeft tot (delen van) het geautomatiseerd werk, wordt binnengedrongen als bijvoorbeeld andere (beheerders) gebruikersrechten op een onrechtmatige manier worden verkregen. Onrechtmatig wil zeggen dat deze gebruikersrechten of de toegang tot het geautomatiseerde werk, niet zijn toegewezen door de beheerder of eigenaar van het systeem aan de desbetreffende persoon.

Wordt stoornis in het geautomatiseerde werk veroorzaakt?

Mogelijk. Meestal zal het systeem op het eerste gezicht normaal blijven functioneren. Zo veroorzaakt het binnendringen in een systeem maar vervolgens alleen 'rondkijken' wat er is, niet direct een stoornis. Wanneer bijvoorbeeld echter de functionaliteit of gegevens worden aangetast, is er al snel wel sprake van een stoornis. Bovendien is het waarschijnlijk dat het verwijderen van malware en het herstellen van het systeem alleen mogelijk is door bepaalde of alle delen van de software opnieuw te installeren. In dat geval is eveneens een stoornis veroorzaakt.

Worden gegevens veranderd, onbruikbaar gemaakt, vernield of toegevoegd?

Mogelijk. Bij alle vormen van inbraak (fysiek, lokaal of op afstand) geldt dat gegevens veranderd, gewijzigd of vernield kunnen worden. Daarnaast kunnen bijvoorbeeld malware en rootkits zijn geïnstalleerd. Echter zullen niet alle hackers dit zonder meer doen omdat ze ongemerkt willen blijven.

Worden gegevens afgetapt of afgeluisterd?

Ja. Dit kan het geval zijn als een kwaadwillende die zich (fysiek, lokaal of op afstand) toegang heeft verschaft, het beheer van het systeem overneemt, malware plaatst om toekomstige communicatie via de computer te onderscheppen of andere vervolghandelingen uitvoert. Dit komt bij veel voor omdat het doel zelden is om alleen computervredebreuk te plegen.

Strafbaarheid

Bij computerinbraak heeft iemand de bedoeling, zonder dat hij toestemming van de eigenaar heeft, in een geautomatiseerd werk binnen te dringen. Dit is strafbaar gesteld in artikel 138ab lid 1 Sr.

Het kan zijn dat de dader nog andere handelingen verricht, zoals het overnemen en voor zichzelf of een ander vastleggen van gegevens. In dat geval is tevens sprake van een misdrijf op grond van artikel 138ab lid 2 Sr.

Indien de cyberinbraak geschiedt via een openbaar telecommunicatienetwerk en de dader vervolgens verder hackt, is er sprake van strafbaarheid op grond van artikel 138ab lid 3 Sr.

Het is ook mogelijk dat, nadat is binnengedrongen, opzettelijk gegevens worden vernield. Deze situatie is, als de vernieling ernstige schade oplevert, expliciet strafbaar gesteld in artikel 350a lid 2 Sr.

Als iemand nadat hij is binnengedrongen, een technisch hulpmiddel aanbrengt waardoor hij in staat wordt gesteld gegevens af te tappen en/of op te nemen van het telecommunicatienetwerk, dan kan iemand ook strafbaar zijn op grond van het aftappen en/of opnemen van gegevens (artikel 139c lid 1 en 139d Sr).

Wanneer door aftappen wederrechtelijk verkregen gegevens worden opgeslagen op een voorwerp zodanig dat de aanvaller er over kan beschikken en deze voorhanden heeft, zoals op een USB stick, kan dit strafbaar zijn onder artikel 139e lid 1 Sr. Als dergelijk verkregen gegevens opzettelijk aan een ander bekend worden gemaakt is dat strafbaar onder artikel 139e lid 2 Sr.

Als gevolg van de computerinbraak en het handelen van de hacker, kan *opzettelijk* dan wel door *schuld* een geautomatiseerd werk worden vernield. In dat geval kan aanvullend strafbaarheid op grond van de artikelen 161sexies en 161septies Sr bestaan als er sprake is van een openbaar belang (stoornis in de uitvoering van een nutsdienst, een openbaar telecommunicatienetwerk of telecommunicatiedienst), van gemeen gevaar voor goederen of levensgevaar.

Omgaan met Cybercrime

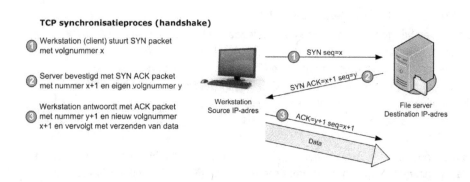

TCP synchronisatieproces (handshake)

① Werkstation (client) stuurt SYN packet met volgnummer x

② Server bevestigd met SYN ACK packet met nummer x+1 en eigen volgnummer y

③ Werkstation antwoordt met ACK packet met nummer y+1 en nieuw volgnummer x+1 en vervolgt met verzenden van data

Werkstation
Source IP-adres

File server
Destination IP-adres

SYN seq=x ①

SYN ACK=x+1 seq=y ②

ACK=y+1 seq=x+1 ③

Data

Figuur 6, TCP synchronisatieproces (handshake)

4.2.1   Portscan

Een portscan is techniek waarbij datapakketten over het netwerk naar een computersysteem worden verstuurd met als doel te achterhalen welke netwerkpoorten en services actief zijn. Daarbij kan vaak informatie over soort en versie van het besturingssysteem en services worden verkregen. Een portscan kan dienen als voorwerk voor een inbraakpoging. De term 'stealth scan' wordt soms gebruikt voor portscans die niet of moeilijk te detecteren zijn. De term is enigszins misleidend omdat naar aanleiding van nieuwe 'stealth scan'-technieken ook methodes worden ontwikkeld om deze te detecteren.

Technische verschijningsvormen en herkenbaarheid

Het is bijna onmogelijk om al het netwerkverkeer direct 'op waarde' te schatten. Met andere woorden: op het moment dat bepaalde datapakketten ontvangen worden, is niet altijd te zien of het om legitiem verkeer gaat of niet. Dit is vaak pas achteraf vast te stellen en dan nog is het mogelijk dat sommige zaken onder 'ruis' vallen en niet onder een opzettelijke portscan.

Het meest voorkomende communicatieprotocol dat bij normale verbindingen over Internet Protocol (IP) netwerken voorkomt, is het Transmission Control Protocol (TCP). Hierbij communiceren twee systemen onderling met elkaar nadat eerst een sessie is opgezet tussen beide systemen. Dit TCP synchronisatieproces komt normaal in drie stappen tot stand (*three-way handshake*). Als eerste verzoekt een systeem (bijvoorbeeld een werkstation host A) tot het openen van een sessie door het versturen van een SYN-pakket naar het doelsysteem (bijvoorbeeld server host B). Deze antwoordt met een bevestiging in een SYN/ACK-pakket en een aangepast volgnummer van het datapakket. Host A antwoordt op zijn beurt met een bevestiging in een ACK-pakket. Hiermee is de TCP sessie tot stand gebracht en kan vervolgens de data worden verzonden (Figuur 6).

Verschillende portscan technieken zijn gebaseerd op het testen van (delen van) het opzetten van een TCP sessie. Door het voortijdig afbreken van het opbouwen van de sessie kan de kans op detectie worden verkleind.

Naast zoeken naar open TCP poorten, worden portscans ook uitgevoerd voor andere communicatieprotocollen, zoals (het connectieloze) UDP en ICMP.

De meest voorkomende portscans op TCP/IP zijn:
- *TCP connect scan*; Een TCP connect scan is een scan die een volledige TCP verbinding opzet tussen verzendende en de ontvangende computer over een specifieke TCP poort. De volledige uitwisseling van gegevens om de verbinding tot stand te brengen wordt doorlopen ('handshake'). Deze uitwisseling bestaat uit een verzoek tot verbinding, een ontvangstbevestiging en een definitieve bevestiging (SYN -> SYN/ACK -> ACK). Dit is een erg betrouwbare manier van bepalen of netwerkpoorten op een systeem wel of niet open staan. Echter verraadt een aanvaller hiermee eventueel ook zijn eigen locatie in het netwerk (door vermelding van het source IP-adres)
- *SYN scan*; Een SYN scan is vergelijkbaar met een TCP connect scan. Het verschil is dat bij een SYN scan de handshake niet afgemaakt wordt, maar wordt afgebroken. De aanvaller breekt de de verbinding af door op de ontvangstbevestiging te antwoorden met een herstel ('reset') commando (SYN -> SYN/ACK -> RST).
- *SYN/ACK scan*; Een SYN/ACK scan maakt geen gebruik van de complete handshake. Bij een SYN/ACK scan stuurt een aanvaller als eerste een SYN/ACK pakket. Een open poort zal hierop niet reageren, terwijl een gesloten poort zal antwoorden met de RST pakket.
- *FIN scan*; Bij een FIN scan stuurt een aanvaller een FIN pakket naar een poort. Een open poort zal hier niet op reageren, terwijl een gesloten poort reageert met een RST pakket.
- *NULL scan*; Een NULL scan is een scan waarbij een datapakket wordt verstuurd dat geen enkele netwerkstatus parameter heeft aanstaan ('flag'). Er kan door de ontvangende computer dus niet worden gezien wat voor soort datapakket het is (een SYN, ACK, RST of FIN waarde ontbreekt). De door de aanvaller ontvangen reactie geeft weer een indicatie of een netwerkpoort open of dicht is. Bij geen reactie is een netwerkpoort waarschijnlijk open, terwijl een dichte netwerkpoort meestal zal reageren met een RST pakket.

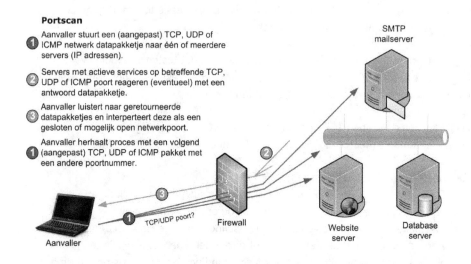

Portscan

1. Aanvaller stuurt een (aangepast) TCP, UDP of ICMP netwerk datapakketje naar één of meerdere servers (IP adressen).

2. Servers met actieve services op betreffende TCP, UDP of ICMP poort reageren (eventueel!) met een antwoord datapakketje.

3. Aanvaller luistert naar geretourneerde datapakketjes en interperteert deze als een gesloten of mogelijk open netwerkpoort.

1. Aanvaller herhaalt proces met een volgend (aangepast) TCP, UDP of ICMP pakket met een andere poortnummer.

SMTP mailserver

Firewall

TCP/UDP poort?

Aanvaller

Website server

Database server

Figuur 7, Poortscan

- *XMAS scan*; Deze verstuurt een datapakket waarin alle netwerkstatus parameters (flags) zijn gezet (SYN/ACK/RST/FIN/URG/PSH). Een gesloten poort reageert met een RST pakket, terwijl een open poort niet reageert.
- *UDP ICMP_PORT_UNREACHABLE scan*; Deze scan maakt gebruik van het (verbindingsloze) UDP protocol in plaats van het (verbindingsgerichte) TCP protocol. Door een UDP datagram te verzenden naar een netwerkpoort op een doel systeem, is te zien of een netwerkpoort open of dicht is. Een open poort zal niet reageren, terwijl bij een gesloten poort een poort een 'niet-bereikbaar' bericht zal worden teruggestuurd.
- *Decoy scanning*; Bij een decoy scan gebruikt de aanvaller een techniek waarbij meerdere vervalste IP-adressen ('spoofed IP-adressen'), tijdens de portscan, naar het (gescande) doelsysteem gestuurd worden. Deze techniek stelt aanvallers in staat om hun echte IP-adres te maskeren, of dit IP-adres te verbergen in een groep van valse IP-adressen. Hoe meer IP-adressen als misleiding worden gebruikt in een scan, des te moeilijker wordt het te traceren welk IP-adres daadwerkelijk is gebruikt door de aanvaller.

Benodigde gegevens voor het vaststellen

Voor het vaststellen van een portscan zijn voornamelijk de logbestanden nodig van de netwerkcomponenten waarlangs de portscan heeft plaatsgevonden zoals routers, proxies, firewalls en het doelsysteem. Vooral de begin- en eindtijd(en), source IP-adres, destination IP-adres, netwerkpoorten en de headers van de netwerkpakketten zijn waardevol.

De belangrijkste benodigde technische informatie is:

- Logbestanden van netwerkcomponenten;
- informatie over het netwerk, firewalls en andere beveiligingsmaatregelen;
- een kopie van het volledig netwerkverkeer (*TCP/IP network dump*).

Strafbaarstelling

Wordt er binnengedrongen?

Nee. Bij een portscan worden gegevens naar een systeem toegestuurd, met als doel het kijken of services beschikbaar zijn achter een bepaalde netwerkpoort. De pakketten worden (als de scan succesvol is) door de doelmachine ontvangen en er wordt op gereageerd. Er wordt niet binnengedrongen.

Wordt stoornis in het geautomatiseerde werk veroorzaakt?

Mogelijk. Het geautomatiseerde werk zal slechts op een bepaalde manier (volgens de geldende configuratie) reageren op de ontvangen pakketten. Er wordt geen stoornis veroorzaakt. Echter soms kan een systeem onverwacht reageren op een poortscan of tijdelijk slechter bereikbaar zijn via het computernetwerk. De poortscan kan dan de uitwerking van een kleine DOS-aanval op het gescande systeem hebben.

Worden gegevens veranderd, onbruikbaar gemaakt, vernield of toegevoegd?

Nee. De pakketten zijn in principe legitiem netwerkverkeer waarop op een normale vastgestelde manier gereageerd wordt. Er worden hiermee geen gegevens gewijzigd of vernield.

Worden gegevens afgetapt of afgeluisterd?

Nee. Hoewel een aanvaller zal 'luisteren' naar eventuele reacties op de zelf verzonden datapakketten, wordt overige netwerkverkeer niet afgeluisterd.

Strafbaarheid

Een portscan is <u>niet</u> strafbaar gesteld in het Wetboek van Strafrecht.

Een portscan wordt gebruikt om te onderzoeken welke mogelijke onbeveiligde ingangen er zijn. Er is alleen sprake van kijken. Er wordt bij een portscan geen enkele verdere actie ondernomen. Er is dus geen sprake van het binnendringen in een geautomatiseerd werk, het vernielen van een geautomatiseerd werk, het onbruikbaar maken van gegevens of afluisteren.

Wel is kan de informatie die met de portscan wordt verzameld, gebruikt worden om één van de andere vormen van cybercrime te helpen voorbereiden. Het zal van de omstandigheden van het geval afhangen of de portscan bedoeld is voor het (aansluitend) plegen van een strafbaar feit. Indien de portscan kan worden gezien als een voornemen van de dader tot het binnendringen in een computer, het vernielen van een geautomatiseerd werk, het vernielen van gegevens of afluisteren, dan kan strafbaarheid ontstaan op grond van poging. [55] Het zal echter lastig zijn om opzet van de verdachte aan te tonen (het vereiste voornemen van de verdachte om het systeem binnen te dringen). Aangezien een portscan doorgaans niet met behulp van speciale programmatuur wordt uitgevoerd, is het lastig om artikel 139d lid 2 (voorbereidingshandelingen) te bewijzen.

4.2.2   Spoofing en cache poisoning

Wat is spoofing?

Spoofing is "je voordoen als iets of iemand anders". Spoofing is eigenlijk een soort (digitale) identiteitsvervalsing en kan vele vormen aannemen. Elke techniek waarbij de bron of afzender niet op een betrouwbare manier geverifieerd wordt, is kwetsbaar voor spoofing. Een aantal veel voorkomende vormen zijn IP-spoofing, MAC-spoofing, DNS-spoofing en e-mail-spoofing.

Wat is cache poisoning?

Een cache is een opslagplaats waarin veelgebruikte (netwerk)data tijdelijk wordt opgeslagen om sneller te werken. Cache poisoning is wanneer een computer of server niet-authentieke gegevens ontvangt en in dit geheugen plaatst. De gemanipuleerde gegevens worden vervolgens gebruikt ten koste van de originele werkelijke gegevens. Het systeem is vergiftigd met vervalste informatie, vaak via spoofing. De meest voorkomende vormen zijn ARP en DNS cache poisoning.

Technische verschijningsvormen en herkenbaarheid

IP-spoofing

Spoofing technieken worden gebruikt voor het (niet geautoriseerd) toegang krijgen tot een computer. Een aanvaller stuurt IP-pakketten naar een computer met als bronadres een (vervalst) IP-adres dat vertrouwd is. Het voordeel is dat deze datapakketten waarschijnlijk door firewalls worden doorgelaten. Het is echter éénrichtingsverkeer van de aanvaller naar het doel IP-adres. Het antwoord dat door de ontvangende computer wordt verzonden, komt namelijk niet terug bij de aanvaller maar zal worden verzonden naar het echte systeem met het desbetreffende IP-adres. Een aanvaller vuurt dus 'blind' netwerkverkeer af op het doelwit in een poging om deze te compromitteren.

---

[55] http://www.iusmentis.com/beveiliging/hacken/portscans

IP-spoofing kan onder andere worden herkend door netwerkverkeer te monitoren.[56] Hierbij gaat het om netwerkverkeer waarbij de IP-adressering niet overeenkomt met de adressering van de werkelijke zender.

Het onderzoeken van firewall logs is een andere manier van detecteren. Op de meeste firewalls moet anti-spoofing detectie apart geconfigureerd worden.

MAC-spoofing

MAC-spoofing is een techniek voor het veranderen van een door de fabriek toegewezen Media Access Control (MAC) adres van een netwerk interface op een netwerk apparaat. Het veranderen van het toegewezen MAC-adres kan de toegangscontrolelijst (Access Controle List) op servers of routers omzeilen. Een systeem kan zo zich zelf verbergen op het netwerk of zich voordoen als een ander netwerkapparaat. Er kan een legitieme rede zijn om het MAC-adres van een netwerkadapter te wijzigen, bijvoorbeeld om de netwerkverbinding opnieuw op te pakken na een hardware storing en vervanging het systeem.

Bij MAC-adres spoofing wordt een normale netwerkverbinding onderhouden en worden reacties van andere systemen ontvangen. Echter MAC-adres spoofing is beperkt tot het lokale broadcast domein.

ARP-spoofing/cache poisoning

Address Resolution Protocol (ARP) wordt gebruikt voor het koppelen van logische IP-adressen aan de hardware adressen op de netwerklaag (Ethernet MAC-adressen). Een tabel, veelal de ARP-cache genoemd, wordt gebruikt om de relatie te leggen tussen een IP-adres en het corresponderende MAC-adres. Deze manier van adresseren kan misbruikt worden door een systeem (host) van valse informatie te voorzien door valse ARP verzoeken en antwoorden te verzenden. Met behulp van ARP-spoofing/cache poisoning kan bijvoorbeeld op een 'switched' Ethernet netwerk toch netwerkverkeer van het LAN worden onderschept en afgeluisterd.

ARP-spoofing/ cache poisoning is op een systeem alleen te detecteren als er geen gebruik wordt gemaakt van proxy-ARP. ARP-spoofing/ cache poisoning kan herkend worden aan de volgende eigenschappen:
- Een IP-adres wordt zonder reden vertaald naar een foutief MAC-adres;
- Een MAC-adres komt meerdere malen in de ARP-tabel voor.

---

[56] Bijvoorbeeld met behulp van (gratis) softwarepakketten als tcpdump, snort, netlog of wireshark of intrusion detection systems (IDS).

ARP-spoofing/cache poisoning

① Aanvaller stuurt een aangepast ARP datapakket naar server met IP-adres van werkstation.

② Aanvaller stuurt een aangepast ARP datapakket naar werkstation met IP-adres van server.

③ Server stuurt nu al het netwerkverkeer bestemd voor werkstation naar aanvaller

④ Aanvaller stuurt al het netwerkverkeer tussen server en werkstation door maar luistert ondertussen af.

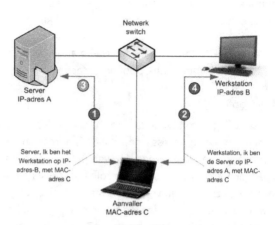

Figuur 8, ARP-spoofing/cache poisoning

<u>DNS-spoofing/cache poisoning</u>

Bij DNS-spoofing/cache poisoning wordt een DNS caching nameserver die verantwoordelijk is voor bijvoorbeeld het domein van een slachtoffer website gemanipuleerd. Een aanvaller stuurt vervalste informatie naar een DNS caching nameserver. Deze methode kan worden gebruikt om de database of de cache van een DNS-server aan te passen. Gebruikers die een IP-adres behorende bij een website opvragen, worden in plaats daarvan doorverwezen naar een malafide server, denkende dat de informatie afkomstig is van een vertrouwd systeem.

DNS-spoofing/cache poisoning geschiedt op verschillende manieren:[57]

- Een aanvaller misbruikt een DNS-server en past van een hostnaam de verwijzing naar het IP-adres aan. Dit adres kan het IP-adres zijn van een systeem dat een aanvaller onder controle heeft, of het IP-adres is een adres dat niet wordt gerouteerd op het internet.[58] Het gevolg is dat dataverkeer niet op de plaats van bestemming aankomt. Deze methode is te herkennen aan de volgende eigenschappen:
    - Doelsysteem krijgt geen nieuwe verzoeken meer (daling netwerkverkeer);
    - Herkenning van inbraakpogingen aan de hand van een IDS of firewall;
    - Datum van aanmaak/aanpassing/verwijdering van DNS bestanden.[59]

---

[57] Zie voor meer achtergrond bijvoorbeeld de NCSC whitepaper *'DNS misbruik, van herkenning tot preventie'* (25)
[58] RFC1918 adressen of niet-gealloceerde IP-adressen
[59] Met host-based IDS oplossingen, zoals Tripwire, kunnen mutaties aan bestanden worden bewaakt.

- Een aanvaller vervalst het antwoord van een DNS caching nameserver voordat het daadwerkelijke antwoord terugkomt. Een systeembeheerder kan dit soort problemen niet altijd detecteren, omdat de DNS caching nameserver vaak door iemand anders wordt beheerd;
- Een aanvaller vervuilt de DNS-cache door naar de caching nameserver valse antwoorden te versturen. Twee manieren om een cache te vervuilen:
  o Informatie verzenden naar de caching nameserver met een Time-to-Live (TTL) parameter die hoger is dan de oorspronkelijke informatie die zich in de caching nameserver bevindt;
  o Vervuilde informatie over de domeinnaam (domain A) van een slachtoffer website verhullen in de zonefile van een ander domein (domein B). Als aan een willekeurige caching nameserver op het internet informatie van domein B wordt opgevraagd, wordt de foutieve informatie van domein A meegenomen, zodat de cache wordt vervuild.

E-mail-spoofing

Bij e-mail-spoofing wordt misbruik gemaakt van het feit dat de meeste gebruikers veronderstellen dat berichten die via de mail binnenkomen ook legitiem zijn. Vervalste e-mail wordt voornamelijk gebruikt om gebruikers ertoe te brengen zaken te onthullen of te doen die ze anders niet zouden (moeten) doen. E-mail-spoofing wordt vaak in combinatie gebruikt met '*mail bouncing*' en spam.

Technisch gezien is e-mail-spoofing niet met zekerheid te onderscheiden van legitieme e-mail. Er is technisch niet te definiëren wanneer de afzender van een e-mail vervalst is. Door analyse van e-mail-headers kan in sommige gevallen e-mail-spoofing worden herkend.

E-mail-spoofing wordt vaak in combinatie gebruikt met 'mail bouncing'. Hierbij wordt e-mail verstuurd naar verschillende e-mailadressen met een vervalst afzender e-mailadres (voor de verzending kan een open relay server worden gebruikt). De ontvangers van de e-mail kunnen zowel bestaande legitieme e-mailadressen of nep e-mailadressen zijn. Gebruikers die een dergelijk e-mailbericht ontvangen zijn mogelijk genegen om een antwoord terug te sturen naar het vervalste e-mailadres. Wanneer de e-mail is verzonden naar (niet-bestaande) foutieve e-mailadressen, zal de ontvangende e-mailserver een automatisch antwoord met foutmelding terug kunnen sturen ('bounce' bericht). Aanvallers kunnen hiervan misbruik maken door het bestaan van e-mailadressen te testen.

URL-spoofing

Bij URL-spoofing worden verwijzingen naar websites (de 'uniform resource locators', of wel de URL adressen) zodanig gekozen dat deze op het eerste gezicht lijken op normale bonafide websiteverwijzingen. Met typografische trucs, zoals een o (letter) vervangen door een 0 (nul) of een andere vorm gezichtsbedrog, wordt een slachtoffer verleidt tot het openen van een verwijzing naar een malafide website. Deze technieken worden gebruikt in phishing aanvallen. Dergelijke vormen van URL-spoofing zijn eigenlijk niet zo zeer spoofing als wel een social engineering methode die inspeelt op het slecht onderscheiden van karakters en het maken van typefouten bij het invoeren van een website adres.

Een andere vorm is om een afwijkende vreemde karakterset te gebruiken die overeenkomsten heeft met het Latijnse alfabet (*'domain squatting'*). Deze aanpak is superieur aan gezichtsbedrog trucs omdat gebruikers nu niet kunnen zien of ze naar een vervalst webadres worden geleid. Dat komt omdat in bepaalde letterfonts vreemde tekens lijken op Latijnse tekens. Zo zal in veel lettertypen een Cyrillisch "o" eruit zien als zijn Latijnse tegenhanger.

Verkorte URL's (*tinyurl*) en de populaire QR-codes zijn door mensen helemaal niet meer te lezen en daarmee interessant om te misbruiken om slachtoffers te verleiden om websites te bezoeken.

BGP-spoofing

Het Border Gateway Protocol (BGP) is de facto het inter-domein routing protocol gebruikt om informatie over netwerkbereikbaarheid tussen ISP's uit te wisselen op het internet. De border gateway router van een ISP-netwerk onderhoudt een tabel van IP-netwerken die kunnen worden bereikt. BGP is kwetsbaar voor kwaadaardige aanvallen, zoals BPG peer spoofing, sessie kaping en route injectie, omdat het vertrouwt op de integriteit van de ontvangen informatie van anderen systemen (peers).

Benodigde gegevens voor het vaststellen

Voor het vaststellen van een spoofing en cache poisoning zijn voornamelijk de logbestanden nodig van de verschillende netwerkcomponenten waar de aanval langs heeft plaatsgevonden. Daarnaast kunnen alle afwijkende gedragingen van de computer een aanwijzing zijn, zoals onbekende meldingen in een firewall/IDS log, trager worden netwerkprestaties of meldingen van verbindingsfouten. Vooral het IP-adres van afzender en ontvanger, MAC-adressen en de (e-mail) headers van de netwerkpakketten zijn waardevol.

De belangrijkste technische informatie is:
- een technische beschrijving van de systemen;
- logbestanden van routers, DNS servers, firewalls en aangevallen systemen;
- informatie over het netwerk, firewalls en andere beveiligingsmaatregelen.
- Bij ARP-spoofing: MAC-adressen;

- Bij E-mail-spoofing: e-mail (incl. headers);
- Bij DNS cache vervuiling: loggegevens van aanpassing van een A record;
- Bij DNS-spoofing: overzicht/tijdstip van geplaatste of aangepaste bestanden.

Strafbaarstelling

Wordt er binnengedrongen?
Mogelijk. Dit is wel afhankelijk van de vorm: bij e-mail-spoofing en IP-spoofing wordt niet direct binnengedrongen. Echter bij IP-spoofing kunnen de netwerkpakketten verzonden met vervalste IP-adressen juist wel malware of exploit-code meesturen met als doel proberen binnen te dringen. Bij ARP en DNS cache poisoning is wel sprake van binnendringen.

Wordt stoornis in het geautomatiseerde werk veroorzaakt?
Mogelijk. In het geval alleen een valse identiteit is aangenomen, bijvoorbeeld bij e-mail-spoofing wordt geen stoornis in het geautomatiseerde werk veroorzaakt.

Als de cache van een DNS-server wordt vervuild of de DNS zonefile wordt aangepast, is er sprake van beschadiging van de nameserver. Echter wordt de werking van de nameserver niet aangetast. Alleen de gegevens die in het geheugen zijn opgeslagen worden aangepast.

Bij IP-spoofing, ARP-spoofing of DNS-cache poisoning kan er, omdat de netwerk routering wordt aangepast of omdat gegevens veranderd worden, wel stoornis in een geautomatiseerde werk optreden. De normale IP routering, ARP of DNS functionaliteit wordt verstoord.

Worden gegevens veranderd, onbruikbaar gemaakt, vernield of toegevoegd?
Mogelijk. Bij e-mail-spoofing en IP-spoofing worden niet direct gegevens gewijzigd of vernield. Bij ARP en DNS-spoofing/cache poisoning is dit wel het geval.

Worden gegevens afgetapt of afgeluisterd?
Mogelijk. Bij e-mail-spoofing of IP-spoofing worden geen gegevens afgeluisterd. Bij ARP cache poisoning is dit meestal wel het geval. Bij DNS-spoofing/ cache poisoning worden bezoekers van een website omgeleid naar een malafide website. Een hacker zou op deze manier informatie, zoals wachtwoorden of creditcardgegevens, kunnen onderscheppen van de bezoekers.

Strafbaarheid

Hoewel dit niet voor alle vormen van spoofing geldt, is spoofing een techniek die vaak tot doel heeft om met behulp van valse signalen binnen te dringen in een geautomatiseerde werk. In dat geval is er sprake van computervredebreuk zoals strafbaar gesteld in artikel 138ab Sr als gevolg van het aannemen van een valse hoedanigheid. Wanneer spoofing de toegang tot een geautomatiseerd werk belemmert, kan sprake zijn van strafbaarheid onder artikel 138b Sr, omdat sprake is van gegevens aanbieden of toezenden waardoor de eigenaar geen gebruik meer kan maken van zijn eigen systeem ('denial of service').

Bij DNS-spoofing/cache poisoning is er meestal sprake van strafbare gegevensaantasting (art. 350a lid 1 Sr), omdat gegevens in het DNS-systeem worden aangepast of toegevoegd.

Worden vervolgens gegevens gemanipuleerd of beschadigd dan wel is er sprake van gegevensaantasting (art.350a Sr) of van het veroorzaken van een stoornis in de werking van het geautomatiseerde werk (art.161sexies Sr). Voor strafbaarheid op grond van artikel 161sexies Sr is wel vereist dat één van de gevolgen genoemd in deze artikelen intreedt (stoornis in de uitvoering van een nutsdienst of openbaar telecommunicatienetwerk of telecommunicatiedienst, van gemeen gevaar voor goederen of diensten, of levensgevaar).

Als voorbeeld voor de toepasselijkheid van de strafrechtelijke bepalingen bij IP-spoofing geldt dat een IP-adres van iemand anders gebruikt (valse hoedanigheid). Hierdoor kan een beveiliging worden omzeild (art.138ab lid 1 sub a Sr). In het geval er sprake is van het overnemen van gegevens, kan dit mogelijkerwijs strafbaar zijn op grond van artikel 138ab lid 2 Sr. Bovendien worden als gevolg van IP-spoofing reacties naar een verkeerd IP-adres, en dus een verkeerd systeem, gestuurd. Hierdoor kan het geautomatiseerd werk worden vernield of beschadigd (art.161sexies of art.350a Sr).

Doordat netwerkverkeer naar een ander systeem, of via een systeem onder controle van de aanvaller wordt gestuurd, kan vertrouwelijke informatie uitlekken. Spoofing kan zo onder meer leiden tot bedrijfsspionage, oplichting of bedrog. Het afluisteren van gegevens is strafbaar onder artikel 139c en 139d Sr.

4.2.3   Sniffing

Sniffing is het bekijken (meekijken/afluisteren) van netwerkverkeer ('*network eavesdropping*'). Normaal wordt sniffing legitiem ingezet voor het analyseren van netwerkverkeer, om knelpunten te identificeren of om prestaties van het netwerk te kunnen verbeteren.

Sniffing wordt kwaadaardig gebruikt voor netwerk mapping, het onderscheppen van vertrouwelijke informatie of wachtwoorden. In het bijzonder onbeveiligde netwerkprotocollen, zoals HTTP (websites), FTP (file transfer), Telnet (besturing op afstand), SNMP (monitoren), LDAP (databases), TDS (SQL server), IMAP4, POP3 of SMTP (e-mail), zijn interessant om af te luisteren omdat deze protocollen gebruikersnamen en wachtwoorden in leesbare vorm versturen.

Met de opkomst van draadloze netwerken en Bluetooth apparatuur is sniffen relatief gevaarlijker geworden, in die zin dat om te kunnen sniffen geen directe fysieke verbinding met het computernetwerk meer nodig is.

Het gevaar voor afluisteren bestaat ook bij netwerkverbindingen over het bestaande elektriciteitsnet (*'Ethernet over power'*). Hierbij wordt het netwerkverkeer getransporteerd via een adapter in het stopcontact. Zonder aanvullende maatregelen is de beveiliging vergelijkbaar met een onbeschermd draadloos netwerk. Iedereen met een soortgelijke adapter aangesloten op een stopcontact in de omgeving kan, afhankelijke van de fysieke bedrading van het lokale elektriciteitsnet, de signalen van andere adapters zien en onderscheppen.

Technische verschijningsvormen en herkenbaarheid

Het is bijzonder moeilijk en foutgevoelig om te detecteren dat er op een computernetwerk afgeluisterd wordt d.m.v. sniffing. In principe is een sniffer passief op het netwerk omdat alleen wordt geluisterd en geen actieve netwerkverbindingen in stand worden gehouden.

Sniffing kan worden uitgevoerd met speciale professionele netwerkapparatuur die alleen als zodanig zijn te gebruiken. Dergelijke apparatuur wordt gebruikt door telecommunicatiebedrijven en netwerkinstallateurs. Legitieme sniffers, in de vorm van netwerk taps, worden ook gebruikt in IDS oplossingen. Hardware gebaseerde sniffers zijn juist ontworpen om geen verstoring op een netwerk te kunnen veroorzaken. Ze ontvangen alleen netwerkpakketten en zijn niet te detecteren.

De meest voorkomende vorm van sniffing gebruikt (gratis) software op standaard platformen.[60] Sniffers geïnstalleerd op standaardmachines zijn soms wel te detecteren. Om te functioneren als sniffer is de netwerkadapter geconfigureerd in een zogenaamde *promiscuous -modus*, zodat de netwerkadapter al het voorbijkomende netwerkverkeer accepteert. Bovendien kan het besturingssysteem van de computer waarop de sniffing software is geïnstalleerd, ongewild netwerkpakketten uitsturen.

---

[60] Enkele bekende (gratis) software tools zijn tcpdump, wireshark, Cain maar daarnaast zijn er ook commerciële netwerkanalyse programma's.

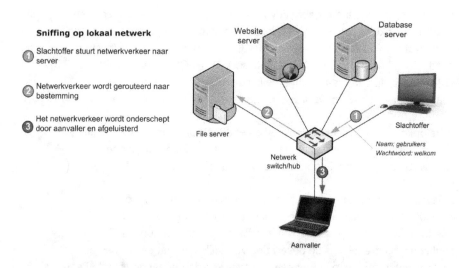

Figuur 9, Sniffing op lokaal netwerk

Het afluisteren van een lokaal netwerk (LAN) wordt vaak gecombineerd met ARP-spoofing en cache poisoning. Ethernet netwerken gebruiken tegenwoordig switches voor het efficiënt gebruik van de beschikbare infrastructuur. Hierdoor is niet zondermeer al het netwerkverkeer meer af te luisteren. Met behulp van ARP-cache poisoining wordt het netwerkverkeer omgeleid via een systeem onder controle van de aanvaller om datapakketten verzonden over netwerkswitches toch te kunnen onderscheppen (*man-in-the-middle*).

Met kennis van de verschillende sniffing methodes, kan sniffing vanaf standaard computers mogelijk worden gedetecteerd via:

Ping methode

Hierbij wordt een *ping request* naar het IP-adres van het systeem waarvan vermoed wordt dat er een sniffer actief is, gezonden.61 Een normale functioneren systeem zal hierop reageren met een *ping replay*. Voor de detectie wordt nu echter in het ping request een MAC-adres meegezonden dat niet juist is, en dus niet bestaat op het netwerksegment. Als er toch op het ping request wordt gereageerd, dan staat op de betreffende computer het filter op MAC-adres uit (en staat de netwerkadapter dus in *promiscuous* modus). Sniffers kunnen

---

[61] Als variatie op de ping methode is het mogelijk om elk protocol te gebruiken waarop een antwoord te verwachten valt. Het gedrag van het sniffende systeem zal afwijken van de normaal te verwachten reactie.

softwarematige MAC-filtering aanbrengen om detectie met de ping methode te omzeilen.[62]

DNS methode

Veel (niet-commerciële) sniffers proberen bij onderschepte IP-adressen direct de hostnaam te zoeken. Dit gebeurt door middel van *reverse DNS lookups*. Door bij de DNS server te monitoren op reverse DNS look-ups is het mogelijk om sniffers te detecteren. De reverse lookups zijn uit te lokken door zelf een ping-sweep uit te voeren op het lokale netwerk, of door IP-verkeer naar niet bestaande IP-adressen te sturen. Wanneer als gevolg hiervan toch reverse lookups te zien zijn, is er mogelijk een sniffer geïnstalleerd.

Honeypot-uitlokking

Deze methode kijkt indirect of er sniffers aanwezig zijn door het aanmaken en gebruiken van een nep gebruikersaccount op een testcomputer te monitoren. Door regelmatig met het nepaccount aan te melden over het netwerk, kan een eventuele sniffer dit onderscheppen. Vervolgens kan worden gecontroleerd of de nepaccount is misbruikt (buiten bekende tijden) waarop aangelogd wordt. Misbruik kan duiden op de aanwezigheid van een sniffer.

Nadat is vastgesteld dat er mogelijk wordt afgeluisterd, is het zaak om het verdachte systeem fysiek te lokaliseren. Alvorens deze te isoleren (van het netwerk) kan worden gekeken welke componenten op het systeem het eigenlijk sniffen uitvoeren. Mogelijk is het systeem gecompromitteerd en wordt het sniffen uitgevoerd door een Trojaans paard.

Benodigde gegevens voor het vaststellen

Voor het vaststellen van een sniffing zijn logbestanden weinig relevant. Vaak kan sniffing alleen indirect worden vastgesteld doordat gevoelige informatie bekend is geworden bij onbevoegden personen of omdat gebruikersaccount en wachtwoorden zijn gecompromitteerd en gebruikt in een cyberincident.

Met behulp van de beschreven technische methoden kan sniffing mogelijk worden vastgesteld als eigen verschijningsvorm. Hiervoor zijn benodigd:
- Ping methode of variant:
  - Beschrijving van het gebruikte protocol, met de verwachte resultaten;
  - Logbestand van het netwerkverkeer waaruit blijkt dat een bepaald systeem reageert op een Ping request terwijl dat niet zou moeten gebeuren (dus de 'echte' resultaten in tegenstelling tot de verwachte resultaten).

---

[62] Er bestaan softwarematige netwerkanalyse tools die promiscuous modus scans kunnen uitvoeren.

Omgaan met Cybercrime

- DNS methode:
  - Logbestand van het netwerkverkeer waaruit te zien is dat na netwerkverkeer te hebben verzonden naar een bepaald IP-adres, een DNS request werd uitgevoerd om de bijbehorende hostname op te vragen.
- Uitlokken d.m.v. honeypot:
  - Documentatie van het gecreëerde account, datum en tijd en locatie van aanmaak, en data en tijden waarop 'legitiem' ingelogd wordt of zal worden;
  - Logbestand van het systeem waaruit inlogpogingen op het gecreëerde account worden vastgelegd. Hierin zullen de legitieme inlogpogingen te zien zijn, alsmede pogingen naar aanleiding van onderschepte informatie.

Strafbaarstelling

Wordt er binnengedrongen?

Nee. Sniffen volstaat met het passief oppakken van netwerkverkeer. Wel is het zo dat om verkeer op een netwerk te sniffen, toegang tot dat netwerk nodig is. Mogelijk dat de dader hiervoor een technisch hulpmiddel moeten plaatsen waardoor hij in staat wordt gesteld gegevens af te tappen en/of op te nemen, en dat hierbij vooraf dus sprake is van binnendringen. Een voorbeeld hiervan kan zijn het installeren van een Trojaans paard dat netwerkverkeer afluistert en doorstuurt naar de dader.

Wordt stoornis in het geautomatiseerde werk veroorzaakt?

Nee. Door het gebruik van een sniffer wordt het automatisch werk niet vernield, beschadigd of gewijzigd. Vaak verdient het wel de voorkeur om na ontdekking het systeem opnieuw te installeren, in plaats van alleen de ontdekte malware te verwijderen.

Worden gegevens veranderd, onbruikbaar gemaakt, vernield of toegevoegd?

Nee. Door alleen het onderscheppen van netwerkverkeer worden de afgeluisterde gegevens niet veranderd. Echter, als om het aftappen mogelijk te maken sniffer software onrechtmatig op een geautomatiseerd werk wordt toegevoegd, is er sprake van gegevensaantasting, ook al worden de opgeslagen of verzonden gegevens en software niet veranderd. Er worden ook gegevens aangetast bij de afgetapte computers als gebruik wordt gemaakt van ARP-spoofing/cache poisoning om afluisteren over een 'switched' netwerk mogelijk te maken.

Worden gegevens afgetapt of afgeluisterd?

Ja. Sniffen is afluisteren van netwerkverkeer. Vertrouwelijke informatie kan uitlekken.

Strafbaarheid

Bij sniffing gaat het om het onderscheppen van gegevens van een telecommunicatienetwerk. In het geval inderdaad opzettelijk gegevens worden onderschept is dit strafbaar gesteld in artikel 139c Sr. Daarnaast kan, als gevolg van het plaatsen van een technisch hulpmiddel, strafbaarheid optreden op grond van artikel 139d en artikel 350a lid 1 Sr.

Daarnaast kunnen met name artikel 139d lid 2 en 3 Sr (voorbereidingshandelingen) relevant zijn bij de aanpak van sniffen. Daarin wordt namelijk het ter beschikking stellen en het voorhanden hebben van technische hulpmiddelen strafbaar gesteld, indien deze hoofdzakelijk ontworpen zijn of geschikt gemaakt zijn voor het plegen van de misdrijven van art.138ab en 139c Sr en als de intentie bestaat om daarmee wederrechtelijk af te luisteren.

Wanneer wederrechtelijk verkregen gegevens worden opgeslagen op een voorwerp zodanig dat de aanvaller er over kan beschikken en deze voorhanden heeft, zoals op een USB stick, kan dit strafbaar zijn onder artikel 139e lid 1 Sr. Als dergelijk verkregen gegevens opzettelijk aan een ander bekend worden gemaakt is dat strafbaar onder artikel 139e lid 2 Sr.

4.2.4   Misbruik van draadloze netwerken en apparatuur

Het gebruik van draadloze apparatuur is in de afgelopen jaren sterk gegroeid. Vrijwel alle laptops, tablets, PDA's en smart phones bevatten tegenwoordig geïntegreerde WiFi (IEEE 802.11) en Bluetooth voorzieningen. Daarnaast wordt het mobiele telefoonnetwerk (GSM/GPRS, UMTS, HSDPA, LTE) intensief gebruikt voor altijd-en-overal toegang tot internet en bedrijfsvoorzieningen. Ook in de procesautomatisering rukt het gebruik van draadloze technieken op.

De risico's van draadloze verbindingen en apparatuur zijn te verdelen in de volgende elementen:
- het verstoren van de verbinding;
- het uitlekken van informatie door afluisteren of onderscheppen;
- het binnendringen in het (bedrijfs)netwerk;
- het misbruiken van de verbinding of het apparaat.

Draadloze (WiFi) netwerken bestaan normaal uit toegangspunten ('Access Points') en mobiele apparatuur met draadloze netwerkkaarten. Een toegangspunt is meestal een netwerkrouter met WiFi (IEEE 802.11) die gebruikers toegang geeft tot het achterliggende thuis- of bedrijfsnetwerk waarmee de toegangspunt is verbonden. Daarnaast is het ook mogelijk om direct WiFi verbindingen tussen computers onderling op te zetten.

Omgaan met Cybercrime

Een extra gevaar vormt een zogenaamde 'rogue access point'. Dit is een draadloze access point dat op een (bedrijfs)netwerk is geïnstalleerd zonder uitdrukkelijke toestemming van een netwerkbeheerder. Dit kan een achterdeur openen naar de beveiligde omgeving door onbevoegden. Niet alleen goedkope ongeautoriseerd aangesloten WiFi netwerkrouters maar ook actieve WiFi verbindingen bij apparatuur, zoals laptops, aangesloten op het bedrijfsnetwerk vormen een gevaar.

Op het gebruik van infraroodverbindingen wordt niet verder ingegaan; het beveiligingsrisico bij het gebruik van infrarood wordt beperkt doordat zender en ontvanger zichtbaar moeten zijn voor elkaar.

Technische verschijningsvormen en herkenbaarheid

Een draadloze verbinding komt tot stand door middel van radiografische golven. In tegenstelling tot een 'conventionele' verbinding zijn de signalen dus niet fysiek aan een netwerkbekabeling gebonden. Een groot voordeel daarvan is vanzelfsprekend de plaats onafhankelijkheid; de verbinding kan binnen een bepaalde radius tot stand worden gebracht.[63] De flexibiliteit van draadloze verbindingen maakt meteen ook dat het ontdekken van meeluisteren of misbruiken moeilijk te traceren is.[64]

Verstoren van de verbinding (*jamming*)

Een nadeel van het gebruik van radiogolven is dat deze gemakkelijk te verstoren zijn. Een draadloze verbinding kan met eenvoudige middelen dusdanig worden verstoord dat die verbinding niet meer beschikbaar is ('denial of service'). Dergelijke verstoringen zijn zeer goed per ongeluk mogelijk door foutieve configuraties van naburige draadloze apparatuur.

Een stoorzender kan worden herkend doordat deze een sterk signaal afgeeft op hetzelfde zendkanaal als de verstoorde verbinding. Met speciale apparatuur en richtantennes kan een stoorzender worden opgespoord door een driehoeksmeting ('triangulatie') uit te voeren.

---

[63] Het bereik van een WiFi verbinding is sterk afhankelijk van de zendvermogen van de apparatuur, de gebruikte antennes en de fysieke omgeving (gebouwen, begroeiing, etc.). Apparatuur met ingebouwd antennes, zoals laptops, hebben een gemiddeld bereik van 50 tot 100 meter. Netwerk toegangspunten hebben een gemiddeld (onderling) bereik van enkele honderden meters. Met richtantennes en speciale apparatuur kunnen echter aanzienlijk grotere afstanden worden overbrugd. Bluetooth heeft meestal maar een beperkte bereik van enkele tientallen meters.
[64] De NCSC Factsheet 'FS-2008-01 Draadloze netwerken' geeft meer informatie en aanbevelingen voor de beveiliging van draadloze WiFi netwerken (26).

Afluisteren van het draadloze netwerk

Het is zeer eenvoudig om radiogolven op te vangen. Het ontvangende apparaat hoeft daarvoor niet per se zelf onderdeel van de verbinding te zijn. Om de informatie die over een draadloze verbinding wordt verstuurd te beschermen wordt meestal gebruik gemaakt van versleuteling (encryptie).[65] De oudere vormen van WiFi encryptie, WEP, maar ook de nieuwere vormen zoals WPA, kunnen worden doorbroken door een aanvaller. Bij een normaal actief gebruikt draadloos netwerk is het voldoende om gedurende enige tijd (enige uren) het netwerkverkeer passief af te luisteren. Een aanvaller verzendt hierbij zelf geen dataverkeer naar het netwerk maar slaat alle onderschepte datapakketten op. De sleutel van een WEP beveiligd netwerk kan zo worden verkregen waarna een aanvaller, ongemerkt, kan meeluisteren. Als het netwerk is beveiligd met WPA wordt vervolgens de verzamelde datapakketten (offline) geanalyseerd op bekende woorden (*dictionary attack*) met behulp van vooraf berekende sleutelwaarden (*rainbow tables*).

Het passief afluisteren van een draadloos netwerk is niet technisch te detecteren. Uiteraard moet de aanvaller zich wel binnen het bereik van de uitgezonden radiogolven bevinden dan wel hier afluisterapparatuur hebben geplaatst. Mogelijk kan een aanvaller zo alsnog worden ontdekt.

Onderscheppen van draadloze netwerken

Een ander techniek waar gegevens kunnen worden onderschept is door het zich voordoen als een betrouwbaar toegangspunt door een aanvaller om vervolgens de verbinding te kapen. Hierbij worden gebruikers verleid om verbinding te maken met een vals toegangspunt (*rogue access point*) dat zich voordoet als het bedrijfsnetwerk of een (gratis) internet dienst (*hotspot*). De hacker kan zo al het netwerkverkeer omleiden en afluisteren. Daarnaast is het mogelijk dat het slachtoffer een webpagina krijgt gepresenteerd om tegen een geringe vergoeding toegang te krijgen tot het internet vanaf een openbare plaats, zoals een hotel, stations of luchthaven.

Om de kans op een succesvolle aanval te vergroten kan de aanvaller bijvoorbeeld tegelijkertijd het signaal van het echte toegangspunt storen of een krachtiger signaal uitzenden. Om de kans op ontdekking te verkleinen kan de aanvaller het verkeer van gebruikers verbonden aan zijn valse WiFi toegangspunt vervolgens

---

[65] Draadloze apparatuur beschikken vrijwel allemaal standaard over de mogelijkheid om verbindingen te versleutelen. De WEP standaard is tegenwoordig volstrekt ontoereikend om tot een acceptabel beveiligingsniveau te komen. De nieuwere WPA-2 standaard met lange sleutellengtes biedt wel afdoende bescherming voor de meeste toepassingen. Aanvullend kan een extra laag bovenop de verbinding worden aangebracht, zoals een VPN-verbinding of het gebruik van SSH of SSL.

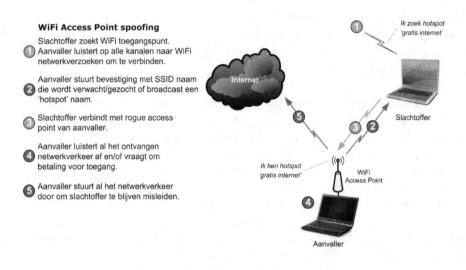

WiFi Access Point spoofing

Slachtoffer zoekt WiFi toegangspunt.
① Aanvaller luistert op alle kanalen naar WiFi netwerkverzoeken om te verbinden.

Aanvaller stuurt bevestiging met SSID naam
② die wordt verwacht/gezocht of broadcast een 'hotspot' naam.

③ Slachtoffer verbindt met rogue access point van aanvaller.

Aanvaller luistert al het ontvangen
④ netwerkverkeer af en/of vraagt om betaling voor toegang.

⑤ Aanvaller stuurt al het netwerkverkeer door om slachtoffer te blijven misleiden.

Figuur 10, WiFi Access Point spoofing

doorleiden naar het bedrijfsnetwerk of internet (*WiFi Acces Point spoofing*). De gebruiker heeft zo alsnog beschikking over de verwachte netwerkverbinding en zal dan ook niet (of moeilijk) kunnen herkennen dat deze verbinding verloopt via een onbevoegd draadloos toegangspunt (*man-in-the-middle*).

Rogue access points kunnen mogelijk worden gedetecteerd met draadloze intrusion detection/prevention systemen (WIDS) door het radiospectrum op ongeautoriseerde toegangspunten te controleren.[66]

Binnendringen in het (WiFi) netwerk

Om binnen te dringen in een draadloos netwerk zal een aanvaller de beschikking moeten hebben over de sleutel(s) waarmee het netwerk is beveiligd. Dit kan op een passieve methode, zoals beschreven in de paragraaf over afluisteren, waarbij de kans op ontdekking nihil is. Echter kan daarnaast op een actieve manier getracht worden om binnen te dringen. Omdat voor het doorbreken van de encryptie eerst voldoende datapakketten moeten worden verzameld, kan een aanvaller valse datapakketten gaan versturen naar een toegangspunt om het proces te versnellen.

---

[66] Meer achtergrond bij de bescherming van mobiele (draadloze) apparatuur wordt onder meer gegeven in het NCSC document '*Beveiliging van mobiele apparatuur en gegevensdragers*' (27).

WiFi encryptie aanvallen

① Aanvaller 'sniffer' luistert op alle kanalen naar WiFi dataverkeer en slaat alle onderschepte datapakketten van/naar Access Point op.

② Aanvaller stuurt 'deauthenticate' bericht naar verbonden werkstations, die vervolgens opnieuw verbinden en zo nieuwe ARP verzoeken uitsturen.

③ Aanvaller verstuurt onderschept ARP datapakket ('ARP spoofing') en blijft dit herhalen ('replay attack')

④ Aanvaller decrypt (WEP/WPA) sleutel offline als voldoende onderschepte datapakketten zijn verzameld.

Figuur 11, WiFi encryptie aanvallen

Aanvallen via draadloze verbindingen zijn een vorm van computerinbraak op afstand. Alleen de pogingen of wijze waarop toegang tot het netwerk wordt verkregen verschillen. Als eenmaal toegang tot een netwerk is verkregen, zullen bekende technieken als portscans, sniffing, spoofing etc. worden gebruikt om het interne netwerk verder in kaart te brengen en gerichte aanvallen op achterliggende systemen worden ingezet om verder door te dringen in het bedrijfsnetwerk. [67]

Onderscheppen van, pogingen tot, of succesvol binnendringen van een draadloos netwerk kan mogelijk worden herkend aan:

- Toename van het draadloze netwerk gebruik;
- Veel verstoringen (onderbrekingen) van draadloze verbindingen;
- Vreemde of foutief gespelde netwerknamen in de nabijheid (BSSID's);
- Sterke WiFi netwerk toegangspunten in de nabijheid;
- Aanwezigheid van een groot aantal wireless access points;
- Onbekende MAC-adressen met verbinding naar het toegangspunt;
- Onbekende systemen (hosts) of IP-adressen aanwezig op het netwerk.

---

[67] Er zijn verschillende (gratis) tools en uitgebreide instructies om WiFi toegangspunten aan te vallen beschikbaar op het internet. Bij de meeste opstellingen worden één of twee onderscheppende/aanvallende laptops gebruikt en eventueel aangepaste (richt)antennes.

Omgaan met Cybercrime

Bluetooth

Mobiele apparatuur uitgerust met Bluetooth, zoals telefoons en laptops, kunnen erg kwetsbaar zijn dat gegevens (ongemerkt) worden opgevraagd. *Bluesnarfing* is een techniek die misbruik maakt van tekortkomingen in de authenticatie en/of data transfer mechanisme van Bluetooth protocol waardoor gegevens, zoals telefoonboek en kalender, op het mobiele apparaat kunnen worden benaderd. Bij sommige apparaten kan zelfs uitgebreide toegang tot SMS berichten, mediabestanden of spraakfuncties worden verkregen.

Andere aanvallen richten zich op het verzenden van SMS berichten of het misbruiken van het apparaat voor het bellen naar betaalde nummers/diensten waarvoor de aanvaller geld ontvangt.

Benodigde gegevens voor het vaststellen

Voor het vaststellen van een gerichte draadloze cyberaanval is veel deskundigheid nodig. Alle afwijkende gedragingen van de computer kunnen een aanwijzing zijn, zoals onbekende meldingen van draadloze toegang (SSID namen) of in een firewall/IDS log, trager worden netwerkprestaties of foutmeldingen.

De belangrijkste benodigde technische informatie is:
- een overzicht van de gedane constateringen en het tijdstip waaruit blijkt, of op basis waarvan wordt vermoed, dat er sprake is van een cyberincident;
- een technische beschrijving van het draadloze netwerk en systemen;
- een lijst van fysieke locaties en WiFi netwerktoegangspunten;
- een netwerk overzichtstekening en segmentering;
- een overzicht van de actieve processen in het computergeheugen;
- logbestanden;
- informatie over firewalls en andere beveiligingsmaatregelen;
- een kopie van het volledig netwerkverkeer (*TCP/IP network dump*);
- een lijst van WiFi netwerken, SSID's en MAC adressen toegangspunten;
- een lijst van bekende/geautoriseerde MAC adressen (WiFi apparaten).

Strafbaarstelling

Wordt er binnengedrongen?

Mogelijk. Er is sprake van binnendringen wanneer een hacker de toegangsrechten tot het draadloze netwerk op een onrechtmatige manier heeft verkregen én zich vervolgens toegang verschaft tot een geautomatiseerd werk. Onrechtmatig wil zeggen dat deze niet zijn toegewezen door de beheerder of eigenaar van het systeem aan de desbetreffende persoon, zoals het geval wanneer de encryptie van de draadloze verbindingen wordt doorbroken.

Wordt stoornis in het geautomatiseerde werk veroorzaakt?

Mogelijk. Bij (poging tot) binnendringen in het draadloze netwerk, het afluisteren van het netwerkverkeer of het binnendringen van een WiFi of Bluetooth apparaat, zal vaak op het eerste gezicht het draadloze netwerk en apparatuur normaal blijven functioneren. Wanneer de functionaliteit van het systeem wordt aangetast, bijvoorbeeld zodat een systeem niet bereikbaar is, is er sprake van stoornis. Dit is zeker het geval bij jamming en tevens mogelijk als MAC en IP adressen worden vervalst (spoofing).

Worden gegevens veranderd, onbruikbaar gemaakt, vernield of toegevoegd?

Nee. Met alleen het binnendringen van het draadloze netwerk worden nog geen gegevens direct veranderd, gewijzigd, vernield of toegevoegd. Dit kan wel het geval zijn bij vervolghandelingen op het (draadloze)netwerk of aan binnengedrongen (mobiele) apparatuur.

Worden gegevens afgetapt of afgeluisterd?

Mogelijk. Met het doorbreken van de beveiliging van de draadloze verbinding of het zich voordoen als een betrouwbaar toegangspunt, wordt toegang verkregen tot alle uitgezonden gegevens, die vervolgens kunnen worden afgeluisterd en opgenomen.

Strafbaarheid

Het alleen opzettelijk en wederrechtelijk (zonder toestemming) gebruiken van andermans draadloos netwerk is – hoewel men dat zou verwachten – niet strafbaar onder artikel 138ab Sr.
Indien aantoonbaar schade is geleden kan het onrechtmatig gebruik van een (draadloze) netwerkverbinding wel civielrechtelijk worden aangepakt.

> *Als er niet eveneens wordt ingebroken op computer(s) van de eigenaar van het netwerk worden volgens gelden jurisprudentie geen strafrechtelijke belangen van de netwerkeigenaar geschonden. Het meeliften op andermans internetverbinding alleen is niet strafbaar. Dit volgt uit een vonnis van maart 2011 waarbij expliciet wordt gesproken over een "al dan niet beveiligde internetverbinding". Ook het inbreken op iemands netwerkrouter om gebruik te maken van zijn internetverbinding is niet strafbaar volgens het Hof.*

Volgens deze uitspraak van het Hof in 2011 (zie ook paragraaf 3.3.1) is er pas sprake van binnendringen onder artikel 138ab Sr. wanneer een hacker de toegangsrechten tot het netwerk onrechtmatig heeft verkregen én zich vervolgens toegang verschaft tot een (achterliggend) geautomatiseerd werk zoals een computer. Daarbij is het dan weer niet vereist dat daadwerkelijk een beveiliging is omzeild. Ook onbeveiligde netwerken mogen niet gebruikt worden om verder binnen te dringen in geautomatiseerde werken van anderen, voor zover uit enigerlei omstandigheid kan worden afgeleid dat de eigenaar niet wil dat anderen daar gebruik van maken (bijvoorbeeld door een waarschuwingsbericht, of door het gebruik van woorden als 'privé' of 'geen toegang' in het SSID).

Het kan zijn dat de dader, nadat hij is binnengedrongen, nog andere vervolghandelingen verricht, zoals het overnemen en voor zichzelf of een ander vastleggen van gegevens. In dat geval is sprake van een misdrijf op grond van artikel 138ab lid 2 Sr.

Indien de cyberaanval geschiedt door tussenkomst van een openbaar (draadloos) telecommunicatienetwerk en er vervolgens verder wordt gehackt, kan er sprake zijn van strafbaarheid op grond van artikel 138ab lid 3 Sr.

Als gevolg van het binnendringen in een draadloos netwerk kan een hacker *opzettelijk* dan wel door *schuld* een geautomatiseerd werk vernielen. In dat geval kan tevens strafbaarheid op grond van de artikelen 161sexies en 161septies Sr bestaan. Voor strafbaarheid op grond van artikel 161sexies of 161sexies Sr is wel vereist dat één van de gevolgen genoemd in deze artikelen intreedt (stoornis in de uitvoering van een nutsdienst of openbaar telecommunicatienetwerk of telecommunicatiedienst, van gemeen gevaar voor goederen of diensten of levensgevaar).

Het is ook mogelijk dat, nadat is binnengedrongen, opzettelijk gegevens worden vernield. Deze situatie is expliciet strafbaar gesteld in artikel 350a lid 2 Sr. Als na het binnendringen in een geautomatiseerd werk door schuld gegevens worden vernield, dan kan artikel 350b Sr van toepassing zijn.

Als iemand nadat hij is binnengedrongen, een technisch hulpmiddel aanbrengt waardoor hij in staat wordt gesteld gegevens af te tappen en/of op te nemen van het draadloze netwerk, is strafbaar onder artikel 139d Sr. Het direct aftappen van gegevens van het draadloze netwerk kan strafbaar zijn op grond van het aftappen en/of opnemen van gegevens (art.139c lid 1 Sr), tenzij het gaat om het opvangen van radiosignalen zonder bijzondere inspanning.

Als het draadloos netwerk wordt misbruikt om bijvoorbeeld gratis toegang te krijgen tot telecommunicatiediensten, zoals internet, is er mogelijk ook sprake van telecomfraude (art. 326c Sr).

4.2.5   Password guessing

Bij *password guessing* wordt getracht om een geautomatiseerd werk binnen te dringen door het raden of uitproberen van wachtwoorden. Hierbij kunnen willekeurige combinaties worden geprobeerd maar kan een gerichte aanval ook gebruik maken van vooraf verzamelde informatie van bijvoorbeeld online sociale netwerken (OSN), zoals LinkedIn, Twitter, Facebook en Hyves.

Technische verschijningsvormen en herkenbaarheid

Technisch gezien verschilt password guessing niet van een normale, of eventueel mislukte, inlogpoging. Wel is bij password guessing vaak sprake van een enorme hoeveelheid wachtwoorden die in korte tijd worden ingevoerd met behulp van geautomatiseerde hulpmiddelen. Daarnaast kan een aanvaller de aanval op grote schaal uitvoeren waarbij direct wachtwoorden voor meerdere gebruikeraccounts tegelijkertijd worden uitgeprobeerd. De aanvaller kan hierbij lijsten met veelgebruikte woorden en termen als wachtwoord gebruiken (*'dictionary attack'*) of alle combinaties van toegestane tekens uitproberen (*'brute force'* aanval).

Een andere techniek gebruikt vooraf berekende hash-waarden van wachtwoorden, specifiek voor een bepaald platform, zoals Windows (*'rainbow tables'*). Een *dictionary* of *rainbow tables* aanval kan zeer snel verlopen. Een brute force aanval duurt lang en wordt vooral gebruikt om moeilijke wachtwoorden te achterhalen.

Bij alle soorten aanvallen zullen veelvuldige (mislukte) inlogpogingen voorkomen in de logbestanden. Deze inlogpogingen kunnen gelijktijdig of binnen een korte periode aansluitend zijn uitgevoerd.

Als gevolg van het raden van wachtwoorden kunnen gebruikersaccounts worden geblokkeerd doordat de meeste systemen zijn ingesteld dat gebruikers maar een beperkt aantal keer een foutief wachtwoord mag invoeren. Er treed een 'denial of service' voor deze gebruikers op. Een toename in het aantal geblokkeerde gebruikersaccounts of van gebruikersaccounts die normaal niet worden gebruikt, kan duiden op een password guessing aanval.

Benodigde gegevens voor het vaststellen

De belangrijkste benodigde technische informatie voor het vaststellen van password guessing is:
- een overzicht van de gedane constateringen en het tijdstip waaruit blijkt, of op basis waarvan wordt vermoed, dat er sprake is van een cyberincident;
- systeem/applicatie logbestanden met aanmeldingsgegevens van gebruikers;
- lijst van (geblokkeerde) gebruikersaccounts;
- de lokale beveiliging- en netwerk logbestanden;
- informatie over firewalls en andere beveiligingsmaatregelen.

Omgaan met Cybercrime

Strafbaarstelling

Wordt er binnengedrongen?

Ja. Password guessing is een methode om binnen te dringen. Bij een geslaagde poging is er sprake van binnendringen in een geautomatiseerd werk.

Wordt stoornis in het geautomatiseerde werk veroorzaakt?

Mogelijk. Password guessing maakt gebruik van de normale toegangsbeveiliging mechanismen van het geautomatiseerde werk. Er wordt niet direct een stoornis veroorzaakt. Echter, afhankelijk van de instellingen van het aangevallen geautomatiseerde systeem, kan er een gebruikersaccount tijdelijk of permanent worden geblokkeerd, bijvoorbeeld na drie mislukte aanmeldingspogingen. Hiermee wordt de normale toegang voor de rechtmatige gebruiker of computerservice geblokkeerd en daarmee wordt een storing veroorzaakt in het geautomatiseerde werk.

Worden gegevens veranderd, onbruikbaar gemaakt, vernield of toegevoegd?

Nee. Er is geen sprake van vernieling, beschadiging of onbruikbaar maken van gegevens. Bij password guessing wordt een normale handeling uitgevoerd, namelijk er wordt geprobeerd in te loggen. Deze handeling wordt herhaaldelijk verricht met als doel het achterhalen van het wachtwoord. Pas na een geslaagde inlogpoging heeft een hacker wel de mogelijkheid om gegevens te vernielen, beschadigen of onbruikbaar te maken.

Worden gegevens afgetapt of afgeluisterd?

Nee. Het proberen binnen te dringen via password guessing op zich, is geen vorm van afluisteren van gegevens.

Strafbaarheid

Kenmerkend voor password guessing is dat wordt getracht de beveiliging te doorbreken of om met een vals signaal wederrechtelijk binnen te dringen. Het gebruik van gevonden wachtwoorden kan tot het binnendringen in een geautomatiseerd werk leiden. Het misbruik van een wachtwoord valt onder artikel 138ab lid 1 Sr: door zich voor te doen als iemand anders (valse hoedanigheid) wordt immers de toegang tot het geautomatiseerd werk verkregen. Slechts in het geval als gevolg van password guessing daadwerkelijk ongeautoriseerd wordt binnengedrongen, is er sprake van computervredebreuk (art. 138ab Sr). Het systematisch wachtwoorden proberen kan, als het duidelijk is dat de dader de bedoeling heeft binnen te dringen in een computer, wel als een strafbare poging tot computervredebreuk (art. 45 jo 138ab Sr) worden vervolgd. Mogelijk kan verder onder artikel 139d lid 2 Sr het verwerven van het wachtwoord, met het oogmerk daarmee binnen te dringen in een geautomatiseerd werk, strafbaar zijn.

Het veroorzaken van toegangsbelemmering doordat herhaaldelijk foute wachtwoorden worden aangeboden waardoor een gebruikersaccount uiteindelijk blokkeert, kan worden gezien als de toegang tot of het gebruik van een geautomatiseerd werk belemmeren door daaraan gegevens aan te bieden of toe te zenden. Dit is, net als DoS aanvallen, strafbaar onder artikel 138b Sr.

Op grond van artikel 139d lid 2 sub a Sr kan het ter beschikking stellen, vervaardigen of het anderszins voorhanden hebben van programmatuur waarmee password guessing mogelijk is, strafbaar worden gesteld.[68]

4.3   Website aanvallen

Deze paragraaf behandelt verschillende vormen van (op afstand via een openbaar telecommunicatienetwerk) inbreken en/of misbruik van websites. Het doel hierbij kan sterke verschillen van bijvoorbeeld hacktivisme (demonstreren), het onderscheppen van informatie (zoals t.b.v. phishing of spionage), het kopiëren van (klant)gegevens of het verbergen en aanbieden van illegale *webcontent* (zoals kinderporno), producten en/of diensten via een anderzijds legitieme website.

4.3.1   Misbruik van een Web proxy

Een proxy is een server die zich bevindt tussen de computer van een gebruiker en het systeem dat men wil benaderen. De proxy is een tussenpersoon die de opdrachten namens de gebruiker uitvoert. Een proxy wordt normaal gebruikt om een bedrijfsnetwerk gecontroleerd toegang te geven tot het internet. Een open proxy staat verbindingen van willekeurige gebruikers (IP-adressen) toe, bijvoorbeeld voor e-mail, IRC-verkeer, FTP of HTTP/HTTPS webverkeer.

Via een web proxy kan een derde partij netwerkverkeer aanbieden aan andere computers, waarbij deze niet de computer van de derde partij als oorspronkelijke afzender van het netwerkverkeer zien. In plaats daarvan zien de ontvangende computers de (bonafide) web proxy als afzender. Een open web proxy is in essentie een foutief geconfigureerde server of website die door iedereen kan worden gebruikt.

---

[68] De handel, verspreiding of verwerven van wachtwoorden en toegangscodes is niet strafbaar tenzij daarmee als oogmerk het binnendringen in een systeem (art.138ab Sr), het belemmeren van de toegang (art.138b Sr), of het afluisteren van gegevens (art.139c Sr) wordt gepleegd. Als het conceptwetsvoorstel 'versterking bestrijding computercriminaliteit' wordt ingevoerd, wordt het in bezit hebben en verspreiden, strafbaar (art.139e Sr).

Omgaan met Cybercrime

Een open proxy kan op verschillende manieren misbruikt worden. Door middel van het opzetten van zogenaamde tunnels is het mogelijk om netwerkverkeer door de proxy op een andere netwerkpoort door te laten sturen. Met behulp van deze techniek is het mogelijk om in één keer een grote hoeveelheid mail voor verschillende geadresseerden op verschillende locaties aan te bieden. Deze techniek wordt vaak gebruikt bij het versturen van spam.

Verder worden open proxies vaak gebruikt als 'springplank' voor verdere activiteiten. Het netwerkverkeer dat door een proxyserver wordt doorgestuurd, lijkt immers uit die proxyserver te komen. Alleen uit de logbestanden van de proxyserver zelf kan de oorspronkelijke bron nog achterhaald worden. Een open proxy (of meerdere proxies achter elkaar gekoppeld, een 'proxy-chain') kan daardoor effectief worden misbruikt om weinig sporen achter te laten op het internet.

Het gebruiken van een open web proxy voor illegale doeleinden kan ervoor zorgen dat deze niet of tijdelijk niet meer beschikbaar is voor normale doeleinden. Dit komt bijvoorbeeld voor wanneer een derde partij zulke grote hoeveelheden netwerkverkeer produceert dat de rechtmatige gebruikers van de server dit niet meer kunnen. In dit geval is sprake van een 'denial of service'.

Steeds vaker is het tegenwoordig het geval dat wormen en virussen bij het infecteren van een computer een Trojaans paard installeren dat als open web proxy of open mail relay fungeert. In zulke gevallen is dus geen sprake van een foutief geconfigureerde server maar van een met opzet geplaatst programma dat als proxy dienst doet. Geïnfecteerde systemen kunnen dan zoals hierboven beschreven misbruikt worden om netwerkverkeer te tunnelen of door te sturen.

Technische verschijningsvormen en herkenbaarheid

Een open web proxy accepteert en stuurt netwerkverkeer door buiten de vooraf (impliciet) gedefinieerde functie om. Een proxy server zal over het algemeen alleen gebruikt mogen worden om netwerkverkeer van binnen naar buiten (naar derden) te accepteren. Zodra een server netwerkverkeer van derden naar derden afhandelt is er sprake van een open web proxy.

Benodigde gegevens voor het vaststellen

Voor het vaststellen van misbruik van een systeem als open web proxy is de belangrijkste benodigde technische informatie:
- een technische beschrijving van het netwerk;
- een overzicht van de misbruikte server(s);
- logbestanden van de server(s) die als open proxy werd(en) gebruikt;
- de lokale beveiliging- en netwerk logbestanden;

Strafbaarstelling

Wordt er binnengedrongen?

Mogelijk. Ook als het systeem geen afdoende basisbeveiliging heeft, blijft het aanbieden door een niet-geautoriseerde persoon van netwerkverkeer aan de server om te verwerken, te kwalificeren als binnendringen. Een web proxy is namelijk normaal opgezet om specifieke netwerkverbindingen te faciliteren voor geautoriseerde gebruikers of voor specifieke doeleinden. Een proxy is door de eigenaar meestal niet bestemd om te dienen als netwerkrouter die juist al het netwerkverkeer probeert door te sturen. Uiteraard is in ieder geval sprake van binnendringen als de open proxy functionaliteit (bijvoorbeeld als malware) opzettelijk en wederrechtelijk op een computer is geïnstalleerd door een kwaadwillende.

Wordt stoornis in het geautomatiseerde werk veroorzaakt?

Mogelijk. Afhankelijk van de hoeveelheid netwerkverkeer dat door middel van open proxy wordt verstuurd, kan er stoornis in een geautomatiseerd werk optreden.

Worden gegevens veranderd, onbruikbaar gemaakt, vernield of toegevoegd?

Mogelijk. Een open proxy stuurt in feite alleen aangeboden gegevens door. Er is meestal geen invloed op de normale bestaande of verwerkte gegevens van het systeem. Wel zal er sprake kunnen zijn van onrechtmatig gegevens toevoegen aan het systeem waaraan de gegevens worden aangeboden.

Worden gegevens afgetapt of afgeluisterd?

Nee. Een kwaadwillende misbruikt het systeem maar valt deze niet zo zeer aan. Zonder verder binnen te dringen in het systeem zullen over het algemeen geen gegevens worden afgetapt.

Strafbaarheid

Als kan worden aangetoond dat opzettelijk en wederrechtelijk is binnengedrongen en gebruikmaakt van een open proxy, volgt strafbaarheid onder artikel 138ab lid 1 sub b Sr. Hierbij maakt het niet uit of en waar de schade zich voordoet. Er wordt met behulp van een vals signaal binnengedrongen in een open proxy. Het doorbreken van een beveiliging is niet vereist. Wel had de indringer uit enigerlei omstandigheid moeten kunnen begrijpen dat het niet de bedoeling was om het systeem als zodanig te gebruiken. Dit kan echter ook op andere manieren dan met beveiligingsmaatregelen duidelijk zijn gemaakt.

Omgaan met Cybercrime

Het onrechtmatig aanbieden van gegevens aan een computer via een open proxy zal, als deze gegevens in de computer worden opgenomen of verwerkt, gekwalificeerd kunnen worden als gegevensaantasting (art. 350a lid 1 Sr). Als er schade ontstaat aan bedrijfsnetwerken of –servers kan dit eventueel civiel rechtelijk worden verhaald.

Als de persoon de open relay misbruikt en hiermee een stoornis veroorzaakt in de uitvoering van een nutsdienst of openbaar telecommunicatienetwerk of telecommunicatiedienst, of met gemeen gevaar voor goederen of diensten, of levensgevaar, kan hij strafbaar zijn op grond van artikel 161sexies of 161sexies Sr. Hierbij moet dan wel worden aangetoond dat bijvoorbeeld spam verstuurd wordt o.i.d. waardoor de werking van een publiek netwerk of systeem wordt bemoeilijkt.

4.3.2 Defacing

Website *'defacement'* is het zonder toestemming veranderen, vervangen of vernielen van (het aanzicht van) een website. Defacing is een digitale vorm van vandalisme of graffiti.

Er zijn twee primaire manieren van defacing:
- *Binnendringen in de webserver:* Bij deze vorm van defacing wordt op afstand binnengedrongen in het systeem door middel van bijvoorbeeld exploits, SQL injectie of password guessing. Vervolgens wordt de website vernield of aangepast.
- *Omleiding van internetverkeer (DNS-hack/name spoofing):* Bij deze vorm van defacing wordt het internetverkeer doorgeleid naar een andere (malafide) website in plaats van de bonafide website.

Technische verschijningsvormen en herkenbaarheid

Defacing is in eerste instantie eenvoudig visueel te herkennen doordat er teksten, afbeelding of andere inhoud aanwezig is die niet in opdracht van de eigenaar zijn geplaatst.

Binnendringen in de webserver

Als een website wordt aangevallen waarbij wordt binnengedrongen, vindt dit meestal plaats via zwakke plekken misbruikt met behulp van exploits of methoden zoals SQL injectie. Merk op dat bij defacement van een website niet altijd toegang tot het systeem noodzakelijk is. Het aanbieden van gemanipuleerde informatie kan voldoende zijn. Door bijvoorbeeld code te injecteren bij invoervelden op een website (zoals een discussieforum) kunnen eventuele kwetsbaarheden van een webapplicatie worden misbruikt om de inhoud van de website aan te passen of om toegang te verkrijgen tot het Content Management Systeem (CMS).

Om de defacement uit te voeren is informatie over de webserver nodig. Vooraf zal een aanvaller een vooronderzoek kunnen uitvoeren, zoals *footprinting* en *portscans*. Deze handelingen kunnen in dit stadium mogelijk al worden herkend met behulp van firewalls en intrusion detection systems.

Een webserver bestaat uit statische of dynamische informatie en interacties mogelijkheden. Bij statische informatie wordt gebruik gemaakt van bestanden, waar de webcontent in is opgenomen. Deze bestanden worden als webpagina's aan de bezoeker van een website gepresenteerd. Bij defacement van een statische website zijn deze bestanden vervangen of aangepast door de hacker. Dit kan worden herkend door bijvoorbeeld hash-waarden van originele bestanden te vergelijken met de actuele hash-waarden van bestanden.

Bij een dynamisch gegenereerde website wordt de gegevens opgeslagen in een database. Op verzoek van een bezoeker wordt een webpagina gegenereerd door een script die de webcontent uit de database ophaalt en samenstelt tot een webpagina. Het script is opgenomen in een bestand op de webserver. De database kan zich op de webserver zelf of op een aparte database server bevinden. Defacement van een dynamisch website houdt in dat het script op de webserver is aangepast of dat de inhoud in de database is aangepast.

Een website defacement waarbij wordt binnengedrongen, kan worden herkend met behulp van de volgende gegevens;
- Het vergelijken van de website zelf, zoals bekeken met een webbrowser;
- Herkenning van inbraakpogingen aan de hand van een firewall logbestanden of een Intrusion Detection System (IDS);
- Logbestanden van de webserver;
- Datum van aanmaken, aanpassen of verwijderen van bestanden;
- Het vergelijken van de huidige bestanden met de originele bestanden. Dit kan gebeuren met behulp van een fingerprint (checksum of hash-waarden);
- Het vergelijken van de aanwezige informatie in de productie database, ten opzichte van de informatie van een back-up database.

Omleiding van internetverkeer (DNS-hack/name spoofing)

Website defacement is ook mogelijk door verschillende manieren van DNS-spoofing/cache poisoning. DNS zorgt voor een koppeling van de hostnaam aan een IP-adres. Bij een dergelijke DNS-hack wordt door een DNS server de hostnaam van de website gekoppeld aan een ander (malafide) IP-adres. Doordat de hostnaam, zoals gebruikt door een website bezoeker in een URL, naar een ander IP-adres te verwijzen, wordt de website niet meer bereikt op het oorspronkelijke IP-adres. De website is dus niet meer bereikbaar op basis van de hostnaam maar in sommige gevallen is de website nog wel rechtstreeks

Omgaan met Cybercrime

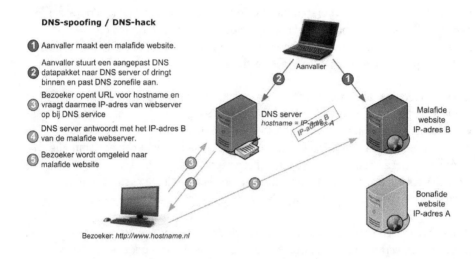

DNS-spoofing / DNS-hack

① Aanvaller maakt een malafide website.

② Aanvaller stuurt een aangepast DNS datapakket naar DNS server of dringt binnen en past DNS zonefile aan.

③ Bezoeker opent URL voor hostname en vraagt daarmee IP-adres van webserver op bij DNS service

④ DNS server antwoordt met het IP-adres B van de malafide webserver.

⑤ Bezoeker wordt omgeleid naar malafide website

Aanvaller

DNS server
hostname = IP-adres B
IP-adres A

Malafide website
IP-adres B

Bonafide website
IP-adres A

Bezoeker: *http://www.hostname.nl*

Figuur 12, DNS-spoofing/DNS-hack

bereikbaar op oorspronkelijke IP-adres. Dit is echter voor normale websitebezoekers niet te controleren omdat zij niet het originele eigen IP-adres van de website zullen kennen. Ook de beheerder van de website, die defaced is via DNS-hacking of DNS-spoofing, kan dit soort problemen niet altijd detecteren omdat de caching en/of root nameserver niet per definitie door hem/haar wordt beheerd.

Als gevolg van DNS-spoofing/cache poisoning zal het normale website netwerkverkeer een ander patroon vertonen. Een bezoeker van de website wordt immers naar een ander (malafide) IP-adres omgeleid. Door deze routering komt het dataverkeer van de bezoeker dus niet aan op het netwerk waar de webserver is aangesloten. De website ontvangt geen nieuwe bezoekers meer. Dit veroorzaakt een afname in het normale verkeerspatroon van de website.

Benodigde gegevens voor het vaststellen

Voor het vaststellen van een defacement, is de belangrijkste benodigde technische informatie:
- een overzicht van geplaatste of aangepaste bestanden met tijdstip van plaatsing/aanpassing;
- de code ('string') die een aanvaller naar de website zendt of heeft gezonden;
- informatie over DNS en domein registratie;
- een technische beschrijving van het netwerk;
- een overzicht van de misbruikte servers;
- de lokale beveiliging- en netwerk logbestanden;

Als vermoed wordt dat de defacing plaatsvindt via DNS aanpassingen of spoofing zijn bovendien gegevens van de DNS server nodig zoals de aanpassing van een A record of de gewijzigde DNS bestanden.

Strafbaarstelling

Wordt er binnengedrongen?

Mogelijk. Een hacker kan door zich toegang te verschaffen tot het systeem de website aanpassen. Echter bij defacement van een website is binnendringen in het systeem waar de webserver draait niet altijd noodzakelijk. Een hacker kan de inhoud van een website bijvoorbeeld aanpassen door malafide input te leveren via invulvelden op een website.

Bij een DNS-hack of DNS name spoofing wordt de defacement van een website op afstand uitgevoerd. Er wordt niet binnengedrongen op het systeem van de website. Echter kan er wel sprake zijn van binnendringen op het systeem van de DNS server.

Wordt stoornis in het geautomatiseerde werk veroorzaakt?

Mogelijk. Als de inhoud van een website wordt aangepast, is er sprake van beschadiging of stoornis van een website. Een bedrijf heeft een website opgezet met een bepaalde doelstelling. Als een hacker de website dusdanig aanpast, zodat de website niet meer aan de doelstelling voldoet, is er sprake van een stoornis. Echter bij defacing is het veroorzaken van een stoornis van een geautomatiseerd werk meestal niet het primaire doel op zich.

Als de cache van een DNS-server wordt vervuild of de DNS zonefile wordt aangepast, is er sprake van beschadiging van de nameserver. De werking van de webserver wordt niet aangetast.

Worden gegevens veranderd, onbruikbaar gemaakt, vernield of toegevoegd?

Ja. Als de inhoud van een website wordt aangepast, is er sprake van beschadiging of vernieling van een website.

Bij een DNS-hack of DNS name spoofing worden de gegevens van de website niet aangetast. Alleen de gegevens die zich in de nameserver bevinden worden aangepast.

Worden gegevens afgetapt of afgeluisterd?

Nee. Meestal worden bij een defacement geen gegevens afgeluisterd. Een DNS-hack of DNS name spoofing heeft echter als gevolg dat bezoekers van de website niet uitkomen op de oorspronkelijke website maar op een malafide website. Een hacker zou op deze manier wel informatie kunnen onderscheppen.

Strafbaarheid

Defacing is het zonder toestemming veranderen, vernielen of vervangen van een website. Dit is strafbaar gesteld op grond van het feit dat er sprake is van beschadiging van gegevens en/of manipulatie van gegevens (art.350a Sr).

Voordat websites-gegevens kunnen worden gemanipuleerd zal bovendien vaak moeten worden binnengedrongen in het geautomatiseerde werk. Het zonder toestemming binnendringen in het geautomatiseerde werk is strafbaar gesteld in artikel 138ab Sr.

Hoewel niet gebruikelijk, kan als gevolg van defacing tevens sprake zijn van computersabotage als een stoornis wordt veroorzaakt (art.161sexies en 161septies Sr). Voor strafbaarheid op grond van artikel 161sexies of 161sexies Sr is wel vereist dat één van de gevolgen genoemd in deze artikelen intreedt (stoornis in de uitvoering van een nutsdienst of openbaar telecommunicatienetwerk of telecommunicatiedienst, van gemeen gevaar voor goederen of diensten of levensgevaar).

Defacing door middel van een DNS-hack of name spoofing zorgt voor een doorgeleiden van internetverkeer naar een andere website. Hierdoor kan iemand verbinding krijgen met een andere website dan dat hij heeft aangeven. Hoewel in eerst instantie alle betrokken systeem normaal functioneren, worden onjuiste hostname/IP-adres gegevens verstrekt aan websitebezoekers. Dit kan strafbaar zijn op grond van de artikelen 138ab lid 1, 350a lid 1 en 350b lid 1 Sr. Bovendien wordt weliswaar niet direct een storing veroorzaakt bij individuele geautomatiseerde werken maar wordt wel een stoornis veroorzaakt in het totale systeem bestaande uit de computer van de website bezoeker, openbare DNS systemen en de te bezoeken bonafide website.

Kijk voor de strafbaarheid van de DNS-hack ook bij domain name spoofing/cache poisoning verschijningsvorm.

4.3.3 Cross-site scripting

Cross-site scripting (XSS) is een aanvalstechniek waarbij het webadres van een hiervoor kwetsbare website wordt misbruikt om extra informatie te tonen of programma's uit te voeren.

Een aanvaller kan via een malafide website veelal willekeurige (java)scripts laten uitvoeren op de computer van de gebruiker. Echter heeft de kwaadwillende

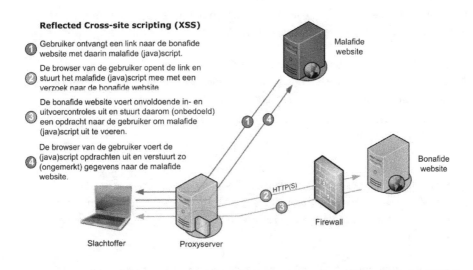

Reflected Cross-site scripting (XSS)

① Gebruiker ontvangt een link naar de bonafide website met daarin malafide (java)script.

② De browser van de gebruiker opent de link en stuurt het malafide (java)script mee met een verzoek naar de bonafide website.

③ De bonafide website voert onvoldoende in- en uitvoercontroles uit en stuurt daarom (onbedoeld) een opdracht naar de gebruiker om malafide (java)script uit te voeren.

④ De browser van de gebruiker voert de (java)script opdrachten uit en verstuurt zo (ongemerkt) gegevens naar de malafide website.

Figuur 13, Reflected Cross-site scripting (XSS)

meestal geen toegang tot gevoelige informatie of cookies van andere websites vanwege de beperkingen van de webbrowser. Via cross-site scripting kan een aanvaller deze beperking omzeilen. Bij cross-site scripting worden verwijzingen naar vertrouwde websites misbruikt voor het (ongemerkt) laten uitvoeren van extra programmacode op een slachtoffercomputer. Het slachtoffer ontvangt meestal een e-mail of opent een webpagina met daarin een link van een malafide website. Vervolgens wordt misbruik gemaakt van een niet goed geconfigureerde bonafide webserver, met als doel het laten uitvoeren van kwaadaardige programmacode door de browser van een gebruiker (5).

Bij cross-site scripting zijn drie partijen betrokken: de malafide website (de aanvaller), een bonafide website (de misbruikte niet goed geconfigureerde webserver) en de browser van een gebruiker (het slachtoffer).

Een cross-site scripting aanval maakt misbruik van een niet goed geconfigureerde of kwetsbare webserver of kwetsbaarheden in webbrowsers, zoals:

- de webserver accepteert invoer van een browser (bijvoorbeeld in een invulformulier) en retourneert deze input ook weer aan de browser.
- de invoer van de browser wordt door de webserver niet gefilterd voordat deze informatie terugstuurt naar de browser.

Webservers die aan deze voorwaarden voldoen zijn kwetsbaar voor cross-site scripting, doordat zij invoer uit een browser ongefilterd teruggeven als

155

webpagina. Een aanvaller kan de invoer zo vormen dat deze speciale tekens bevat, waardoor de browser van een gebruiker een kwaadaardig script opstart.

Een aanvaller kan bijvoorbeeld een webpagina maken of een e-mail sturen met daarin een link naar een (malafide) website. In de link zet de aanvaller ook extra invoer voor de bonafide website waarnaar verwezen wordt, bijvoorbeeld:

```
http://www.voorbeeld.nl/naam=Karel<script>aanvaller</script>
```

Als een gebruiker de link opent kan de bonafide website de informatie uit de variabele 'gebruiker' gebruiken om de bezoeker persoonlijk te begroeten. Door deze variabele rechtstreeks aan de browser te sturen, wordt inderdaad een naam weergegeven, maar tegelijkertijd een extra script uitgevoerd door de browser van het slachtoffer.

Het gevaar schuilt erin dat het script van de aanvaller wordt uitgevoerd alsof het afkomstig is van de bonafide website die de informatie stuurt, niet van de (malafide) website of e-mail die de oorspronkelijke verwijzing verzorgde. Het gevolg hiervan is dat een kwaadwillend script veel schade kan aanrichten. Zeker als het slachtoffer de bonafide website vertrouwt. Bovendien kunnen cookies worden uitgelezen die gerelateerd zijn aan de misbruikte bonafide website, waarna de inhoud hiervan voor de aanvaller beschikbaar is.

Het voorgaande voorbeeld beschrijft een zogenaamde *reflected XSS* techniek. Hieraan kleven voor de aanvaller nogal wat bezwaren omdat deze methode niet direct tot het gewenste resultaat hoeft te leiden.

Een andere techniek is de *stored XSS* methode waarbij de bonafide webapplicatie onbedoeld malafide (java)scripts opslaat in de database. Vervolgens verwerkt de bonafide website deze (java)scripts in de antwoorden richting willekeurige gebruikers. Deze techniek is gevaarlijker dan reflected XSS omdat de kwaadaardige (java)scripts sluimerend aanwezig blijven op de bonafide website.[69]

Varianten van cross-site scripting zijn bijvoorbeeld *cross-site tracing* (XST), *cross-site request forgery* (CSRF) en *cross-frame scripting* (XFS). Bij cross-site request forgery wordt een gebruiker gedwongen om ongewilde acties uit te voeren binnen een webapplicatie waarvoor de gebruiker al is geauthentiseerd. Ook bij deze vormen van cross-site aanvallen kan gevoelige informatie uitlekken of kan een aanvaller toegang krijgen tot de website.

---

[69] Zie bijvoorbeeld de OWASP website of de NCSC publicaties *Raamwerk Beveiliging Webapplicaties* (4) of *Beveiligingsrichtlijnen Webapplicaties* (52) voor meer voorbeelden en maatregelen tegen XSS aanvallen.

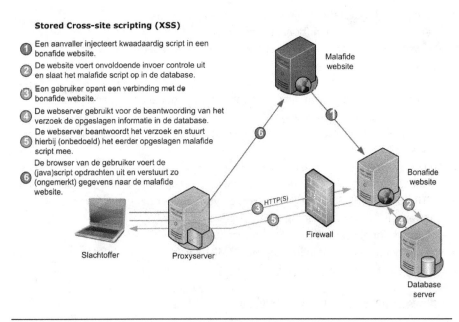

Figuur 14, Stored Cross-site scripting (XSS)

Bij cross-frame scripting misbruikt een aanvaller een kwetsbaarheid in de webbrowser van de gebruiker om private gegevens te benaderen op een andere website. De aanvaller verleidt de gebruiker om een kwaadaardige webpagina te openen in een HTML frame met een kwaadaardig javascript (*'client-side attack'*).[70]

Technische verschijningsvormen en herkenbaarheid

Het *'Raamwerk Beveiliging Webapplicaties'* van het NCSC geeft een aantal voorbeelden hoe de verschillende vormen van cross-site scripting kunnen worden herkend (5). In de logbestanden is een XSS aanval mogelijk terug te vinden om te kijken of door middel van HTTP GET of HTTP POST ongewenste informatie wordt meegestuurd. De techniek van HTTP GET opdrachten komen in de regel het meeste voor. Door deze regels uit de logbestanden te filteren en de meegestuurde informatie te vergelijken met toegestane informatie (in het bijzonder toegestane tekens), is het mogelijk om misbruik door middel van cross-site scripting te achterhalen.

---

[70] Zie o.a. http://www.owasp.org/index.php/Cross_Frame_Scripting

Omgaan met Cybercrime

De voornaamste logbestanden die kunnen worden bekeken zijn:
- Webserver logbestanden (bonafide webserver)
- Proxyserver logbestanden (bij toegang tot internet via bedrijfsnetwerk)
- Webbrowser geschiedenis

Kenmerken in de logbestanden die erop kunnen wijzen dat er pogingen zijn ondernomen tot cross-site scripting zijn:
- URLs zijn extreem lang, of langer dan bij normaal gebruik mag worden verwacht.
- URLs bevatten HTML-tags als `<script>`, `<object>` of `<embed>` die kwaadaardige elementen kunnen activeren.
- HTTP GET of HTTP POST verzoeken komen voor zonder dat een *referrer field* aanwezig is. Dit kan duiden op XSS aanvallen via e-mails.
- De aanwezigheid van HTTP TRACE opdrachten.
- Verwijzingen naar script in Iframe's op HTML pagina's (`<script>` tags binnen `<iframes>` tags).

Benodigde gegevens voor het vaststellen

In het bijzonder de logbestanden van de webserver of proxyserver zijn nodig, met hieruit de relevante gedeelten waarin de HTTP requests met geïnjecteerde data te vinden zijn. Daarnaast kunnen alle afwijkende gedragingen van de computer een aanwijzing zijn, zoals onbekende meldingen in een firewall/IDS log, trager worden prestaties of internetverbinding, foutmeldingen of veelvuldig storingen bij specifieke webapplicaties.

Voor het vaststellen van een XSS, is technische informatie nodig zoals:
- logbestanden van webserver of proxy;
- string (code) die de hacker naar de webserver verzendt met kenmerken zoals HTTP TRACE of HTTP GET/POST zonder referrer field in de communicatie;
- URL's met verwijzingen zoals IFRAME of `<scrips>`, `<object>` of `<embed>` tags.

Strafbaarstelling

Wordt er binnengedrongen?

Mogelijk. Door middel van een cross-site scripting aanval wordt zonder toestemming gegevens op een plek binnengebracht die daar niet thuishoort of verwacht wordt. Er worden gegevens aan een webserver aangeboden die daarna worden verwerkt. Bij een 'reflected' XSS aanval is misschien dan nog geen sprake van direct binnendringen op de webserver. Bij een 'stored' XSS aanval is dit zeker wel het geval. Bovendien zal bij de gebruiker de webbrowser de gegevens zien als een script dat lokaal wordt uitgevoerd. Cross-site scripting gaat dan ook meestal gepaard met een vorm van binnendringen.

Wordt stoornis in het geautomatiseerde werk veroorzaakt?

Ja. Het is mogelijk dat een browser die misbruikt wordt, scripts uitvoert die storing veroorzaken in een geautomatiseerd werk.

Worden gegevens veranderd, onbruikbaar gemaakt, vernield of toegevoegd?

Ja. Het is mogelijk door cross-site scripting gegevens te wijzigen. Het is bijvoorbeeld door middel van cross-site scripting voor een aanvaller mogelijk om de hoedanigheid van een ander aan te nemen en zo bijvoorbeeld elektronische transacties te manipuleren.

Worden gegevens afgetapt of afgeluisterd?

Mogelijk. Hoewel misschien niet direct 'stromende' gegevens worden afgeluisterd zoals bij sniffing, wordt met een technische ingreep een websiteverbinding doorgeleid naar een malafide website. Vervolgens zal daar de communicatie vaak wel worden afgeluisterd of wordt getracht om iemand opzettelijk en wederrechtelijk gegevens afhandig te maken, hetgeen kan worden beschouwd als oplichting. Daarnaast is het mogelijk door cross-site scripting ongeautoriseerd gegevens op te vragen en te kopiëren.

Strafbaarheid

Cross-site scripting kan vooraf worden gegaan door het wederrechtelijk binnendringen in een geautomatiseerd werk. Hierbij kunnen scripts worden geplaatst op plaatsen waar ze oorspronkelijk niet stonden, dan wel kunnen scripts nieuw worden ingebracht. Hierbij is er sprake van beschadiging van gegevens en/of manipulatie en van toevoegen van gegevens (artikel 350a Sr) nadat is binnengedrongen in het geautomatiseerde werk (artikel 138ab lid 2 Sr).

Het aanbieden van een kwaadaardige code gebeurt bijna altijd met opzet, bijvoorbeeld door een URL op te nemen in een e-mailbericht of op een website. Het is de wil van de dader die gericht is op het aanbrengen van schade (als gevolg van vernieling) in het computersysteem, dan wel aan de gegevens die in het computersysteem zijn opgeslagen. In het geval er inderdaad sprake is van opzet kan cross-site scripting strafbaar worden gesteld op grond van artikel 161sexies en/of 350a lid 1 Sr. Voor strafbaarheid op grond van artikel 161sexies Sr is wel vereist dat één van de gevolgen genoemd in deze artikelen intreedt (stoornis in de uitvoering van een nutsdienst of openbaar telecommunicatienetwerk of telecommunicatiedienst, van gemeen gevaar voor goederen of diensten of levensgevaar).

Omgaan met Cybercrime

Als de cross-site scripting ertoe leidt dat door de technische ingreep er gegevens van de gebruiker worden overgedragen aan de dader, kan er sprake zijn van oplichting: het door een valse hoedanigheid of listige kunstgrepen dwingen tot afgifte van gegevens (art. 326 Sr).

Cross-site scripting kan worden uitgelegd als een indirecte vorm van het opzettelijk en wederrechtelijk opnemen of aftappen van gegevens met een technisch hulpmiddel die niet voor hem bestemd zijn en die worden verwerkt of overgedragen door middel van telecommunicatie of door middel van een geautomatiseerd werk (art.139c lid 1 Sr). Als wederrechtelijk verkregen gegevens worden opgeslagen op een voorwerp zodanig dat de aanvaller er over kan beschikken en deze voorhanden heeft, zoals op een hard disk in een (eigen) webserver, is dit bovendien strafbaar onder artikel 139e Sr.

Indien de kwaadaardige code via een URL in een toegezonden e-mail is opgenomen en de niets vermoedende ontvanger stuurt de e-mail door naar een ander, is het mogelijk dat degene die de e-mail met deze URL heeft doorgestuurd - als gevolg van onachtzaamheid - strafbaar is op grond van artikel 161septies en/of 350b lid 1 Sr (schuld). Weliswaar dient bij strafbaarheid op grond van deze artikelen de verwijtbaarheid van de gedraging te worden aangetoond.

4.3.4   SQL injecties

SQL injectie is een aanvalstechniek waarbij via invoervelden op een website extra of aangepaste instructies worden opgegeven met als doel om de achterliggende database van een website onbedoeld bepaalde instructies te laten uitvoeren. Op deze wijze kan een aanvaller bijvoorbeeld ongeautoriseerd toegang krijgen tot de website, gegevens uit de database opvragen (zoals gebruikersnamen en wachtwoorden) of opdrachten door de website laten uitvoeren.

Webapplicaties maken vaak gebruik van databases voor het opslaan en oproepen van allerhande informatie. Structured Query Language (SQL) is de taal die elke database ondersteunt om toegang tot deze informatie mogelijk te maken. Elke database biedt de mogelijkheid om informatie uit de database op te vragen (SELECT), te verwijderen (DELETE) en te wijzigen (UPDATE). Daarnaast is het uiteraard mogelijk om nieuwe informatie aan de database toe te voegen (INSERT). Deze functionaliteiten vormen de basis van elke database.

Vaak is het mogelijk om via de aanroep van in de database opgeslagen scripts (*stored procedures*) extra taken te laten uitvoeren zoals het versturen van e-mail. Sommige databases bieden zelfs de mogelijkheid om direct opdrachten en programma's op besturingsniveau aan te roepen.

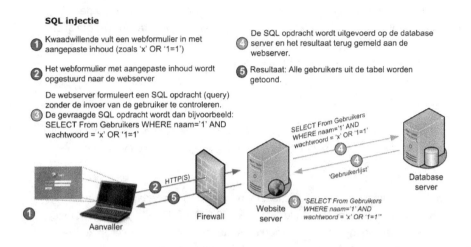

SQL injectie

① Kwaadwillende vult een webformulier in met aangepaste inhoud (zoals 'x' OR '1=1')

② Het webformulier met aangepaste inhoud wordt opgestuurd naar de webserver

De webserver formuleert een SQL opdracht (query) zonder de invoer van de gebruiker te controleren.
③ De gevraagde SQL opdracht wordt dan bijvoorbeeld: SELECT From Gebruikers WHERE naam='1' AND wachtwoord = 'x' OR '1=1'

④ De SQL opdracht wordt uitgevoerd op de database server en het resultaat terug gemeld aan de webserver.

⑤ Resultaat: Alle gebruikers uit de tabel worden getoond.

Figuur 15, SQL-injectie

SQL injectie ontstaat door onvoldoende controles op de invoer van gebruikersdata en onveilige programmeergewoonten. De aanwezigheid van een SQL injectie kwetsbaarheid betekent dat een aanvaller op het internet in staat is om de SQL-verzoeken die een webapplicatie verstuurt naar de database, te manipuleren. Daarbij heeft de aanvaller vaak toegang tot het brede scala aan functionaliteiten dat de database biedt. De gevolgen van deze kwetsbaarheid zijn in grote mate afhankelijk van de aanwezige programmalogica.

Technische verschijningsvormen en herkenbaarheid

Een voorbeeld van een SQL-injecties is waarbij via een invoerscherm op een website wordt gevraagd om een wachtwoord waarbij extra karakters worden meegegeven. De website gebruikt een database met gebruikersnamen en wachtwoorden. De programmacode waarmee de webapplicatie het wachtwoord van een gebruiker uit de database haalt is:

```
"SELECT FROM Gebruikers WHERE wachtwoord =`" & Invoer & "`;"
```

Door nu in het invoerveld op de website niet een wachtwoord in te vullen maar een aangepaste waarde om dit stuk programmacode te manipuleren, vullen we bijvoorbeeld in:

```
X' OR '1'='1'
```

Omgaan met Cybercrime

Als de webapplicatie dit accepteert doordat er onvoldoende controle op de invoergegevens plaatsvindt zodat de aanhalingstekens bijvoorbeeld niet opvallen, wordt dit ingevuld in de programmacode die de gegevens uit de database haalt. Dit commando komt er dan als volgt uit te zien:

```
"SELECT FROM Gebruikers WHERE wachtwoord = 'X' OR '1'='1';"
```

Om dat hier uiteraard nu altijd wordt voldaan aan de randvoorwaarden, wordt de bevraging (*query*) met een positief resultaat uitgevoerd. Het wachtwoord is zo omzeild.

Misbruik door middel van SQL injectie kan in logbestanden teruggevonden worden door te zoeken of door middel van HTTP GET of HTTP POST ongewenste informatie wordt meegestuurd. Kenmerken in de logbestanden die erop kunnen wijzen dat er pogingen zijn ondernomen tot SQL injectie zijn: [71]

- gebruik van SQL commando's zoals `CAST`, `DECLARE`, `SELECT`, `WHERE` in de communicatie;
- logische instructies in antwoordvelden die worden aangeboden aan de website (zoals AND, OR, =, > operators);
- extreem lange waarde bij een parameter, typisch meer dan 500 karakters;
- de aanwezigheid van de keywords `IFRAME` en `SCRIPT SRC` in verschillende velden in de database.

Benodigde gegevens voor het vaststellen

Vooral de logbestanden van de webserver, proxyserver en/of database server zijn nodig, met hieruit de relevante gedeelten waarin de HTTP requests met geïnjecteerde data te vinden zijn. Daarnaast kunnen alle afwijkende gedragingen van de computer een aanwijzing zijn, zoals onbekende meldingen in een firewall/IDS log, trager worden prestaties of internetverbinding, foutmeldingen of veelvuldig storingen bij specifieke webapplicaties.

Voor het vaststellen van een SQL-injectie, is technische informatie nodig zoals:
- logbestanden van webserver, proxy of database server;
- string (code) die de hacker naar de webserver verzendt met kenmerken zoals SQL commando's `CAST`, `DECLARE`, `SELECT`, `WHERE` in de communicatie;
- database waarden waaruit SQL injectie kan blijken, zoals met aanwezigheid van de keywords `IFRAME` of `SCRIPT SRC`.

---

[71] Zie voor een uitgebreide toelichting bijvoorbeeld NCSC Factsheet '*FS-2008-05 Massale SQL injectie aanvallen*' (28).

Strafbaarstelling

Wordt er binnengedrongen?

Mogelijk. Door middel van SQL injectie worden onverwachte gegevens binnengebracht bij, of aangeboden aan, een webserver. Er worden gegevens verstuurd aan een webserver om te worden verwerkt, om zo zonder toestemming gegevens van de website te ontfutselen. Daarnaast wordt SQL injectie bijvoorbeeld toegepast als middel om met valse signalen of een technische ingreep de beveiliging van een systeem te omzeilen. Meestal is bij SQL injectie sprake van een vorm van wederrechtelijk binnendringen.

Wordt stoornis in het geautomatiseerde werk veroorzaakt?

Mogelijk. Een webserver die aangevallen wordt met SQL injectie kan onbedoeld opdrachten uitvoeren die storing veroorzaken in een geautomatiseerd werk, bijvoorbeeld doordat onderliggende procedures (commando) worden gestart of omdat gegevens worden aangetast.

Worden gegevens veranderd, onbruikbaar gemaakt, vernield of toegevoegd?

Ja. Door SQL injectie kunnen gegevens worden verwijderd, gewijzigd of toegevoegd. Het is bijvoorbeeld door middel van SQL injectie mogelijk om gegevens aan een database toe te voegen, te veranderen of te wissen.

Worden gegevens afgetapt of afgeluisterd?

Nee. Het is wel mogelijk door SQL injectie ongeautoriseerd gegevens op te vragen en te kopiëren, zoals toegangsgegevens van gebruikers (overnemen van gegevens).

Strafbaarheid

Het aanbieden van een kwaadaardige code gebeurt bijna altijd met opzet, bijvoorbeeld door het aanbieden van een gemanipuleerd HTTP verzoek aan een website. De dader wil vaak binnendringen, gegevens overnemen of schade veroorzaken (als gevolg van vernieling) in het computersysteem of de gegevens in het computersysteem aantasten. Als er eerst onrechtmatig gegevens moeten worden toegevoegd aan een database, om bijvoorbeeld meer rechten te kunnen krijgen om vervolgens verdere acties te ondernemen, is artikel 350a lid 1 Sr van toepassing. Hierbij kan tevens sprake zijn van het overnemen van gegevens nadat is binnengedrongen in het geautomatiseerde werk (artikel 138ab lid 2 Sr).

4.4 Botnets

Botnets vormen een belangrijke infrastructuur voor cybercriminelen. Door middel van botnets kunnen cybercriminelen anoniem opereren door hun identiteit te verbergen (via proxies), hun IP-adres en (fysieke) locatie afschermen en hun aanvalsmogelijkheden en bereik vergroten. Botnets kunnen flexibel worden ingezet voor onder meer verspreiding van malware, versturen van spam, DDoS aanvallen, keylogging, identiteitsdiefstal of het omleiden van internetverkeer.

Een botnet is een netwerk van geïnfecteerde computers (zogenaamde *bots* of *zombies*) die op afstand kunnen worden bediend door een cybercrimineel. Botnets zijn grootschalige en wereldwijde netwerken opgebouwd uit autonoom functionerende bots. De cybercrimineel misbruikt de rekencapaciteit en netwerkfunctionaliteit van de bots voor eigen doeleinden en gewin. De cybercrimineel die een botnet bedient wordt wel 'botnet herder' genoemd. Botnet herders bieden hun diensten vaak ook aan andere criminelen aan.

De besturing vindt meestal plaats vanuit een *Command & Control* (C&C) server. Dit kan een legale server zijn die onder valse voorwendselen wordt gebruikt maar het kan ook een systeem zijn waarop de botnet herder heeft ingebroken. Commando's worden vaak gegeven via IRC (*Internet Relay Chat*) of HTTP. Ook botnets bestuurt via SMS berichten zijn inmiddels ontdekt.

Andere vormen van botnets zijn minder hiërarchisch en kunnen bijvoorbeeld worden bestuurd via peer-to-peer (P2P) netwerken of door berichten geplaatst op legitieme websites (web 2.0). Door middel van nieuwe decentrale aansturingmethoden en bijvoorbeeld fast-flux technieken, waarbij de hostnamen of IP-adressen van de C&C servers snel wijzigen om deze te beschermen tegen uitschakelen, wordt het opsporen bemoeilijkt.

Technische verschijningsvormen en herkenbaarheid

De bots of zombies ontstaan doordat computers worden geïnfecteerd met malware die de computer deel laat uitmaken van een botnet. Deze besmetting kan plaatsvinden op diverse manieren zoals via computervirussen, besmette USB sticks, e-mailberichten, besmette websites en downloads of social engineering. De besmetting kan in twee stappen verlopen: eerst wordt een computer geïnfecteerd, vervolgens wordt de botnet software gedownload en geactiveerd.

Naast de al beschreven vormen van malware herkenning, kunnen geïnfecteerde computers mogelijk worden opgemerkt aan de netwerkactiviteit. Botnets die bestuurd worden via IRC hebben een (permanente) verbinding met een C&C server over TCP poorten die vaak liggen tussen 6665 tot 6669 (standaard IRC poorten). Met behulp van een netwerk sniffer of in firewall logbestanden kan dit eenvoudig worden gesignaleerd. De gebruikte datapakketten zijn meestal erg klein. De verbinding zal over het algemeen worden opgezet vanuit de bot die staat te wachten op instructies van de C&C server.

HTTP bestuurde bots zijn moeilijker te herkennen omdat dit een protocol is over TCP poort 80 dat ook voor het normale internetverkeer wordt gebruikt. Door te kijken naar proces/netwerkpoort koppelingen kan worden geanalyseerd welke programma's allemaal luisteren naar poort 80. Verdachte netwerkverbindingen zijn bijvoorbeeld connecties naar sociale netwerk websites zoals MSN of Twitter vanaf computers die daar geen rede toe hebben. Een rootkit zal echter nog steeds aan deze controle ontglippen.

P2P bestuurde botnets zijn lastig te analyseren. Iedere bot is zowel bot als C&C server. Deze botnets zijn daardoor moeilijk uit te schakelen omdat centrale C&C servers ontbreken. Een enkele P2P standaard bestaat niet. Desondanks kan een geïnfecteerde computer mogelijk nog steeds aan de hand van verdacht netwerkverkeer worden herkend. In een P2P botnet zal een bot waarschijnlijk veel verschillende connecties vertonen naar andere IP-adressen buiten het eigen netwerk.

Andere vormen van besturing kunnen bijvoorbeeld worden herkend aan verdachte *instant messaging* communicatie, zoals MSN of ICQ.

Benodigde gegevens voor het vaststellen

Voor het vaststellen of een computer deel uit maakt van een botnet zijn dezelfde gegevens nodig als voor malware of een Trojaans paard. Daarnaast kunnen alle afwijkende gedragingen van de computer een aanwijzing zijn, zoals onbekende meldingen in een firewall/IDS log, trager worden prestaties of internetverbinding, foutmeldingen of veelvuldig storingen bij specifieke applicaties.

De belangrijkste benodigde technische informatie is:
- een overzicht van de gedane constateringen en het tijdstip waaruit blijkt, of op basis waarvan wordt vermoed, dat er sprake is van een botnet infectie;
- een technische beschrijving van de getroffen systemen;
- een lijst van geïnstalleerde programmatuur;
- een lijst van gewijzigde computerbestanden;
- een overzicht van de actieve processen in het computergeheugen;
- logbestanden;
- informatie over aanwezige firewall en antivirus maatregelen.

Indien mogelijk, is het voor het technisch onderzoek wenselijk om ook de beschikking te hebben over een dump van het netwerkverkeer, een overzicht van netwerkverbindingen vanaf het systeem en de geïsoleerde bestanden die bij het botnet horen. Voor de analyse kan het bovendien waardevol zijn als kan worden beschikt over een image van het schone systeem, voordat deze werd geïnfecteerd, en een image van het gecompromitteerd systeem.

Strafbaarstelling

Wordt er binnengedrongen?

Ja. Op de geïnfecteerde computers, de bots, is binnengedrongen. Dit geldt zeker wanneer iemand in contact staat met de malware en deze opdrachten geeft met als doel om instructies op de computer uit te laten voeren of deze aan te sturen. Ook bij de C&C server zal een vorm van binnendringen kunnen voorkomen als de C&C server een misbruikt systeem is.

Wordt stoornis in het geautomatiseerde werk veroorzaakt?

Mogelijk. Wanneer bijvoorbeeld de beschikbare rekencapaciteit en netwerkfunctionaliteit van de geïnfecteerde computer, die nu onderdeel is van een botnet, wordt misbruikt. Als hierdoor het geautomatiseerde werk niet of langzamer zijn eigenlijke taken kan uitvoeren, wordt er een stoornis veroorzaakt.

Worden gegevens veranderd, onbruikbaar gemaakt, vernield of toegevoegd?

Ja. Gegevens op een bot kunnen worden veranderd, gewijzigd of vernield. Echter zullen de meeste botnet Trojaanse paarden dit niet zonder meer doen omdat ze onopgemerkt willen blijven. Wel is er altijd sprake van onrechtmatig toevoegen van gegevens aan geïnfecteerde computers.

Worden gegevens afgetapt of afgeluisterd?

Ja. Sommige botnets dienen onder meer om gegevens die worden ingevoerd in de computer ongeautoriseerd te kunnen kopiëren, door te sturen en te misbruiken. Met name identiteit, account/wachtwoord, bank- en creditkaartgegevens zijn doelwit. Daarnaast kunnen bots worden misbruikt om het lokale netwerkverkeer af te tappen.

Strafbaarheid

Het infecteren met een Trojaans paard of andere malware valt in ieder geval onder art. 350a lid 1 Sr omdat het gaat om onrechtmatig gegevens toevoegen aan een computer. Ook valt het verspreiden van malware onder art. 350a lid 3 Sr, ongeacht of daadwerkelijk een computer is geïnfecteerd en onderdeel van een botnet wordt.

Als gegevens worden afgeluisterd die worden overgedragen binnen het computersysteem (bijvoorbeeld de input van het toetsenbord naar de computer) of binnen het computer- of telecommunicatienetwerk waarmee de geïnfecteerde computer is verbonden, is dit strafbaar onder artikel 139c, eerste lid Sr, het aftappen en/of opnemen van gegevens.

Het wederrechtelijk op afstand bedienen en het laten uitvoeren van instructies op een geïnfecteerde computer is strafbaar gesteld als binnendringen in een geautomatiseerd werk (art.138ab lid 1 Sr). Als het botnet wordt gebruikt voor het overnemen of verzamelen van gegevens, is sprake van een misdrijf op grond van artikel 138ab lid 2 Sr. Als de bot wordt gebruikt als springplank om verder te hacken op een ander systeem van een ander slachtoffer, is sprake van een misdrijf op grond van artikel 138ab lid 3 Sr.

4.5 Denial of Service

Denial of Service (DoS) aanvallen worden regelmatig ingezet vanuit balorigheid, wraak of actiemiddel in (gecoördineerde) digitale protesten of zelfs rellen. De gevolgen en schade kunnen aanzienlijk zijn, afhankelijk van de diensten die als gevolg (tijdelijk) niet beschikbaar zijn. Deze paragraaf beschrijft verschillende technische aspecten van (distributed) denial of service aanvallen, in het bijzonder aanvallen die via het computernetwerk verlopen.

Wat is een DoS?

Bij een DoS aanval wordt een computer- of netwerksysteem dusdanig zwaar belast of gemanipuleerd dat dit systeem uitgeschakeld wordt of dat een aangeboden (internet)dienst niet meer beschikbaar is voor legitieme gebruikers. Denial of service kan ook ontstaan door stelselmatig foutieve gegevens aan te bieden waardoor de beveiligingsinstellingen van een systeem zelf zorgen dat deze preventief wordt geblokkeerd om verdere schade te voorkomen. Bijvoorbeeld door bewust foute wachtwoorden aan te bieden kan een gebruikeraccount na een aantal keer worden geblokkeerd. Ook netwerk Intrusion Prevention Systems kunnen worden misleid om zo zelf de netwerkverbinding af te sluiten.

Wat is een DDoS?

Hoewel een denial of service aanval vanaf een computernetwerk kan worden geïnitieerd vanaf een enkel systeem, zijn de meeste denial of service tegenwoordig gecoördineerde aanvallen vanaf meerdere systemen tegelijkertijd. Dit zijn zogenaamde *Distributed Denial of Service* aanvallen (DDoS). De computersystemen die de DDoS aanval uitvoeren zijn vaak misbruikte systemen van onschuldige slachtoffers in een botnet. De botnet herder geeft hierbij aan de geïnfecteerde systemen (bots) de opdracht om een bepaald doelwit aan te vallen. Echter bij digitale protestacties komt het ook voor dat sympathisanten hun computer bewust aanbieden om te worden opgenomen in een netwerk van waaruit DDoS aanvallen worden afgevuurd.[72]

Technische verschijningsvormen en herkenbaarheid

Een (D)DoS wordt vaak als eerste herkend doordat een systeem 'traag' wordt of geheel niet meer werkt. Zo kan het oneigenlijk gebruik van resources op een systeem leiden tot een denial of service. Een DoS geschiedt bijvoorbeeld door excessief gebruik te maken van een legitiem Internet Protocol, bijvoorbeeld door het opzetten van uitzonderlijke grote hoeveelheden TCP-sessies. Een andere (onbedoelde) mogelijkheid is dat een hacker bijvoorbeeld een FTP-server met publieke toegang misbruikt om illegale bestanden te plaatsen. Dit kan zoveel netwerkverkeer veroorzaken dat legitieme gebruikers geen toegang meer kunnen verkrijgen.

Enkele algemeen verschijningsvormen voor een denial of service zijn:
- een netwerk overspoelen met dataverkeer;
- connecties tussen twee systemen verbreken;
- een gebruiker de toegang tot een systeem weigeren;
- een service op een systeem onderbreken.

Denial of service komt in vele vormen voor maar vaak kunnen er een aantal basiselementen worden onderscheiden:
1. Consumptie van schaarse, gelimiteerde resources;
2. Flooding (dichtslibben van netwerkverbindingen);
3. Vernieling of beschadiging van configuraties;
4. Fysieke vernieling of beschadiging van systemen.

1. Consumptie van schaarse, gelimiteerde resources

Een computersysteem functioneert door gebruik te maken van resources zoals rekencapaciteit (CPU), netwerkbandbreedte, (disk)opslag- of geheugencapaciteit. Een aanvaller kan misbruik maken van de resources op een systeem, waardoor het systeem hier zelf onvoldoende meer over kan beschikken. Het gevolg is dat het systeem crasht of niet meer bereikbaar is.

Het misbruiken van resources kan het gevolg zijn van aanvallen over het netwerk maar deze kunnen ook ontstaan door lokaal misbruik van resources door aanwezige malware. Het is zelfs mogelijk dat een deel van de resources op een 'normale wijze' worden gebruikt door een aanvaller als onderdeel van een botnet.

---

[72] Het document *'Aanbevelingen ter bescherming tegen Denial of Service aanvallen'* van NCSC geeft verschillende aanbevelingen om de weerstand tegen (D)DoS aanvallen te verbeteren (28).

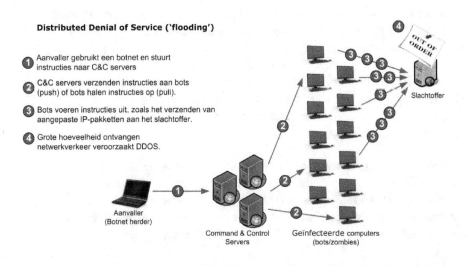

Distributed Denial of Service ('flooding')

① Aanvaller gebruikt een botnet en stuurt instructies naar C&C servers

② C&C servers verzenden instructies aan bots (push) of bots halen instructies op (pull).

③ Bots voeren instructies uit, zoals het verzenden van aangepaste IP-pakketten aan het slachtoffer.

④ Grote hoeveelheid ontvangen netwerkverkeer veroorzaakt DDOS.

Aanvaller (Botnet herder)

Command & Control Servers

Geïnfecteerde computers (bots/zombies)

Slachtoffer

Figuur 16, Distributed Denial of Service

Een vorm is waarbij dusdanige ongeldige instructies aan het doelsysteem worden gegeven dat een zogenaamde '*buffer overflow*' ontstaat.

2. Flooding

Vrijwel alle computersystemen zijn afhankelijk van, of leveren hun diensten via, een computer- of telecommunicatienetwerk. Bij *flooding* worden deze verbindingen overspoeld met dataverkeer zodat de netwerkverbindingen dichtslibben (Figuur 16). Normaal legitiem dataverkeer kan hierdoor het systeem niet meer bereiken en komt dus niet of onvoldoende snel meer door. De meeste moderne computernetwerken en besturingssystemen zijn tegenwoordig beschermd tegen enkele 'klassieke' vormen van flooding.

Een aantal voorbeelden waarbij netwerkverbindingen worden overspoeld of resources van een systeem via het netwerk oneigenlijk gebruikt worden, zijn:
- SYN-aanval;
- ICMP-aanvallen;
- Syslog-aanval;
- E-mailbombing;
- DNS amplification.

2.1 SYN-aanval

Een SYN-aanval of SYN-flood maakt misbruik van het TCP synchronisatieproces dat gebruikt wordt bij het opzetten van TCP-sessies (zie portscan). Bij een SYN-aanval wordt een zeer grote hoeveelheid SYN-pakketten naar een doelsysteem (host) gestuurd. De source IP-adressen van zulke SYN-pakketten zijn vaak gespooft om de afzender te verbergen. Het aangevallen doelsysteem stuurt voor elk SYN-pakket een SYN/ACK-pakket terug en reserveert geheugen voor de verwachte TCP communicatiesessie. Vervolgens wacht het doelsysteem op de ACK-pakketten. Deze komen echter nooit terug omdat het afzender IP-adres niet bestaat (spoofing) of omdat het systeem op het afzender IP-adres het SYN/ACK-pakket niet herkent.

Een grote hoeveelheid ontvangen SYN-pakketten kan ertoe leiden dat het doelsysteem geen geheugen meer beschikbaar heeft voor andere actieve processen of netwerkverbindingen. Dit heeft tot gevolg dat het systeem onbereikbaar is, nieuwe legitieme TCP-sessies niet meer worden geïnitieerd of dat het aangevallen systeem zelfs geheel stopt met functioneren (crasht).

Een SYN-aanval is te herkennen aan de volgende technische eigenschappen:
- Een host ontvangt een abnormale hoeveelheid SYN-pakketten (binnen korte tijd), afkomstig van één of meerdere IP-adressen;
- Een host ervaart een toename in hoeveelheid netwerverkeer;
- De gemiddelde pakketgrootte neemt af bij de host doordat wel verbindingen worden opgezet maar uiteindelijk geen data wordt uitgewisseld.

2.2 ICMP-aanvallen

Een ICMP-aanval maakt misbruik van ICMP-pakketten die oorspronkelijk bedoeld zijn om diagnostische berichten tussen systemen uit te wisselen. Bij een ICMP-aanval wordt een netwerk simpelweg overspoeld met ICMP-pakketten. Een voorbeeld van een ICMP-aanval is de (ouderwetse) *smurf-aanval*, waarbij gebruik wordt gemaakt van een 'directed broadcast'. Door middel van een directed broadcast kan een ICMP-pakket worden verstuurd naar het broadcast-adres van een ander IP-netwerksegment (subnet). Een aanvaller kan in het ICMP-pakket een gespooft source IP-adres gebruiken voor het aan te vallen doelsysteem of om de afzender te verbergen. Alle systemen (hosts) op het subnet van het broadcast IP-adres zullen een ICMP 'echo reply' pakket terugsturen naar het source IP-adres. Het gevolg is dat het source IP-adres wordt overspoeld met een overweldigende hoeveelheid netwerkverkeer.

Een ICMP-aanval is te herkennen aan de volgende technische eigenschappen:
- Een host ontvangt een abnormale hoeveelheid ICMP-pakketten (binnen korte tijd), afkomstig van een of meerdere IP-adressen;
- De gemiddelde pakketgrootte neemt af bij de host;
- Openstaande connecties van de aangevallen host worden onderbroken;

- De netwerkrouter die het aangevallen subnet verbindt met ander netwerken (zoals het internet) ontvangt ICMP 'echo request' pakketten van een of meerdere systemen die zich buiten het eigen subnet bevinden.

2.3 DNS amplification aanval

Een DNS amplification aanval is een distributed denial of service waarbij *recursive Domain Name System (DNS) name servers* worden misbruikt door middel van vervalste (*spoofed*) netwerkpakketten. Recursieve DNS servers zijn nodig voor het functioneren van het internet. Recursieve DNS servers accepteren verzoeken van andere systemen om IP-adressen op te zoeken. Deze verzoeken worden doorgestuurd naar andere DNS systemen die het gevraagde antwoord mogelijk wel kan geven of het gevonden antwoord wordt teruggestuurd naar de afzender.

Bij een DNS amplification aanval neemt de omvang van het datapakket enorm toe met het verzonden DNS antwoord, of de doorverwijzing naar een ander DNS systeem. Hierdoor degraderen de beschikbare netwerkbandbreedte en de capaciteit van het DNS systeem. De originele DNS verzoeken van de aanvaller bestaan uit enkele kleine datapakketten, het antwoord kan wel een factor 73 groter zijn. Als gevolg van de aanval ontvangt het slachtoffer (wiens IP-adres is vervalst in het DNS verzoek) een grote hoeveelheid datapakketten die afkomstig zijn van legitieme DNS servers. De identiteit van de aanvaller blijft afgeschermd. Eventueel kan ook de DNS service zelf (tijdelijk) niet meer functioneren en zullen de domeinen en hostnamen die via deze DNS server worden gekoppeld aan IP-adressen, niet meer eenvoudig te bereiken zijn voor gebruikers (44).

3. Vernieling of beschadiging van configuraties

Systemen die niet goed zijn geconfigureerd kunnen niet goed functioneren. Hackers kunnen configuraties van systemen beschadigen of vernielen waardoor het systeem niet meer kan functioneren. De methodieken van vernieling of beschadiging variëren heel sterk en kunnen daarom onmogelijk allemaal worden beschreven. Echter een paar vormen zijn het aanpassen van host tabellen (lokale koppelingen van logische hostnamen naar IP-adressen) of het wijzigen of besmetten met valse informatie van routeringtabellen (informatie waar zich verschillende subnetten bevinden en hoe netwerk datapakketten daar naar te verzenden).

4. Fysieke vernieling of beschadiging van systemen

Uiteraard zal een (opzettelijke) fysieke beschadiging of loskoppeling van het computernetwerk ook tot een onbeschikbaarheid van het systeem kunnen leiden, en dus een denial of service veroorzaken. Echter worden deze niet meer onder de noemer van cybercrime in enge zin beschouwd.

Omgaan met Cybercrime

Benodigde gegevens voor het vaststellen

Voor het vaststellen van een netwerk gebaseerde (D)DoS is de belangrijkste benodigde technische informatie:

- een overzicht van de gedane constateringen en het tijdstip waaruit blijkt, of op basis waarvan wordt vermoed, dat er sprake is van een (D)DoS aanval;
- een technische beschrijving van de getroffen systemen;
- een netwerk overzichtstekening;
- de begin- en eindtijd(en), source IP-adressen, destination IP-adres;
- overzicht van omvang netwerkverkeer en (netwerk)connecties in de tijd;
- gebruikte netwerkpoorten en de netwerk datapakketten;
- logbestanden van de verschillende netwerkcomponenten waarlangs de aanval heeft plaatsgevonden zoals routers, proxies en firewalls;
- logbestanden van de getroffen systemen.

Met name de begin- en eindtijd(en), source IP-adressen, destination IP-adres, een overzicht van de hoeveelheid netwerkverkeer en (netwerk)connecties in de tijd, gebruikte netwerkpoorten en de netwerk datapakketten gebruikt voor de aanval zijn waardevol.

Strafbaarstelling

Wordt er binnengedrongen?

Nee. Bij een (D)DoS wordt het aangevallen systeem overbelast en raken daardoor mogelijk gegevens bovendien beschadigd of vernietigd. Echter wordt voor een (D)DoS aanval niet getracht binnen te dringen op het doelwit systeem. Uiteraard is er wel sprake van binnendringen bij het via een C&C-server aansturen van de zombie systemen in een botnet die misbruikt worden om de daadwerkelijke (D)DoS aanval uit te voeren.

Wordt stoornis in het geautomatiseerde werk veroorzaakt?

Ja. Het geautomatiseerde werk wordt (in ieder geval tijdelijk) onbruikbaar gemaakt voor zijn oorspronkelijke doel. Daarnaast kan het ook gebeuren dat er vernieling of beschadiging optreedt.

Worden gegevens veranderd, onbruikbaar gemaakt, vernield of toegevoegd?

Nee. Bij een (D)DoS aanval kunnen als gevolg gegevens gewijzigd of vernield worden of resulteert de aanval in het vastlopen van het getroffen systeem ('system crash'). Dit is echter een gevolg van de DoS aanval en niet van de handeling zelf.

Worden gegevens afgetapt of afgeluisterd?

Nee. Een (D)DoS aanval neemt geen gegevens over en luistert geen dataverkeer af van het aangevallen doelwit systeem.

Strafbaarheid

Een (D)DoS aanval is in eerste instantie strafbaar onder artikel 138b Sr. Een (D)DoS kan tevens leiden tot beschadiging van gegevens verwerkt of opgeslagen door het geautomatiseerde werk, wat strafbaar kan zijn op grond van artikel 350a.

Als de (D)DoS aanval een stoornis in de gang of werking wordt veroorzaakt bij computers of netwerken met een publieke functie waarbij tevens sprake is van een openbaar belang (stoornis in de uitvoering van een nutsdienst of openbaar telecommunicatienetwerk of telecommunicatiedienst), van gemeen gevaar voor goederen of diensten of levensgevaar, is dit tevens strafbaar onder artikel 161sexies.

4.6 Social engineering

4.6.1 Phishing

Phishing is een vorm van (internet)fraude waarbij cybercrime wordt gecombineerd met technieken om mensen te verleiden tot het afstaan van persoonlijke gegevens ('social engineering'). Bij het ontfutselen van de persoonlijke informatie, zoals namen, geboortedatum, BSN-nummers, bank- en creditcardgegevens of inlogcodes, kunnen verschillende verschijningsvormen van cybercrime een rol spelen. Enkele technische aspecten worden in deze paragraaf belicht.

Phishing ('vissen') is een verzamelnaam voor activiteiten die tot doel hebben gericht bepaalde persoonlijke informatie aan mensen te ontfutselen. Deze persoonlijke informatie kan direct worden misbruikt voor het doen van uitgaven (zoals bij creditcardnummers) of voor het stelen van iemands identiteit. In dit geval zijn bijvoorbeeld gegevens als BSN-nummers, adressen en geboortedata nodig. Soms wordt ook het ongemerkt installeren van Trojaanse paarden, zoals keyloggers, onder de noemer Phishing geschaard. Dergelijke keyloggers slaan hierbij de toetsaanslagen van slachtoffers op en maken deze beschikbaar aan derde partijen. De toetsaanslagen omvatten zaken als e-mailadressen, wachtwoorden, creditcardnummers, etc.

Een phisher maakt vaak gebruik van een nagemaakte website van een bekende organisatie en verleidt mensen om op deze website privé-gegevens in te voeren. Andere voorbeelden van een phishing-scam zijn het in bulk verzenden van vervalste of besmette e-mailberichten, of het lokken van mensen via populistische filmpjes of aantrekkelijke artikelen. Bekende doelwitten zijn banken, online winkels en veilinghuizen.

Het succes van phishing is gebaseerd op techniek en vertrouwen, gecombineerd met een schaalvergroting die door het internet mogelijk wordt gemaakt. Phishing bestaat al een aantal jaren maar blijft continu de kop op steken. De professionaliteit van de phishers neemt toe, wat tot gevolg heeft dat de phish-pogingen voor een leek steeds moeilijker van echt zijn te onderscheiden.

Phishing kent inmiddels veel verschijningsvormen. SMiShing is een vorm van phishing via het verzenden van SMS berichten. Hierbij worden slachtoffers overgehaald om een betaald telefoonnummer te bellen of een specifieke (kwaadaardige) website te bezoeken.

Vishing (of *spear-vishing*) is een social engineering variant van phishing waarbij het slachtoffer telefonisch wordt benaderd i.p.v. via e-mail of websites. Het slachtoffer wordt gebeld door een geautomatiseerd voice message systeem dat om persoonlijke gegevens vraagt en deze registreert. Vishing komt ook gecombineerd met phishing of SMiShing voor waar het slachtoffer eerst een e-mail of SMS bericht ontvangt met het verzoek telefonisch contact op te nemen.

Technische aspecten

De belangrijkste component van phishing bestaat uit het inspelen op het gedrag van mensen. Phishing vormen waarbij mensen direct worden benaderd, zoals via vervalste e-mailberichten, proberen dan ook zo vertrouwd mogelijk over te komen. Technisch zijn dergelijke berichten niet anders dan normale e-mailberichten. Vaak blijkt slechts op tekstuele inhoud dat het een vervalst e-mailbericht betreft.

Enkele andere regelmatig ingezette technieken voor phishing zijn computerinbraak op websites, open proxies/mail relays, spoofing, trojans en botnets. Ook het misleiden door aangepaste webadressen te tonen (*URL obfuscation*) wordt frequent toegepast (45).

Een eerste uitdaging voor de phisher is om de voorzieningen te creëren die nodig zijn voor de phishing-scam. Zo moeten e-mailberichten of websites worden nagemaakt. Daarnaast moeten de vervalste website ergens worden geplaatst zonder dat hierbij de ware locatie of identiteit van de aanvaller te traceren is. Een tweede uitdaging voor een phisher is de aftocht waarbij de vertrouwelijke gegevens moeten worden verzameld zonder hierbij zelf te worden ontdekt. Er zullen één of meerdere locaties ('dropzones') moeten worden gecreëerd waar de verzamelde gegevens kunnen worden opgeslagen, zodanig dat de phisher er op een later tijdstip veilig gebruik van kan maken.

Enkele kenmerken waaruit kan worden vermoed dat men te maken heeft met phishing, zijn:
- onverwachte verzoeken tot het invullen van vertrouwelijke gegevens;
- verzoeken tot afstaan van vreemde combinaties van (persoonlijke) gegevens;
- de tekst bevat vreemde zinsconstructies of veel spelfouten;[73]
- e-mail afkomstig van onbekende afzender/organisatie;
- e-mail afkomstig van bekende personen met een ongebruikelijk onderwerp;
- e-mail afzender (from) en ontvanger (to) adressen zijn gelijk;
- e-mail met een antwoord (reply) e-mailadres naar een (gratis) openbare e-mail service, zoals hotmail of gmail;
- e-mail met verwijzingen (links) naar bekende bestandstypen (zoals `.exe`) maar met dubbele extensies;[74]
- een verwijzing (URL) in de getoonde tekst (e-mail) komt niet overeen met de werkelijke URL;
- ontvangst van (veel) gelijksoortige spam e-mailberichten.

Hierna volgen enkele voorbeelden hoe technieken als computerinbraak, web proxies, spoofing en botnets worden ingezet door phishers.

Computerinbraak

Bij de voorbereiding en tijdens een phishing-scam kan op verschillende momenten sprake zijn van computerinbraak (hacking) om zo de benodigde voorzieningen voor het hosten van bijvoorbeeld nagemaakte websites of locaties voor het opslaan van de verzamelde gegevens te creëren. Phishers verbergen hun nepwebsite bijvoorbeeld op een bestaande bonafide webserver waarop is ingebroken. De door een phisher verzamelde gegevens worden vaak opgeslagen op een andere computer dan degene waarop de nepwebsite zich bevindt (*dropzone*). Ook hier zal vrijwel altijd misbruik worden gemaakt van gecompromitteerde systemen.

Phishers zullen backdoors willen installeren op gecompromitteerde systemen om zichzelf op een later tijdstip weer toegang te verschaffen. Op geïnfecteerde

---

[73] Buitenlandse phishing-scams gebruiken vaak automatische vertaalprogramma's.
[74] Windows platformen verbergen standaard de extensie van bekende bestandtypen en tonen alleen de bestandsnaam. Een uitvoerbaar bestand met als naam `afbeelding.jpg.exe` zal worden getoond als `afbeelding.jpg` en daardoor lijken op een verwijzing naar een normaal plaatje. Bij het openen van de link start in werkelijkheid echter de uitvoerbare programmacode waardoor het systeem wordt geïnfecteerd.

computers kan een rootkit worden aangebracht om te dienen als een open proxy/mail relay.

Open web proxy/open mail relay

De phisher kan tijdens zijn activiteiten misbruik maken van open web proxies of open mail relays om op die manier minder traceerbaar te zijn. De open mail relay verspreid bijvoorbeeld zo e-mailberichten waarbij slachtoffers naar een nepwebsite worden geleid. Deze manier van e-mail verzenden heeft alle kenmerken van spam. Daarnaast kan een phisher middels een open proxy verzamelde gegevens van slachtoffers van de nepwebsite afhalen om de kans op detectie te verkleinen.

Spoofing

Bij alle vormen van een phishing-scam komt op meerdere momenten spoofing voor. Het doel van de phisher is om slachtoffers te misleiden en ze ertoe te verleiden persoonlijke gegevens op een nepwebsite af te geven. Hiertoe kunnen onder andere de volgende methoden zijn toegepast:

- Het adres van de afzender van het e-mailbericht is vervalst om de e-mail legitiem te laten lijken;
- In het e-mailbericht zijn technieken gebruikt om te verhullen dat hyperlinks niet verwijzen naar de website van de echte organisatie maar naar de nepwebsite.
- De hyperlinks die naar de nepwebsite verwijzen gebruiken technieken om in de webbrowser van het slachtoffer te verhullen dat deze zich op de nepwebsite bevindt.
- De nepwebsite is zo opgezet dat deze in alle opzichten legitiem lijkt. Zo kan er gebruik zijn gemaakt van een beveiligde HTTPS verbinding of van links naar de echte website als onderdeel van de nepwebsite.

Trojaans paard

Phishing kan ook plaatsvinden door direct met Trojaanse paarden, zoals keyloggers, op geïnfecteerde computers gegevens af te luisteren en door te sturen naar een verborgen verzamelpunt. Hierbij kan een phisher bijvoorbeeld de vertrouwelijke communicatie tussen het slachtoffer en de legitieme website onderscheppen (*man-in-the-middle*). De phisher hoeft hierbij dan geen nepwebsite te maken. Het verspreiden van de benodigde malware is voldoende. Phishing aanvallen in combinatie met een man-in-the-middle aanval, eventueel weggewerkt in verborgen bestanden gekoppeld aan de webbrowser, leiden er toe dat zelfs transacties beveiligd met sterke authenticatie (*two-factor*) kunnen worden omzeild.

Botnet – Phishing via omleiding netwerkverkeer

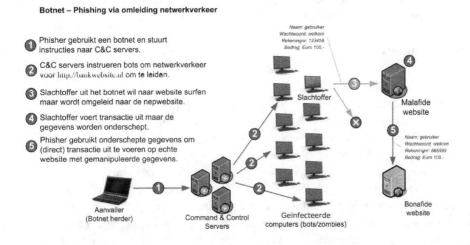

① Phisher gebruikt een botnet en stuurt instructies naar C&C servers.

② C&C servers instrueren bots om netwerkverkeer voor http://bankwebsite.nl om te leiden.

③ Slachtoffer uit het botnet wil naar website surfen maar wordt omgeleid naar de nepwebsite.

④ Slachtoffer voert transactie uit maar de gegevens worden onderschept.

⑤ Phisher gebruikt onderschepte gegevens om (direct) transactie uit te voeren op echte website met gemanipuleerde gegevens.

Figuur 17, Botnet gebruikt voor Phishing

Botnets

Een botnet herder heeft meestal volledige controle over de geïnfecteerde computers. Hiermee kan een phisher het botnet inzetten om bijvoorbeeld door middel van keyloggers vertrouwelijke gegevens te verzamelen. Een andere mogelijkheid is het netwerkverkeer met specifieke websites om te leiden via een systeem. De phisher verzamelt zo weer de vertrouwelijke gegevens. Een cybercrimineel kan echter ook de verbinding omleiden naar een nepwebsite, de gegevens afvangen en deze meteen aanpassen en direct zelf aanbieden bij de legitieme echte website. Op deze manier kan een cybercrimineel direct transacties aanpassen en voordeel proberen te behalen.

Benodigde gegevens voor het vaststellen

Alle afwijkende gedragingen van de computer kunnen een aanwijzing zijn, zoals onbekende meldingen in een firewall/IDS log, trager worden prestaties of internetverbinding, foutmeldingen of veelvuldig storingen bij specifieke webapplicaties.

Voor het vaststellen van phishing is de belangrijkste benodigde informatie:
- naar welke informatie wordt 'ge-phished'?
- wat is het gevolg of mogelijk schade hiervan?
- de vervalste e-mailberichten;
- source IP-adressen;
- e-mailadres van de afzender;
- een historie van bezochte websites of geopende links (URL's).

Omgaan met Cybercrime

Daarnaast zijn logbestanden en overige informatie nodig vergelijkbaar aan die voor het vaststellen van malware.

Strafbaarstelling

Wordt er binnengedrongen?

Mogelijk. Of wordt binnengedrongen is sterk afhankelijk van de gebruikte techniek. Wanneer alleen een vervalst e-mailbericht is ontvangen of de gebruiker is door eigen toedoen besmet geraakt met een Trojaans paard, is er niet binnengedrongen. Als het slachtoffer de link naar de phishing malware opent, of op een andere wijze de phishing malware activeert, wordt binnengedrongen. Zeker als de phisher gebruik maakt van keyloggers of andere malware en hierbij direct contact heeft met de geïnfecteerde computers, is binnengedrongen (zie ook malware en Trojaanse paarden). Uiteraard is ook sprake van binnendringen op servers die misbruikt worden om nepwebsites te faciliteren of om de gegevens te verzamelen.

Wordt stoornis in het geautomatiseerde werk veroorzaakt?

Mogelijk. Een phisher zal meestal zoveel mogelijk onopgemerkt willen blijven. Het veroorzaken van een stoornis is duidelijk niet het doel. Hoewel het slachtoffer wordt omgeleid naar een nepwebsite of wanneer de communicatie wordt onderschept en aangepast, is de werking meestal niet verstoord.

Worden gegevens veranderd, onbruikbaar gemaakt, vernield of toegevoegd?

Mogelijk. Hoewel gegevens kunnen worden vernield of gewijzigd, zijn de meeste phishing aanvallen gericht op het aftappen van gegevens. Echter als bijvoorbeeld een man-in-the-middle of een botnet techniek wordt gebruikt waarbij de communicatie of het netwerkverkeer wordt onderschept en aangepast, is wel sprake van het veranderen van gegevens. Bij sommige technieken zal er voorts sprake zijn van het onrechtmatig toevoegen van gegevens aan een computer.

Worden gegevens afgetapt of afgeluisterd?

Mogelijk. Het doel van iedere phishing-scam is om vertrouwelijke gegevens te verkrijgen om daarmee vervolgens fraude of oplichting te plegen. Dergelijke gegevens kunnen worden opgevangen door een computer te infecteren met malware en het slachtoffer vervolgens te misleiden om gegevens in te voeren. Tijdens deze handeling worden de gegevens gekopieerd. De malware op een besmette computer kan ook afwacht totdat vertrouwelijk gegevens ergens worden ingevoerd of het slachtoffer wordt omgeleid via een malafide website. Echter bij de meeste van deze technieken is er niet zo zeer sprake van het aftappen van 'stromende' gegevens.

Strafbaarheid

Het met behulp van bijvoorbeeld een valse naam of hoedanigheid en bedrog iemand bewegen tot het ter beschikking stellen van gegevens is strafbaar als oplichting onder artikel 326 Sr. Dit is het geval als een dader een listig verzoek uitstuurt en een slachtoffer er vervolgens op ingaat door gegevens aan te leveren. Als niemand reageert op een phishing-aanval, is er meestal sprake van een strafbare poging tot oplichting, tenzij de aanval een volstrekt ondeugdelijk middel is (art. 45 jo. 326 Sr).

Phishing-aanvallen waarbij Trojaanse paarden zijn gebruikt zijn strafbaar te stellen als computervredebreuk (art.138ab lid 1 Sr) en vervolgens het overnemen gegevens (art. 138ab lid 2 Sr) of het aftappen (art. 139c Sr). Eventueel kan als wederrechtelijk verkregen gegevens zijn opgeslagen op een voorwerp zodanig dat de aanvaller er over kan beschikken en deze voorhanden heeft, zoals op een hard disk in een (eigen) webserver, dit strafbaar zijn onder artikel 139e lid 1 Sr, en als deze opzettelijk aan een ander bekend worden gemaakt, zoals het doorverkopen van gestolen identiteit- of creditcardgegevens, onder artikel 139e lid 2 Sr.

Als de gegevens verkregen met phishing worden gebruikt om een bankpas te vervalsen, is dit een misdrijf onder artikel 232 Sr. Dit artikel stelt het opzettelijk vervalsen van een betaalpas of een drager van identiteitsgegevens, bestemd voor het verrichten of verkrijgen van betalingen of andere prestaties langs geautomatiseerde weg strafbaar.

Phishing kan mogelijk ook worden aangepakt via het merkenrecht.[75] Een merk is een teken om waren of diensten van een onderneming te onderscheiden. In de praktijk worden 99% van de merken geregistreerd als woordmerk of beeldmerk, zoals een logo. In sommige gevallen kunnen kleuren of vormen ook een merk zijn. Producenten en bedrijven gebruiken het merk om aan te geven dat het van hen afkomstig is, onderscheid aan te brengen met andere merken/producten en/of om een boodschap door te geven aan de consument. Na registratie mogen anderen het merk niet gebruiken zonder toestemming van de houder. Zij mogen ook geen vergelijkbare naam voeren, wanneer deze verwarring geeft met het beschermde merk. Bij een phishing-aanval wordt nu juist zo identiek mogelijk een website of andere kenmerken van een organisatie overgenomen om slachtoffers te misleiden.

---

[75] In Nederland is het merkenrecht geregeld in het Benelux Verdrag inzake de Intellectuele Eigendom (BVIE). Omdat het BVIE een Benelux-verdrag is, geldt de merkbescherming ook in België en Luxemburg. Daarnaast is de Europese en internationale regelgeving op het gebied van het merkenrecht van belang.

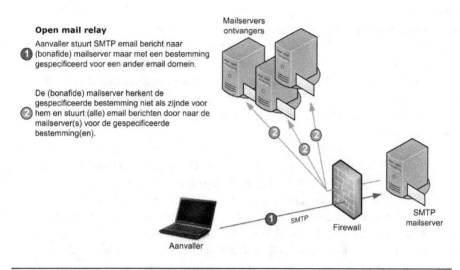

Open mail relay

Aanvaller stuurt SMTP email bericht naar
1 (bonafide) mailserver maar met een bestemming
gespecificeerd voor een ander email domein.

De (bonafide) mailserver herkent de
gespecificeerde bestemming niet als zijnde voor
2 hem en stuurt (alle) email berichten door naar de
mailserver(s) voor de gespecificeerde
bestemming(en).

Mailservers
ontvangers

SMTP

Firewall

SMTP
mailserver

Aanvaller

Figuur 18, Open E-mail relay

4.7   E-mail aanvallen

Misbruik maken van e-mail servers of het lokken van slachtoffers via e-mail zijn
slechts enkele voorbeelden waarbij e-mail een rol speelt bij verschijningsvormen
van cybercrime. Deze paragraaf gaat in op twee specifieke verschijningsvormen,
mail relay en spam, waarbij misbruik maken van e-mailsystemen de voornaamste
component is.

4.7.1   Misbruik van Mail relay

Een mail relay is een e-mail proxy server die zich bevindt tussen de computer van
een gebruiker en het systeem dat men wil benaderen. Via een open mail relay
server kan een derde partij netwerkverkeer aanbieden aan andere computers,
waarbij deze niet de computer van de derde partij als oorspronkelijke afzender
van het netwerkverkeer zien. Een open mail relay staat verbindingen van
willekeurige gebruikers (IP-adressen) toe om e-mail naar anderen te versturen.
Hiervan wordt op grote schaal misbruikt gemaakt voor het versturen van spam.

Een open mail relay is in essentie een foutief geconfigureerde server. In het geval
van een open mail relay gaat het specifiek om e-mailverkeer, over het algemeen
SMTP over netwerkpoort TCP 25.

Het gebruiken van een open mail relay voor illegale doeleinden kan ervoor zorgen
dat de mailserver niet of tijdelijk niet meer beschikbaar is voor normale
doeleinden. Dit komt bijvoorbeeld voor wanneer grote hoeveelheden e-mail

verstuurt dat de rechtmatige gebruikers van de server dit niet meer kunnen. In dit geval is sprake van een 'denial of service'. Een open mail relay server kan ook op zwarte lijsten van internet service providers worden geplaatst (*blacklists*). E-mail afkomstig van systemen op een zwarte lijst worden door veel ISP's of bedrijven niet meer geaccepteerd. De rechtmatige eigenaar van het systeem kan zodoende effectief geen e-mail meer versturen.

Technische verschijningsvormen en herkenbaarheid

Een open mail relay accepteert en stuurt e-mail van buitenaf door naar andere externe ontvangers. Normaal zullen e-mail servers alleen netwerkverkeer van buiten (van derden) naar binnen accepteren om voor door hun beheerde domeinen e-mail te kunnen ontvangen. Zodra een server e-mail van derden naar derden afhandelt dan is er sprake van een open mail relay.

Met enkele eenvoudige testen kan worden geverifieerd of een server als open mail relay misbruikt kan worden.[76] Dit is het geval als, één of een combinatie van, o.a. de volgende soorten e-mail wordt geaccepteerd en verstuurd (de voorbeelden in de lijst zijn niet limitatief):

- Mail waarvan het *from*: en *to*: adres hetzelfde zijn;
- Mail waarvan het afzender domein niet bestaat;
- Mail die vanuit domein *localhost* wordt verstuurd;
- Mail zonder afzender domein;
- Mail zonder afzender adres;
- Mail gestuurd als afkomstig van de ontvangende mailserver;
- Mail met het IP-adres van de verzendende server in vierkante haken;
- Mail die gebruikmaakt van een doorverwijzing door middel van het %-teken. Bijvoorbeeld*: ontvanger%server.com@relayserver.com* wordt doorgestuurd naar *ontvanger@relayserver.com*;
- Mail met het ontvangstadres in dubbele aanhalingstekens;
- Mail met het ontvangstadres in inverse notatie. Bijvoorbeeld; *@relayserver.com:ontvanger@server.com* wordt doorgestuurd naar *ontvanger@server.com*.
- Mail met het ontvangstadres in inverse notatie (variant). Bijvoorbeeld; *server.com!ontvanger* wordt doorgestuurd naar *ontvanger@server.com*.

---

[76] Via de website http://www.abuse.net/relay.html kan een systeem vanaf het internet worden getest.

Omgaan met Cybercrime

Benodigde gegevens voor het vaststellen

Voor het vaststellen van misbruik van een systeem als open mail relay is de belangrijkste benodigde technische informatie:

- een technische beschrijving van het (e-mail en DNS) netwerk;
- informatie over firewalls en andere beveiligingsmaatregelen;
- een overzicht van de gedane constateringen en het tijdstip waaruit blijkt, of op basis waarvan wordt vermoed, dat er sprake is van een cyberincident;
- e-mailberichten/headers;
- logbestanden van de mailserver die als open relay werd gebruikt;
- de methode die werd gebruikt om mail door te sturen. Dit is op te maken uit de MAIL FROM en RCPT TO SMTP instructies die werden gegeven;
- de complete oorspronkelijke e-mail in zijn originele staat (in platte tekst), inclusief de e-mail-headers. Hieruit valt de volgende informatie te halen:
  - Source IP-adres;
  - Destination IP-adres;
  - Tijdstip van verzending;
  - Tijdstip van ontvangst;
  - Mail from veld (zowel uit de header als de envelop);
  - Recipient to veld (zowel uit de header als de envelop);
  - Overzicht van mailservers, die de mail hebben ontvangen en verstuurd.

Wanneer er sprake is van een open mail relay zijn de e-mail-headers en het complete e-mailbericht belangrijk. Uit de e-mail-headers kan mogelijk worden opgemaakt welke mailserver is gebruikt als relay. Deze gegevens kunnen ook gedeeltelijk uit logbestanden van de ontvangende mailserver worden gehaald. Bij voorkeur is er ook informatie beschikbaar over de gebruikte (SMTP) mailcommando's en een overzicht van e-mailservers die het bericht hebben ontvangen. Hieruit kan mogelijk de gebruikte methode worden afgeleid.

Strafbaarstelling

Wordt er binnengedrongen?

Mogelijk. In veel gevallen is een open mail relay een foutief geconfigureerde server, wat in feite betekent dat er geen adequate beveiligingsmaatregelen zijn genomen om misbruik van de server te voorkomen. Echter ook als het misbruikte systeem geen afdoende basisbeveiliging heeft, blijft het misbruik een vorm van binnendringen, hoewel misschien moeilijk als zodanig te kwalificeren. Men mag echter veronderstellen dat de eigenaar van een mailserver deze alleen bedoeld heeft om te gebruiken voor de eigen maildomeinen. Het opzettelijk aanbieden van andere maildomeinen om door te sturen, kan worden opgevat als het aanbieden van e-mail onder een valse hoedanigheid.

Er is altijd sprake van binnendringen als de open mail relay toepassing ontstaat als malware met opzet op een computer is geïnstalleerd door een kwaadwillende.

Wordt stoornis in het geautomatiseerde werk veroorzaakt?

Mogelijk. Afhankelijk van de hoeveelheid netwerkverkeer dat door middel van de open mail relay wordt verstuurd, kan er stoornis in een geautomatiseerd werk optreden.

Worden gegevens veranderd, onbruikbaar gemaakt, vernield of toegevoegd?

Nee. Een open mail relay stuurt in feite alleen aangeboden e-mail berichten door. Er is meestal geen invloed op de normale bestaande of verwerkte gegevens van het systeem.

Worden gegevens afgetapt of afgeluisterd?

Nee. De kwaadwillende misbruikt het systeem maar valt deze niet aan. Zonder verder binnen te dringen in het systeem zullen over het algemeen geen gegevens worden afgetapt.

Strafbaarheid

Degene die opzettelijk en wederrechtelijk gebruikmaakt van een open mail relay is strafbaar op grond van artikel 138ab lid 1 sub b Sr. Er wordt met behulp van een technische ingreep, een vals signaal of een valse hoedanigheid binnengedrongen in een e-mail server. Het doorbreken van een beveiliging is niet vereist. Wel moet de indringer uit enigerlei omstandigheid kunnen begrijpen dat het niet de bedoeling was om het systeem als zodanig te gebruiken. Dit kan echter ook op andere manieren dan met beveiligingsmaatregelen duidelijk zijn gemaakt. Als er schade ontstaat aan bedrijfsnetwerken of –servers kan dit eventueel civiel rechtelijk worden verhaald.

Als de persoon de mail server misbruikt en hiermee een stoornis veroorzaakt in de uitvoering van een nutsdienst of een openbaar telecommunicatienetwerk of telecommunicatiedienst, of met gemeen gevaar voor goederen, of levensgevaar, is hij strafbaar op grond van artikel 161sexies of 161sexies Sr. Hierbij moet dan wel worden aangetoond dat bijvoorbeeld spam verstuurd wordt o.i.d. waardoor de werking van een openbaar netwerk (internet) wordt bemoeilijkt.

4.7.2   Spam

Spam is grootschalige ongevraagde berichtgeving, zoals e-mail, SMS of andere berichten, van commerciële, ideële of charitatieve aard. Spam in de vorm van e-mail wordt vrijwel zonder uitzondering in zeer grote hoeveelheden verstuurd. Bij het versturen van de e-mail worden vaak verkeerd geconfigureerde (open) mailservers van derde partijen of botnets gebruikt waarbij de gecompromitteerde systemen van (particuliere) gebruikers als proxy worden misbruikt.

Spam wordt niet alleen verstuurd als ongevraagde reclame maar ook voor de verspreiding van malware of als phishing aanval.

Technische verschijningsvormen en herkenbaarheid

Er is geen eenduidig technisch onderscheid te maken tussen spam en normaal, legitiem e-mailverkeer. De ontvangende persoon bepaalt of iets als spam beschouwd wordt wanneer het 'ongevraagd' is en van commerciële, ideële of charitatieve aard. Er zijn echter wel een aantal kenmerken te onderscheiden die vaak bij spam terug te vinden zijn:

- verdachte woordpatronen, thema's en semantiek;
- verdachte code en links in het e-mailbericht;
- ongeldig afzendadres. Spam wordt vaak (maar niet altijd) verstuurd met een niet-bestaand of ongeldig afzendadres of afzenddomein;
- ongeldige *'received'-headers*. Om detectie moeilijk te maken, worden in veel spam extra 'received' regels toegevoegd of worden bestaande regels herschreven. Vaak zijn deze regels als ongeldig te herkennen.

Spam verstuurd vanuit een geldig e-mailadres van een 'andere partij' (een gespooft e-mailadres) kan een denial of service aanval tot gevolg hebben voor de echte eigenaar van dat e-mailadres.

Benodigde gegevens voor het vaststellen

Voor het vaststellen van spam is de belangrijkste benodigde technische informatie:

- overzicht van mailservers, die de mail hebben ontvangen en verstuurd.
- logbestanden van de e-mail server;
- informatie over de gebruikte e-mail en beveiligingssystemen.
- het complete e-mailbericht in zijn originele staat (platte tekst);
  - e-mailberichten/headers;
  - het source IP-adres;
  - het destination IP-adres;
  - tijdstip van verzending;
  - tijdstip van ontvangst;
  - Mail from veld (zowel uit de header als de envelop);
  - Recipient to veld (zowel uit de header als de envelop).

Uit de e-mail headers kan mogelijk worden opgemaakt welke mailserver is gebruikt als relay. Deze gegevens kunnen ook gedeeltelijk uit logbestanden van de ontvangende mailserver worden gehaald.

Strafbaarstelling

Wordt er binnengedrongen?

Nee. Er wordt slechts een e-mail verstuurd die uiteindelijk op de computer van de ontvanger terechtkomt kan komen. Zelfs dat is niet direct noodzakelijk als bijvoorbeeld een webmail omgeving wordt gebruikt. Natuurlijk is het wel zo dat als voor de verzending van de spam gekaapte e-mailadressen, een open e-mail server of een botnet wordt ingezet, op die gecompromitteerde systemen wel sprake is van binnendringen (zie ook botnets).

Wordt stoornis in het geautomatiseerde werk veroorzaakt?

Nee. Spam is in principe (technisch volgens de specificaties van het SMTP-protocol) e-mail die gebruikmaakt van normale mailtechnieken. Het versturen van e-mail in grote hoeveelheden kan echter stoornis veroorzaken in de werking of in het gebruik van het geautomatiseerde werk of bij (tussenliggende) mailservers doordat deze extreem veel netwerkverkeer moeten verwerken. De juiste werking wordt dan belemmerd bijvoorbeeld doordat netwerkcapaciteit ontoereikend is of omdat een mailbox vol raakt.

Overigens kan spam ook worden misbruikt voor het verspreiden van malware in bijlagen (*'malicious attachments'*). Dan kan strafbaarheid volgen voor het verspreiden van malware.

Worden gegevens veranderd, onbruikbaar gemaakt, vernield of toegevoegd?

Nee. Spam heeft geen invloed op de integriteit van bestaande gegevens. Dit geldt voor zowel de gegevens op de mailserver als de gegevens op de computer die het bericht uiteindelijk ontvangt. Wel kan er sprake zijn van het toevoegen van gegevens, al zal dit, bij verspreiding via normale e-mailkanalen, meestal als zodanig niet een onrechtmatige vorm van toevoeging zijn.

Worden gegevens afgetapt of afgeluisterd?

Nee. Spam berichten zijn gewone e-mail berichten.

Strafbaarheid

Spam is als zodanig niet strafbaar gesteld volgens de Nederlandse strafwet. De wetgever vindt het versturen van spam niet strafwaardig, behalve als door het toedoen van het verzenden van spam opzettelijk de toegang tot een geautomatiseerd werk wordt belemmerd; dan is dit strafbaar onder artikel 138b Sr. Artikel 138b Sr is van toepassing op openbare en niet-openbare (dus particuliere) computersystemen. Wanneer als gevolg van spam stoornis in de gang of werking van geautomatiseerde werken optreedt, kan spam ook strafbaar zijn op grond van de artikelen 161sexies en 161septies Sr (computersabotage). Voorwaarde is in dit geval wel dat met het systeem een publieke dienst wordt verleend.

Onder artikel 11.7 van de Telecommunicatiewet kan de Onafhankelijke Post en Telecommunicatie Autoriteit (OPTA) het spamverbod bestuursrechtelijk handhaven en boetes op leggen.

5 Incidentopvolging

Absolute beveiliging bestaat niet. Beveiligingsincidenten zullen zich altijd voordoen. Incidentopvolging en –afhandeling horen daarom bij het omgaan met risico's. Incidentopvolging is het nemen van acties om te reageren op een incident dat optreedt. Incidentafhandeling omvat de herstel- en uitwijkacties om vervolgens terug te keren naar een –vooraf gedefinieerde - normale situatie. Het ontwikkelen en in stand houden van procedures hiervoor zijn een vast onderdeel van een Security Management Systeem.

Dit hoofdstuk beschrijft de generieke organisatie en stappen bij incidentopvolging en -afhandeling. Hiermee geeft dit boek aanwijzingen voor omgaan met, en reageren op, beveiligingsincidenten. Daarnaast geeft dit hoofdstuk tips voor de communicatie over een incident, het omgaan met de pers en de personen in een incidentopvolgingsteam. In dit hoofdstuk wordt de nadruk gelegd op de wijze van opvolging en minder op de herstelacties. Incidentafhandeling (de herstelacties) wordt meer gezien als onderdeel van de algemene bedrijfscontinuïteitsplannen van een organisatie wat in dit boek verder niet aanbod zal komen.

5.1 Organisatie en stappen van incidentopvolging

Een generiek model voor de organisatie en aanpak van incidentopvolging onderscheidt zes stappen, te weten voorbereiding, detectie, insluiting, stoppen, herstel en evaluatie (46). Bedenk echter dat een cyberincident, en zeker een gerichte cyberaanval, niet netjes deze stappen op volgorde zal aflopen. Een goede organisatie voor incidentopvolging, herstelprocedures, training en oefenen met het omgaan met incidenten zijn dan ook essentieel ter voorbereiding op onverwachte situaties. De genoemde stappen worden hierna beschreven.

5.1.1 Voorbereiding

De eerste, belangrijke, stap is de voorbereiding. Om incidentopvolging uit te kunnen voeren, moeten zaken zoals beveiligingsmaatregelen, procedures, beschikbaarheid van middelen en personeel zijn geregeld. De manier waarop wordt omgegaan met (cyber)veiligheidsincidenten moet bovendien al worden vastgelegd in het beleid en de risicomanagementstrategie.

187

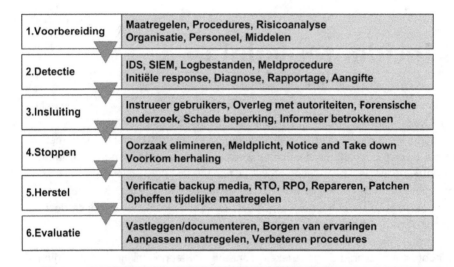

Figuur 19, Generiek model voor incidentopvolging

Procedures

Enkele aandachtspunten die opgenomen kunnen worden in het beleid en uitgewerkt in procedures en werkinstructies, zijn:

- hoe worden incidenten of kwetsbaarheden door zowel eigen medewerkers, klanten, gebruikers en externen gemeld;
- hoe verkrijgen externen, zoals functionarissen van de politie, beveiligingsadviesbureaus of een particulier recherchebureau, toegang tot bedrijfsruimtes, apparatuur en bedrijfsinformatie;
- hoe apparatuur wordt uitgeschakeld en uitgeweken naar noodvoorzieningen. Neem hierbij regels voor het veiligstellen van digitale sporen in acht;
- hoe apparatuur of andere goederen worden afgegeven voor onderzoek aan autoriteiten of een particulier recherchebureau;
- hoe wordt omgegaan met eventuele bewijsmiddelen, de opslag en het vastleggen van de bewijslastketen;
- hoe, wanneer en waarom wordt overgeschakeld naar uitwijkvoorzieningen. Houdt er rekening mee dat moet kunnen worden vastgesteld dat uitwijkvoorzieningen en gegevens nog integer zijn, en niet zijn geïnfecteerd of gecompromitteerd;
- hoe prioriteiten worden toegekend aan verschillende beveiligingsincidenten en herstelactiviteiten.

Probeer in de procedures en werkinstructies om de mogelijke afwegingen bij het nemen van beslissingen expliciet te maken.

Risicomanagement

Incidentopvolging gaat over het omgaan met risico's en effecten. Een belangrijke rol in incidentopvolging is weggelegd voor risicoanalyses. Door – vooraf - de afhankelijkheden, kwetsbaarheden en mogelijke incidenten te bepalen, kunnen de acties tijdens een incidentopvolging effectief en efficiënt helpen sturen. Weten welke bedrijfsprocessen en middelen aanwezig zijn, weten welke kritisch of alleen maar handig zijn, en weten wat de effecten zijn op de bedrijfsprocessen en de organisatie, is essentiële informatie om op te treden tijdens een calamiteit. Bovendien helpt een risicoanalyse te bepalen welke risico's wel en welke niet acceptabel zijn voor de organisatie. Met deze inzichten kunnen de schaars beschikbare capaciteit van specialisten, beslissers en (technische) middelen optimaal worden ingezet bij de afhandeling van beveiligingsincidenten.

Organisatie van incidentopvolging

Een borging en beheersing van beveiligingsbelangen binnen de organisatie heeft geen kans van slagen als er niet een beveiligingsorganisatie aanwezig is. Dit is in de meeste gevallen geen apart bedrijfsonderdeel maar een virtuele organisatie belegd over bestaande afdelingen en managers heen. Het opzetten en onderhouden van een ISMS en het coördineren van de beveiligingsorganisatie zelf is een tijdrovende en gespecialiseerde taak. Deze wordt bijvoorbeeld belegd bij een beveiligingsfunctionaris, zoals een Chief Information Security Officer (CISO).

Een uitgebreid overzicht van rollen, taken en verantwoordelijkheden kan worden gevonden in verschillende standaarden of literatuur (3). Het voert echter te ver in dit boek om deze ook nog hier op te nemen.

Incidentopvolging en crisisbeheersing werken het beste als dit niet ad hoc maar gestructureerd plaatsvindt, ondersteunt en geborgd in de organisatie. Aandachtpunten zijn onder meer:

- Zorg dat er duidelijkheid bestaat over wie de verantwoording draagt, en wat de taken en bevoegdheden zijn. Zorg er voor dat de desbetreffende personen het mandaat hebben van de directie om beslissingen te nemen, ook als deze beslissingen op andere afdelingen betrekking hebben.
- Leg naast bevoegdheden ook de beperkingen bij incidentenopvolging vast. Wat voor besluiten en acties zijn niet toegestaan om te nemen en te worden uitgevoerd door een crisismanagementteam?
- Zorg voor voldoende gekwalificeerd personeel en train deze in het omgaan met beveiligingsincidenten.
- Stel een mediabeleid vast: hoe wordt bij een incident omgegaan met de pers? Leg hierbij de verantwoordelijkheden vast en zorg ervoor dat zowel technische als niet-technische mensen in dit proces betrokken zijn.

Omgaan met Cybercrime

- Cyberincidenten zijn zelden geïsoleerd. Ontwikkel samenwerkingsverbanden met andere (zuster)organisaties, leveranciers en autoriteiten.
- Pas het beleid indien nodig aan, nadat zich een beveiligingsincident zich heeft voorgedaan. Vaak kunnen uit de evaluatie van een incident voorstellen komen voor verbetering van het beleid en de beveiligingsmaatregelen.

Daarnaast horen bij de voorbereiding en organisatie van incidentopvolging ook praktische zaken te worden geregeld. Hierbij valt te denken aan het toezicht vanuit de directie, actualisering van de kennis over de ICT voorzieningen en kritische systemen, telecommunicatienetwerken en bedrijfsprocessen, contactgegevens van (interne en externe) organisaties en personen, en de beschikbaarheid van mensen en (communicatie)middelen.

5.1.2   Detectie

Voor een succesvolle herkenning en opvolging van cyberincidenten, is het essentieel dat voldoende preventieve voorzieningen zijn getroffen om misbruik te voorkomen. Bovendien zijn voorzieningen en procedures noodzakelijk om misbruik van ICT middelen überhaupt te herkennen. In deze tweede stap van het incidentopvolgingsproces is het belangrijk om de eerste diagnose te stellen en initiële reacties te bepalen.

> *The FBI's national Computer Crimes Squad estimates that between 85 and 97 percent of computer intrusions are not even detected.*

Detectievoorzieningen

De meeste besturingssystemen, netwerkcomponenten, firewalls en antivirus software bieden uitgebreide log mogelijkheden. Deze staan echter vaak niet standaard allemaal aan. Het is natuurlijk van wezenlijk belang dat alle logging opties vooraf ten volle worden benut. Hierbij moet een afweging worden gemaakt tussen de te leveren prestatie van het systeem, de noodzaak om op het systeem gegevens vast te leggen en de risico's die de organisatie loopt. Bedenk echter dat een digitaal sporen onderzoek ernstig wordt belemmert als auditlog gegevens ontbreken of van onvoldoende kwaliteit zijn. Als het beleid van de organisatie is om bij (vermoedens van) cybercrime aangifte te doen, is het belangrijk om vooraf de kans op het vinden en vastleggen van sporen zo optimaal mogelijk te faciliteren (*'forensic readiness'*).

Vaak zijn de standaard auditlog mogelijkheden van besturingssystemen en applicatie beperkt om detectie van geavanceerde cyberaanvallen te faciliteren. Aanvullende netwerk- en platform detectiesystemen (zogenaamde *intrusion detection systems*, IDS) leveren een schat aan waardevolle informatie en kunnen verdacht gedrag signaleren wanneer deze zich voordoen (47).

Symptomen die kunnen duiden op een beveiligingsincident:

- ongebruikelijk veel netwerkverkeer;
- trage netwerkverbindingen;
- veel gedefragmenteerd netwerkverkeer;
- ongebruikelijk verkeer vanaf bedrijfsnetwerk naar ICS domein;
- gebrek aan opslagruimte (*out of disk space*);
- ongebruikelijke hoge processor (CPU) belasting;
- slechte systeemprestaties;
- onverklaarbare systeem crashes of uitschakelingen (*shutdown*);
- activiteit buiten normale werktijden;
- veel mislukte aanmeldpogingen ('*failed logon attempts*');
- geblokkeerde accounts (*locked-out*);
- aanmelden met standaard of (niet gebruikte) 'slapende' accounts;
- aanwezigheid van (nieuwe) onbekende accounts;
- (pogingen tot) gebruik van beheeraccounts;
- onverklaarbare verhoging of gebruik van privileges;
- aanpassingen aan toegangsrechten van bestanden of folders;
- (IDS of antivirus) waarschuwingsmeldingen;
- uitgeschakelde audit, antivirus of firewall software;
- aangepaste bestanden of webpagina's;
- bestandsnamen met vreemde karakters of nieuwe bestanden;
- grote hoeveelheid geretourneerde e-mailberichten (*bounced*);
- uitvoeren van normaal niet gebruikte commando's' of programma's;
- aanwezigheid van onbekende bestanden of programma's;
- onbekende of onverwachte firmware aanpassingen (*pulls* of *pushes*);
- aanwezigheid van computerinbraak ('*cracking*') programma's;
- hiaten in geregistreerde gegevens of ontbreken van logbestanden;
- onverklaarbare wijzigingen in DNS, netwerkrouter of firewall;
- onverwachte software wijzingen (*unscheduled patches*);
- onverklaarbare configuratie wijzigingen;
- veldapparatuur die verbinden naar externe IP-adressen;
- afwijkingen van standaard ICS datastromen;
- vergelijkbaar foutief gedrag bij meerdere apparaten;
- ogenschijnlijke uitschakeling van veiligheidssystemen;
- (pogingen tot) manipulatie van personen ('*social engineering*').

Tabel 2, Aanwijzingen voor een beveiligingsincident

Omgaan met Cybercrime

De kans op detectie van mogelijk misbruik of cyberaanvallen wordt vergroot door de gegevens van verschillende systemen onderling te correleren. Kan een medewerker wel lokaal aanmelden als het gebouwtoegangssysteem meent dat de persoon afwezig is? Komt een antivirus melding alleen of is er een patroon tussen verschillende systemen en verschillende typen verdacht gedrag waar te nemen? Een 'Security Information and Event Management' (SIEM) systeem biedt in deze fase van het proces vaak waardevolle ondersteuning.

Tabel 2 geeft een lijst van symptomen die een aanwijzing kunnen zijn dat een systeem is gecompromitteerd of duiden op een beveiligingsincident.

Meldprocedure

Minstens zo belangrijk in de detectiefase is de goede bekendheid met, en werking van, een meldingsprocedure voor het personeel, gebruikers en klanten. Waar kunnen ze constateringen over zwakke plekken of vreemd gedrag van een applicatie of website melden? Hoe wordt de melding geregistreerd en beoordeeld? Hoe kan de melding worden geverifieerd en gecorreleerd met andere mogelijke verdachte gedragingen of cyberincidenten? Wordt een melding wel onderkend als een mogelijk beveiligingsincident of blijft het liggen bij de helpdesk of klantenservice? Zeker frequente gebruikers van applicaties en websites kunnen verdacht gedrag mogelijk waarnemen. De organisatie zal moeten stimuleren dat daarvan melding wordt gedaan, dat opvolging plaatsvindt en dat er wordt teruggekoppeld naar de aanmelder.

Initiële response

Wanneer een (vermoeden van) een beveiligingsincident zich voordoet, is het belangrijk geen paniek te veroorzaken. Zelfs bij zeer ernstige situaties zal dit nooit helpen om een cyberincident efficiënt en toereikend te stoppen of om het herstel te bespoedigen. Om een incident het hoofd te bieden is het beter om bijvoorbeeld de volgende acties te starten:
- Start met het documenteren van alles dat gebeurt en zich voordoet. Leg hierbij ook duidelijk de eigen acties vast. Wie doet wat, waar, waarmee. Leg ook vast met wie en hoe met andere personen wordt gecommuniceerd.
- Neem voldoende tijd om alle meldingen van verdacht gedrag te onderzoeken. Correleer de gegevens onderling.
- Activeer of voer de mate van audit logging op om het gedrag zo goed mogelijk vast te leggen. Start, indien mogelijk, een volledige registratie van het computernetwerkverkeer op ('dump').
- Maak direct reservekopieën ('backups') van geïnfecteerde en aangevallen systemen. Maak (offline) kopieën van logbestanden en indien de mogelijkheden en tijd dit toestaan van het gehele systeem. Een aanvaller kan anders sporen wissen en verder onderzoek belemmeren.

Een adequate initiële response en daarop volgende eerste diagnose zijn belangrijk om de juiste afwegingen in het vervolgproces te maken. Belangrijke keuzes zoals het wel of niet laten lopen van een incident, of juist de systemen uitschakelen om verder schade te voorkomen, worden mede op de eerste bevindingen gebaseerd.

Aspecten en afwegingen bij het vaststellen van een cyberincident:

- Hoeveel systemen (*'hosts'* of *'nodes'*) zijn er gecompromitteerd?
- Hoeveel en welke ICS systemen, telecommunicatie- en computernetwerken zijn er bij betrokken?
- Wanneer werd de cyberaanval voor het eerst opgemerkt?
- Hoe diep zijn de aanvallers er in geslaagd binnen te dringen?
- Tot aan welke beveiligingsschil zijn ze doorgedrongen?
- Welk niveau van gebruikers privileges zijn gebruikt?
- Welke en hoeveel verschillende aanvalsvectoren – USB, netwerken, internet, social engineering - worden er (tegelijkertijd) gevolgd?
- Wat is er verder al bekend over de modus operandi?
- Is de herkomst van de cyberaanvaller te achterhalen?
- Van wat voor kwetsbaarheden maakt de aanvaller gebruik?
- Hoe wijdverspreid komen deze voor in de organisatie en bij de verschillende systemen?
- Ontstaan er levensbedreigende of zeer ernstige situaties?
- Wordt de voortgang van vitale infrastructuur bedreigd?
- Welk bedrijfsmatige risico's worden er gelopen?
- Welke bedrijfsprocessen, systemen of informatie zijn er mogelijk nog gecompromitteerd of ondervinden nadelige gevolgen?
- Wie zijn allemaal op de hoogte van het incident?
- Hoe schadelijk kan dit zijn voor de organisatie?

Tabel 3, Aspecten en afwegingen bij een cyberincident

Eerste diagnose

Als een beveiligingsincident wordt gedetecteerd of gemeld, is het van groot belang dat zo vroeg mogelijk wordt vastgesteld of het noodzakelijk of wenselijk is daarvan aangifte te doen. Daarnaast is het belangrijk om de omvang van het incident vast te stellen. Zo zal de omvang van een cyberincident escaleren als blijkt dat er ongeautoriseerd gebruik is gemaakt van beheerdersrechten (Tabel 3).

Omgaan met Cybercrime

Het stellen van een eerste diagnose helpt om vervolgacties te plannen en om prioritering aan te brengen. Dit is nodig om de wijze waarop met eventuele (digitale) sporen moet worden omgegaan te bepalen en een eventueel te starten strafrechtelijk onderzoek niet te frustreren.

Bij een kritieke industriële omgeving of binnen een vitale infrastructuur zal als eerste de omvang van het incident moeten worden vastgesteld. Dit om de mogelijk effecten op het proces of de gevaren voor ernstige schade of slachtoffers te kunnen schatten. Hierna komt pas de noodzaak om te bepalen of het noodzakelijk of wenselijk is aangifte van een strafbaar feit te doen.

De eerste diagnose en het bepalen van acties voor het beperken van de schade (insluiting) kunnen elkaar in zeer korte tijd opvolgen. Afhankelijk van de ernst van een incident zal een ervaren Security Manager of Crisis Management Team snel de verschillende opties en afweging kunnen doorlopen. Vergeet echter niet om voldoende tijd te betrachten om de eerste constateringen te bespreken en te bediscussiëren, en om de gevolgen van te treffen vervolgstappen te bespreken.

Rapportage

De volgende stap in de detectiefase is het rapporteren van het incident. Niet alleen moet zo spoedig mogelijk de juiste autoriteiten (politie/openbaar ministerie) worden ingelicht of aangifte gedaan, maar zijn mogelijk ook andere partijen noodzakelijk om op de hoogte gebracht te worden.

Denk hierbij aan:
- directie;
- Crisis Management Team;
- de beveiligingsfunctionaris of Chief Information Security Officer;
- een bedrijfsvoeringscentrum;
- een waarschuwing aan het management en personeel;
- communicatie en persvoorlichting;
- de juridische afdeling;
- autoriteiten;
- een (extern) incidentopvolgingsteam (CERT);
- de internet service provider;
- systeembeheerders of Security Officers van klanten en relaties;
- klanten en gebruikers.

Vooraf vastleggen hoe en op welke wijze wordt gerapporteerd, verbeterd de efficiëntie aanzienlijk en verkleind de kans op fouten of het uitlekken van gevoelige informatie tijdens een crisissituatie.

Bij voorkeur worden zaken vastgelegd zoals:
- wie welke informatie aan wie mag doorgeven;
- waarom informatie moet worden doorgegeven;
- hoe snel gegevens over een incident moeten worden doorgegeven;
- een prioritering wie als eerste moeten worden geïnformeerd;
- de manier hoe informatie mag worden doorgegeven zoals per telefoon, (versleutelde) e-mail, op papier, of mondeling in persoon;
- lijst van contactpersonen, telefoonnummers, e-mail adressen en eventueel digitale certificaten voor een vertrouwelijke communicatie.

Een classificatieschema voor informatie en het uitwisselen van gevoelige informatie kan hierbij helpen (48). Het is bovendien een goede voorbereiding om te weten wat de mogelijke (juridische) consequenties zijn als een beveiligingsincident niet, of niet tijdig, wordt gemeld.

Als aangifte wordt gedaan, zullen de autoriteiten in deze fase parallel een strafrechtelijk onderzoek kunnen instellen. Dit onderzoek zal zeer waarschijnlijk starten met een technisch onderzoek. Het volgende hoofdstuk gaat verder in op de verschillende aspecten die hierbij een rol spelen.

5.1.3   Insluiting

Het doel van insluiting is om de omvang en impact te beperken. Nadat is bevestigd dat er sprake is van een beveiligingsincident, kunnen passende acties worden uitgezet. Soms kan dit eenvoudig en snel. Stel dat veel mislukte aanmeldpogingen op een gebruikersaccount worden uitgeprobeerd, kan eenvoudig de gebruikersaccount (tijdelijk) worden geblokkeerd. Echter als dit een beheerderaccount of service-account blijkt te zijn, gaat dit niet zonder meer. Het is daarom van belang om de stappen in de insluitingfase snel maar weloverwogen uit te voeren.

Rol van gebruikers

Ook de gewone gebruiker heeft een belangrijke rol. Zij zijn vaak de eerste personen die vreemd gedrag kunnen opmerken. Aan de andere kant kunnen ze juist overreageren op (vermoedens) van een incident en daarmee meer schade veroorzaken. Gebruikers moeten daarom wel worden voorgelicht hoe om te gaan met cyberincidenten. Zo moet worden voorkomen dat – per ongeluk - aanpassingen worden gemaakt aan een systeem of applicatie waardoor mogelijke sporen verloren gaan.

Omgaan met Cybercrime

Gebruikers kunnen daarom worden geïnstrueerd om:

- alle vermoedens van beveiligingsincidenten te melden conform een bedrijfsbeleid en procedures.
- om vreemde gebeurtenissen te blijven volgen en te documenteren totdat deskundige hulp ter plaatse is.
- om geen aanpassingen te maken aan het systeem of applicaties.
- systemen niet uit te zetten of los te koppelen van het netwerk zonder te overleggen met de verantwoordelijke (beveiligings)functionaris of manager.
- om niet te praten met de pers, externe relaties of klanten behalve met toestemming van het management en de beveiligingsfunctionaris.

Schadebeperking maatregelen

Een volgende stap is het beperken van de omvang van het incident en de schadelijke gevolgen. Hierbij kunnen zeer uiteenlopende strategieën worden gevolgd. Hoe en wanneer deze afwegingen worden gemaakt is sterk afhankelijk van de specifieke situatie en de risico's die de organisatie bereid is te nemen. Enkele aspecten die de besluitvorming beïnvloeden zijn bijvoorbeeld de gevolgen voor de leveringszekerheid, risico's voor slachtoffers of escalatie, reputatieschade, financiële schade of het niet nakomen van (wettelijke) verplichtingen. Gebruik bij de besluitvorming de resultaten van eerdere risicoanalyses om te bepalen of het acceptabel is om juist wel of geen risico te nemen in de wijze en tijdsplanning voor het treffen van acties.

Als een aangevallen systeem gevoelige of geclassificeerde informatie bevat, is de keuze om het systeem direct uit te zetten waarschijnlijk gemakkelijk gemaakt. Gaat het echter om een essentieel industriële of e-mailsysteem dan zijn de opties een stuk beperkter. Bovendien kan een schadebeperkende actie de kans voor het behouden van digitale sporen of het volgen van de aanvaller, drastisch doen afnemen.

Insluitende en schadebeperkende maatregelen:
- uitschakelen van het systeem (*'shutdown'*);
- loskoppelen van het computernetwerk;
- activeren van filters op netwerkrouters (*'screening routers'*);
- aanpassen van firewall configuraties (*'firewall rules'*);
- blokkeren van gebruikeraccounts;
- wijzigen van alle beheerder en service wachtwoorden;
- installeren van afleidingssystemen (*'honeypots'*);
- tijdelijke stopzetten van services (zoals FTP, webdiensten, e-mail).

Tabel 4, Insluitende en schadebeperkende maatregelen

Volg bij de schadebeperkende acties weer een duidelijke procedure. Blijf hierbij alle uitgevoerde acties documenteren, inclusief wie, wat, waar en wanneer heeft gedaan. Daarnaast is het belangrijk om gebruikers en al eerder geïnformeerde functionarissen en instanties op de hoogte te houden van de meest significante ontwikkelingen en getroffen insluitingacties. Adviseer gebruikers en klanten bovendien hoe om te gaan met het mogelijke verlies van (persoons)gegevens, wachtwoorden of het uitlekken van gevoelige informatie.

Forensische (technische) onderzoek

In de insluitingfase kan het zijn dat de autoriteiten parallel een technisch onderzoek zijn gestart. Als geen aangifte is gedaan, kan in deze fase een eigen forensisch of rechercheonderzoek worden gestart. Merk op dat het starten van een strafrechtelijk of eigen onderzoek, het veiligstellen van de zogenaamde plaats veiligheidsinbreuk (PVI) en het verzamelen van gegevens, op gespannen voet staat met het belang om de schade snel te beperken.

> *Als een strafrechtelijke procedure wordt gevolgd, is het cruciaal om alle verdere acties in deze en alle volgende fasen af te stemmen met de autoriteiten (politie en Openbaar Ministerie).*

Het volgend hoofdstuk besteed uitgebreid aandacht aan het uitvoeren en de juridische context bij een digitaal forensische onderzoek.

5.1.4 Stoppen

De volgende fase, stoppen, heeft als doel om de oorzaak van een incident weg te nemen en om het voortduren of herhalen van een incident te voorkomen. Bij eenvoudige computervirussen is het bijvoorbeeld mogelijk dat het antivirus programma in staat is om een virus te verwijderen. Een Trojaans paard dat een achterdeur heeft geplaatst ergens in het besturingssysteem zal moeilijker te verwijderen zijn. Een volledige herinstallatie en formattering van het systeem kan zelf zijn vereist als de besmetting bestond uit extreem kwaadaardige malware of wanneer het systeem onderdeel uitmaakte van een gerichte cyberaanval.

Een zorgvuldige procedure is ook in deze fase van de incidentopvolging vereist om zekerheid te kunnen geven of de oorzaak van het incident is weggenomen. Een gehaaste of ondoordachte aanpak kan resulteren dat het incident zich herhaald of dat bijvoorbeeld belangrijk digitale sporen worden gewist.

In het kader van insluiting en stoppen wordt afgeraden om zelf actief onderzoek te doen naar of aan de (externe) systemen waarvandaan de aanval mogelijk lijkt te ontspringen. Actief onderzoek kan bijvoorbeeld bestaan uit zelf een poortscan uitvoeren of testen of een systeem als open proxy of e-mail relay functioneert. Het is moeilijk aan te tonen dat de aanval echt van een betreffend systeem afkomstig is. Er kan dus zomaar een onschuldig systeem, en daarmee een persoon of organisatie, worden aangevallen. Bovendien is het rechercheren naar derden een opsporingstaak en dus voorbehouden aan de autoriteiten.

Meldplicht datalekken

Onder de Telecomwet en de Wbp is het verplicht om als aanbieder van openbare telecommunicatiediensten abonnees te informeren over bijzondere risico's voor de doorbreking van de veiligheid of de beveiliging van het aangeboden netwerk of de aangeboden dienst (art.11.3 Tw).

Mocht zich daadwerkelijk een inbreuk in verband met persoonsgegevens met waarschijnlijk ongunstige gevolgen voordoen, dan zal de aanbieder betrokken abonnees hiervan onverwijld in kennis moeten stellen. Daarnaast dient ook het CBP direct in kennis te worden gesteld van een inbreuk die nadelige gevolgen heeft voor de bescherming van persoonsgegevens (art.11.3 lid 1 en 2 Tw). Volgens de Nederlandse wet kan een risicocriterium worden gehanteerd om te bepalen of het datalek wel of niet moet worden gemeld aan het CBP. Alleen als het aannemelijk is dat zich ongunstige gevolgen kunnen voordoen, moet er een melding worden gedaan.

Naar verwachting wordt deze meldplicht uitgebreid naar alle organisaties die diensten aanbieden en daarbij persoonsgegevens verwerken. De verwachte nieuwe Europese regelgeving verplichting om alle datalekken van persoonsgegevens per direct - maar binnen 24 uur - te melden aan betrokkenen en de autoriteiten (art. 31 lid 1 concept-Privacyverordening). Hiervoor zal de Wbp worden aangevuld met een nieuw artikel 34a.

Een datalekprotocol zorgt ervoor dat de juiste mensen op het juiste moment worden geïnformeerd en handelen waar nodig. Zie bijlage I voor aandachtspunten bij de meldprocedure.

Notice and Take down

Als onderdeel van deze fase kan een melding worden gedaan aan de systeembeheerder van het domein waarvandaan een aanvaller lijkt te komen. Een meldpunt voor het doorgeven van incidenten is verplicht voor aanbieders van internetdiensten.[77] Veel bedrijven en internet website beheerders hebben bijvoorbeeld een e-mail adres waarop beveiligingsincidenten kunnen worden gemeld (meestal onder e-mail adressen zoals *abuse@...*).[78]

Een internet service provider kan, via de autoriteiten of het NCSC, worden verzocht om een bepaald domein of systeem uit te schakelen ('*Notice and Take down*'). Een officier van justitie of het NCSC kan een beheerder of ISP echter niet verplichten om omstreden informatie op het internet ontoegankelijk te maken of geheel te verwijderen.[79]

5.1.5   Herstel

Als een cyberincident is gestopt, is de volgende stap om de systemen weer te herstellen tot hun normale status en niveau. De stop en herstelfases zijn nauw met elkaar verbonden en gaan vaak in elkaar over.

Om systemen efficiënt te herstellen, kan een herstelstrategie worden gevolgd waarbij de systemen alleen binnen een vastgestelde tijd tot een bepaald percentage van het oorspronkelijke niveau behoefte te worden hersteld. In een eerder opgestelde herstelanalyse kunnen de benodigde herstelmiddelen (capaciteiten), een hersteltijd en de kosten voor herstel worden aangegeven. Voor ieder bedrijfsproces zal vaak een '*Recovery Time Objective*' (RTO) en '*Recovery Point Objective*' (RPO) zijn gespecificeerd. De Recovery Time Objective is de tijd die beschikbaar is om alle hersteltaken inclusief reconstructie van verloren gegane gegevens of voorzieningen uit te voeren. De RPO is het punt in de tijd tot welke de gegevens of voorzieningen hersteld moeten kunnen worden.

Bij het herstel is het essentieel dat de integriteit van de gebruikte media is gegarandeerd. Systemen kunnen niet worden hersteld van gespiegelde of redundante systeemconfiguraties (zoals in mirror sites, RAID disk configuraties etc.). Deze bieden namelijk wel bescherming tegen hardware storingen maar zijn qua data elkaars gelijke. Gespiegelde systemen of media zijn dus eveneens besmet. Ook de reservekopieën ('backups') kunnen dezelfde fouten en malware bevatten. Het op nieuw installeren van systemen dient daarom te gebeuren van

---

[77] Er geldt een verplicht misbruik contact veld voor objecten in de APNIC Whois database om efficiënt rapporten over misbruik aan de juiste netwerk contactpersoon te doen toekomen.

[78] Abuse e-mail adressen zijn te vinden in de RIPE database.

[79] Het conceptwetsvoorstel 'Versterking bestrijding computercriminaliteit' uit 2010 stelt voor om twee nieuwe artikelen toe te voegen aan het Wetboek van Strafvordering: art. 125p en 125q. Deze zien op een vordering van de officier van justitie. Deze kan dan van een aanbieder van een communicatiedienst of van degene die de beschikkingsmacht heeft over een geautomatiseerd werk, vorderen om onverwijld alle maatregelen te nemen die redelijkerwijs van hem kunnen worden gevergd om gegevens die worden opgeslagen of doorgegeven, ontoegankelijk te maken, voor zover dit nodig is ter beëindiging van een strafbaar feit of ter voorkoming van nieuwe strafbare feiten.

bekende en geteste installatiemedia. Het terugzetten van reservekopieën moet gebeuren vanaf schone (malware vrije) media. Zeker als een cyberincident zich over een langere periode kan hebben voorgedaan, of als een aanvaller gedurende een lange periode toegang tot de systemen kan hebben gehad, bestaat er een serieus gevaar dat ook de reservekopieën zijn gecompromitteerd!

Als het systeem is hersteld, moet voordat deze weer in gebruik wordt genomen en op een netwerk aangesloten, alle laatste programma-aanpassingen zijn geïnstalleerd ('*patches*'). Ook alle andere systemen dienen zo snel mogelijk te worden gecontroleerd op de laatste beveiligingsinstellingen en aanpassingen.

In de insluitingfase kunnen tijdelijke maatregelen zijn getroffen zoals om bepaalde typen netwerkverkeer te blokkeren. Nadat voldoende is getest en de herstelde systemen mogen worden geactiveerd, kunnen de tijdelijke maatregelen weer worden opgeheven.

Net als in alle fasen van incidentopvolging blijft het belangrijk om alle handelingen te documenteren en om de significante stappen te communiceren met de betrokken functionarissen, gebruikers en autoriteiten.

5.1.6 Evaluatie

De laatste stap, de evaluatie, dient om de ervaringen opgedaan bij het afhandelen van een beveiligingsincident te borgen. Het doel is om herhaling te voorkomen en om eventuele hiaten in procedures te verbeteren. Voor de evaluatie kunnen de verslagen en logboeken worden gebruikt die tijdens de incidentopvolging zijn bijgehouden. Punten om te evalueren zijn onder meer de tijdspanne waarbinnen de opvolging plaatsvond, de afweging die zijn gemaakt, de criteria die zijn gehanteerd in de besluitvorming en de effectiviteit van maatregelen die zijn getroffen. Daarnaast helpt het documenteren van de ervaring om toekomstige incidenten sneller te herkennen en af te handelen. De gedocumenteerde ervaringen kunnen verder worden gebruikt als trainingsmateriaal.

5.2 Omgaan met de pers en sociale media

Niet zelden wordt een groot deel van de schade die een organisatie ondervindt van een cyberincident of een datalek veroorzaakte door verlies van imago, van reputatie en van vertrouwen in de organisatie en de geleverde diensten. Door betrokkenen snel en adequaat te informeren verkleint u de kans op ontevreden klanten en imagoschade en een escalatie van het incident.

De aard van de inbreuk en de gevolgen daarvan voor bijvoorbeeld de verwerking van persoonsgegevens spelen een belangrijke rol in de communicatiekeuzes die gemaakt worden. De organisatie kan bijvoorbeeld kiezen voor een persoonlijk bericht, de website, sociaal media zoals Twitter of een advertentie in de krant. Het is in ieder geval belangrijk om bij (grootschalige) cyberincidenten of datalekken zelf contact op te nemen met de pers en ze te informeren over wat er is gebeurd. Hier ligt een rol voor de persvoorlichter of woordvoerder die namens de organisatie spreekt. In het ideale geval beschikt de organisatie over een communicatieafdeling die adequaat kan omgaan met de pers. Zorg ervoor dat overleg en communicatie met de buitenwereld, in het bijzonder met de pers, vooraf is goedgekeurd door het verantwoordelijke management.

> *Zorg voor controle over uw communicatie met de pers, via sociale media en externe partijen. De organisatie bepaalt hoe, wat en wanneer iets naar buiten komt!*

Zonder te ver in te gaan op de wijze van communiceren over incidenten, zijn een aantal aandachtpunten om mee te geven:
- bereid een interview voor;
- probeer zoveel mogelijk informatie over een interview vooraf te verzamelen;
- zet de belangrijkste punten die de organisatie wil vertellen op een rij;
- anticipeer vooraf op mogelijke lastige vragen en bereid de antwoorden voor;
- maak tijdens het interview zo snel mogelijk contact met de interviewer;
- gebruik korte heldere zinnen;
- vermijd moeilijke technische toelichtingen;
- stuur het gesprek naar de punten die de organisatie wil maken;
- wordt niet afgeleid of geïntimideerd door de entourage van de pers;
- wees diplomatiek maar vertel altijd de waarheid;
- geef toe als een antwoord niet bekend is;
- let op houding en non-verbale communicatie;
- breek een interview af als dit nodig lijkt;
- vraag om verslagen van het interview voor publicatie te mogen inzien.

Enkele vragen die kunnen worden verwacht zijn bijvoorbeeld:
- Wat is er gebeurd?
- Welke schade is ondervonden?
- Zijn persoonlijke gegevens uitgelekt?
- Is de veiligheid van kritieke systemen in gevaar geweest?
- Wat was de oorzaak?
- Wat heeft u er aan gedaan?
- Kan het nog een keer gebeuren?
- Wat kunnen anderen er aandoen?
- Wordt schade door u gecompenseerd?

Zie ook bijlage I voor aandachtspunten bij het melden van datalekken.

5.3 Incidentopvolgingsteams en hun taken

Het omgaan met cyberincidenten is niet een pure technische aangelegenheid. Zoals de hiervoor beschreven stappen duidelijk maken, vereisen het managen van risico's, communiceren met betrokken partijen, coördineren met autoriteiten en aansturen van onderzoeks- en herstelteams verschillende vaardigheden en kennis. Zeker bij grootschalige, publiek of politiek gevoelige incidenten wordt de nodige druk gelegd op de organisatie.

Hoewel we ons hierbij al snel bewegen richten bedrijfscontinuïteit, noemen we daarom toch even kort enkele mogelijk betrokken rollen en hun taken zodat organisaties zich beter kunnen voorbereiden op het omgaan met incidenten.

Incidentopvolgingsteam

Incidentopvolging kan het beste gestructureerd plaatsvinden vanuit een gemandateerd incidentopvolgingsteam. Helaas worden dergelijke teams niet vooraf samengesteld en getraind maar ad hoc geformeerd.

De borging van incidentopvolging in de organisatie vereist dat de teamleider direct kan rapporteren aan de top van het management of de directie. De teamleider zelf hoeft daarom niet zo zeer over diepgaande technische kennis en vaardigheden te beschikken. In plaats daarvan is het voor een teamleider belangrijker om over voldoende management- en advieskwaliteiten te beschikken. De teamleider moet daarnaast vooral de procedures bewaken, kennis hebben over de juridische aspecten en de coördinatie met (externe) partijen en autoriteiten kunnen uitvoeren.

De teamleden van een incidentopvolgingsteam moeten uiteraard over uitstekende technische vaardigheden en kennis beschikken. Echter is het minstens zo belangrijk om te kunnen communiceren met andere technici. Voor het uitvoeren van veel van de handelingen zijn uitgebreide beheerderrechten op de computer- en netwerksystemen vereist. Hierdoor moeten leden van een incidentopvolgingsteam of tevens systeembeheerder zijn, of bevoegd zijn om de medewerking van systeembeheerders te kunnen eisen. Teamleden komen zeer waarschijnlijk ook in aanraking met gevoelige informatie. Leden van incidentopvolgingsteam worden dan ook vaak onderworpen aan een antecedentenonderzoek en expliciet gewezen op een geheimhoudingsplicht.

Alle teamleden moeten over voldoende persoonlijke en communicatieve vaardigheden beschikken en teamspelers zijn.

Computer Emergency Response Team (CERT)

Een grote organisatie of als er een hoge afhankelijkheid van informatiesystemen is, kan een eigen interne CERT inrichten om incidenten te helpen voorkomen en op te lossen. Een CERT is eigenlijk een permanent in stand gehouden incidentopvolgingsteam dat daarnaast verantwoordelijk is voor het:

- verzamelen van informatie over nieuwe kwetsbaarheden;
- centraal registreren van (potentiële) beveiligingsincidenten en -lekken;
- analyseren en beoordelen van de aard, omvang en oorzaak van een beveiligingsincident;
- organiseren van de evaluatie van de afhandeling van beveiligingsincidenten;
- adviseren over te nemen acties bij incidenten van beperkte omvang;
- adviseren van de CMO over te nemen acties bij incidenten van grote omvang;
- informeren van gebruikers over (potentiële)beveiligingsincidenten;
- informeren van betrokkenen over uit te voeren preventieve en herstelacties;
- coördineren van de uitvoering van preventieve en herstelacties.

Crisis Management Team (CMT)

Organisaties die vitale infrastructuur beheren of kritische diensten aanbieden, hebben in verband met incidentopvolging en bedrijfscontinuïteit vaak een aparte crisismanagementorganisatie (CMO) ingericht en een crisismanagementteam (CMT) benoemd. Meestal is dit een sluimerende virtuele organisatie. Echter zodra zich een incident voordoet dat kan uitgroeien tot een calamiteit, komt de CMO tot leven om het incident op doeltreffende wijze af te handelen en zo een dreigende calamiteit af te wenden. Mocht zich toch een calamiteit voordoen dan is de CMO in staat om deze op effectieve en beheersbare wijze tegemoet te treden.

Het CMT handelt de coördinatie en afstemming met belanghebbende, directie, autoriteiten en pers af tijdens en als nazorg bij een calamiteit. Een CMT kan daarom alleen functioneren als zij voldoende mandaat en flexibiliteit heeft om snel onderbouwde beslissingen te kunnen nemen. Een directielid maakt daarom altijd deel uit van een CMT. Het CMT is verantwoordelijk voor alle activiteiten die worden uitgevoerd om ernstige incidenten te bestrijden, zoals:

- identificeren en classificeren van problemen;
- stellen van prioriteiten en verdelen van de uitvoering van onderkende acties;
- aansturen van de Business Continuity Teams;
- informeren van de directie van de actuele stand van zaken;
- bewaking van de voortgang, nemen van besluiten, oplossen van problemen;
- treffen van alle acties in het kader van personeelsveiligheid;
- zorgen voor opvang van personeelsleden en betrokkenen
- indien nodig contact opnemen met de (naaste) familie;
- coördinatie van externe communicatie (media, autoriteiten, klanten);
- interne communicatie en de communicatie met hulpverlenende instanties;

Omgaan met Cybercrime

- nemen van actie om de bedrijfsactiva (middelen) te beschermen;
- besluiten tot het in gebruik nemen van de uitwijklocatie;
- beoordelen en documenteren van de schade en gevolgen;
- informeren van de verzekering omtrent de schade;
- coördineren van geldstromen tijdens een crisis in overleg met de directie;
- evaluatie de continuïteitsrisico's van de organisatie;
- documenteren van gebeurtenissen, genomen acties en besluiten;
- evalueren en analyseren van oorzaak en gevolg;
- treffen van acties om herhaling te voorkomen.

Business Continuity Teams (BCT)

Binnen een crisismanagementorganisatie zijn de BCT's de vooraf en formeel geformeerde incidentopvolgingsteam die functioneren onder aansturing van het CMT. De BCT's zijn de daadwerkelijke mensen en technici ter plaatse die moeten ingrijpen en herstellende werkzaamheden uitvoeren. Bij grotere (industriële) omgevingen of organisaties die 24 uur per dag draaien, is dit vaak permanent geregeld via bijvoorbeeld storingswachten, piketdiensten, of continue bemande bedrijfsvoeringscentra. Zij zijn echter niet geschoold in het omgaan met gericht kwaadaardige cyberaanvallen. Een CERT kan daarom – indien aanwezig – hierbij een eigen BCT taak op zich nemen.

Ook alle BCT teamleden moeten over uitstekende technische vaardigheden, kennis en communicatieve vaardigheden beschikken en teamspelers zijn.

Security Operations Center (SOC)

Een SOC is een centrale afdeling binnen een organisatie die de beveiligingsstatus van de ICT faciliteiten bewaakt en indien noodzakelijk correctieve acties uitvoert of initieert. Een SOC beschikt daarvoor meestal over IDS/IPS en SIEM voorzieningen. Omdat een SOC feitelijk de ogen en oren van de digitale inbraaksystemen voor de organisatie vormen, is het een 24x7 organisatie. Een SOC is dus in eerste instantie een detectiecapaciteit (preventief) en geen incidentopvolgingsteam (reactief) zoals een CERT. Echter door de kennis en positie die een SOC heeft, is er tevens een taak weggelegd voor een SOC bij het aanpakken van een cyberincident of het forensische onderzoeken hiervan.

Naast CERT taken, kan een SOC verder verantwoordelijk zijn voor het:
- bewaken van de ICT netwerken en systemen op afwijkend of verdacht gedrag;
- registeren en melden van (potentiele) incidenten;
- uitvoeren of initiëren van initiële response, insluiting en correctieve acties;
- analyseren van de aard, omvang en oorzaak van een beveiligingsincident;
- actualiseren van IDS/IPS en SIEM configuraties voor nieuwe kwetsbaarheden en aanvalstypen en adviseren voor het treffen van maatregelen.

6 Onderzoeken van incidenten

Dit hoofdstuk beschrijft verschillende aspecten van het onderzoeken van cyberincidenten. Dit hoofdstuk gaat o.a. kort in op het gebruik van elektronisch verkregen materiaal als bewijsmiddel en aandachtspunten bij het (forensisch) rechercheonderzoek. Het hoofdstuk is bedoeld om verantwoordelijke personen betrokken bij een onderzoek naar een cyberincident voldoende achtergrondinformatie te geven om vast te stellen of zij bevoegd zijn tot het verrichten van een onderzoek. Daarnaast schets dit hoofdstuk de voornaamste kaders en verplichtingen en wordt geattendeerd op de (on)mogelijkheden van een digitaal onderzoek en het veiligstellen van digitale sporen.

6.1   Rechtsmacht t.a.v. cybercrime in het kort; formeel strafrecht

Indien geconcludeerd wordt dat een bepaalde handeling in Nederland strafbaar is, volgt de vraag of de Nederlandse rechter bevoegd is om te oordelen over de strafzaak. Deze vraag heeft betrekking op de rechtsmacht van Nederland, ook wel *jurisdictie* genoemd. De grenzen van deze rechtsmacht worden beheerst door de regels van internationaal recht, welke zeggen dat jurisdictie gebaseerd kan worden op twee verschillende grondslagen: het feit dat een staat exclusieve rechtsmacht over het eigen grondgebied heeft en de rechtsmacht van een staat over zijn onderdanen.

De term jurisdictie heeft in dit kader overigens alleen betrekking op de rechtsmacht om personen te vervolgen. Dit moet duidelijk worden onderscheiden van de bevoegdheden die een staat heeft ten aanzien van opsporingshandelingen en de feitelijke arrestatie van verdachten.

Een eerste belangrijke basisregel bij het vaststellen van jurisdictie is dat er voldoende verband moet zijn tussen het strafbare feit en de staat die stelt rechtsmacht te hebben. In principe is niet vereist dat het gaat om een fysiek verband. In het geval van cybercrime zal een dergelijk verband namelijk vaak ontbreken. Voorbeeld: Een persoon uit land A kan via een (telecommunicatie) infrastructuur in land B, zich toegang verschaffen tot een computersysteem in land C en hieruit kennis verzamelen of deze gebruiken als springplank om vervolgens schade te veroorzaken in land D. Het bewijzen van een fysieke aanwezigheid van de persoon in landen B, C en D is in dat geval niet vereist. Maar als in voornoemd voorbeeld "land B" Nederland blijkt te zijn, kan er eveneens rechtsmacht geclaimd worden. Weliswaar is dit dan alleen de 'lichtste' vorm van de betrokkenheid van een land volgens het Nederlands rechtssysteem

6.1.1 Wanneer is de Nederlandse rechter bevoegd?

<u>Territoriale jurisdictie</u>

In een aantal internationale verdragen is de eerste grondslag voor jurisdictie nader uitgewerkt: het territorialiteitsbeginsel. Volgens deze internationale rechtsregel heeft een staat volledige rechtsmacht over zijn *territoir* (grondgebied), de bijbehorende territoriale zee en de luchtkolom daarboven, evenals over vaartuigen en luchtvaartuigen die de vlag van de betreffende staat voeren.

In Nederland is de strafrechtelijke territoriale jurisdictie geregeld in art. 2 en 3 Sr. Deze kent twee elementen:
1. Het objectieve territorialiteitsbeginsel: Nederland kan jurisdictie claimen indien de gevolgen van de handeling optreden in Nederland.
2. Het subjectieve territorialiteitsbeginsel: Nederland heeft rechtsmacht indien de handeling is uitgevoerd in Nederland.

Het territorialiteitsbeginsel houdt dus in dat iedereen die zich in Nederland schuldig maakt aan een strafbaar feit (misdrijf en/of overtreding) een straf kan krijgen opgelegd.

<u>Personele jurisdictie</u>

De aanpak van internationale computercriminaliteit berust echter op meer beginselen dan alleen de territoriale rechtsmacht. De tweede grondslag voor jurisdictie is de rechtsmacht die een staat mag uitoefenen over personen, op basis van hun nationaliteit. Hiervoor bestaan de volgende mogelijkheden:
- Het actieve nationaliteitsbeginsel: criminele jurisdictie van de Nederlandse staat over zijn onderdanen, zoals bepaald in art. 5 Sr. Dit artikel is ook van toepassing op een beperkt aantal strafbare feiten die door Nederlanders buiten Nederland zijn begaan. Bovendien geeft dit artikel de Nederlandse strafrechter de bevoegdheid om te oordelen over alle misdrijven die door een Nederlander in het buitenland zijn gepleegd, voor zover deze feiten in beide landen strafbaar zijn. Lid 1 sub 4 van dit artikel regelt bovendien de jurisdictie ten aanzien van de specifieke misdrijven die genoemd zijn in art.138ab, 138b, 139c, 139d, 161sexies, 350 en 350a Sr.
- Het passieve nationaliteitsbeginsel of personaliteitsbeginsel: criminele jurisdictie over strafbare feiten die buiten het territoir van de staat worden gepleegd tegen één van haar onderdanen. Nederland kent dit controversiële beginsel niet.

- Het beschermingsbeginsel: de jurisdictie over strafbare feiten die door een niet-onderdaan in het buitenland zijn begaan, gericht tegen de veiligheid of essentiële belangen van de Nederlandse staat (art. 4 Wetboek van Strafrecht).
- Het universaliteitsbeginsel: jurisdictie ten aanzien van strafbare feiten die in principe geen verband houden met Nederland, maar waarvoor een internationaalrechtelijke machtiging of verplichting tot berechting bestaat. Het gaat dan vooral om ernstige feiten, waarbij de bevoegde staten hun rechtsmacht niet kunnen of willen gebruiken voor vervolging.

Het personaliteitsbeginsel houdt dus in dat iedere Nederlander waar dan ook ter wereld die zich schuldig maakt aan met name genoemde misdrijven een straf kan krijgen opgelegd. Hiertoe behoren dus eveneens verschillende vormen van cybercrime in enge zin.

6.1.2 De internationale dimensie

Evenals Nederland onderschrijven veel landen het territorialiteitsbeginsel voor de vervolging van strafbare feiten op internet. Internet beschikt echter niet over (zichtbare) territoriale grenzen. Dit betekent dat meerdere landen bevoegd kunnen zijn ten aanzien van de opsporing en vervolging van hetzelfde feit. De gevolgen van een bepaalde vorm van cybercrime kunnen immers in meerdere landen plaatsvinden.

In het geval Nederland over rechtsmacht beschikt en men in het buitenland bewijsmateriaal wil vergaren in het kader van de opsporing van het strafbare feit, kan dit met een rechtshulpverzoek. Omgekeerd geldt, dat ook buitenlandse opsporende instanties op basis van internationale afspraken Nederland om rechtshulp kunnen vragen. Of de gevraagde rechtshulp daadwerkelijk wordt geboden zal afhangen van de vraag of er sprake is van zogenaamde dubbele strafbaarheid. Dubbele strafbaarheid houdt in dat zowel in het verzoekende als in het verzochte land sprake is van een strafbaar feit.

Internationale rechtshulpverzoeken op het gebied van cybercrime worden door de National High Tech Crime Unit van de Landelijke Eenheid van de Nationale Politie beoordeeld en in samenspraak met het Landelijk Parket doorverwezen naar een regionaal politie opsporingsonderdeel of de FIOD/ECD. Ook handelt het NHTCU zelf rechtshulpverzoeken af.

6.1.3 De uitlevering van verdachten

Er is geen algemene regel die een staat verplicht tot uitlevering van een verdachte. Evenmin is er een regel die uitlevering in zijn algemeenheid verbiedt. Uitleveringsverplichtingen tussen staten kunnen daarom alleen ontstaan indien zij deze in verdragen vastleggen.

Omgaan met Cybercrime

Voor Nederland is in dit kader met name het Europees Uitleveringsverdrag van 1957 van belang. Daarin wordt bepaald dat uitlevering slechts verplicht is indien een feit strafbaar is in zowel het uitleverende land als in het land waaraan de verdachte wordt uitgeleverd. Dit is de zogenaamde dubbele criminaliteitseis. Tevens bepaalt het verdrag dat de verdachte na uitlevering alleen mag worden berecht voor het feit waarvoor hij is uitgeleverd.

Er zijn overigens enkele belangrijke uitzonderingen op deze regels. Zo mag uitlevering worden geweigerd indien het risico bestaat dat de aanvragende staat bij een veroordeling de doodstraf zal opleggen, of wanneer de reële vrees bestaat dat de verdachte vervolgd zal worden wegens ras, geloof of politieke gezindheid. Tot slot moet opgemerkt worden dat een staat te allen tijde de uitlevering kan weigeren van één van zijn eigen onderdanen.

6.1.4   Doorzoeking en inbeslagneming

Bij het onderzoeken van cyberincidenten kan het nodig zijn om computersystemen of apparatuur veilig te stellen voor onderzoek. Mogelijk kan het zelfs nodig zijn om apparatuur of andere voorwerpen, zoals documenten, in beslag te nemen. Deze paragraaf gaat kort in op enkele uitgangspunten in het formeel strafrecht.

Bevoegde onderzoekers

Een strafrechtelijk onderzoek uitvoeren en een proces-verbaal opmaken kan alleen worden verricht door een algemeen opsporingsambtenaar (OA) en de volgende functionarissen:
- Officieren van Justitie
- Rechter-commissarissen
- Ambtenaren van politie aangesteld voor politietaak
- Vrijwilligers van politie aangesteld voor politietaak
- Bijzondere ambtenaren van politie
- Opsporingsambtenaren van andere opsporingsinstanties (zoals FIOD/ECD)

Een (strafrechtelijk) onderzoek kan eventueel ook worden verricht door een buitengewoon opsporingsambtenaar (BOA) voor het opsporen van feiten waarvoor in de wet of akte van benoeming deze is aangewezen of op grond van bijzondere wetgeving of verordening.

Particulier onderzoek

Een onderzoek naar een beveiligingsincident kan ook worden verricht door, of in opdracht van, de eigenaar van de computersystemen waarvan wordt vermoed of redelijkerwijze kan worden aangenomen dat deze zijn betrokken bij een misdrijf. De eigenaar mag ook onderzoek verrichten als het om een mogelijke inbreuk op de bedrijfsrichtlijnen gaat. De eigenaar, zoals de directie van het bedrijf, kan bijvoorbeeld de systeembeheerder opdracht gegeven om een systeem te onderzoeken. Let op dat ook de eigenaar of systeembeheerder niet zonder meer mag gaan 'vissen' naar eventuele sporen (49).

De eigenaar kan het (technische en/of recherche) onderzoek laten uitvoeren door een derde partij. Echter het verrichten van recherchewerkzaamheden zonder vergunning van de minister van Veiligheid en Justitie is verboden. Een ingehuurde particuliere onderzoeker heeft bovendien geen extra bevoegdheden maar opereert vanuit de juridische bevoegdheid van de eigenaar en opdrachtgever.

Doorzoeking

In een strafrechtelijk onderzoek kunnen computers worden onderzocht en gegevens worden gekopieerd. Het Wetboek van Strafvordering stelt, aanvullend op de normale doorzoekingbevoegdheden, regels vast t.a.v. het doorzoeken van geautomatiseerde werken en gegevensdragers. Het doorzoeken van een computer die met een netwerk verbonden is, mag op afstand plaatsvinden als dit redelijkerwijs nodig is om de waarheid aan de dag te brengen (art.125j, lid 1 Sv). Hierbij moet het onderzoek zich beperken tot geautomatiseerde werken (netwerklocaties) waar de normale gebruikers van de doorzochte computer rechtmatig toegang toe hebben, vanaf de plaats (computer) waar de doorzoeking plaatsvindt (art.125j, lid2 Sv).

Er bestaat overigens ook een mogelijkheid tot "doorzoeking ter vastlegging van gegevens" (art.125i Sv). Hierbij worden plaatsen doorzocht om gegevens vast te leggen (te kopiëren) die op een gegevensdrager zijn opgeslagen. Er wordt dus niets in beslag genomen. Veelal vind de uitvoering van deze bevoegdheid op locatie plaats.

Inbeslagname

In het belang van een onderzoek kan het nodig zijn om computersystemen of gegevensdragers veilig te stellen voor verder onderzoek of als bewijs. Bevoegde opsporingsambtenaren kunnen voorwerpen in beslag nemen.

Inbeslagname is het onder zich nemen (pakken, de beschikking krijgen) of gaan houden (reeds onder zich maar nu houden als bewijs) van voorwerpen. Vatbaar voor inbeslagname zijn die voorwerpen (art.94 Sv):
- Om de waarheid aan het licht te brengen;
- Verbeurdverklaring bevolen, b.v. door diefstal of heling verkregen;
- Onttrekking aan het maatschappelijke verkeer (in strijd met wet);
- Om wederrechtelijk voordeel aan te tonen.

Omgaan met Cybercrime

Een systeembeheerder of een ingehuurde particulier onderzoeker kunnen in het kader van een onderzoek apparatuur en informatiedragers meenemen en veilig stellen. Een burger, inclusief een particulier onderzoeker, mag alleen voorwerpen die een verdachte met zich voert (zo voor het grijpen), in beslag nemen. Een burger mag niet fouilleren en geen onderzoek aan lichaam of kleding verrichten.

6.1.5   Opsporingsmethoden

Opsporingstaken zijn voorbehouden aan de autoriteiten. De politie heeft verschillende opsporingsmethoden en bevoegdheden tot haar beschikking om digitaal bewijsmateriaal te vergaren, welke we hier beknopt opnoemen (50).

Inbeslagname

De autoriteiten mogen, naast fysieke goederen zoals documenten, CD-ROM's, USB sticks en computerapparatuur, ook elektronische gegevens in beslag nemen, bijvoorbeeld tijdens een huiszoeking. Naast het in beslag nemen van apparatuur, kan de politie een eigenaar bevelen een kopie van bijvoorbeeld de harde schijf van een computer af te staan.

Bevel tot toegang van informatie

Als aangetroffen informatie is versleuteld kan de politie daar niets mee zonder dit is leesbaar te maken. Uiteraard mag de politie door het raden van wachtwoorden of het omzeilen van de beveiliging trachten om toegang te verkrijgen. Daarnaast is de politie bevoegd om te eisen dat versleutelde gegevensdragers of computerbestanden worden ontcijferd of dat toegang wordt gegeven ('decryptiebevel'). Een dergelijk bevel mag niet aan een verdachte worden gegeven. Een verdachte is niet verplicht hieraan mee te werken en kan een bevel tot afgifte of het ontsleutelen negeren.[80] Een ISP of systeembeheerder die toevallig over een wachtwoord van versleutelde bestanden van een verdacht beschikt, kan wel worden gedwongen deze af te staan (art.125k Sv).[81]

Aftappen van communicatie

Opsporingsdiensten kunnen een internet service provider verplichten om al het dataverkeer van een verdachte op te nemen ('*tap*'). Op deze wijze kunnen bijvoorbeeld e-mail, chat sessies en bezochte websites worden nagetrokken. Eveneens kunnen de persoonsgegevens behorende bij het IP-adres van een abonnee door de politie worden gevorderd.

---

[80] Geldt ook voor personen met verschoningsrecht.

[81] In 2012 stelde de minister van Veiligheid en Justitie voor om "verdachten in (onder andere) kinderpornozaken (en bij terrorisme) te verplichten om medewerking te verlenen bij het toegankelijk maken van gegevens op hun computer die met het gebruik van encryptie zijn versleuteld". De invoering hiervan is echter nog onzeker maar staat wel aangekondigd voor 2013.

6.1.6   Bewijsmiddelen

Boek II, Titel VI, derde afdeling van het Wetboek van Strafvordering behelst de bepalingen (artikelen 338 t/m 344a Sv) over het strafrechtelijk bewijsrecht. De belangrijkste onderdelen van deze bepalingen worden hieronder opgesomd. Noodzakelijk voor het aannemen van het bewijs door de rechter is dat de bewijsmiddelen wettig en overtuigend zijn.

Wettige bewijsmiddelen zijn (limitatief) (art.339 Sv):
1. eigen waarneming van de rechter;
2. verklaringen van de verdachte;
3. verklaringen van een getuige;
4. verklaringen van een deskundige;
5. schriftelijke bescheiden.

Schriftelijke bescheiden in bovenvermelde zijn (limitatief) (art.344 lid 1 Sv):
1. beslissingen door colleges en personen met rechtspraak belast;
2. processen-verbaal (p-v) en andere geschriften, in de wettelijke vorm opgemaakt door colleges en personen, die daartoe bevoegd zijn, en behelzende hun mededeling van feiten en omstandigheden, door hen zelf waargenomen of ondervonden (artikel 344 lid 1 onder 2 Sv);
3. geschriften opgemaakt door openbare colleges of ambtenaren, betreffende onderwerpen behorende tot de onder hun beheer gestelde dienst en bestemd om tot bewijs van enig feit of enige omstandigheid te dienen;
4. verslagen van deskundigen;
5. alle andere geschriften, doch deze kunnen alleen gelden in verband met de inhoud van andere bewijsmiddelen.

Eisen aan het bewijs

Bewijs moet rechtmatig zijn verkregen en voldoen aan bewijsminimumregels. Indien dat niet het geval is, kan bewijsuitsluiting volgen. In beginsel moet het bewijs steunen op meer dan één wettig bewijsmiddel. Op deze regel wordt een uitzondering gemaakt voor het proces-verbaal van een opsporingsambtenaar (wat een schriftelijk bescheid). Het is echter niet zo dat elk feit kan worden bewezen op grond van een enkel proces-verbaal van een opsporingsambtenaar. In de praktijk zal dit over het algemeen slechts van toepassing zijn als het gaat om simpele, op heterdaad geconstateerde overtredingen. In andere gevallen, zal de rechter zich immers minder snel overtuigd achten.

Het bewijs moet de rechter dus kunnen overtuigen. Er mag geen onredelijke twijfel over het bewijsmateriaal bestaan.

Omgaan met Cybercrime

Voor het bewijs mag (bijvoorbeeld) geen gebruik worden gemaakt van:
- meningen of gissingen;
- verklaringen van medeverdachten (volgens de wet zijn dat enkel degenen die samen met de verdachte op dezelfde aanklacht, in dezelfde instantie, tegelijk terecht staan). De verklaring van een medeverdachte kan alleen meewerken tot het bewijs wanneer die medeverdachte als getuige is gehoord;
- bewijsmateriaal, waarvan de verdediging gemotiveerd aanvoert dat het onbetrouwbaar is, zonder dat er een motivering door de rechter tegenover staat.

Hierdoor is onrechtmatig verkregen bewijs niet altijd onbruikbaar en rechtmatig verkregen bewijs niet altijd bruikbaar. Iets is bewijs als de rechter het accepteert als bewijs. Gemotiveerde verweren van de verdediging met betrekking tot de betrouwbaarheid van bewijsmateriaal moeten door de rechter gemotiveerd worden verworpen. Gebeurt dat niet, dan kan het bewijsmateriaal mogelijk niet worden gebruikt en met zich meebrengen dat een bewezenverklaring onvoldoende is gemotiveerd. Dergelijke verweren kunnen bijvoorbeeld betrekking hebben op de betrouwbaarheid van een verklaring, van een ingeschakelde deskundige of diens toegepaste onderzoeksmethode of de onzorgvuldige hantering van een (onderzoeks)methode.

Ook kan de betrouwbaarheid van de uitkomst van een (elektronische) meting of elektronische informatie gemotiveerd worden betwist, ten gevolge waarvan de rechter daarvan onder bepaalde omstandigheden geen gebruik mag maken.[82]

Bewijskracht van elektronische gegevens

Uit het voorgaande blijkt dat (elektronische) gegevens als zodanig niet in de opsomming van wettige bewijsmiddelen zijn opgenomen. De gegevens zullen daarom in een proces-verbaal (*p-v*) of ander geschrift moeten zijn opgenomen om als bewijs in een strafzaak te kunnen worden gebruikt. Een in de wettelijke vorm door een bevoegde ambtenaar opgemaakt p-v over diens waarneming van gegevens van een computer of gegevensdrager zou in beginsel kunnen gelden als schriftelijk bewijs in de zin van art. 344 lid 1 onder punt 2 Sv. Andere geschriften, inhoudende de gegevens uit een computer of gegevensdrager, zouden kunnen gelden als bewijs in de zin van art. 344 lid 1 onder punt 5 Sv (49).

Elektronisch gevonden sporen dienen ook steeds vaker in normale strafzaken (dus geen cybercrime in enge zin) ter ondersteuning van de bewijslast (*steunbewijs*).

---

[82] Zie in dit verband arrest HR 12 maart 1996, NJ 1996, 511

Voor de waardering van elektronisch bewijs is van belang hoe betrouwbaar de waargenomen gegevens worden geacht. Bovendien zal de (forensisch) onderzoeker de integriteit van de onderzochte gegevens gedurende het hele onderzoek te allen tijde moeten kunnen aantonen (*evidence trail*).

Elektronische bewijsmiddelen zijn helaas makkelijk te vervalsen. Een datum of tijdstip dat een computerbestand is aangemaakt of gewijzigd, kan eenvoudig worden aangepast. Wellicht is een computerbestand zelfs zonder medeweten van de eigenaar op het systeem geplaatst door een kwaadwillende. Een rechter zal moeten bepalen hoeveel waarde toe te kennen aan het gepresenteerde bewijsmateriaal. Als bijvoorbeeld de datum en tijdstip van een verzonden e-mail bericht kan worden gecorreleerd aan een onafhankelijk logbestand van een internet service provider of afgetapte communicatie, is het aannemelijker dat het e-mail bericht ook daadwerkelijk is verzonden op dat tijdstip. Van een e-mail bericht dat alleen is aangetroffen op de computer van een verdachte maar dat geen sporen heeft achtergelaten op e-mailservers, is moeilijk aan te tonen dat dit authentiek is. Het mist een solide basis om te dienen als bewijs.

De bewijskracht van elektronische informatie wordt vergroot door gebruik te maken van encryptie en elektronische handtekeningen. Hierbij wordt een unieke en onafhankelijk verifieerbare controlewaarde berekend over het ondertekende computerbestand. Door bijvoorbeeld e-mailberichten elektronisch te versleutelen en te voorzien van digitale handtekeningen, wordt gezorgd dat de afzender en de ontvanger beter kunnen worden geauthentiseerd. De (gekwalificeerde) elektronische handtekening kan worden geplaatst met behulp van een digitaal certificaat uitgegeven door een betrouwbare bron via een *public key infrastructuur* (PKI). De onweerlegbaar van de communicatie kan nu wél worden aangetoond.

6.2   Modus Operandi en rolverdelingen

Deze paragraaf beschrijft enkele voorbeelden van daders en hun modus operandi. Door het inleven in de belevingswereld van diverse kwaadwillenden kunnen de verschillende vormen van cybercrime beter worden herkend, de wijze van incidentopvolging beter in geschat, en gerichter worden gezocht naar digitale sporen. Als een eerste diagnose bijvoorbeeld lijkt te duiden dat de organisatie slachtoffer is geworden van een computervirus dat veel voorkomt, zal de reactie anders zijn als blijkt dat men te maken heeft met zero-day exploits die gericht worden ingezet tegen de systemen van de organisatie. Daarnaast is ook bij de selectie van beveiligingsmaatregelen het van belang om een beeld te hebben van het door de dader gewenste verloop van een aanval.

1.Voorbereiding	Selecteren doelwit, social media en openbare informatie verzamelen, middelen/gegevens aanschaffen (omkoping), Voorverkenning, Plannen van uitvoering
2.Verkennen	Verkennen, observatie (scanning, DNS), Netwerk scanning, Identificeer systemen/ personen, Aanvalsplan bijstellen
3.Toegang	Sturen malware, exploits, brute-force, Social engineering, Scannen van binnenuit, binnendringen bij systemen
4.Acties	Installeren malware/backdoors, kopiëren/aanpassen data, fraude, sabotage, manipulatie, aanvallen andere systemen
5.Aftocht	Verzamelen buit, Terugzenden gegevens Wissen sporen/Logbestanden, Vernietiging van systemen
6.Genot	Publiciteit, wraak, chantage, mis- of gebruiken Doorverkopen, Aanschaf van (luxe) goederen

Figuur 20, Fasen van een cyberaanval

Meer achtergronden over actoren, modus operandi en rolverdelingen in de criminaliteitsketen zijn te vinden in de *'Criminaliteitsbeeldanalyse High tech crime'* van het KLPD (51), de studie van het Wetenschappelijk Onderzoek- en Documentatiecentrum van het ministerie van Veiligheid en Justitie (52), de *'Verkenning cybercrime in Nederland 2009'* (42) of het *'Cybersecuritybeeld Nederland'* jaarlijks uitgegeven door het NCSC (4).

6.2.1 Fasen van een cyberaanval

ICT maakt deel uit van de *modus operandi* van criminelen. De verschillende stappen in een cyberaanval bestaan uit een voorbereiding, verkennen, toegang verschaffen, uitvoeren van acties, aftocht en genot. In werkelijkheid zal een computercrimineel natuurlijk niet zo bewust calculerend te werk gaan. Eenvoudig manipuleerbare systemen, het laag hangende fruit, wordt snel en direct geëxploiteerd als dat mogelijk voordeel kan opleveren. Het feitelijk getoonde gedrag van de dader in elke fase is echter sterk afhankelijk van het type dader, zijn doelstellingen, motivatie en zijn hulpmiddelen, het doelwit en de omstandigheden dat het doelwit bereikbaar en 'zichtbaar' is in cyberspace.

Fase 1: Voorbereiding

De meeste cyberaanvallen beginnen met een voorbereidende fase. Hierin verzamelt een aanvaller zoveel mogelijk informatie over het doelwit. Openbare bronnen op internet, blogs en sociale media vormen hierbij tegenwoordige een belangrijke bron van waardevolle informatie. Serieuze opponenten gaan misschien zelf zover dat ze mensen omkopen om aan informatie over hun doelwit te komen.

De internetzoekmachine SHODAN publiceert technische informatie over online gevonden apparatuur variërend van webcams, routers, iPhones, VOIP telefoons, koelkasten tot ICS en SCADA systemen. [83]

Fase 2: Verkennen

Een aanvaller zal vervolgens in de meeste gevallen zijn doelwit gaan verkennen In het cyberdomein bestaat dit bijvoorbeeld uit het verzamelen van DNS gegevens, het uitvoeren portscans (*scanning*) en het bevragen van systemen (*footprinting* en *enumeration*). Deze laatste methoden leveren vaak waardevolle informatie op zoals welke netwerken en systemen aanwezig zijn, welke services (zoals websites, FTP, telnet) zij aanbieden en welke netwerkpoorten mogelijk toegankelijk zijn.

Fase 3: Toegang

Het daadwerkelijk proberen binnen te dringen luidt een nieuwe fase in. Dit markeert meestal het operationele startpunt van een wederrechtelijke handeling hoewel verschillende voorbereidingshandelingen op zich al strafbaar kunnen zijn.

Fase 4: Acties

De acties die de opponent uit kan voeren kunnen diverse zijn zoals het kopiëren of aanpassen van gegevens of het verder scannen van netwerken maar nu van binnenuit. Ook malware installeren om het systeem toe te voegen aan een botnet of voor phishing kan een doel zijn. Veel aanvallers zullen bovendien '*rootkits*' of '*backdoors*' willen installeren. Dit om de toegang tot het systeem veilig te stellen om op een later tijdstip wederom toegang te kunnen verkrijgen. Zelfs als een eerste aanval wordt ontdekt bestaat zo de kans dat de aanvaller via een nieuwe route de controle over het gecompromitteerde systeem behoud. Dit geldt met name voor *Advanced Persistent Threats*.

Fase 5: Aftocht

Ook bij cyberaanvallen hebben de meeste daders baat bij een veilige aftocht. Tijdens de aftocht is het vaak nodig om verkregen gegevens te verzenden naar een systeem van de aanvaller. Dit hoeft niet een eigen systeem van de aanvaller te zijn maar dit kan ook een misbruikt systeem van een ander slachtoffer zijn. Een dader kan bij de aftocht proberen sporen te verbergen door logbestanden te wissen of om andere schade aan te richten.

---

[83] http://www.shodanhq.com/

Fase 6: Genot

De dader zal uiteraard van zijn daad willen genieten, bijvoorbeeld in de vorm van verkregen publiciteit of roem, het aanschaffen van goederen of het doorverkopen van de buit aan een criminele handelspartner. De buit zal echter op een bepaalde manier onopgemerkt bij de dader moeten aankomen, wil die hiervan gebruik gaan maken. Zeker wanneer het phishing aanvallen betreft of waarbij financiële transacties worden gemanipuleerd vormt dit een belemmering voor de aanvaller. De verkregen gegevens omzetten in geld of fysieke goederen zonder te worden ontdekt is lastig.

6.2.2 Dadergroepen

Met het groeiende gebruik van ICT neemt tevens de criminalisering en de professionalisering van het misbruik van computersystemen toe. Het misbruiken van ICT en internet wordt bovendien alsmaar laagdrempeliger. Iedereen kan er mee worden geconfronteerd. Cybercrime organiseert en internationaliseert steeds verder en is voortdurend in ontwikkeling.

Hoewel indelingen van daders nooit zwart-wit zijn en bovendien deels achterhaald, volgen voor het begrip enkele beschrijvingen van daderprofielen die ICT specifiek als middel inzetten of tot doelwit maken, zoals een *scriptkiddie*, een *hacktivist* of de *hacker*.[84] Anderen actoren zijn bijvoorbeeld (buitenlandse) staten, private ondernemingen, beroepscriminelen en terroristen. Daderprofielen zijn echter niet nadrukkelijk ICT specifiek (52).

Uit studies onder beveiligingsspecialisten blijkt dat de voornaamste zorg uitgaat naar de (eigen) interne medewerkers, gevolgd door malware, hackers, ingehuurde medewerkers en (externe) dienstverleners (53). Vooral (wraakzuchtige) insiders met kennis en toegang tot de ICT systemen worden als de voornaamste bedreigers gezien. Er zijn ontwikkelingen waaruit kan worden afgeleid dat ICT specialisten en jongeren met kennis van ICT via het internet, computerclubs, hogescholen en universiteiten worden gerekruteerd om te ondersteunen bij criminelen activiteiten.

Dadergroepen kunnen worden onderverdeeld in:
  I.   ongerichte aanvallers, vandalisme en gelegenheidscriminaliteit
  II. gerichte aanvallers, hacktivisten, beroepscriminelen en zware criminaliteit
  III. vreemde mogendheden, (buitenlandse) inlichtingendiensten en terrorisme

---

[84] Bekende indelingen in klassen zijn de hackertaxonomie van Rogers (2006) of Lovet (2007).

I. Ongerichte aanvaller, vandalen en gelegenheidscriminelen

Deze groep van daders gaan meestal ongericht en niet-gestructureerd te werk. Ze maken vooral gebruik van beschikbare hacking-technieken ontwikkeld door anderen. Hun aanvallen zijn ad hoc en willekeurig. Tot deze groep kunnen spammers, scriptkiddies of botnet herders worden gerekend. Daders in deze groep handelen vaak vanuit een toevallig ontstane situatie, baldadige motivatie of voor de "kick". Zij zijn zich meestal niet bewust van de gevolgen van hun eigen handelen. Dergelijke computervandalen of kleine criminaliteit zouden geen serieuze bedreiging voor serieus beveiligde ICT systemen mogen zijn.

Een groep potentiele daders die wellicht over het hoofd wordt gezien maar ook tot deze eerste groep gerekend kan worden, zijn de – goed bedoelende - eigen medewerkers. Zonder specifieke kwade bedoelingen te hebben, kunnen zij bijvoorbeeld van mening zijn dat bepaalde beveiligingen wel even omzeild mogen worden om hun werk uit te voeren.

Scriptkiddie

Een *scriptkiddie* (computervandaal) is een persoon die zich zonder kennis van zaken misdraagt op ICT systemen en het internet. Voor systemen die goed up-to-date zijn gehouden komen ze vaak kennis en kunde te kort om daadwerkelijk een groot gevaar te vormen. Een scriptkiddie heeft een beperkte kennis van de onderliggende technieken en bedient zich van hulpmiddelen die door anderen zijn bedacht en ontwikkeld. De stereotype scriptkiddie is puber, van het mannelijk geslacht en bezit een krachtige computer en een snelle internetverbinding. Scriptkiddies handelen vaak vanuit een baldadige motivatie en voor de "kick". Zij zijn zich meestal niet bewust van de gevolgen van hun eigen handelen of hebben weinig van doen met andere (internet)gebruikers. Ze veroorzaken veel overlast en zijn de oorzaak van veel 'abuse' meldingen op het internet. Hun acties beperken zich meestal tot de verstoring van online dienstverlening van overheden of private organisaties (4).

Botnet herder

Een botnet herder is een computercrimineel die tijd en moeite steekt in het onderhouden en uitbreiden van illegale netwerken van zombie computers (botnets). Botnet herders beperken zich regelmatig tot het illegaal binnendringen van de computersystemen. Ze verkopen of verhuren vervolgens hun botnet aan criminelen die deze inzetten voor andere vormen van internet gerelateerde criminaliteit, zoals versturen van spam, DDoS aanvallen of gegevens verzamelen zoals door middel van phishing.

II. Gerichte aanvallers, hacktivisten en beroepscriminelen

Deze groep van daders gaan doelbewust te werken. Ze zullen bedrijven aanvallen waar ze verwachten wat te kunnen halen of hun doelen te kunnen realiseren. Ze zullen niet zo zeer direct vitale infrastructuur of industriële omgevingen aanvallen. Daders in deze groep zijn bijvoorbeeld hackers, digitale activisten (*hacktivisme*), georganiseerde criminelen maar ook kwaadwillende opponenten met misschien wel minder computervaardigheden maar wel een motivatie om gericht een organisatie als doelwit te kiezen. Denk hierbij aan wraakzuchtige medewerkers (*insiders*), concurrenten of zelfs journalisten.

Hacker

Een hacker (computercrimineel) is iemand die inbreekt in computersystemen. In bepaalde technisch georiënteerde subculturen is een hacker een positief bedoelde status t.a.v. iemands vaardigheden en niet crimineel. Een hacker is een persoon die geniet van de intellectuele uitdaging om op een creatieve, onorthodoxe manier aan technische beperkingen te ontsnappen; bijvoorbeeld een goede programmeur, hoewel een hacker niet perse iets met computers hoeft te doen. De meeste hackers zijn intelligente mensen met een expliciete behoefte aan kennisverrijking. Een hacker is creatief en heeft ontwikkelvaardigheden. Een hacker kent een programmeertaal zo goed dat hij zonder zichtbare moeite een programma kan schrijven; een technologie bedenkt, ontwerpt, uitwerkt, implementeert, test, en verbetert; of onconventionele maar adequate oplossingen bedenkt tegen lekken, fouten en problemen.

Kwaadwillende hackers ('*black-hat*') opereren steeds vaker met criminele bedoelingen en raken in toenemende mate betrokken bij criminele organisaties. Een (black-hat) hacker krijgt een 'kick' als het lukt om (ongeoorloofd) toegang te hebben tot een ICT-systeem.[85] Hierbij is een ondergrondse markt ontstaan in de handel in kennis over kwetsbaarheden, exploits en gecompromitteerde computers (bots). Zo worden botnets te koop en te huur aangeboden (*Crimeware as a Service*). Hierbij kan zelfs een voorproefje worden verkregen om te kijken of de gecompromitteerde computers daadwerkelijk kunnen worden gebruikt. Soms wordt zelfs een omruilgarantie gegeven!

Hacktivist

Een hacktivist (computeractivist) is iemand die protesteert via (openbare) ICT voorzieningen. Hacktivisme is een term die staat voor computer georiënteerde activistische activiteiten, bijvoorbeeld gericht op het ondermijnen van de politieke

---

[85] Het onderscheid tussen hackers en crackers is ondertussen achterhaald. De auteur bedoelt met de term 'hacker' zonder verdere toevoegingen, de kwaadwillende computercrimineel.

machthebber of met ethische motieven. De term is een samenvoeging van de begrippen computerinbraak en activisme. De bekendste vorm van hacktivisme is het wijzigen van websites (*defacen*). Een andere vorm van hacktivisme is het organiseren van - volgens geldende opvattingen - subversieve krachten om de vrijheid van meningsuiting te kunnen afdwingen. Daarbij wordt gebruik gemaakt van publieke (het internet en sociale netwerken zoals Facebook) en besloten netwerken (bijvoorbeeld Freenet). Hacktivisten kiezen daarnaast vaak als middel voor het verstoren van een online dienst of vitale infrastructuur, of het openbaar maken vertrouwelijke gegevens.[86]

De dreiging die uitgaat van digitale activisten is groeiend. Politiek of religieus gemotiveerde extremisten en activisten zijn in toenemende mate geïnteresseerd in zaken zoals hacking, informatiebeveiliging, cyber security en industriële besturingssystemen. Ze kiezen hun doelwitten vrij onvoorspelbaar en ongeacht of het doelwit publiek of privaat is.

Beroepscriminelen

Beroepscriminelen richtten zich traditioneel voornamelijk op het bedrijfsleven, en dan veelal op de financiële sector. Daarbij wordt veelal diefstal gepleegd door middel van identiteitsfraude, waarbij bestaande identiteiten van burgers in het spel zijn. Vitale infrastructuur of industriële omgevingen zullen niet snel een direct doelwit zijn voor beroepscriminelen, per slot is er niet direct eenvoudig geld te stelen. De hulpmiddelen die beroepscriminelen gebruiken, in het bijzonder malware, zijn gemaakt om zichzelf op grote schaal te verspreiden en besmetting te veroorzaken, wat zowel voor overheid als bedrijfsleven een belangrijke indirecte dreiging is. Steeds meer richten zij zich op de zwakkere kleine en middelgrote (MKB) bedrijven in de wetenschap dat informatiebeveiliging daar in veel gevallen nog maar matig op orde is. De dreiging die vanuit beroepscriminelen uitgaat naar overheden, private organisaties of burgers is aanzienlijk (4).

(Ex-)medewerker/insider

Daders die ook tot deze groep gerekend moet worden, zijn rancuneuze (ex-) medewerkers. De (gefrustreerde) medewerker, waaronder eigen of ingehuurd personeel of in dienst van toeleveranciers, kan de belangen van de organisatie schaden door fysieke, financiële of imagoschade aan te richten. Bovendien kan een medewerker, zonder rancuneuze bijbedoelingen, uit zijn op eigen (financieel) gewin. Medewerkers die de organisatie verlaten kunnen eveneens een dreiging vormen. Ze kunnen bijvoorbeeld gevoelige informatie meenemen om aan een nieuwe werkgever te tonen wat ze hebben gedaan. Ook kan een medewerker van

---

[86] Beruchte publicatie websites van hacktivisten en hackers zijn o.a. WikiLeaks of Pastebin.

menig zijn dat hij/zij het werk heeft gecreëerd en dus recht heeft op een kopie of zelfs de bronbestanden meeneemt. In enkele gevallen hebben wraakzuchtige medewerkers bij het verlaten van het bedrijf malware achtergelaten om later toegang tot de systemen te kunnen verkrijgen.

Acties van medewerkers zijn over het algemeen moeilijk te voorkomen omdat de medewerker kennis heeft van het bedrijf, de procedures en de installaties en vaak toegang heeft tot cruciale objecten of gevoelige bedrijfsinformatie. Het zijn vooral wraakzuchtige insiders die een gevaar vormen voor de vitale infrastructuren of industriële omgevingen. Deze mensen beschikken over de specifieke technische kennis en vaardigheden om cyberaanslagen te plegen.

> *80% is from people you know,*
> *80% of the rest is organized crime.*
> **(Anonymous security consultant, 2010)**

Private organisaties

Bedrijfsspionage is een onderschat fenomeen. Een commerciële of industriële concurrent kan een mogelijke dader blijken te zijn. Zij streven dezelfde doelen na in een beperkte markt, willen een (technologische) achterstand inlopen of een gunstiger positie verwerven. In een (open) concurrentiestrijd gaat de winst van één partij meestal ten nadelen van anderen. Voor concurrenten, afnemers of handelaren, kan bedrijfsvertrouwelijk informatie van grote financiële/economische waarde zijn. Het is niet ondenkbaar dat deze partijen op oneigenlijke wijze proberen dergelijke informatie te bemachtigen. Om de kans op ontdekking te verkleinen en omdat veel informatie elektronisch voorhanden is, zijn cyberaanvallen zeer wel mogelijk.

III. Vreemde mogendheden, inlichtingendiensten en terrorisme

Deze groep van daders bedreigen vitale infrastructuren steeds meer. Ghostnet (2009), Night Dragon (2009), Stuxnet (2010), Duqu (2011), en Flame (2012) laten zien dat inlichtingendiensten en staat-gesponsorde gerichte cyberaanvallen worden ingezet tegen industriële omgevingen. Hoewel dergelijke gerichte cyberaanvallen nog zeldzaam zijn, zijn de gevolgen vele malen groter en kan er ernstige schade ontstaan vanwege de rol die ICT speelt in een industrieel proces.

De dreiging van cyberaanvallen op elektronische netwerken in Nederland is groot; zowel tegen als via Nederland vinden gerichte digitale aanvallen plaats (54). De verwachting is dat het aantal digitale aanvallen in de toekomst zal toenemen. Er zijn hierbij overigens geen harde cijfers bekend of indicaties dat Nederland meer of minder bloot staat aan cyberaanvallen of dat Nederland beter of slechter presteert in haar cyberverdediging.

Terrorisme

Als een vitale infrastructuur vanuit terroristische motieven wordt bedreigd door een cyberaanval, is dat met de expliciete doelstelling het doelwit uit te schakelen (sabotage), een calamiteit te veroorzaken of om de bevolking angst aan te jagen door te dreigen met een ernstige ontwrichting van de maatschappij. Hierin verschilt de terrorist van bijvoorbeeld cybercriminelen die proberen misbruik te maken van kwetsbaarheden, hactivisten die aandacht vragen voor een standpunt of van hackers die proberen kwetsbaarheden aan de kaak te stellen. Een cybercrimineel zal bij voorkeur niet willen worden getraceerd. Voor een terrorist is dit geen onoverkomelijk bezwaar. Een terrorist die ICT middelen inzet als wapen zal daarom bereid zijn tot het nemen van meer risico's.

Inlichtingendiensten delen over het algemeen de mening dat het plegen van terroristische aanslagen gericht tegen of via ICT voorzieningen vooralsnog niet waarschijnlijk is. Cyberaanvallen met het internet als doel of wapen met terroristisch oogmerk zijn - zover bekend - nog niet succesvol uitgevoerd. Toch wordt de beveiliging van vitale infrastructuur en procesautomatisering steeds prominenter en blijft terreur één van de belangrijkste dreiging. Het kost namelijk steeds minder inspanning om uit te voeren. De benodigde organisatie, logistiek en training voor het uitvoeren van een cyberaanval nemen af. En hoewel misschien niet hun eerste keuze, groeit ook onder kwaadwillende personen een nieuwe generatie op met kennis van de moderne ICT.

Vreemde mogendheden

Zowel overheden als private organisaties zijn in toenemende mate doelwit van digitale spionage, vaak in de vorm van gerichte en langdurige cyberaanvallen onder de radar (*Advanced Persistent Threats*). Deze cyberaanvallen zijn meestal gericht op het verkrijgen van vertrouwelijke informatie van economische of politieke waarde, of op direct geldelijk gewin. Spionage wordt niet alleen verricht door inlichtingendiensten maar ook door criminelen en concurrenten. De dreiging van vreemde mogendheden en inlichtingendiensten gaat voornamelijk uit naar de Nederlandse overheid, multinationals, het bedrijfsleven, de academische sector, dissidenten en oppositionele groeperingen (4).

6.3   Het forensisch onderzoek

Het (digitaal) forensisch onderzoek laat zich beschrijven als een gestructureerd onderzoek naar illegale activiteiten volgens bewezen methoden waarbij informatie op elektronische middelen wordt verzameld, veiliggesteld, geanalyseerd en gepresenteerd op een juridisch verantwoorde wijze in dienst van de rechtspraak. Een forensisch onderzoek beantwoordt normaliter geen vragen waarom iemand iets heeft gedaan en stelt ook nimmer een schuld vast. Het gaat hierom een objectieve waarheidsvinding van wat is gebeurd, waar, wanneer, waarmee (hoe), met welk gevolg en eventueel door wie. Omdat tegenwoordig in bijna iedere 'normale' strafzaak wel sprake is van een vorm waarbij computers of internet worden gebruikt, wordt het uitvoeren van een digitaal forensische onderzoek ook steeds belangrijker.

> *Verricht nooit zelf onderzoek en kom niet (fysieke en digitaal) aan mogelijk te onderzoeken voorwerpen als een strafrechtelijk onderzoek nodig is. Schakel in dat geval direct de autoriteiten (politie) in of bij twijfel deskundige hulp, bijvoorbeeld van een particulier recherchebureau.*

Een forensisch onderzoek is een *reactief* technisch onderzoek. Eerst moet een beveiligings- of integriteitsincident hebben plaatsgevonden voordat deze kan worden onderzocht. Dit in tegenstelling tot preventief monitoring van computersystemen en –netwerken. Een digitaal forensisch onderzoek heeft dus tot doel om objectief en waarheidsgetrouw feiten te verzamelen en te analyseren om daarmee een bijdrage te kunnen leveren aan:

- het verzamelen van mogelijke (digitale) sporen en bewijsmateriaal;
- het aanleggen van een dossier over een beveiligings- of integriteitsincident;
- een risico-inschatting van de aard en omvang van een incident;
- het onderbouwd en gericht preventief acteren om escalaties te helpen voorkomen;
- het proportioneel en subsidiair reageren bij (vermoedens van) een beveiligings- of integriteitsincident;
- het handhaven van een beveiligingsbeleid, een gedragscode of een bedrijfsregelement;
- een transparante en eerlijke bedrijfsvoering;
- het betrachten van zorgvuldigheid ten aanzien van het (eigen) personeel.

De verkregen bevindingen moeten kunnen worden gebruikt in een eventueel civiele of strafrechtelijke procedure. Het is daarom belangrijk dat een onderzoek zorgvuldig en binnen wettelijke bevoegdheden verloopt. Schakel bij twijfel bijvoorbeeld deskundige hulp in de vorm van een particulier recherchebureau in. Zij kunnen het forensisch of rechercheonderzoek begeleiden of uitvoeren.

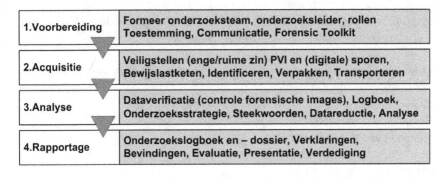

Figuur 21, Fasen van een forensisch onderzoek

Een (digitaal) forensisch onderzoek kent de volgende fasen: de voorbereiding, het veiligstellen van sporen, het analyseren en het presenteren van de resultaten (Figuur 21).Het is een op zich zelf staand onderzoek maar het kan ook deel uitmaken van een incidentopvolgingsprocedure waarbij diepgaander forensisch onderzoek wenselijk is om de toedracht en omgang van een incident te kunnen bepalen (zie (3) voor een voorbeeld van stappen bij een incidentopvolging). Echter de specifieke omstandigheden maken ieder onderzoek uniek. De aanpak en beslismomenten in een forensisch onderzoek zullen daardoor danig worden beïnvloeden.

6.3.1 Voorbereiding: toestemming, team en aanpak

Ieder onderzoek begint met een aanleiding en een afweging of een onderzoek gerechtvaardigd en toegestaan is. Een belangrijke afweging die gemaakt moet worden bij het aanvangen van ieder onderzoek is of überhaupt sprake is van wederrechtelijk handelen en opzet. Als dit niet direct duidelijk is maar er wel voldoende aanleiding lijkt te bestaan dat er sprake is van een beveiligingsincident, mag deze vaststelling ook na het (initiële) onderzoek plaatsvinden.

In de voorbereiding moet een onderzoeksteam worden samengesteld en een teamleider benoemd. Dit kan de forensisch onderzoeker zijn maar bijvoorbeeld ook de security manager van het bedrijf. Ook het identificeren van betrokken verantwoordelijke personen en hun rol is belangrijk.

De onderzoeker moet vaststellen of hij bevoegd is om onderzoek te verrichten en of toestemming van de eigenaar is verkregen. Bij vermoeden van een beveiligingsincident op bijvoorbeeld een website van een bedrijf, die is ondergebracht op een webserver bij een internet service provider en die gedeeld wordt met anderen, kan niet zonder meer onderzoek worden verricht. In dit voorbeeld is het bedrijf slechts eigenaar van de website maar niet van de webserver of de telecommunicatienetwerken. Voor een volledig onderzoek zal dus toestemming van de internet service provider nodig zijn.

De forensische onderzoeker of security manager moet zich onder meer afvragen:

- hoe om te gaan met het incident?
- waar kunnen digitale sporen worden aangetroffen?
- wie speelt allemaal een rol?
- wie mag beslissingen nemen?
- waar liggen de verantwoordelijkheden?
- wat zijn de juridische kaders?
- is er sprake van een wederrechtelijk handelen en opzet?
- is toestemming verkregen van de eigenaar?
- ben ik bevoegd is om onderzoek te verrichten?

Daarna dient een onderzoeksstrategie te worden bepaald. Deze zal met de opdrachtgever moeten worden besproken en goedgekeurd. Het plan moet aandacht besteden aan de in te zetten onderzoeksmiddelen en een afweging geven waaruit blijkt dat deze voldoen aan de principes voor proportionaliteit (evenredigheid van doel en middelen) en subsidiariteit (gematigdheid bij de inzet van middelen en methoden). Tevens kan het noodzakelijk zijn om in dit stadium ook de directie of ondernemingsraad al te informeren over het onderzoek.

6.3.2 Acquisitie: veiligstellen, identificeren en transporteren

Bij de meeste cyberincidenten beperkt het onderzoek zich tot de plaats veiligheidsinbreuk (PVI) in enge zin. Dat wil zeggen, de plaats waar het (vermoedelijke) feit daadwerkelijk is gepleegd, beperkt in omvang. Dit betekent meestal dat alleen technisch onderzoek wordt verricht op direct betrokken netwerk- en computersystemen of apparatuur. Een eerste diagnose van de mogelijke omvang en soort cyberincident en een begrip van de verschillende modus operandi en verschijningsvormen van cybercrime, helpt hierbij om plaatsen te identificeren waar (digitale) sporen kunnen worden aangetroffen.

Vele facetten spelen een rol bij het veiligstellen van digitale sporen en het technisch onderzoek. Eén aspect is dat iedere stap in het onderzoek, door zijn wisselwerking met de omgeving, juist ook invloed zal hebben op het te onderzoeken materiaal; de zogenaamde *Locard's Exchange Theory*.

De resultaten van een forensisch onderzoek zijn vaak erg bepalend in een civiele of strafrechtelijke procedure. Het is daarom van essentieel belang dat vanaf het allereerste moment van het onderzoek de integriteit en betrouwbaarheid van de (technische) materialen die worden veiliggesteld wordt gewaarborgd en kan worden aangetoond. De geschetste diversiteit aan vindplaatsen, plaatst de onderzoeker hierbij voor een uitdaging om aantoonbaar te maken dat de verkregen informatie uit het onderzoek een correcte representatie is van de werkelijk aangetroffen gegevens. De bewijslastketen (*chain of evidence*) moet onafhankelijk kunnen worden gecontroleerd.

In ieder onderzoek, ook wanneer het geen strafrechtelijk onderzoek betreft, is het documenteren van iedere stap in het proces en het handhaven van de integriteit van de bewijsmiddelen, essentieel. De bewijslastketen mag niet worden onderbroken. Op ieder moment in het proces moet duidelijk en onomstotelijk kunnen worden gemaakt waar een bepaald digitaal spoor is aangetroffen en dat deze na het veiligstellen niet meer is gewijzigd. Uiteindelijk moeten bewijsmiddelen zelfs tot na een eventuele strafrechtelijke proces of een civiele procedure worden bewaard. Merk op dat dit een strikte naleving van procedures en werkinstructie inhoudt omdat een onderzoek en de daarop volgende procedures over een periode van jaren kunnen zijn uitgestrekt.

De forensische onderzoeker of security manager moet zich onder meer afvragen:
- tot hoe ver reikte de plaats veiligheidsinbreuk (PVI)?
- wat de waarschijnlijke modus operandi geweest?
- welke computerapparatuur en programmatuur kan in aantreffen?
- zijn er relevante volatiele (vluchtige) gegevens te verwachten?
- zijn versleutelde bestanden te verwachten?
- is de cyberaanval of misbruik nog aan de gang?
- kunnen apparatuur of andere goederen in beslag worden genomen?
- moet het onderzoek voorlopig heimelijk plaatsvinden?
- kan ter plaatse een forensische kloon ('image') worden gemaakt?[87]
- heb ik van alle forensische kopieën de hash-waarden bepaald?[88]
- is inzet van extra onderzoeksmiddelen (zoals een netwerktap) wenselijk?
- levert een onderzoek naar de PVI in ruime zin aanvullende aanwijzingen op?[89]
- zijn alle in beslag genomen goederen volgens de procedures opgeborgen?
- heb ik alle stappen en gebruikte werkwijzen gedocumenteerd?

---

[87] Een forensische kopie ('image') is een exacte bit-voor-bit kopie van het origineel, bijvoorbeeld een harde schijf. Hiermee worden dus ook alle verborgen gegevens en vrije ruimte op de gegevensdrager ('slack space' en 'free space') gekloond. Het kopie wordt normaal gemaakt op een steriel nieuw medium. Tijdens het maken van het forensisch kopie moet het origineel beveiligd zijn tegen schrijven/modificeren. Hiervoor wordt vaak gebruik gemaakt van speciale hardware zodat er geen twijfel over kan bestaan over de integriteit van het origineel.

[88] Op dit moment geldt SHA-256 als de facto methode om hash-waarden mee te berekenen.

[89] Zo kunnen materiële sporen (indrukken/afdrukken, stoffen en voorwerpen), immateriële sporen (niet-tastbare, zoals de wijze waarop iets ligt) of dactyloscopische sporen (vingerafdrukken) bijdragen aan de waarheidsvinding.

Omgaan met Cybercrime

Digitale sporen

Een eerste vraagstuk dient zich aan wanneer besloten moet worden hoe het digitaal materiaal veilig te stellen. Stel dat het een desktop computer betreft. Zet men het systeem uit en neemt deze mee, of moeten we het systeem aan laten staan zoals deze wordt aangetroffen en als zodanig gaan onderzoeken? Tenslotte staan gegevens niet alleen op de harde schijf maar bevindt cruciale informatie voor de onderzoeker zich ook in tijdelijke werkgeheugens of buffers. Dergelijke vluchtige (*volatile*) gegevens gaan verloren zodra het apparaat wordt uitgeschakeld of wijzigen als deze wordt bediend.

Een tweede vraagstuk is de enorme diversiteit aan computerapparatuur en programmatuur. Windows, Unix, Linux, Apple en vele andere besturingssystemen kunnen worden aangetroffen met evenzoveel verschillende bestandstructuren en media. Denk hierbij aan computers, thin clients, mobiele telefoons (smartphones), tablets, USB geheugensticks, DVD's, navigatiesystemen, e-mail servers, printer servers, enzovoort. Andere problemen of belemmeringen die kunnen ontstaan zijn bijvoorbeeld toegangsbeveiliging, encryptie van gegevensdragers of het onderbreken of verstoren van een actief kritisch bedrijfssysteem.

Een bijzondere uitdaging bij het veiligstellen van digitale sporen ontstaat wanneer een aanvaller nog actief blijkt te zijn. Een eventuele ontdekking door de hacker die nog actief is, dat het systeem wordt onderzocht, maakt het veiligstellen van sporen een onalledaagse klus, zelfs voor forensische experts.

Bij het veiligstellen kunnen apparatuur, gegevensdragers of andere goederen in beslag moeten worden genomen. Is in beslag name niet mogelijk, bijvoorbeeld omdat het systeem niet gemist kan worden of omdat het onderzoek nog heimelijk plaatsvindt, kan ter plaatse een forensische kloon ('*image*') van de betreffende media, zoals de harde schijf, worden gemaakt. Ook als apparatuur wél wordt meegenomen van de PVI, kan de onderzoeker besluiten om direct eerst de gegevens op een harde schijf veilig te stellen door het maken van een forensisch kopie.[90]

Om de integriteit van bewijsmiddelen in iedere verder stap van het proces te kunnen controleren, worden hiervan controlewaarden bepaald. Met behulp van deze zogenaamde *checksum* of *hash-waarden* kan te alle tijden op een later

---

[90] Een forensische kopie ('image') is een exacte bit-voor-bit kopie van het origineel, bijvoorbeeld een harde schijf. Hiermee worden dus ook alle verborgen gegevens en vrije ruimte op de gegevensdrager ('slack space' en 'free space') gekloond. Het kopie wordt normaal gemaakt op een steriel nieuw medium. Tijdens het maken van het forensisch kopie moet het origineel beveiligd zijn tegen schrijven/modificeren. Hiervoor wordt vaak gebruik gemaakt van speciale hardware zodat er geen twijfel over kan bestaan over de integriteit van het origineel.

tijdstip op een onafhankelijke wijze de integriteit van het origineel worden vastgesteld. Eventuele wijzigingen ten opzichte van de toestand waarop een bewijsmiddel destijds op een PVI in beslag is genomen, kunnen zo worden opgespoord en aangetoond. Van forensische kopieën worden dan ook altijd de hash-waarden bepaald en worden digitale sporen en bestanden voorzien van digitale handtekeningen.[91]

Het veiligstellen van digitale sporen vergt expertise en is continue aan vernieuwing onderhevig. Het wordt daarom aanbevolen om vooraf een algemeen stappenplan en rapportagesjablonen op te stellen. Let er op dat dat bij het veiligstellen van sporen altijd wordt vermeld wie, hoe, waar, wanneer, wat en waarmee sporen zijn veiliggesteld.

Bijlage H geeft een algemeen stappenplan voor het veiligstellen van digitale sporen om de systeembeheerder of verantwoordelijk manager een algemeen beeld te geven wat er allemaal komt kijken bij het veiligstellen van digitale sporen. Dit stappenplan houdt bijvoorbeeld geen rekening met onderzoek aan vluchtige gegevens die mogelijk aanwezig zijn in het computergeheugen. Voor meer uitgebreidere achtergrond informatie kan bijvoorbeeld de '*Searching and Seizing Computers and Obtaining Electronic Evidence in Criminal Investigations*' handleiding worden geraadpleegd (55).

Andere sporen

Vooral in strafrechtelijke onderzoeken en afhankelijk van het vermoeden wat voor vorm van cybercrime is gepleegd, zal ook gezocht worden naar andere dan alleen digitale sporen. Een onderzoek naar de plaats veiligheidsinbreuk (PVI) of op de plaats delict (PD) in ruime zin kan aanvullende aanwijzingen opleveren.

Een onderzoek PVI in ruime zin betrekt bijvoorbeeld ook de omgeving en de omstandigheden waarin het computersysteem of apparaat is aangetroffen. Mogelijk is het noodzakelijk om een ruimte af te zetten om vernietiging van fysieke sporen te voorkomen. Zo kunnen materiële sporen (indrukken/afdrukken, stoffen en voorwerpen), immateriële sporen (niet-tastbare, zoals de wijze waarop iets ligt) of dactyloscopische sporen (vingerafdrukken) bijdragen aan de waarheidsvinding.

---

[91] Op dit moment geldt SHA-256 als de facto methode om hash waarden mee te berekenen.

6.3.3 Analyse: verificatie, reductie en analyse

Een digitaal forensisch onderzoek zal normaliter nooit worden uitgevoerd aan of op de originele apparatuur of gegevensdragers. Om de bewijslastketen te handhaven zullen van gegevensdragers, zoals harde schijven, de hash-waarde worden berekend en een forensisch identieke kopie worden gemaakt. Door van het gekloonde exemplaar eveneens een hash-waarde te berekenen kan worden vastgesteld of het origineel en kopie identiek zijn. In dat geval moet namelijk onafhankelijk van elkaar exact dezelfde hash-waarde kunnen worden bepaald. Er kunnen soms uitzonderingssituaties zijn waarbij een digitaal forensisch onderzoek niet anders kan dan onderzoek doen op de originele apparatuur of gegevens. Dit kan bijvoorbeeld noodzakelijk zijn wanneer RAID configuraties met 'exotische' controllers of extreem grote opslagmedia, worden aangetroffen. De forensische middelen zijn dan mogelijk niet toereikend om kopieën te maken. Er wordt dan ter plaatste ('*LIVE-forensics*') onderzoek verricht.

Bij een digitaal forensisch onderzoek worden vaak grote hoeveelheden gegevens verzameld van de PVI. Een standaard harde schijf in een desktop of laptop computer kan al snel honderden gigabytes groot zijn. Onderzoek aan servers of netwerk gekoppelde opslagmedia levert meestal nog een veelvoud hiervan op. De onderzoeksstrategie moet hierop zijn afgestemd. Zonder een efficiënte onderzoeksmethode en gespecialiseerde geautomatiseerde hulpmiddelen, is een analyse weinig zinvol. Cruciale digitale sporen kunnen anders over het hoofd worden gezien of simpel weg niet worden gevonden in de brei van digitale gegevens.

Vrijwel iedere analyse begint met het beperken van de hoeveelheid te onderzoeken data. Dit gebeurt op basis van vaste procedures en het doorzoeken met behulp van steekwoorden. De onderzoeker bepaalt een strategie op basis van wat de aangever heeft gemeld bij een aangifte, of wat de opdrachtgever aan een particulier recherchebureau heeft gevraagd te onderzoeken. Slim gekozen steekwoorden helpen om de te analyseren data in omvang terug te brengen. Zo wordt gericht gezocht naar relevante e-mail berichten, webhistorie en documenten. Daarnaast zal altijd de filestructuur van de media worden doorzocht.

Het technisch onderzoek zal vaak in eerste instantie zich concentreren op de inhoud van aangetroffen harde schijven, andere gegevensdragers, zoals USB geheugensticks, logbestanden en systeembestanden (zoals zogenaamde '*core dumps*' of '*memory dumps*'). De analyse zelf wordt uitgevoerd op de (tegen schrijven beveiligde) forensische klonen ('*images*') van de betreffende media.

De forensische onderzoeker of security manager moet zich onder meer afvragen:
- heb ik alle mogelijke apparatuur en gegevens gekopieerd?
- kloppen de hash-waarden van de te onderzoeken forensische kopieën?
- op basis van welke steekwoorden ga ik doorzoeken?
- welke analysestrategie ga ik volgen?
- heb ik de juiste tools om de analyse uit te voeren?
- wordt een aanvullend rechercheonderzoek uitgevoerd?
- heb ik alle stappen en gebruikte werkwijzen gedocumenteerd?

Ook tijdens de analyse fase is het belangrijk dat iedere stap in het onderzoek wordt gedocumenteerd. Alle handelingen aan originele bewijsmiddelen moet zijn vastgelegd. Echter ook handelingen die worden verricht om sporen te vinden moet kunnen worden verantwoord. De meeste geautomatiseerde forensische hulpmiddelen bieden hiervoor logboekfuncties.

Traceren van de aanvaller

Bij (vermoedens van) een netwerk cyberaanval is één van de doelen vast te stellen welke IP-adressen hiermee zijn gemoeid om zo de mogelijke identiteit van de dader(s) te achterhalen. Er zal getracht worden om dit spoor terug te volgen ('*tracing*') tot een fysiek apparaat. Hiervoor moeten bijvoorbeeld DHCP databases worden geanalyseerd, MAC-addressen worden opgespoord of informatie worden opgevraagd bij een internet service provider. Het technisch onderzoek kan hiermee bijdragen aan een insluitingfase van de incidentopvolging omdat op basis van de verkregen informatie gerichte (tijdelijke) beveiligingsmaatregelen kunnen worden getroffen.

Let op dat het verrichten van naspeuringen buiten het eigen bedrijfsnetwerk, anderen kan attenderen of zelfs alarmeren. Bovendien kunnen hier juridische beperkingen gelden of zijn bepaalde handelingen alleen toegestaan om te mogen worden verricht door de autoriteiten.

6.3.4   Rapportage: Evaluatie, presentatie en verdediging

Ieder (formeel) technisch of rechercheonderzoek naar een cyberincident moet worden gedocumenteerd. Dit kan bijvoorbeeld door in een onderzoekslogboek voor iedere handeling altijd precies bij te houden *wie, hoe, waar, wanneer, wat* en *waarmee* sporen zijn veiliggesteld of onderzocht. Daarnaast kan een overkoepelend onderzoeksdossier worden bijgehouden. Hierin moet bijvoorbeeld zijn vastgelegd welke beslissingen zijn genomen in het onderzoek.

Omgaan met Cybercrime

De coördinerend security manager of forensische onderzoeker ziet toe op het aanleggen van het onderzoeksdossier en het bij houden van het onderzoekslogboek. Hierbij kunnen de volgende richtlijnen helpen:

- bouw een rapport logisch en structureel op;
- volg een chronologische weergave van feiten;
- stel het rapport op in onvoltooid verleden of voltooid tegenwoordige tijd;
- vermeld hoe iets is geconstateerd (*rede van wetenschap*); ik zag, hoorde, proefde, voelde, rook;
- nemen de toestand van de opstal op, de wijze van binnentreden en de aangetroffen situatie;
- neem getuigenverklaringen gebaseerd op van horen zeggen *(testimonium de auditu)* op. Voorzie verklaringen van:
  - het gegeven dat deze in volledige vrijheid afgelegd is;
  - personalia;
  - rol van de persoon;
  - de eigen bewoordingen van betrokkene;
  - met rede van wetenschap;
  - dagtekening;
  - ondertekening.

Voor de rechtsgeldigheid van de onderzoeksresultaten of de verklaringen van betrokkenen is het belangrijk dat de rapportage snel en persoonlijk door de onderzoeker wordt opgemaakt, is voorzien van een dagtekening en ondertekening van de onderzoeker. Indien het een verklaring van een betrokkene betreft, dient deze in eigen bewoordingen en vrijwillig door de betrokkene te zijn opgesteld.

De forensische onderzoeker of security manager moet zich onder meer afvragen:
- heb ik alle handelingen juist gedocumenteerd?
- sta ik achter de bevindingen, kan ik deze verklaren?
- wanneer kunnen in beslag genomen apparatuur en goederen weer worden geretourneerd?
- zijn er aandachtspunten om herhaling te voorkomen?

Merk op dat zelf opgestelde rapportages geen bewijsmiddel zijn. In een strafrecht zaak kan het alleen dienen als indirect bewijsmiddel en alleen na acceptatie van de rechter.

6.4 Het rechercheonderzoek

Een (digitaal) forensisch (technisch) onderzoek kan worden ondersteund of onderdeel zijn van een uitgebreider rechercheonderzoek. Het technisch onderzoek wordt dan aangevuld met getuigenverklaringen, onderzoek van andere gedragingen en fysieke sporen. Het rechercheonderzoek dient hierbij in veel gevallen een aanvullend doel, namelijk het opsporen van de dader(s) en het motief. Rechercheren blijft echter een proces van objectieve waarheidsvinding.

Een rechercheonderzoek bestaat uit bijvoorbeeld onderzoek van open en gesloten bronnen, gesprekken, buurtonderzoek en waarneming. Bij een rechercheonderzoek is de opdrachtgever een belangrijke eerste bron van informatie. Zo is het vaak mogelijk om dienstroosters, sleutelprocedures, personeelslijst, bedrijfsreglement enzovoort direct en discreet op te vragen. De onderzoeksgroep van betrokken personen kan zodanig worden beperkt.

Het is raadzaam om interviews zorgvuldig te plannen, vaak achteraan in een onderzoek als een eerste technisch forensisch onderzoek is afgerond. Zo kan voorkomen worden dat daders de kans krijgen hun sporen te wissen en kunnen betrokkenen worden geconfronteerd met het aangetroffen bewijsmateriaal.

Let op dat het uitvoeren van technisch en rechercheonderzoek in eerste instantie is voorbehouden aan bevoegde autoriteiten, dus de politie of andere aangewezen buitengewone opsporingsambtenaren. Zelfstandig uitgevoerd technisch en rechercheonderzoeken zijn mogelijk niet ontoelaatbaar in een eventuele strafrechtzaak.

Het technisch en rechercheonderzoek hebben ten doel het verzamelen van materiaal dat als bewijs kan dienen in een civiele of strafrechtelijke procedure. Een onderzoek maakt in meer of mindere mate inbreuk op grondrechten van de onderzochte perso(o)n(en). Net als bij andere rechercheonderzoeken moeten de in te zetten onderzoeksmiddelen bij cyberincidenten voldoen aan de principes voor proportionaliteit en subsidiariteit:

- *Proportionaliteit*; er dient een evenredigheid te zijn tussen het beoogde doel en de geschonden rechtsbelangen van personen (evenredigheid van doel en middelen).
- *Subsidiariteit*; er dient een gematigdheid te worden gevolgd bij de inzet van middelen en methoden. Er dient altijd gekozen te worden voor het minst ingrijpende middel.

De gebruikte methoden en het handelen van betrokken onderzoekers, systeembeheerders of particuliere onderzoeksbureaus, moet dus zeer zorgvuldig gebeuren en in overeenstemming zijn met wat in het maatschappelijk verkeer mag worden verwacht. Bij ieder onderzoek is de bescherming van privacy en persoonlijke levenssfeer van betrokken personen belangrijk. De onderzoekers en betrokken organisaties moeten onder meer voldoen aan de Wbp.

6.5   Bescherming van persoonsgegevens bij onderzoeken

Deze paragraaf geeft op hoofdlijnen een uiteenzetting van de Wet bescherming persoonsgegevens (Wbp) voor zover relevant bij het onderzoeken van cyberincidenten. Vooral op welke wijze persoonsgegevens mogen worden verzameld wordt beschreven. Daarvoor worden zowel de verwerking van persoonsgegevens van eigen werknemers als van externen van wie wordt vermoed dat ze een bepaalde vorm van cybercrime hebben gepleegd, behandeld.

In bijlage I bevat een controlelijst om te toetsen of wordt voldaan aan de Wbp bij het onderzoeken van cybercrime of het monitoren van bedrijfsnetwerken.

6.5.1   Reikwijdte Wbp

De Wbp is van toepassing op iedere verwerking van persoonsgegevens. In de Wbp staat een rechtmatige en zorgvuldige omgang met persoonsgegevens voorop. De reikwijdte van de Wbp wordt onder meer bepaald door een tweetal definities uit deze wet, *'persoonsgegevens'* en *'verwerken'*.

Onder een persoonsgegeven wordt verstaan: *'elk gegeven betreffende een geïdentificeerd of identificeerbare natuurlijke persoon'*.

Dit betekent dat ook in het geval dat een combinatie van gegevens kan leiden tot een identificeerbaar persoon, er sprake is van een persoonsgegeven. Het uitgangspunt is dat wanneer zonder onevenredige inspanning de identiteit van de persoon kan worden vastgesteld, er sprake kan zijn van persoonsgegevens.

Onder verwerken wordt verstaan: *'elke handeling of elk geheel van handelingen met betrekking tot persoonsgegevens, waaronder in ieder geval het verzamelen, vastleggen, ordenen, bewaren, bijwerken, wijzigen, opvragen, raadplegen, gebruiken (............) of vernietigen van persoonsgegevens'*.

6.5.2   IP-adres als persoonsgegeven

In het omgaan met cybercrime moet een IP-adres in principe worden aangemerkt als een persoonsgegeven. Daarom zijn bij de verzameling, opslag en verwerking van IP-adressen meestal de rechten en plichten van de Wbp van toepassing. Op Europees niveau lijkt eenzelfde lijn gevolgd te worden. Indien de identiteit van een persoon herleidbaar is op basis van zijn IP-adres, zal in beginsel worden aangenomen dat het gaat om een beschermd persoonsgegeven.

Een recente uitspraak van het College bescherming persoonsgegevens over de toelaatbaarheid van een zogenaamde "*IP-checker*" onderstreepte dit. Het CBP stelde in deze zaak dat het IP-adres weliswaar niet altijd door eenieder herleidbaar is tot een individueel persoon, maar dat het toch een persoonsgegeven is, omdat een derde – bijvoorbeeld de internetprovider – eenvoudig de identiteit van de gebruiker kan achterhalen. Hetzelfde geldt voor een bedrijf, dat op basis van interne gegevens vaak makkelijk kan achterhalen welke werknemer bij het betreffende IP-adres hoort.

Een IP-adres hoeft niet altijd als een beschermd persoonsgegeven te worden aangemerkt. Zo zijn groepen van IP-adressen gekoppeld aan het land van afkomst, geen persoonsgegevens.[92] Een dergelijke koppeling stelt beheerders van webpagina's in staat om hun websites zo in te stellen dat de gepresenteerde informatie automatisch in de taal van de gebruiker wordt weergegeven. Omdat deze koppeling van IP-adressen aan de voertaal van de gebruiker niet tot gevolg heeft dat de identiteit van deze persoon direct herleidbaar is, worden deze gegevens niet beschouwd als beschermde persoonsgegevens.

6.5.3   Doelbinding en rechtmatige grondslag

De Wbp kent het beginsel van doelbinding waardoor de verantwoordelijke voor de verwerking, de persoonsgegevens slechts voor welbepaalde, uitdrukkelijk omschreven en gerechtvaardigde doeleinden mag verwerken. Daarnaast mogen de persoonsgegevens niet verder worden verwerkt op een wijze die onverenigbaar is met het doel of de doeleinden waarvoor ze zijn verkregen (art.7 en 9 Wbp). Het principe van doelbinding betekent dat voordat persoonsgegevens worden verwerkt, de verantwoordelijke voor de gegevensverwerking de plicht heeft concrete doeleinden voor de verwerking(en) te formuleren.

Naast het beginsel van doelbinding moet dat het doel ook gerechtvaardigd zijn. Een gerechtvaardigd doel is limitatief omschreven in artikel 8 Wbp als:
a. met ondubbelzinnige toestemming van betrokkenen,
b. noodzakelijk voor de uitoefening van een overeenkomst,
c. noodzakelijk voor het nakomen van een wettelijke verplichting,
d. noodzakelijk ter vrijwaring van een vitaal belang,
e. noodzakelijk voor een goede vervulling van een publiekrechtelijke taak en
f. noodzakelijk voor de behartiging van het gerechtvaardigde belang.

Alleen als de verwerking van persoonsgegevens op één van deze gronden kan worden gebaseerd, is de verwerking gerechtvaardigd.

---

[92] Uitspraak CBP 19 maart 2001, kenmerk z2000-0340: www.cpbweb.nl/documenten/uit_z2000-0340.stm

Omgaan met Cybercrime

De verwerking van persoonsgegevens bij een forensisch of rechercheonderzoek vindt vooral plaats in verband met de interne controle en beveiliging netwerksystemen, computersystemen, communicatieapparatuur en de toegangscontrole van informatiesystemen en gebouwen. Bijlage I geeft een lijst van gegevens die voor dit doel is gerechtvaardigd om vast te leggen (art. 33, 34 en 35 Vrijstellingsbesluit).

6.5.4   Bewaartermijnen

Persoonsgegevens mogen niet langer worden bewaard in een vorm die het mogelijk maakt betrokkenen te identificeren, dan noodzakelijk is voor het doel (art. 10 Wbp). Voor documenten waarin persoonsgegevens staan, geldt hierbij een verjaringstermijn. Dat betekent dat ze na een bepaalde periode vernietigen moeten worden. In het algemeen geldt hiervoor een periode van uiterlijk 2 jaar.

Volgen werknemers

Bij het volgen van werknemers moeten persoonsgegevens (in bijvoorbeeld logbestanden) zijn verwijderd uiterlijk *6 maanden* nadat zij zijn verkregen dan wel twee jaren nadat het dienstverband of de werkzaamheden van de werknemer zijn beëindigd (art. 32 lid 6 Vrijstellingsbesluit).

Vastleggen gegevens externen

Bij het monitoren van externe personen (zoals het vastleggen van gegevens van websitebezoekers) met het oog op het achterhalen van mogelijke strafbare gedragingen, is het aan te bevelen de verwerking direct te vernietigen zodra deze niet meer nodig is voor een onderzoek. Indien de persoonsgegevens zijn verwijderd is niet langer sprake van een verwerking in de zin van de Wbp.

De vernietigingstermijn voor persoonsgegevens van cliënten van juridische dienstverleners, accounts of particuliere recherchebureaus is uiterlijk *2 jaar nadat de behandeling van een zaak is stop gezet* (56).

Bewaarplicht voor telecomgegevens

Telecomaanbieders vallen bovendien onder de Wet bewaarplicht. Dit verplicht hen om allerlei gegevens over klanten te bewaren gedurende *1 jaar* nadat deze zijn gegenereerd.[93]

Het Agentschap Telecom houdt hierop toezicht en kan bestuurlijke boetes oplopend tot € 250.000,-- opleggen.

---

[93] Ondanks de kosten en privacy aspecten overweegt de overheid om de termijn van 1 jaar uit te breiden.

De Wet bewaarplicht bevat een bijlage die vastlegt welke gegevens te registeren. Daarbij geldt dat alleen die klantgegevens en loggegevens hoeven te worden bewaard die automatisch in de systemen ontstaan bij het leveren van de telecomdiensten.[94]

6.5.5 Melding bij het College Bescherming Persoonsgegevens

De verantwoordelijke voor de verwerking van persoonsgegevens is in principe verplicht de geheel of gedeeltelijk geautomatiseerde verwerking van persoonsgegevens te melden bij het CBP alvorens met de verwerking wordt gestart (art.27 Wbp). Er hoeft geen melding te worden gedaan als het zogenaamde Vrijstellingsbesluit van toepassing is (57). Veel voorkomende verwerkingen van persoonsgegevens waarvan het bestaan algemeen bekend mag worden verondersteld, en waarvan inbreuk op de privacy onwaarschijnlijk wordt geacht, zijn in het Vrijstellingsbesluit vrijgesteld van melding bij het CBP.

Op basis van deze verplichting moet een particulier recherchebureau echter wél zijn aangemeld bij het CBP. Dit omdat in principe bij ieder onderzoek de verwerking van persoonsgegevens kan plaatsvinden waarbij de kans bestaat dat er een ernstige inbreuk op de persoonlijke levenssfeer ontstaat.

6.5.6 Informatieplicht en rechten betrokkenen

De verantwoordelijke voor de verwerking van de persoonsgegevens is verplicht de betrokkene te informeren over het feit dat er gegevens over hem worden vastgelegd. De betrokkene moet worden geïnformeerd over (art.33 en 34 Wbp):
- welke persoonsgegevens over hem worden verwerkt;
- met welk doel deze gegevens worden verwerkt;
- wie de ontvangers zijn van zijn persoonsgegevens, en
- welke rechten hij kan uitoefenen tegen het feit dat er persoonsgegevens van hem worden verwerkt.

De informatie van de betrokkene mag plaatsvinden (art.34 lid 1 Wbp):
a. op het moment van vastlegging van hem betreffende gegevens, of
b. wanneer de gegevens bestemd zijn om te worden verstrekt aan een derde, uiterlijk op het moment van de eerste verstrekking.

Tijdens een rechercheonderzoek zal het vaak onwenselijk zijn om de betrokkene in een vroegtijdig stadium te alarmeren. Onder art.34 lid 1 sub b is het mogelijk om het informeren uit te stellen tot dat het onderzoeksrapport voor het eerst

---

[94] https://hostingrecht.nl/diensten/juridisch-advies/toezichthouders-en-wettelijke-plichten/bewaren-volgens-de-bewaarplicht/

wordt overhandigd aan de opdrachtgever. Eventueel kan opschorting van de
informatieplicht plaatsvinden op grond van de opsporing van strafrechtelijke
feiten (art.43 sub b en d Wbp).

Naast het recht om geïnformeerd te worden heeft degene van wie
persoonsgegevens worden verwerkt recht op inlichtingen, inzage, correctie en
verzet. De informatieplicht van de verantwoordelijke voor de
gegevensbescherming is dus tevens een recht van de betrokkene.

6.5.7 Beveiliging persoonsgegevens

De verantwoordelijke voor de gegevensverwerking is op basis van de Wbp ook
verplicht de persoonsgegevens te beveiligen. De Wbp spreekt van 'passende
technische en organisatorische maatregelen' tegen verlies of tegen enige vorm
van onrechtmatige verwerking (art.13. Wbp). Het begrip 'passend' impliceert
enerzijds dat de beveiliging in overeenstemming moet zijn met de stand van de
techniek, anderzijds dat de proportionaliteitseis geldt. De proportionaliteitseis
houdt in dat hoe gevoeliger de gegevens zijn, des te zwaardere eisen kunnen
worden gesteld aan de beveiliging van de gegevens. Het CBP heeft richtlijnen
opgesteld in de brochure *'Beveiliging van persoonsgegevens'* (31).

Voor de verwerking van persoonsgegevens bij een rechercheonderzoek naar een
cyberincident, kan het beste een zo hoog mogelijke beveiliging worden nageleefd.
Maatregelen dienen ten minste te voldoen aan het niveau van Wbp risicoklasse II.
Systemen waarop de verwerking plaatsvindt dienen te zijn versleuteld (encryptie)
en voorzien van sterke toegangscontrole (authenticatie met token en
wachtwoord/pincode/certificaat). Onderzoeksverslagen en andere bestanden ten
aanzien van het onderzoek kunnen bovendien het beste ook nog eens apart
worden versleuteld.

6.6 Volgen werknemers bij vermoeden van cybercrime

Verschillende vormen van cybercrime kunnen (bewust of onbewust) worden
veroorzaakt door het computergebruik van eigen medewerkers. Door het
oneigenlijk gebruik van het bedrijfsnetwerk, e-mail- of internetfaciliteiten kan het
bedrijf bijvoorbeeld schuldig zijn aan het inbreken op websites van anderen, het
zich op een ongeoorloofde wijze toegang verschaffen tot afgeschermde
informatie of het verspreiden van malware. Werkgevers kunnen overgaan tot het
preventief monitoren van het gebruik van de bedrijfsnetwerken en de gegevens
hierover vastleggen om de beveiligingsrisico's te beheersen.

Een werkgever en een werknemer dienen zich ten opzichte van elkaar te gedragen
als een goed werkgever en een goed werknemer (artikel 7:611 Bw). Een
werknemer heeft op zijn werkplek bovendien recht op de bescherming van zijn

privacy. In deze paragraaf wordt uitgelegd op welke wijze een werkgever het computergebruik van zijn medewerkers rechtmatig kan volgen, zonder in strijd met de Wbp te handelen.

6.6.1 Gedragscode

De Wbp stelt dat betrokkenen zijn geïnformeerd over de persoonsgegevens die een verantwoordelijke voor de gegevensverwerking van hen tot zijn beschikking heeft, met welk doel deze gegevens worden verwerkt, dat de gegevensverwerking gerechtvaardigd is en dat de betrokkenen weten welke rechten zij tegen deze gegevensverwerking kunnen uitoefenen. Het zonder medeweten van de betrokkenen verwerken van persoonsgegevens is niet toegestaan. In het geval een werkgever wenst over te gaan tot het monitoren van zijn bedrijfsnetwerk, met bijvoorbeeld als doel het beperken van de beveiligingsrisico's, zal hij op grond van de Wbp maatregelen moeten treffen.

Door het structureel monitoren en volgen van het netwerkverkeer op het bedrijfsnetwerk worden de gedragingen van werknemers op het internet, evenals het e-mailgebruik inzichtelijk gemaakt. In het geval het doel van het controleren inderdaad het minimaliseren van beveiligingsrisico's is, die als gevolg van het handelen van werknemers kunnen ontstaan, betekent dit echter nog niet dat het gedrag van de werknemers continu mag worden gevolgd. Het stelselmatig volgen of waarnemen van activiteiten van een persoon waarbij een inbreuk op de persoonlijke levenssfeer optreedt, is een opsporingstaak en daarmee voorbehouden aan bevoegde autoriteiten (49).

De werkgever kan wel systematische steekproeven houden. Het systematisch steekproefsgewijs volgen van medewerkers is toegestaan onder de Wbp. Om de privacy van de werknemers te beschermen kan de monitoring: (i) het beste zijn geautomatiseerd, (ii) alleen geanonimiseerde netwerkverkeersgegevens opslaan en (iii) de controle zijn beperkt tot eenduidig doel.

De werkgever moet zijn werknemers informeren over het gebruikte volgsysteem. Om aan deze informatieplicht te voldoen adviseert het CBP een 'Gedragscode Internet en e-mail gebruik' op te stellen (58). De werkgever kan de werknemers in een gedragscode tegelijkertijd wijzen op de rechten die kunnen worden uitgeoefend en dat de verzamelde gegevens, in het geval van een vermoeden van het plegen van een strafbaar feit, worden gebruikt voor het doen van aangifte. Daarnaast kan in een loginbanner (aanmeldboodschap) worden vermeld dat alleen geautoriseerde gebruikers toegang tot het systeem hebben en dat handelingen kunnen worden gevolgd, opgeslagen en gebruikt voor aangifte bij de politie.

Bijlage I geeft een lijst van informatie die de werkgever aan zijn medewerkers moeten verstrekken, bijvoorbeeld in een gedragscode.

6.6.2 Vermoeden van een strafbare gedraging

Als na controle via systematische steekproeven het vermoeden bestaat dat een bepaalde werknemer zich schuldig maakt aan het plegen van een strafbaar feit of het onrechtmatig gebruik van het bedrijfscomputernetwerk, kan de werkgever de medewerker onderwerpen aan een nader onderzoek. Hierover hoeft de werkgever de betreffende werknemer niet direct of specifiek in te lichten. De Wbp voorziet namelijk in de uitzondering op de informatieplicht ten behoeve van de voorkoming, opsporing en vervolging van strafbare feiten (art.43 sub b Wbp).

Het vermoeden van een strafbare gedraging rechtvaardigt het voor een langere (afgebakende) tijd volgen van de medewerker door de werkgever. De werkgever heeft *niet* de plicht om de betreffende werknemer te informeren over het feit dat er op basis van het vermoeden een nadere controle wordt uitgevoerd. Het is echter wel aan te bevelen in een gedragscode op te nemen dat in het geval van een vermoeden van een onrechtmatige gedraging bestaat, de werknemer voor een bepaalde periode continu kan worden gevolgd.

Bij een vermoeden van een strafbare gedraging kan de werkgever ook het beginsel van de verenigbare doeleinden buiten toepassing verklaren. Dit betekent dat als de verwerking van persoonsgegevens dient voor het minimaliseren van beveiligingsrisico's of worden gebruikt voor het opsporen van een strafbaar feit, dit niet in strijd is met de Wbp.

Tot slot houdt de uitzonderingsbepaling (art.43 Wbp) in dat de werkgever geen gehoor hoeft te geven aan een verzoek van de werknemer om inlichtingen of inzage.

6.6.3 Rol van de Ondernemingsraad

Op basis van de Wet op de Ondernemingsraden (WOR) heeft de werkgever instemming van de ondernemingsraad (OR) nodig om maatregelen te kunnen treffen met het oog op het gebruik en omgang van persoonsgegevens (59). Het instemmingsrecht van de OR is ook van toepassing als de werkgever wenst over te gaan op het controleren van het gedrag van zijn werknemers (art.27 lid 1 sub k en l WOR). In het geval de regeling over de controle van het computergebruik zonder de goedkeuring van de OR door de werkgever wordt doorgevoerd, kan de OR deze regeling nietig verklaren (art.27 lid 5 WOR).

6.7   Vastleggen gegevens externen

In de vorige paragraaf is specifiek aandacht besteed aan het volgen van werknemers met als doel de beveiligingsrisico's die ontstaan als gevolg van het oneigenlijke gebruik van het bedrijfsnetwerk door eigen werknemers te beperken. Echter beveiligingsrisico's kunnen natuurlijk ook van buitenaf ontstaan.

Als een organisatie persoonsgegevens van externen (structureel) verwerkt, bijvoorbeeld van websitebezoekers, is de verantwoordelijke van de organisatie verplicht om de beginselen en randvoorwaarden van de Wbp te respecteren. Dit betekent dat er sprake moet zijn van een concreet en gerechtvaardigd doel voor de verwerking en dat de verwerking in principe gemeld moet worden bij het CBP (art.27 Wbp). Vervolgens moeten de externen worden geïnformeerd over het doel van de gegevensverwerkingen, of deze gegevens worden doorgegeven aan derden en de rechten die in het kader van de Wbp kunnen worden uitgeoefend. Het informeren kan bijvoorbeeld via een - goed zichtbare - privacy-statement op de website of als vermelding in een inlogscherm. [95]

Onder artikel 8 van de Wbp mogen persoonsgegevens van externen niet zonder meer worden verwerkt. Dit betekent dat bijvoorbeeld IP-adressen van websitebezoekers niet zomaar mogen worden vastgelegd omdat de IP-adressen kunnen zijn aangemerkt als een persoonsgegeven. Dit staat op gespannen voet met de behoefte om bijvoorbeeld alle websitebezoekers te registeren in logbestanden om eventueel misbruik te kunnen opsporen. Zolang er een redelijk belang is, zoals het voorkomen van cyberaanvallen op (de werking van) de website of het (bedrijfs)netwerk, is het vastleggen toegestaan. Aandachtspunten hierbij blijven wel de gehanteerde bewaartermijn en toegang tot de logbestanden.

Als er gegevens worden verwerkt met het oog op het detecteren en eventueel doen van aangifte van cybercrime, verdient het aanbeveling om dit expliciet in het privacy-statement op te nemen. Hiermee wordt voldaan aan de plicht om de betrokkene te informeren over de gegevensverstrekking aan derden.
Ook hier geldt dat als de organisatie de persoonsgegevens slechts verwerkt als gevolg van verdenking van een strafbaar feit, het beginsel van de verenigbare doeleinden, de plicht om de betrokkenen te informeren en het recht op inlichtingen, buiten toepassing kan worden verklaard door de verantwoordelijke van de gegevensverwerking.

---

[95] Met de invoering van verwachte nieuwe Europese regelgeving komt de verplichting om de verwerking vooraf te melden bij het CBP waarschijnlijk te vervallen en wordt in plaats daarvan het melden van datalekken verplicht gesteld.

6.8 Verantwoordelijkheden en taken

Er zijn bij het uitvoeren van een forensisch of rechercheonderzoek verschillende functie/rollen betrokken. Hun taken worden hierna op hoofdlijnen weergegeven. Uiteraard is dit overzicht niet limitatief en sterk afhankelijk van de situatie zelf. De belangrijkste eigenschappen die alle betrokkenen dan ook moeten bezitten zijn onder andere gezond verstand, integriteit, relativerend vermogen, en analytisch om zodoende vertrouwelijk, flexibel en doortastend te kunnen optreden.

De betrokkenheid van een bedrijfscontinuïteit manager of crisismanagement organisatie bij een incidentopvolging blijft hier verder buiten beschouwing van de forensische voorbereiding op incidenten.

Directie

Alle bedrijfsactiviteiten vinden uiteindelijk plaats onder de verantwoordelijkheid van een directie. Dit betreft ook het uitvoeren van eventuele onderzoeken naar beveiligings- of integriteitsincidenten. De directie moet:

- het beleid ten aanzien van beveiligings- of integriteitsincidenten goedkeuren;
- bij ernstige incidenten de te nemen acties sanctioneren;
- het nemen van strafrechtelijke stappen sanctioneren;
- coördineren bij escalatie die de leveringszekerheid of gereguleerde taken ernstig in gevaar brengen;
- toezien op een eerlijke bejegening van alle betrokkenen;

Corporate Information Security Officer

Een Security Manager of CISO is mogelijk de plek om de verantwoordelijkheid voor alle forensische of rechercheonderzoeken binnen het bedrijf bij te beleggen. Hij moet beslissingsbevoegd zijn voor het starten en afhandelen van onderzoeken. Hij dient onder meer:

- de directie en betrokken leidinggevenden/managers te adviseren;
- te escaleren naar het CMT als de beschikbaarheid ernstig in gevaar komt;
- prioriteiten toekennen aan verschillende beveiligingsincidenten;
- opdracht te geven tot het starten van een onderzoek;
- een registratie bij te houden van alle beveiligings- of integriteitsincidenten;
- de correcte uitvoering van een onderzoek te borgen en hierop toe te zien;
- een onderzoeksdossier en -verslag aan te leggen;
- toe te zien op een proportioneel en subsidiair gebruik van onderzoeksmethoden en –middelen;
- toe zien op de compartimentering en geheimhouding van het onderzoek;
- informeren van, en communiceren en afstemmen met autoriteiten;
- het namens het bedrijf doen van aangifte;
- het informeren van de ondernemingsraad;
- het informeren en confronteren van de betrokkene personen.

Leidinggevende/manager

De leidinggevende (van de betrokken persoon waar naar onderzoek wordt verricht) kan betrokken worden door de directie óf een security manager. Hij is de eerste verantwoordelijke voor het toezien op het functioneren van de betrokken persoon waar naar een onderzoek wordt ingesteld. De leidinggevende moet eventueel ingrijpen als de omstandigheden dit vereisen. De leidinggevende dient onder meer:
- mee te werken aan onderzoeken;
- disciplinaire stappen uit te voeren;
- betrokken personen te informeren.

Hoofd juridische zaken

Het hoofd van juridische zaken kan betrokken worden door de directie, een security manager, óf leidinggevende om de juridische gevolgen te bespreken of uit te voeren. De rol is ondersteunend en bestaat uit onder meer:
- adviseren van de directie, security managers en betrokken leidinggevenden;
- uitvoeren van juridische stappen;
- het ondersteunen en communiceren in civiel- of strafrechtelijke procedures.

HRM manager

De HRM manager kan betrokken worden door de directie, een security manager, óf leidinggevende om de personele gevolgen te bespreken of uit te voeren. De rol is ondersteunend en bestaat uit onder meer:
- adviseren van de directie, security managers en betrokken leidinggevenden;
- uitvoeren van disciplinaire stappen;
- het ondersteunen in civiel- of strafrechtelijke procedures.

ICT manager

De ICT manager kan betrokken worden door de directie óf een security manager om de ICT gevolgen te bespreken of uit te voeren.
De rol is ondersteunend en bestaat uit onder meer:
- adviseren van de directie, security managers en forensisch onderzoekers;
- het beschikbaar stellen van systeembeheerders en onderzoeksfaciliteiten;
- prioriteiten toekennen aan verschillende ICT herstelactiviteiten;
- handhaven van integere (niet-gecompromitteerde/geïnfecteerde) beveiligingskopieën van gegevens (*backups*) en uitwijkvoorzieningen;
- coördineren en uit laten voeren van insluitende, stoppende of herstellende ICT beveiligingsmaatregelen;
- coördineren en uit laten voeren van herstelactiviteiten en uitwijkprocedures;
- documenteren van alle uitgevoerde (stoppende of herstelde) handelingen.

Omgaan met Cybercrime

Systeembeheerder

De systeembeheerder kan betrokken worden door de directie óf een security manager om de noodzakelijke handelingen voor het veiligstellen van digitale sporen uit te helpen voeren. Daarnaast kan de systeembeheerder worden gevraagd om beveiligingsmaatregelen te treffen (zoals het blokkeren van gebruikersaccount of internettoegang). De rol is ondersteunend en bestaat uit onder meer:

- identificeren van mogelijk betrokken apparatuur en ICT voorzieningen;
- veilig helpen stellen van digitale sporen op de PVI;
- maken van forensische kopieën van apparatuur en gegevensdragers;
- verpakken en transporteren van apparatuur of in beslag te nemen goederen;
- acquisitie van logbestanden en relevante gegevens van centrale ICT voorzieningen zoals firewalls, routers, fileservers en e-mailsystemen;
- uitvoeren van insluitende, stoppende of herstellende ICT beveiligingsmaatregelen;
- uitvoeren van herstelactiviteiten of uitwijkprocedures;
- ondersteunen bij de analyse;
- documenteren van alle uitgevoerde handelingen (onderzoekslogboek).

Particulier onderzoeker

Een (externe) particulier onderzoeker (PO) kan door de directie óf een security manager worden ingeschakeld als aanvullende expertise of capaciteit noodzakelijk wordt geacht. De PO moet werkzaam zijn bij een particulier recherchebureau met een vergunning van het ministerie van Veiligheid en Justitie (POB-vergunning). Daarnaast moet de PO zelf in het bezit zijn van een PO-vergunning afgegeven door de politie. De particulier onderzoeker:

- helpt bij het veiligstellen van (digitale) sporen op de PVI;
- neemt verklaringen op;
- slaat, indien gewenst, in beslag genomen goederen en materiaal op;
- voert een analyse uit op forensische kopieën en aan apparatuur;
- documenteert en rapporteert objectief en feitelijk aan de opdrachtgever.

7 Vervolgstappen

Welke mogelijkheden heef een organisatie als zij vermoedt of constateert dat zich een bepaalde vorm van cybercrime heeft voorgedaan? Dit hoofdstuk gaat hierop in en geeft aanwijzingen voor het doen van aangifte.

7.1 Omgaan met een beveiligingsincident

De wijze waarop een organisatie omgaat met beveiligingsincidenten is in eerste instantie de eigen verantwoordelijkheid van de organisatie. Echter het kan zijn dat de organisatie verplicht is om bepaalde acties te nemen, zoals bij een ernstige inbreuk op persoonsgegevens. Ook als er strafbare feiten zijn gepleegd kan het zijn dat het Openbaar Ministerie zelf besluit om een onderzoek in te stellen.

Een organisatie die slachtoffer wordt van cybercrime moeten dus besluiten hoe hiermee wordt omgegaan. Aangifte is slechts één van de mogelijke acties. Er kan mogelijk ook worden volstaan met alleen het doen van een melding of een civiele procedure. Vaak vinden slachtoffers van cybercrime het genoeg om alleen de schade te beperken en te herstellen en om herhaling te voorkomen door beveiligingsmaatregelen aan te scherpen.

> *Doe bij vermoedens van cybercrime altijd aangifte. Schakel voor strafrechtelijke procedures direct de autoriteiten (politie) in. Schakel bij twijfel deskundige hulp in, bijvoorbeeld van een beveiligingsadviesbureau of een particulier recherchebureau.*

Vijf keuzemogelijkheden waarop een organisatie kan omgegaan met een beveiligingsincident zijn:
1. herstellen van de schade en aanscherpen van beveiligingsmaatregelen;
2. doen van melding;
3. strafrechtelijke procedure (aangifte doen);
4. civielrechtelijke procedure;
5. disciplinaire procedure.

Omgaan met Cybercrime

De genoemde mogelijkheden sluiten elkaar niet uit. In veel gevallen zal een combinatie van stappen mogelijk zijn. Echter is de volgorde waarin de stappen worden uitgevoerd essentieel voor de effectiviteit waarmee bijvoorbeeld nog digitale sporen kunnen worden gevonden of voor de kans op een succesvolle opsporing en vervolging.

7.1.1 Herstellen van de schade

In veel gevallen kiest een organisatie ervoor om haar beveiligingsmaatregelen aan te scherpen, in combinatie met het zo snel mogelijk herstel van de schade. Hierbij is de kans groot dat gegevens die noodzakelijk zijn om de cybercrime vast te stellen en/of noodzakelijk zijn voor een eventueel strafproces worden gewist. Te snel besluiten tot het herstellen van de schade, kan een eventueel strafrechtelijke of civielrechtelijke procedure belemmeren of zelfs onmogelijk maken.

<u>Responsible Disclosure</u>

In januari 2013 heeft de Nederlandse overheid richtlijnen gepubliceerd hoe bedrijven kunnen omgaan met ethische hackers die beveiligingslekken willen melden (60). Dit staat bekend onder de term *'responsible disclosure'* wat zo veel inhoud als het op een verantwoorde wijze en in gezamenlijkheid tussen melder en organisatie openbaar maken van ICT-kwetsbaarheden.

Uiteraard blijft een organisatie zelf verantwoordelijk voor de eigen ICT-veiligheid en de wijze van omgaan met een incident. Echter organisaties kunnen zo ver gaan door op hun website te vermelden dat ze het verantwoord melden van lekken en beveiligingsproblemen ondersteunen. Zo weten ethische hackers dat er op hun meldingen goed wordt gereageerd. Het Nationaal Cyber Security Center kan hierbij een faciliterende rol spelen.

De richtlijnen adviseren organisaties om een ontvangstbevestiging van de melding aan de melder te sturen en om in contact te treden over het verdere proces. De organisatie houdt de melder en overige betrokkenen op de hoogte van de voortgang van het proces.

Overigens nemen de richtlijnen niet de verantwoordelijkheid van het Openbaar Ministerie weg om alsnog zelf een onderzoek in te stellen als daar reden toe is. Het betreft hier slechts richtlijnen met de intentie om de ICT-beveiliging te helpen verbeteren. Computercriminaliteit blijft strafbaar.

De richtlijnen bieden een kader voor de verantwoorde openbaarmaking van ICT-kwetsbaarheden. Ethische hackers (de 'melder') zal een melding op een vertrouwelijke manier en zo snel als mogelijk doen, om te voorkomen dat kwaadwillenden de kwetsbaarheid ook vinden en er misbruik van maken.

Daarnaast worden melders geacht op een evenredige wijze te handelen. Zo mogen de volgende activiteiten niet worden toegepast:

- het hacken van systemen via social engineering;
- het via "bruteforce" verkrijgen van toegang tot systemen;
- het plaatsen van een backdoor in informatiesystemen;
- het verder uitnutten dan strikt noodzakelijk is om een lek vast te stellen;
- het kopiëren, wijzigen of verwijderen van gegevens van het systeem;
- het aanbrengen van veranderingen in het systeem;
- het herhaaldelijk toegang tot het systeem verkrijgen;
- het delen van de toegang met anderen.

De organisatie bepaalt in overleg met de melder de termijn waarop een eventuele bekendmaking van de kwetsbaarheid zal plaatsvinden. Een standaardtermijn die kan worden gehanteerd voor kwetsbaarheden in software is 60 dagen. Het verhelpen van kwetsbaarheden in hardware is lastiger te realiseren, hierbij kan een redelijke standaardtermijn van 6 maanden worden gehanteerd. Bij het openbaar maken kan de organisatie de melder credits geven, als de melder dat wenst, voor het doen van de melding.

7.1.2   Doen van melding

Slachtoffers kunnen er voor kiezen om alleen melding te doen bij de autoriteiten of wel de politie. Een melding kan ook gedaan worden bij het Nationale Cyber Security Centrum (NCSC). Zij ondersteunen de Rijksoverheid en organisaties met een vitale functie in de samenleving met expertise en advies, response op dreigingen en het versterken van de crisisbeheersing. Het NCSC is daarmee het centrale meld- en informatiepunt voor ICT-dreigingen en –veiligheidsincidenten van de overheid.

Van een melding wordt geen proces-verbaal opgemaakt. Bij een melding van cybercrime wordt in principe ook géén opsporingsonderzoek ingesteld. Toch kan de politie en het Openbaar Ministerie besluiten zelf een onderzoek in te stellen en tot vervolging over te gaan als ze daartoe aanleiding zien.

Merk op dat het doen van een melding bij de politie niet hetzelfde is als eventuele andere wettelijke verplichtingen om een incident te melden. Zo geldt voor aanbieders van openbare communicatienetwerken of openbaar beschikbare elektronische communicatiediensten (ISP's) een meldplicht vanuit de Europese Unie richtlijn 2009/140/EG om de bevoegde nationale regelgevende instantie in kennis te stellen van elke inbreuk op de veiligheid of elk verlies van integriteit die een belangrijke impact had op de exploitatie van netwerken of diensten. In Nederland betekent dit dat het ministerie van EL&I moet worden ingelicht.

Omgaan met Cybercrime

Daarnaast geldt vanuit de Telecomwet (art.11.3 Tw) een meldplicht voor datalekken voor aanbieders van openbare elektronische communicatiediensten in geval van een inbreuk in verband met persoonsgegevens. Bij een inbreuk in verband met persoonsgegevens met waarschijnlijk ongunstige gevolgen, zal de aanbieder betrokken abonnees en het CBP hiervan direct in kennis moeten stellen.

Het melden van cybercrime levert een substantiële bijdrage aan het inzichtelijk maken van deze vorm van criminaliteit. De meldingen leveren tevens een bijdrage aan de beleidsformulering van diverse (overheids)instanties.

7.1.3   Strafrechtelijke procedure (aangifte doen)

Als een organisatie wenst dat een opsporingsonderzoek plaatsvindt, zal aangifte moeten worden gedaan bij de plaatselijke politie. Een aangifte is een juridisch formele melding van een strafbaar feit aan de politie. De politie maakt hiervan een proces-verbaal op. De beslissing om ook vervolging in te stellen ligt bij het Openbaar Ministerie en zal worden bepaald door de Officier van Justitie.

Bij het doen van aangifte volgt een strafrechtelijke procedure waarbij mogelijk gegevens over de zaak openbaar worden. Bovendien wordt apparatuur waarop digitale sporen kunnen worden aangetroffen waarschijnlijk uitgeschakeld voor onderzoek. Mogelijk worden deze apparaten voor geruime tijd in beslag genomen. Het is belangrijk dat een organisatie zich dit realiseert en voorbereid is op het ondersteunen van onderzoeken, zoals door het kunnen uitwijken naar schaduwsystemen.

Als besloten wordt om aangifte te doen, dan is het voor opsporing van groot belang dat gegevens niet worden gewijzigd of aangepast. Aanpassing of wijziging van de gegevens kan de opsporing aanzienlijk bemoeilijken, vertragen of zelfs onmogelijk maken. Bij aangifte kan de politie al met een eerste concreet advies komen hoe verder te handelen.

7.1.4   Civielrechtelijke procedure

Als de organisatie de schade vergoed wil krijgen en beschikt over de identiteit van de dader, kan de organisatie kiezen voor een civielrechtelijke procedure. De eis voor schadevergoeding kan ook worden gevoegd in het strafproces, of het strafvonnis kan worden afgewacht waarna de zaak voor schadevergoeding wordt voorgelegd aan een civiele rechter.

Voor een civiele procedure kan het technisch forensisch onderzoek worden uitgevoerd onder eigen verantwoordelijkheid, met in achtneming van de wettelijke kaders, en eventueel met ondersteuning van een particulier recherchebureau of security specialisten uit de private sector.

Wordt gekozen voor een civielrechtelijke procedure - in plaats van aangifte doen bij de politie – dan zal de zaak eveneens in de openbaarheid kunnen komen. Echter de kans dat apparatuur langdurig niet beschikbaar is gedurende het onderzoek is kleiner. Bovendien behoudt de organisatie meer grip op het verloop van de procedure.

7.1.5   Disciplinaire procedure

Als wordt vermoed of blijkt dat het beveiligingsincident is veroorzaakt door een eigen medewerker, kan de organisatie kiezen voor een interne disciplinaire procedure. Voor een interne procedure is het raadzaam om het technische en eventueel rechercheonderzoek, met inachtneming van de wettelijke kaders, te laten uitvoeren door een extern particulier recherchebureau. Hiermee wordt de onafhankelijkheid van het onderzoek onderstreept omdat een particulier recherchebureau gebonden is aan bepaalde richtlijnen.

Wanneer het onderzoek leidt naar de identiteit van de dader en de organisatie wenst op te treden, kunnen disciplinaire maatregelen worden opgelegd of ontslag worden aangezegd. De opgelegde straf of het ontslag zijn afhankelijk van de zwaarte van het incident. Eén en ander moet wel zijn vastgelegd in een bedrijfsreglement of arbeidsovereenkomst en met instemming van de ondernemingsraad plaatsvinden. Daarbij bestaat altijd de kans dat de betrokken persoon zelf een civiel rechtelijke procedure begint tegen de organisatie.

7.2   De organisatie van opsporing en bestrijding

ICT-veiligheid is een beleidsterrein dat niet onder één ministerie ressorteert maar waarin meerdere ministeries rollen, taken en verantwoordelijkheden hebben.

Het ministerie van Veiligheid en Justitie is het belangrijkste ministerie als het gaat om de juridische aanpak en omgang met cybercrime. Het Openbaar Ministerie (OM), de Nationale Politie, de Nationaal Coördinator Terrorismebestrijding en Veiligheid (NCTV) en het Nationaal Cyber Security Centrum (NCSC) vallen onder hieronder.

Het ministerie van Binnenlandse Zaken en Koninkrijksrelaties (BZK) is verantwoordelijk voor de ICT en informatiebeveiliging van de overheid. Daarnaast gaat BZK over de nationale veiligheid. De AIVD valt onder dit ministerie. Zij richten zich op detectie en het onderzoeken van complexe digitale aanvallen die de nationale veiligheid kunnen schaden. Het NBV, onderdeel van de AIVD, ondersteunt de Rijksoverheid bij de beveiliging van bijzondere informatie, zoals staatsgeheimen.

Omgaan met Cybercrime

Het ministerie van Economische Zaken, Landbouw & Innovatie (EL&I) is het vakdepartement voor de telecommunicatiesector. Als zodanig zijn zij in belangrijke mate mede verantwoordelijk voor de wetgeving en het toezicht hierop. Het Agentschap Telecom (AT) en de Onafhankelijke Post en Telecommunicatie Autoriteit (OPTA) vallen onder de verantwoordelijkheid van de minister van EL&I.

Met de oprichting in 2012 van het NCSC volgt Nederland een integrale benadering van cybercrime. In het NCSC werken politie, justitie en bedrijfsleven samen aan de bestrijding van cybercrime. Het NCSC ondersteunt tevens overheidsorganisaties bij de afhandeling van incidenten.

De opsporing van criminaliteit wordt gedaan door de politie. Voor het aanpakken van computercriminaliteit beschikken de meeste regionale eenheden van de Nationale Politie over een Bureau Digitale Expertise (BDE). Deze bureaus ondersteunen lokaal bij de ICT aspecten van vrijwel alle typen van opsporingsonderzoek. Digitale rechercheurs onderzoeken bijvoorbeeld in beslag genomen computers, laptops, mobiele telefoons, smartphones en digitale fotocamera's op sporen die een misdrijf kunnen helpen oplossen.

De Landelijke Eenheid van de Nationale Politie (voorheen het Korps Landelijke politiediensten) richt zich op de aanpak van zware, georganiseerde criminaliteit, bestrijden van grof geweld en terrorisme. Kerntaken van de Landelijke Eenheid zijn het leveren van recherche-expertise en recherche-informatie en het bieden van ondersteuning aan de regionale korpsen met specifieke hulpmiddelen, informatietechnologie en logistieke diensten. Het Nationaal High Tech Crime Unit (NHTCU) is een onderdeel van de Dienst Landelijke Recherche van de Landelijke Eenheid. Dit gespecialiseerde team van digitale rechercheurs onderzoekt vooral vormen van cybercrime waarbij zware en georganiseerde misdaad een rol speelt of als de vorm van cybercrime een (potentieel) ontwrichtend effect heeft op de nationale veiligheid of vitale belangen. Internationale rechtshulpverzoeken op het gebied van cybercrime worden door de NHTCU beoordeeld en in samenspraak met het Landelijk Parket afgehandeld of doorverwezen naar een andere eenheid of opsporingsdienst.

Het Landelijk Parket te Rotterdam van het Openbaar Ministerie houdt zich in het bezig met georganiseerde criminaliteit en heeft een kennis- en expertisecentrum op het terrein van cybercrime, telecommunicatie en digitale opsporing.

Het Nederlands Forensisch Instituut (NFI) verleent diensten aan opdrachtgevers binnen de strafrechtsketen, zoals het OM en de politie. Ook kan een advocaat in een strafzaak, de zaakofficier of de rechter-commissaris verzoeken om het NFI een onderzoek te laten uitvoeren. Het NFI onderzoekt zaken waarin sprake is van een (vermoeden van een) misdrijf.

Bijlage E geeft een selectie van verschillende organisaties die een rol spelen bij de bescherming van informatie en de opsporing en vervolging van cybercrime.

7.3 Het doen van aangifte

Er kan aangifte worden gedaan wanneer een persoon of organisatie constateert of vermoedt dat zich een bepaalde verschijningsvorm van cybercrime heeft voorgedaan welke is aan te merken als een strafbaar feit. Uiteraard moet voor het doen van aangifte informatie beschikbaar zijn - in de vorm van (log)gegevens waaruit het geconstateerde blijkt - op basis waarvan een opsporingsonderzoek door opsporingsambtenaren ingesteld kan worden. Deze gegevens moeten informatie geven over het soort delict, wanneer en waar dit is gepleegd en met eventuele aanwijzing van een dader of daders.

De bepalingen met betrekking tot het doen van aangiften (en klachten) zijn opgenomen in het Wetboek van Strafvordering zijn in Titel I (art.160 e.v.). De bepalingen omvatten niet alleen regels met betrekking tot de vraag wie er aangifte kan doen of wie een aangifte kan opnemen, maar ook dat men in sommige gevallen verplicht is om aangifte te doen. Het wetboek beschrijft bovendien hoe een aangifte moet worden opgenomen (art.163 t/m 166a Sv).

Deze paragraaf geeft beknopt weer wie aangifte kan doen, op welke wijze dit kan gebeuren en bij welke opsporingsambtenaren.

7.3.1 Verplichting en bevoegdheid tot het doen van aangifte

Iedereen die kennis draagt van een strafbaar feit is volgens artikel 161 van het Wetboek van Strafvordering bevoegd tot het doen van aangifte.

In sommige gevallen is men zelfs verplicht om aangifte te doen. Dit is het geval bij sommige, met name genoemde, ernstige misdrijven (art.160 Sv). Hieronder vallen geen misdrijven van cybercrime in enge zin. Echter wanneer ICT voorzieningen worden misbruikt en hierbij vermoedens van een wel met name genoemd ernstig delict bestaat, geldt wél de verplichting tot het doen van aangifte.[96]

---

[96] De verplichting tot het doen van aangifte geldt voor de artikelen 92-110 van het Wetboek van Strafrecht, in Titel VII van het Tweede Boek van dat Wetboek, voor zover daardoor levensgevaar is veroorzaakt, of in de artikelen 287 tot en met 294 en 296 van dat wetboek, van mensenroof of van verkrachting.

7.3.2   Procedure van aangifte

Wanneer aangifte wordt gedaan van cybercrime volgt de politie hierbij een procedure die bestaat uit het opnemen van de aangifte, een vervolggesprek, een technisch onderzoek en een prioritering. Echter de daadwerkelijke stappen die worden doorlopen kunnen hiervan afwijken afhankelijk van de situatie, noodzakelijkheid, beschikbaarheid bij de politie of om een andere reden.

Bij de opname van de aangifte zal aan de aangever - of de eigenaar en/of benadeelde wanneer deze een ander is dan de aangever - om diverse gegevens van het gepleegde feit worden gevraagd De initieel aangeleverde informatie wordt door de politie meegewogen in de beoordeling of de zaak in behandeling wordt genomen (de zogenaamde *case screening*).

Informatie om te verstrekken bij een melding of aangifte zijn:
- Persoonlijke en bedrijfsinformatie van de aangever;
- Omschrijving van het incident;
- Gegevens over het incident en de ondernomen stappen;
- Technische gegevens over de infrastructuur en systemen;
- Technische gegevens over het incident, logbestanden, etcetera.

Bijlage F geeft een uitgebreid overzicht van de mogelijke algemene benodigde en technische gegevens voor het vaststellen en het doen van aangifte.

De aangifte

Aangifte worden gedaan in de eigen woorden. Voor het politieonderzoek is het van groot belang dat ook de kleinste details in de aangifte staan. De aangifte wordt in eerste instantie opgenomen door een opsporingsambtenaar op het politiebureau. Deze opsporingsambtenaar, de verbalisant, heeft algemene basiskennis maar zeer waarschijnlijk geen technisch inhoudelijke kennis over cybercrime. De verbalisant neemt daarom een summiere aangifte op. Hierbij noteert de verbalisant slechts het verhaal van de aangever zonder in te gaan op technische details.

Bij het opnemen van de aangifte zal om informatie worden gevraagd die aansluit bij de wettekst en dus op de elementen van het strafbare feit. Hierbij komen vragen aanbod zoals:
- Betreft het een aangifte tegen een particulier of een bedrijf?
- Zijn er beveiligingsmaatregelen genomen?
- Wat is de geschatte schade (uitgedrukt in geld en immateriële schade)?
- Wat zijn de herstelkosten?
- Is er een beschrijving van de (technische) situatie?
- Is er eventueel al een verdachte bekend?

Na het opnemen van de aangifte stelt de verbalisant indien nodig een digitaal rechercheur van zijn district/regio op de hoogte van de aangifte. Er komen ook steeds meer situaties voor waarbij een digitaal rechercheur direct bij de aangifte betrokken is.

De verbalisant of digitaal rechercheur zal waarschijnlijk het advies aan de aangever geven om alle mogelijk relevante gegevens (zoals logbestanden) te bewaren en om desbetreffende apparatuur uit te zetten en niet te gebruiken totdat een onderzoek is afgerond. Let hierbij op dat het advies van de opsporingsambtenaar niet volledig en juist hoeft te zijn in relatie tot het veiligstellen van digitale sporen! U kent uw eigen systemen het beste. De aangever/eigenaar zal zelf ook alert moeten zijn om mogelijke sporen niet te wissen of aan te passen.

Vervolggesprek met aangever

Voor het verzamelen van relevante technische informatie volgt een gesprek met en/of bezoek aan de aangever door een digitaal rechercheur. Tijdens het bezoek wordt geprobeerd de informatie te verkrijgen die van belang is om te bepalen wat er feitelijk technisch is gebeurd.

De digitaal rechercheur zal onder meer de technische omgeving willen leren kennen zoals de soort omgeving, de gebruikte besturingssystemen en applicaties, de netwerktopologie, koppelingen met (externe) netwerken, soorten gebruikers en de aanwezige beveiligingssystemen en –maatregelen. De rechercheur zal een beeld willen krijgen van de organisatie en de bedrijfsprocessen die schade hebben ondervonden van het cyberincident. Daarnaast zal gevraagd worden om een specificatie van de ondervonden schade, zoals economische schade, verlies van gevoelige of (persoons)gegevens, maatschappelijke impact of het totale verlies aan beschikbaarheid van services (*down time*).

Uiteraard wil de digitaal rechercheur de plaats veiligheidsinbreuk (PVI) zien en vaststellen. Daarnaast zal de rechercheur zich een beeld willen vormen van de acties die al zijn uitgevoerd en handelingen die aan betrokken systemen zijn verricht. Welke systemen zijn gecompromitteerd? Wat zijn dit voor systemen? Wat is hun functies? Hoe en door wie werd geconstateerd dat het systeem is gecompromitteerd?

In sommige situaties kan het voorkomen dat de aanvaller nog actief is op het systeem. Kan de aanvaller dan worden gevolgd? Is het mogelijk om actief te monitoren op de acties die de aanvaller uitvoert? Kan er bijvoorbeeld een netwerktap worden geplaatst? De digitaal rechercheur zal deze mogelijkheid kunnen gebruiken om de identiteit van de dader te achterhalen.

Omgaan met Cybercrime

De verzamelde informatie wordt toegevoegd aan de aangifte. Deze informatie zal worden meegewogen in de beoordeling of de zaak verder in behandeling wordt genomen. Als wordt besloten een strafrechtelijk onderzoek te starten op grond van de aangereikte gegevens volgt het feitelijke technisch onderzoek.

Technisch onderzoek

Het technisch onderzoek zal in het merendeel van de zaken worden uitgevoerd door een digitaal rechercheur, de technische recherche of een taakaccenthouder van een regionaal Bureau Digitale Expertise. Daarnaast kan het onderzoek samen met of door het Nationaal High Tech Crime Team worden verricht.

Bij het technisch onderzoek wordt onder meer onderzoek verricht aan de hand van de aangetroffen gegevensdragers op de PVI. Naast bewijsmateriaal aanwezig bij de aangever kan gedurende het onderzoek ook een verdachte of derde partijen, zoals een internet service provider, in beeld komen.
Paragraaf 6.3 beschrijft de uitvoering van een digitaal forensisch onderzoek.

Prioritering

De kerntaak van het Openbaar Ministerie is de strafrechtelijke handhaving van de rechtsorde. Samen met de politie maakt het OM keuzes: welke zaken moeten worden aangepakt en op welke manier, en of het strafrecht het meest geëigende instrument is in relatie tot een bestuurlijke of een op preventie gerichte aanpak.

Het College van Procureurs-Generaal stelt met instemming van de Minister van Veiligheid en Justitie landelijke prioriteiten vast voor het opsporings- en vervolgingsbeleid. Prioriteiten komen bijvoorbeeld voort uit internationale afspraken of beleid. Op landelijk niveau gaat het om de aanpak van de zware, georganiseerde criminaliteit waar ICT het doelwit is. Deze zaken worden afgedaan door het Landelijk Parket. Daarnaast gaat het om grote zaken, gericht op georganiseerde criminaliteit, waarbij fraude en financiële geldstromen een belangrijke component vormen.

Op bovenregionaal niveau gaat het veelal traditionele vormen van criminaliteit die met behulp van ICT via de digitale weg worden gepleegd. Een groot deel bestaat uit middelzware fraudezaken. Daarnaast is er een categorie niet-fraudedelicten, zoals kinderporno, computerinbraak en/of phishing.

Op regionaal niveau gaat het om zaken waarbij (lokale) ondernemingen of gewone burgers slachtoffer zijn geworden van cybercrime. Dit betekent in de meeste gevallen dat een deel van de zaken vraagt om een lokale aanpak. Het gaat hier om de lichtere zaken en die in hoge mate lokaal gebonden zijn. De lokale/regionale en landelijk vastgestelde prioriteiten spelen een grote rol bij de beoordeling van een aangifte.[97]

7.3.3 Bij wie en waar kan aangifte worden gedaan?

Slachtoffers van een delict, kunnen het beste zo snel mogelijk aangifte doen bij het eigen lokale politiebureau. Met de oprichting van de Nationale Politie – vanaf 2013 - is het echter in principe wel mogelijk overal aangifte te doen. De aangifte kan zowel mondeling als schriftelijk worden gedaan, hetzij door de aangever zelf of door een ander, die door de aangever *schriftelijk* is gemachtigd.

Aangifte kan worden gedaan bij:
- de Officier van Justitie van het arrondissement, waar het feit is gepleegd;
- elke (algemeen) opsporingsambtenaar (politie);
- buitengewoon opsporingsambtenaren die hiervoor opsporingsbevoegdheid hebben verkregen.

Gebruikelijk is dat aangifte bij een algemeen opsporingsambtenaar wordt gedaan. Zij zijn verplicht om de aangiften op te nemen of te ontvangen zoals in artikel 163 van het Wetboek van Strafvordering is gesteld. Normaal wordt aangifte gedaan in de plaats waar het feit heeft plaatsgevonden.

Voor het opnemen van de specifieke technische gegevens is specialistische kennis nodig. Niet iedere opsporingsambtenaar beschikt hierover. Voor ondersteuning kunnen zij een beroep doen op de Technische Recherche, een regionaal Bureau Digitale Expertise of het Team High Tech Crime van de Landelijke Eenheid van de Nationale Politie. Zij kunnen assisteren bij het in te stellen onderzoek of dit onderzoek zelf uitvoeren.

In sommige politieregio's is het mogelijk om telefonisch of digitaal aangifte te doen via het internet.[98] Dit betreft enkel met name genoemde feiten. De 'cybercrime-feiten' horen daar (nog) niet bij.[99] Gelet op de complexiteit van de materie is het raadzaam om mondeling c.q. schriftelijk in persoon aangifte te doen.

Bijlage J geeft een lijst van contactgegevens voor het doen van aangifte of een melding van cybercrime, identiteitsfraude, internetoplichting en enkele andere vormen van criminaliteit of uitingen via het internet.

---

[97] http://www.om.nl/onderwerpen/cybercrime/cybercrimeartikelen/versterking_aanpak/
[98] http://www.politie.nl/aangifte/
[99] In 2010 is een initiatief gestart in de politieregio Flevoland voor het ontwikkelen van een landelijk *digitaal bedrijvenloket cybercrime.*

A. Literatuur

1. **Mroz, Rami J.** *Countering violent extremism; Videopower and cyberspace.* New York : East West Institute, 02-2008. Policy Paper 1/2008.
2. **Richardson, Louise.** *Wat terroristen willen.* 2007.
3. **Zwan, E. van der.** *Grip op ICS Security: Een introductie in de beveiligingsaspecten van industriële controle systemen en netwerken.* sl : QDMsecurity, 2012.
4. **Nationaal Cyber Security Centrum.** *Cybersecuritybeeld Nederland.* Den Haag : NCSC, 2012.
5. **GOVCERT.NL.** *Whitepaper Raamwerk Beveiliging Webapplicaties.* Den Haag : GOVCERT.NL, 11-11-2009.
6. **OWASP.** *Open Web Application Security Project.* [Online] OWASP Foundation, 11 2010. http://www.owasp.org/index.php/Main_Page.
7. **Koops, Bert-Jaap.** *De Code voor Informatiebeveiliging naar Nederlands recht.* sl : Informatiebeveiliging 2003/5, p. 20-24., 2003/5.
8. **Ordina.** *De veiligheidsrisico's van nieuwe internettoepassingen: Een onderzoek naar nieuwe online technologieën en toepassingen in opdracht van NCTV en GOVCERT.NL.* sl : Ordina, 2011.
9. **Nationaal Cyber Security Centrum.** *Beveiligingsrichtlijnen voor mobiele apparaten.* Den Haag : NCSC, 2012.
10. **GOVCERT.NL.** *FACTSHEET FS 2009-05, Afluisteren van GSM-communicatie.* Den Haag : GOVCERT.NL, 2010.
11. **RSA.** RSA 2011 cybercrime trends report. [Online] CYBERC WP 0111, januari 2011. http://viewer.media.bitpipe.com/1039183786_34/1295279253_317/CYBRC_WP_0111-RSA.pdf.
12. **Nationaal Cyber Security Centrum.** *Cloudcomputing & Security.* sl : Nationaal Cyber Security Centrum, 2012.
13. **ASIS.** Cloud Computing and Software as a Service (SaaS). [Online] februari 2010. http://www.asisonline.org/councils/documents/CloudComputingFinal.pdf.
14. **Zwan, E. van der.** *Security gevaren van Online Sociale Netwerken.* [Online] 2012. http://www.qdmsecurity.nl/nl/wp2.
15. **Nationaal Cyber Security Centrum.** *Consumerization en security.* Den Haag : NCSC, 2012.
16. **GOVCERT.NL.** *Whitepaper DNS misbruik, van herkenning tot preventie.* Den Haag : sn, 30-07-2008.
17. —. *IP Versie 6.* Den Haag : GOVCERT.NL, 30-06-2010. v1.1.
18. **ENISA.** A Security Analysis of Next Generation Web Standards. [Online] July 2011. http://www.enisa.europa.eu/act/application-security/web-security/a-security-analysis-of-next-generation-web-standards.

19. **Philips, Ernst Haselsteine en Klemens Breitfuß.** Security in Near Field Communication: Strengths and Weaknesses. [Online] juli 2006. http://events.iaik.tugraz.at/RFIDSec06/Program/papers/002%20-%20Security%20in%20NFC.pdf.

20. **Nationaal Cyber Security Centrum.** *Factsheet Beveilig apparaten gekoppeld aan internet.* Den Haag : NCSC, 2012. FS-2012-07.

21. **Biomedical, Proteus.** proteusbiomed.com. [Online] 15 November 2011. http://www.proteusbiomed.com.

22. **B.V, Medtronic Trading NL.** medtronic.nl. [Online] 2011 November 2011. http://www.medtronic.nl.

23. **Huygen, A en Huitema, G.** *Smart grids voor een duurzame energievoorziening.* sl : TNO, 2009.

24. **Department of Homeland Security.** *Roadmap to Secure Control Systems in the Energy Sector.* 2006.

25. **The Task Force Smart Grids Expert Group 2.** Essential Regulatory Requirements and Recommendations for Data Handling, Data Safety, and Consumer Protection; Recommendation to the European Commission. [Online] 6 Juni 2011. http://ec.europa.eu/energy/gas_electricity/smartgrids/doc/expert_group2_draft.pdf.

26. **Council of Europe.** *Convention on Cybercrime.* Budapest : Council of Europe, 2001. ETS No 185.

27. **Koops, Bert-Jaap.** *Het Cybercrime-verdrag, de Nederlandse strafwetgeving en de (computer)criminalisering van de maatschappij.* sl : CENTRUM VOOR RECHT BESTUUR EN INFORMATISERING, 2003. Computerrecht, 02, 115-123.

28. **Grondwet.** *Grondwet voor het Koninkrijk der Nederlanden van 24 augustus 1815.* sl : Koninkrijk der Nederlanden, 1815.

29. **Kamerstukken 2004/05, 26671.** *Wijziging van het Wetboek van Strafrecht, het Wetboek van Strafvordering en enige andere wetten in verband met nieuwe ontwikkelingen in de informatietechnologie (computercriminaliteit II).* Den Haag : Tweede Kamer der Staten-Generaal, 2005. Kamerstukken II 2004/05, 26671 nr.10.

30. **Wbp.** *Wet bescherming persoonsgegevens.* Den Haag : Koninkrijk der Nederlanden, 06-07-2000. Staatsblad 06-07-2000, nr 302.

31. **Blarkom G.W. van, Borking J.J.** *Beveiliging van persoonsgegevens (AV23).* Den Haag : Registratiekamer, 04-2001. Achtergrondstudies en Verkenningen 23.

32. **Europese Commissie.** *Europese Richtlijn privacy en elektronische communicatie.* 31 juli 2002. 2002/58/EG, PbL 201.

33. **Tw.** *Telecommunicatiewet.* Den Haag : Koninkrijk der Nederlanden, 19 oktober 1998.

34. **Auteurswet.** *Wet van 23 september 1912, houdende nieuwe regeling van het auteursrecht.* Den Haag : Koninkrijk der Nederlanden, 23-09-1912.

35. **Engelfriet, Arnoud.** Elektronisch briefgeheim: de stand van zaken. *Ius mentis.* [Online] ICT-jurist Arnoud Engelfriet, 2008. http://www.iusmentis.com.

36. **Wpbr.** *Wet particuliere beveiligingsorganisaties en recherchebureaus.* Den Haag : Koninkrijk der Nederlanden, 24-10-1997.

37. **Regeling pbr.** *Regeling particuliere beveiligingsorganisaties en recherchebureaus.* Den Haag : Koninkrijk der Nederlanden, 03-03-1999.

38. **Jörg, N. en Kelk C.** *Strafrecht met mate.* Arnhem : Gouda Quint b.v., 1994.

39. **Kamerstukken 1989/90, 21551.** *Kamerstukken 1989-1990, 21551, nr. 3.* Den Haag :
Tweede Kamer der Staten-Generaal, 1989-1990.

40. **Nijboer, Cleiren &.** *Tekst & Commentaar Strafrecht, art. 161sexies Sr.* 2002. aant. 10e.

41. —. *Tekst & Commentaar Strafrecht, art. 350 Sr.* 2002. aant. 9c.

42. **Leukfeldt E.R., Domenie M.M.L., Stol W.** *Verkenning cybercrime in Nederland 2009.*
Den Haag : Boom Juridische uitgevers, 2010. Vol. Veiligheidsstudies.

43. **DDMA.** *DDMA handleiding Cookiewet 'Wet en werkelijkheid'.* 2012.

44. **Randal Vaughn, Gadi Evron.** *DNS Amplification Attacks.* 17-03-2006.

45. **Ollmann, Gunter.** *The Phishing Guide - Understanding & Preventing Phishing Attacks.* sl :
IBM Internet Security Systems, 2007.

46. **Schultz E., Shumway R.** *Incident Response. A strategic huide to handling system and
network security breaches.* sl : New Riders, 2002.

47. **GOVCERT.NL.** *Intrusion Detection Systems.* Den Haag : GOVCERT.NL, 21-03-2008. v1.2.

48. **NAVI.** *Leidraad uitwisseling van gevoelige informatie.* Den Haag : Nationaal
Adviescentrum Vitale Infrastructuur, juni 2009.

49. **Zwan, E. van der.**
Besnuffeld door de baas: juridische aspecten van preventief monitoren en digitaal onderzoe
k. [Online] 2009. http://www.qdmsecurity.nl/nl/wp4.

50. **Landelijk Expertisecentrum voor de Opsporing en Vervolging.** *101 vragen over
opsporingsbevoegdheden.* sl : Lexpo, 2003.

51. **KLPD Dienst Nationale Recherche.** *High tech crime; Criminaliteitsbeeldanalyse.* sl :
Korps landelijke politiediensten, 2009.

52. **Hulst, van der, R.C., Neve, R.J.M.** *High-tech crime, soorten criminaliteit en hun daders.*
ministerie van Jusititie. Den Haag : Wetenschappelijk Onderzoek- en Documentatiecentrum,
2008. ISBN 978 90 5454 998 7.

53. **Frost & Sullivan.** *The 2008 (ISC)2 global information security workforce study.* sl : (ISC)2,
2008.

54. **AIVD.** Jaarverslag 2010. [Online] 2010.
http://www.aivdkennisbank.nl/downloads/Jaarverslag_2010_AIVD.pdf.

55. **U.S. Department of Justice.** *Searching and Seizing Computers and Obtaining Electronic
Evidence in Criminal Investigations.* sl : Computer Crime and Intellectual Property Section
Criminal Division, 2009.

56. **ECP.NL.** Bewaren en Bewijzen. [Online] 2007.
http://www.ecp.nl/sites/default/files/BewarenBewijzen.pdf.

57. **Vrijstellingsbesluit Wbp.** *Besluit van 7 mei 2001, houdende aanwijzing van verwerkingen
van persoonsgegevens die zijn vrijgesteld van de melding bedoeld in artikel 27 van de Wet
bescherming persoonsgegevens.* Den Haag : Ministerie van Justitie, 07-05-2001.
Vrijstellingsbesluit Wbp.

58. **Terstegge J.H.J., Lieon S.** *Goed werken in netwerken. Regels voor controle op email en
Internetgebruik van werknemers (AV21).* Den Haag : College Bescherming Persoonsgegevens,
04-2002. Achtergrondstudies en Verkenningen 21.

59. **Wet op de Ondernemingsraden.** *Wet van 28 januari 1971, houdende nieuwe regelen
omtrent de medezeggenschap van de werknemers in de onderneming door middel van
ondernemingsraden.* Den Haag : Koninkrijk der Nederlanden, 28-01-1971.

60. **Nationaal Cyber Security Centrum.** *Leidraad om te komen tot een praktijk van Responsible Disclosure.* Den Haag : Ministerie van Veiligheid en Justitie, 2013.

61. **GOVCERT.NL.** *Factsheet FS-2008-01 Draadloze netwerken.* Den Haag : sn, 28-09-2009.

62. —. *Beveiliging van mobiele apparatuur en gegevensdragers.* Den Haag : sn, 03-2009.

63. —. *Factsheet FS-2008-05 Massale SQL injectie aanvallen.* Den Haag : sn, 23-06-2008.

64. **Besluit universele dienstverlening en eindgebruikersbelangen.** *Besluit van 7 mei 2004, houdende regels met betrekking tot universele dienstverlening en eindgebruikersbelangen (Besluit universele dienstverlening en eindgebruikersbelangen).* Den Haag : Koninkrijk der Nederlanden, 2004.

65. **GOVCERT.NL.** *Aanbevelingen ter bescherming tegen Denial of Service aanvallen.* Den Haag : sn, 02-2005.

66. **Besluit Wbp.** *Besluit van 7 mei 2001, houdende aanwijzing van verwerkingen van persoonsgegevens die zijn vrijgesteld van de melding bedoeld in artikel 27 van de Wet bescherming persoonsgegevens.* Den Haag : Ministerie van Justitie, 07-05-2001. Vrijstellingsbesluit Wbp.

67. **Carvey, Harlan.** *Windows Forensic Analysis.* sl : Syngress, 2007.

68. **Prins R., Markenstein C., Durinck M.** *Stappenplan Aangifte Computercriminaliteit.* sl : KWINT/ECP.NL, 2003.

69. **Nationaal Cyber Security Centrum.** *ICT-Beveiligingsrichtlijnen voor webapplicaties.* [Online] 2012.

70. **TU Delft.** INTERNET SERVICE PROVIDERS AND BOTNET MITIGATION: A Fact-Finding Study on the Dutch Market. [Online] januari 2011. http://www.rijksoverheid.nl/bestanden/documenten-en-publicaties/rapporten/2011/01/13/internet-service-providers-and-botnet-mitigation/tud-isps-and-botnet-mitigation-in-nl-final-public-version-07jan2011.pdf.

71. **Nationaal Cyber Security Centrum.** *Cybercrime, van herkenning tot aangifte.* [Online] 2012. v3.0.

72. —. *Factsheet Veilig op sociale netwerken.* Den Haag : NCSC, 2011. FS-2011-01.

B. Samenvatting wetsartikelen

Verschijngs vorm	138ab lid 1	138ab lid 2	138ab lid 3	138b	139c lid 1	139d	139e	161 sexies	161 septies	350a lid 1	350a lid 2	350a lid 3	350b lid1	350b lid2
Malware														
Maken/ verspreiden	X					X		X	X	J	J	J	X	X
Malware gebruiken	X	X			X			X	X	J	J	X	X	
Computerinbraak														
Binnen dringen	J		J									X		
Vervolg handelingen		J	J		J	J	J	X	X	X	X	X		
Portscan						X								
Spoofing/ poisoning	X	X		X	X	X	X	X		X	X			
Sniffing					J	J	J			X				
Draadloze netwerken	-	-	-	X	X		X	X		X	X			
Password guessing	J			X		X								
Website aanvallen														
Veroorzaken open relay									X				X	
Open relay gebruiken	X							X		X				
Defacing/ vernielen	X							X	X	J			X	
Defacing/ omleiden	X							X	X	J				
Cross-site scripting	X	J			X	X	X	X		J			X	
SQL injecties	X	X						X		J				
Botnets														
Bouwen en beheren	J	X	X	X						J		J		
Denial of Service														
DDoS aanval				J				X		X			X	
Social Engineering														
Phishing		X			X		X							
Vishing/ SMiShing		X			X									
E-mail gerelateerd														
E-mail relay gebruiken	X							X	X	X				
Spamming (met DoS)				X				X	X				X	

J – Ja, X - Mogelijke

259

Omgaan met Cybercrime

Art.138ab lid 1 Sr

Opzettelijk en wederrechtelijk binnendringen in een geautomatiseerd werk (*'computervredebreuk' of 'hacken'*).

Art.138ab lid 2 Sr

Het overnemen van opgeslagen gegevens in een geautomatiseerd werk nadat, als bedoeld in lid 1, is binnengedrongen.

Art.138ab lid 3 Sr

Via een openbaar telecommunicatienetwerk opzettelijk en wederrechtelijk binnendringen in een geautomatiseerd werk en vervolgens zichzelf of anderen bevoordelen door gebruik te maken van het geautomatiseerd werk of verder te hacken naar het geautomatiseerd werk van een derde *(zoals bij 'proxy' of springplank effect bij een botnet)*.

Art.138b Sr

Opzettelijk en wederrechtelijk de toegang tot of het gebruik van een geautomatiseerd werk belemmeren door daaraan gegevens aan te bieden of toe te zenden *(zoals bij 'Denial of Service')*.

Art.139c lid 1 Sr

Opzettelijk en wederrechtelijk aftappen en/of opnemen van gegevens met behulp van een technisch hulpmiddel (*'aftappen' of 'afluisteren')*.

Art.139d lid 1 Sr

Plaatsen van een technisch hulpmiddel voor het wederrechtelijk opnemen of afluisteren van een geautomatiseerd

werk bijvoorbeeld opname-, aftap- c.q. afluisterapparatuur *(zoals bij 'sniffing')*.

Art.139d lid 2 Sr

Het vervaardigen, verkopen, verwerven of anderszins ter beschikking hebben of stellen van een technisch hulpmiddel, toegangscodes of wachtwoorden met het oogmerk computerinbraak (art. 138ab), een DoS-aanval (art. 138b) of aftappen (art.139c) te plegen (*'voorbereidingshandelingen'* of *'misbruik van hulpmiddelen')*.

Art.139d lid 3 Sr

Het verkopen, verwerven of anderszins ter beschikking hebben of stellen van een technisch hulpmiddel, toegangscode of wachtwoord om gekwalificeerde computerinbraak (art.138ab lid 2 of 3) te plegen.

Art.139e Sr

Het voorhanden hebben of bekendmaken van gegevens die door wederrechtelijk afluisteren, aftappen en/of opnemen zijn verkregen.

Art.161sexies lid 1 Sr

Opzettelijk stoornis veroorzaken in de gang of werking van een geautomatiseerd werk met een publieke functie of een werk voor de telecommunicatie, waarbij een bepaald gevolg optreedt.

Art.161sexies lid 2 Sr

Het vervaardigen, verkopen, verwerven of anderszins ter beschikking hebben of stellen van een technisch hulpmiddel, toegangscodes of wachtwoorden met het oogmerk computersabotage (art. 161sexies lid 1) te plegen (*'voorbereidingshandelingen'* of *'misbruik van hulpmiddelen'*).

Art.161septies Sr
Door verwijtbare nalatigheid een stoornis veroorzaken in de gang of werking van een geautomatiseerd werk met een publieke functie of een werk voor de telecommunicatie, indien een bepaald gevolg optreedt.

Art.273d lid 1 Sr
Opzettelijk en wederrechtelijk aftappen of opnemen, beschikking hebben over, of bekend maken van, de inhoud van communicatie door een medewerker van de aanbieder van een openbaar telecommunicatienetwerk of –dienst.

Art.273d lid 2 Sr
Opzettelijk en wederrechtelijk aftappen of opnemen, beschikking hebben over of bekend maken van de inhoud van communicatie door een medewerker van een communicatienetwerk of – dienst (zoals een bedrijfsnetwerk).

Art.326c
Het misbruiken van een publieke telecommunicatiedienst met het oogmerk daarvoor niet volledig te betalen (*'telecomfraude*).

Art.350a lid 1 Sr
Het opzettelijk en wederrechtelijk onbruikbaar maken, veranderen of toevoegen van gegevens.

Art.350a lid 2 Sr
Hetzelfde als lid 1, na door tussenkomst van een openbaar telecommunicatienetwerk te zijn binnengedrongen in een geautomatiseerd werk, waarbij ernstige schade optreedt.

Art.350a lid 3 Sr
Opzettelijk en wederrechtelijk ter beschikking stellen of verspreiden van gegevens die schade aanrichten door zichzelf te vermenigvuldigen *(zoals 'computervirussen', 'wormen'* en *'Trojaanse paarden'*).

Art.350b lid 1 Sr
Het door verwijtbare nalatigheid wederrechtelijk onbruikbaar maken, veranderen of toevoegen van gegevens, als daardoor ernstige schade ontstaat.

Art.350b lid 2 Sr
Het door verwijtbare nalatigheid verspreiden van gegevens die schade aanrichten door zichzelf te vermenigvuldigen.

Omgaan met Cybercrime

C. Afkortingen

A

A&K	Afhankelijkheids- en Kwetsbaarheidsanalyse
A/D	Analoog/digital
ABAC	Attribute-based access control
ACK	Acknowledgment
ACL	Access Control List
ADSL	Asymmetric Digital Subscriber Line
AES	Advanced Encryption Standard
AGA	American Gas Association
AIVD	Algemene Inlichtingen- en Veiligheidsdienst
ALE	Annual Loss Expectancy
AMI	Advanced Metering Infrastructure
ANSI	American National Standards Institute
AO	Administratieve organisatie
API	Application Programming Interface
APT	Advanced Persistent Threat
ARO	Annual Rate of Occurrence
ARP	Address Resolution Protocol
ASCII	American Standard Code for Information Interchange
ASD	Automation System Domain
ASM	Automated Software Management
AT	Agentschap Telecom
ATM	Asynchronous Transfer Mode
AV	Antivirus

B

B2B	Business to business
B2C	Business to consumer
BAN	Business Area Network
BCC	Block-Check Character
BCM	Business Continuity Management
BCP	Best Current Practice

BCP	Business Continuity Plan
BCT	Business Continuity Team
BDE	Bureau Digitale Expertise
BGP	Border Gateway Protocol
BIA	Business Impact Analyse
BISO	Business Information Security Officer
BIV	Beschikbaarheid, Integriteit, Vertrouwelijkheid
BIVOC	Beschikbaarheid, Integriteit, Vertrouwelijkheid, Onweerlegbaarheid, Controleerbaarheid
BOA	Buitengewoon opsporingsambtenaar
BOB	Bijzondere Opsporingsbevoegdheden
BOD	Bijzondere opsporingsdienst
BS	British Standard
BSI	British Standards Institution
BVA	Beveiligingsambtenaar
Bw	Burgerlijk Wetboek
BYOD	Bring Your Own Device

C

C&C	Command & Control server
CA	Certificate Authority
CAB	Change Advisory Board
CAPI	Common Application Programming Interface
CBC	Cipher Block Chaining
CBP	College Bescherming Persoonsgegevens
CC	Common Criteria
CCSP	Control System Cyber Security Program

CCTV	Closed Circuit Television	COTS	Commercial Off The Shelf
CCV	Cybercrime Verdrag	CPNI	Centre for the Protection of the
CD-ROM	Compact Disk Read Only Memory		National Infrastructure (UK)
CEF	Cisco Express Forwarding	CPS	Certificate Practice Statement
CEH	Certified Ethical Hacker	CPU	Central Processor Unit
CERT	Computer Emergency Response	CRAMM	CCTA Risk Analysis Management
	Team		Model
CFATS	Chemical Facility Anti-Terrorism	CRC	Cyclic redundancy check
	Standards	CRL	Certificate Revocation List
CFI	Computer Forensics Investigations	CRM	Cryptographic Reference Model
CHFI	Computer Hacking Forensic	CRM	Customer relationship management
	Investigator	CSAD	Control System Access Domain
CI	Configuration Item	CSBN	Cyber Security Beeld Nederland
CIA	Central Intelligence Agency	CSMS	Cyber Security Management System
CIA	Confidentiality, Integrity and	CSN	Control Systems network
	Availability	CSP	Critical Security Parameter
CIDX	Chemical Industry Data Exchange	CSRF	Cross-Site Request Forgery
CIGRE	International Council on Large	CSSA	Certified SCADA Security Architect
	Electric Systems	CTR	Counter
CIO	Chief Information Officer	CTS	Clear-To-Send
CIP	Critical Infrastructure Protection	CVE	Common Vulnerabilities and
CIP	Common Industrial Protocol		Exposures
CISA	Certified Information Systems	CvI	Code voor Informatiebeveiliging
	Auditor		(ISO 27002)
CISM	Certified Information Security	CYOD	Choose Your Own Device
	Manager		
CISO	Chief Information Security Officer	**D**	
CISSP	Certified Information Systems	DAC	Discretionary Access Control
	Security Professional	DANE	DNS-based Authentication of
CM	Cryptographic Module		Named Entities
CMDB	Configuration Management	DBMS	Database Management Systeem
	Database	DCD	Data Carrier Detect
CMO	Crisis Management Organisatie	DCOM	Distributed Component Object
CMT	Crisis Management Team		Model
CMVP	Cryptographic Module Validation	DCS	Distributed Control System
	Program	DDDM	Daad-dader-doelwit-matrix
COBIT	Control Objectives for Information	DDM	Daad-dader-matrix
	and related Technology	DDoS	Distributed Denial-of-Service
CoP	Code of Practice (ISO 27002)	DDS	Digital Data Service
COSO	Committee of Sponsoring	DEA	Data Encryption Algorithm
	Organizations of the Treadway	DECT	Digital Enhanced Cordless
	Commission		Telecommunications
		DES	Data Encryption Standard

DGET	Directoraat-Generaal Energie en Telecom	EPCIP	European Programme for Critical Infrastructure Protection
DHCP	Dynamic Host Configuration Protocol	EPROM	Erasable Programmable Read-only memory
DHS	Department of Homeland Security (USA)	ERP	Enterprise Resource Planning
DiD	Defense in Depth	ETSI	Europees Telecommunicatie en Standaardisatie Instituut
DLP	Data Loss Prevention	EVS	Enkelvoudige Schade Verwachting
DMZ	Demilitarized Zone		

F

DNP3	Distributed Network Protocol	FAT	Functional Acceptance Test
DNS	Domain Name Service	FCC	Federal Communications Commission
DNSSEC	DNS Security Extensions		
DOE	Department of Energy (USA)	FDE	Full Data Encryption
DoS	Denial-of-Service	FDN	Field Device Network
DPI	Deep Packet Inspection	FEMA	Federal Emergency Management Agency (US)
DPIA	Data Protection Impact Assessment		
DPO	Data Protection Officer	FEP	Front End Processor
DRP	Disaster Recovery Plan	FIOD-ECD	Fiscale Inlichtingen- en Opsporingsdienst / Economische Controledienst
DSA	Digital Signature Algorithm		
DTE	Data Terminal Equipment		
DTN	Dreigingsbeeld Terrorisme Nederland	FIPS	Federal Information Processing Standards
DTR	Data-Terminal-Ready	FISMA	Federal Information Security Management Act
DVD	Digital Video (Versatile) Disk		

E

		FLASH	Flash memory
EAL	Evaluation Assurance Level	FMEA	Failure mode and effects analysis
EAP	Extensible Authentication Protocol	FQDN	Fully Qualified Domain Name
ECDSA	Elliptic Curve Digital Signature Algorithm	FTP	File Transfer Protocol

G

EDGE	Enhanced Data Rates for GSM Evolution (3G)	GAO	Government Accountability Office
		GIS	Geolocation Information Systems
EDI	Electronic Data Interchange	GNSS	Global Navigation Satellite System
EDP	Electronic Data Processing	GPRS	General Packet Radio Service
EEPROM	Electronically EPROM	GPS	Global Positioning System
EH	Elektronische Handtekening	GSM	Global System for Mobile communication
EMC	Elektromagnetische comptabiliteit		
EMI	Elektromagnetische interferentie	GUI	Graphical User Interface
EMS	Energy Management System		
EMSEC	Emission Security (zie TEMPEST)	**H**	
ENISA	European Network and Information Security Agency	HAN	Home Area Network
		HAZOP	Hazardous Operations
EOT	End Of Transmission	HCM	Host configuration management

HIDS	Host-based Intrusion Detection System	IETF	Internet Engineering Task Force
HMAC	Hashed Message Authentication Code	IGMP	Internet Group Management Protocol
HMI	Human Machine Interface	IMP	Incident Management Plan
HSDPA	High Speed Downlink Packet Access	InfoSec	Information Security
HSM	Hardware Security Module	INL	Idaho National Laboratory (USA)
HSPD	Homeland Security Presidential Directive	IOT	Internet of Things
		IP	Internet Protocol
HTTP	Hypertext Transfer Protocol	IPS	Intrusion Prevention System
HTTPS	Hypertext Transfer Protocol Secure	IPSEC	IP Security Protocol
HUMINT	Human Intelligence	IRC	Internet Relay Chat
HVAC	Heating, Ventilation and Air Conditioning	IRT	Incident Response Team
		IS	Information System
		ISA	International Society of Automation

I

I&A	Identificatie en Authenticatie
I/O	Input/Output
I3P	Institute for Information Infrastructure Protection
IAAS	Infrastructure as a Service
IACS	Industrial automation and control system
IAM	Identity & Access Management
IAONA	Industrial Automation Open Networking Association
IB	Informatiebeveiliging
IBP	Informatiebeveiligingsplan
IC	Interne controle
ICCP	Inter-Control Center Protocol
ICMP	Internet Control Message Protocol
ICP	Industrieel Communicatie Protocol
ICS	Industrieel Controle Systeem
ICT	Informatie en Communicatie Technologie
IDEA	International Data Encryption Algorithm
IDS	Intrusion Detection System
IEC	International Electro-technical Commission
IED	Intelligent Electronic Device
IEEE	Institute of Electrical and Electronics Engineers

ISAC(S)	Information Sharing and Analysis Center(s)
ISACA	Information Systems Audit and Control Association
ISBR	Information Security Baseline Requirements
ISC2	International Information Systems Security Certification Consortium
ISDN	*Integrated Services Digital Network*
ISID	Industrial Security Incident Database
ISMS	ICS Security Management Systeem
ISMS	Informatie Security Management Systeem
ISO	International Organization for Standardization
ISP	Internet service provider
IT	Information Technology
ITIL	Information Technology Infrastructure Library
ITSEC	Information Technology Security Evaluation Criteria

J

| JDBC | Java Database Connectivity |
| JSV | Jaarlijkse Schade Verwachting |

K

| KA | Kantoorautomatisering |

KAM	Kwaliteit, Arbo & Milieu		MTU	Master Terminal Unit
KLPD	Korps landelijke politiediensten			
KPI	Key Performance Indicator		**N**	
			NAK	Negative Acknowledgment
L			NAS	Network Attached Storage
L2TP	Layer 2 Tunneling Protocol		NAT	Network Address Translation
LAN	Local Area Network		NAVI	Nationaal Adviescentrum Vitale
LDAP	Lightweight Directory Access			Infrastructuur
	Protocol		NBV	Nationaal Bureau voor
LISO	Local Information Security Officer			Verbindingsbeveiliging
LLDP	Link Layer Discovery Protocol		NCC	Nationaal Crisis Centrum
LTE	Long Term Evolution (mobile		NCSC	Nationaal Cyber Security Centrum
	network)			(NL)
			NCSD	National Cyber Security Division
M				(US/DHS)
MAC	Mandatory Access Control		NCTV	Nationaal Coördinator
MAC	Media Access Control (adres)			Terrorismebestrijding en Veiligheid
MAN	Metropolitan Area Network		NDA	Non Disclosure Agreement
MAPGOOD	Mensen, Apparatuur,		NEN	Nederlandse Norm
	Programmatuur, Gegevens,		NERC	North American Electric Reliability
	Organisatie, Omgevingsfactoren,			Corporation (USA)
	Diensten		NFC	Near Field Communication
MAPI	Mail Application Programming		NFI	Nederlands Forensisch Instituut
	Interface		NFS	Network File System
MCS	Manufacturing Control System		NHTCU	National High Tech Crime Unit
MCT	Monte Carlo Tests		NIC	Network Interface Card
MDM	Mobile Device Management		NIDS	Network Intrusion Detection System
MER	Main Equipment Room		NISCC	National Infrastructure Security
MES	Manufacturing Execution System			Coordination Centre (UK)
MIB	Management Information Base		NIST	National Institute of Standards and
MIM	Mobile Instant Messaging			Technology (USA)
MIP	Maatregelenimplementatieplan		NIVRA	Nederlands Instituut voor
MITM	Man-in-the-Middle			Registeraccounts
MIVD	Militaire Inlichtingen- en		NMS	Network Management System
	Veiligheidsdienst		NOC	Network Operations Center
MOC	Management of Change		NORA	Nederlandse Open Referentie
MON	Manufacturing Operations Network			Architectuur
MPH	Messages per hour		NOREA	Nederlandse Orde van EDP Auditors
MPLS	Multi-Protocol Label Switching		NSA	National Security Agency (USA)
MRA	Mutual Recognition Agreement		NSTB	National SCADA Testbed
MSN	Microsoft Network		NTD	Notice and Take Down
MSS	Managed Security Services		NTP	Network Time Protocol
MTBF	Mean Time Between Failure			

Omgaan met Cybercrime

O

OA	Opsporingsambtenaar
OCSP	Online Certificate Status Provider
ODBC	Open Database Connectivity
OFB	Output Feedback
OLA	Operational Level Agreement
OLE	Object Linking and Embedding
OM	Openbaar Ministerie
OPC	OLE for Process Control
OPTA	Onafhankelijke Post en Telecommunicatie Autoriteit
ORMS	Organization Resilience Management System
OS	Operating System
OSA	Open Security Architecture organisation
OSI	Open Systems Interconnection
OSINT	Open Source Intelligence
OSN	Online Sociale Netwerken
OTAP	Ontwikkel-, Test-, Acceptatie- en Productie
OTP	One Time Password
OvJ	Officier van Justitie
OWASP	Open Web Application Security Project

P

P2P	Peer-to-peer communicatie
PA	Procesautomatisering
PAAS	Platform as a Service
PAC	Programmable Automation Controller
PAN	Personal Area Network
PAS	Publicly Available Specification
PAT	Port Address Translation
PC	Personal Computer
PCAD	Process Control Access Domain
PCD	Process Control Domain
PCI	Peripheral Component Interconnect
PCMCIA	Personal Computer Memory Card International Association
PCN	Process Control Network
PCS	Process Control System

PCSMS	Process Control Security Management System
PD	Plaats delict
PDA	Personal Digital Assistant
PDAC	Plan-Do-Act-Check
PET	Privacy Enhancing Technologies
PGP	Pretty Good Privacy
PIA	Privacy Impact Analyse
PID	Project Initiatie Document
PID	Proportional Integral Derivative
PII	Persoonlijk identificeerbare informatie
PIN	Personal Identification Number
PIN	Process Information Network
PKCS	Public key cryptography standards
PKI	Public Key Infrastructure
PKIo	PKIoverheid
PLC	Programmable Logic Controller
PLE	Principel Level Exercise
PLL	Private Leased Lines
PP	Protection Profile
PPP	Point-to-Point Protocol
PROM	Programmable Read-only memory
PS	Policy Statement
PSTN	Public Switched Telephone Network
PtW	Permit to Work
PUB	Publication
p-v	proces-verbaal
PVA	Plan van Aanpak
PVE	Programma van Eisen
PVI	Plaats Veiligheid Inbreuk
PVIB	Platform voor Informatiebeveiliging

Q

QoS	Quality of Service

R

R&D	Research and Development
RA	Registration Authority
RA	Risicoanalyse
RADIUS	Remote Authentication Dial In User Service

RAID	Redundant Array of Independent Disks		SCM	SCADA Cryptographic Module
RAT	Remote Administration Tools		SCP	Secure Copy
RBAC	Role based access		SCSI	Small Computer System Interface
RDBMS	Relational Database Management System		SDIP	SECAN Doctrine and Information Publications
RDP	Remote Desktop Protocol		SET	Secure Electronic Transaction
RE	Register EDP Auditor		SFR	Security Functional Requirements
RF	Radio frequency		SFTP	Secure File Transfer Protocol
RFC	Request for Change		SHA	Secure Hash Algorithm
RFID	Radio Frequency Identification		SHS	Secure Hash Standard
RIA	Rich Internet Applications		SIEM	Security Information and Event Management
RID	Regionale Inlichtingen Dienst		SIGINT	Signals Intelligence
RMA	Reliability, Maintainability, and Availability		SIS	Safety Instrumented System
			SLA	Service Level Agreement
ROM	Read-only memory		SLE	Single Loss Expectancy
ROSI	Return of Security Investment		SLR	Service Level Requirements
RPC	Remote Procedure Call		SMS	Security Management Systeem
RPO	Recovery Point Objective		SMS	Short Message Service
RSA	Rivest, Shamir and Adleman		SMTP	Simple Mail Transfer Protocol
RSMP	Reference Security Management Plan		SNL	Sandia National Laboratories (USA)
			SNMP	Simple Network Management Protocol
RST	Reset (TCP header flag)			
RTO	Recovery Time Objective		SNO	Service Niveau Overeenkomst
RTS	Request To Send		SOA	Service Oriented Architecture
RTU	Remote Terminal Unit		SOC	Security Operations Center
RvA	Raad voor Accreditatie		SOP	Standard Operating Procedure
RXD	Received Data		SOVI	Strategisch Overleg Vitale Infrastructuur
S			Sox	Sarbanes-Oxley
SAA	Security Architecture Analysis		SP	Special Publication
SAAS	Software as a Service		SPIM	Spam via instant messaging
SABSA	Sherwood Applied Business Security Architecture		SPIT	Spam via internet telefonie
			SPOC	Single Point of Contact
SADT	Structured Analysis and Design Technique		SPOF	Single Point of Failure
			SQL	Structured Query Language
SAL	Security Assurance Level		Sr	Wetboek van Strafrecht
SAN	Storage Area Network		SSH	Secure Shell
SAO	System Availability Objective		SSID	Service Set Identifier
SAR	Security Assurance Requirements		SSL	Secure Sockets Layer protocol
SAT	Site Acceptance Testing		SSO	Single Sign On
SCADA	Supervisory Control And Data Acquisition		ST	Security Target

Omgaan met Cybercrime

SUB	Sub Equipment Room
SUT	System under test
Sv	Wetboek van Strafvordering
SYN	Synchronized sequence numbers

T

TCB	Trusted Computing Base
TCP	Transmission Control Protocol
TCP/IP	Transmission Control Protocol / Internet Protocol
TEMPEST	Telecommunications Electronics Materials Protected From Emanating Spurious Transmissions
TFTP	Trivial File Transfer Protocol
TLA	Three layer analysis
TLP	Traffic Light Protocol
TLS	Transport Layer Security protocol
TOE	Target of Evaluation
TOPOFF	Top Officials
TPA	Third Party Access
TPM	Third Party mededeling
TSF	Trusted Security Function
TTP	Trusted Third Party
Tw	Telecommunicatiewet
TXD	Transmitted Data

U

UAT	User Acceptance Test
UDP	User Datagram Protocol
UHF	Ultra High Frequency
UIA	User Identificatie en Authenticatie
UMTS	Universal Mobile Telecommunication System
UPS	Uninterruptible Power Supply
URL	Uniform Resource Locators
USB	Universal Serial Bus
US-CERT	United States Computer Emergency Readiness Team

V

VFD	Variable Frequency Drive
VGB	Verklaring van Geen Bezwaar
VHF	Very High Frequency

VIR	Voorschrift Informatiebeveiliging Rijksdienst
VIR-BI	Voorschrift Informatiebeveiliging Rijksdienst - Bijzondere Informatie
VLAN	Virtual Local Area Network
VOG	Verklaring Omtrent het Gedrag
VoIP	Voice-over-IP
VPN	Virtual Private Network

W

WAF	Web Application Firewall
WAN	Wide Area Network
WAP	Wireless Application Protocol
WAS	Web Application Scanner
Wbp	Wet bescherming persoonsgegevens
WCDMA	Wideband Code Division Multiple Access
Weh	Wet elektronische handtekeningen
WEP	Wired Equivalent Privacy
WiFi	Wireless Fidelity (draadloos lokaal network)
WIMAX	Worldwide Interoperability for Microwave Access
WIPS	Wireless Intrusion Prevention System
WISP	Wireless Internet Service Provider
WOB	Wet Openbaarheid van Bestuur

X

XML	Extensible Markup Language
XOR	Exclusive OR operation
XSS	Cross site scripting

Y

-

Z

-

D. Begrippen en definities

Aanbieder van een communicatiedienst

Onder een aanbieder van een communicatiedienst wordt verstaan de natuurlijke persoon of rechtspersoon die in de uitoefening van een beroep of bedrijf aan de gebruikers van zijn dienst de mogelijkheid biedt te communiceren met behulp van een geautomatiseerd werk, of gegevens verwerkt ten behoeve van een zodanige dienst of de gebruikers van die dienst.

Abonnee

Een natuurlijke persoon of rechtspersoon die partij is bij een overeenkomst met een aanbieder van openbare elektronische communicatiediensten voor de levering van dergelijke diensten (art.1.1 sub p Tw).

Advanced Persistent Threat (APT)

Een aanhoudende dreiging die meestal verwijst naar een groep, zoals een buitenlandse overheid, met zowel het vermogen, de capaciteit en de intentie om voortdurend en effectief een specifieke entiteit als doelwit te nemen. Er wordt voorrang gegeven aan een specifieke taak, in plaats van opportunistisch op zoek zijn naar informatie voor financieel gewin of ander voordeel. De term wordt vooral gebruikt om te verwijzen naar computercriminaliteit, in het bijzonder internet-spionage, maar geldt ook voor andere traditionele bedreigingen.

Adware

Klein programma's die, vaak zonder dat deze worden opgemerkt, op een computer worden geïnstalleerd, vaak verstopt bij gratis software. Adware kan pop-up advertenties in beeld laten zien maar wordt ook gebruikt om na te gaan waar de gebruiker zoal in geïnteresseerd is op het internet. Deze informatie kan vervolgens periodiek worden opgestuurd naar een leverancier die deze informatie vervolgens weer gebruikt om gerichte reclame te sturen. Adware is een verschijningsvorm van spyware.

Afhankelijkheidsanalyse

Een inventarisatie van de bedrijfsprocessen en de cruciale onderdelen van een organisatie, die beschermd moeten worden om bedrijfseconomische en/of maatschappelijke schade te voorkomen. Hierbij wordt in kaart gebracht van welke middelen deze processen afhankelijke zijn om te kunnen functioneren. Een afhankelijkheidsanalyse beoordeelt, vanuit de invalshoek van de organisatie, op basis van o.a. de missie en doelstellingen, wetgeving en aanvullende kaders, wat voor belang de bedrijfsprocessen en daarvoor de benodigde middelen kan worden toegekend. Dit wordt vertaald naar te stellen kwaliteitseisen aan de middelen voor de aspecten beschikbaarheid, integriteit en vertrouwelijkheid en eventueel de onweerlegbaarheid en controleerbaarheid van de informatie.

271

Aftappen en opnemen

De termen 'aftappen of 'opnemen' hebben in de strafwet reeds een min of meer vastomlijnde betekenis en worden gebruikt voor het onderscheppen en vastleggen van stromende gegevens (vgl. art.125g Sv en 139a e.v. Sr). Opnemen betekent dat de gegevens kunnen worden vastgelegd om later te kunnen worden omgezet of anderszins te worden gebruikt. Waar het gaat om het kopiëren van bestaande, opgeslagen gegevens, de term 'overnemen' gebruikt.

Authenticatie

Het proces waarbij iemand, een computer of applicatie nagaat of een gebruiker, een andere computer of applicatie daadwerkelijk is wie hij beweert te zijn. Bij de authenticatie wordt gecontroleerd of een opgegeven bewijs van identiteit overeenkomt met echtheidskenmerken, bijvoorbeeld het een in het systeem geregistreerde bewijs. Authenticatie is de tweede stap in een toegangscontroleproces. De eerste stap is identificatie, de derde en laatste stap is autorisatie.

Autorisatie

Het proces waarin een subject (een persoon of een proces) rechten krijgt op het benaderen van een object (zoals een computerbestand of een systeem). De autorisatie wordt toegekend door de object of informatie eigenaar.

Backdoor

Een backdoor is een achterdeur in programmatuur, die – als bewust ingevoerde functie of als vergeten programmacode – aanwezig kan zijn om een beveiligingsmechanisme te omzeilen.

Bedrijfscontinuïteit

Dit zijn de strategische en tactische mogelijkheden, vooraf goedgekeurd door het management van een organisatie, om voorbereid te zijn en te reageren op omstandigheden, situaties en gebeurtenissen om de activiteiten van de organisatie op een vooraf vastgesteld acceptabel niveau voort te zetten.

Bedrijfscontinuïteitmanagement (BCM)

BCM is het proces dat potentiële dreigingen identificeert ten aanzien van de organisatie en de impact op de bedrijfsvoering, dat deze dreigingen - indien gerealiseerd - zou kunnen veroorzaken, en die voorziet in een raamwerk voor het bouwen van veerkracht binnen de organisatie met de mogelijkheid voor een doeltreffende reactie dat de belangen van haar belangrijkste stakeholders, reputatie, merk en de waarde creërende activiteiten waarborgt.

Bedrijfscontinuïteitplan (BCP)

Een BCP is een systeem waarmee de organisatie in staat is bij een crisissituatie een organisatie te ontwikkelen en richtlijnen en doelstellingen te implementeren die tot doel hebben terug te kunnen keren naar een vooraf vastgestelde stabiele situatie, rekening houdend met contractuele- en wettelijke voorschriften en andere nationale en internationale toetsingskaders.

Beschikbaarheid

Een kwaliteitskenmerk voor een object of dienst in het kader van de (informatie)beveiliging. Geeft aan in hoeverre een object, dienst, systeem of component zonder belemmering tijdig toegankelijk is voor de geautoriseerde gebruikers. De beschikbaarheid wordt in de regel als een percentage gepresenteerd, waarbij een hogere waarde een positievere uitkomst is dan een lage waarde.

Beveiligen

Onttrekken aan geweld, bedreiging, gevaar of schade handelen door het treffen van maatregelen.

Beveiliging (security)

Beschermen en het onttrekken aan geweld, bedreiging, gevaar of schade als gevolg van moedwillig kwaadwillend handelen door het treffen van maatregelen.

Beveiligingsincident

Een (informatie)beveiliging incident is een enkele of serie van ongewenste of onverwachte gebeurtenissen welke een significante kans hebben op het veroorzaken van een ramp, het compromitteren van de bedrijfsprocessen en een bedreiging vormen t.a.v. de beveiliging.

Beveiligingsmaatregelen

Middelen, procedures, overeenkomsten of andere voorzieningen bedoeld om risico's te verkleinen of deze weg te nemen (mitigeren). De maatregelen kunnen bijvoorbeeld worden gecategoriseerd als organisatorische, personele, fysieke of technische (ICT) maatregelen. Maatregelen kunnen verder verschillen in karakter doordat ze een preventief (voorkomen van de dreiging), detectief (ontdekken en herkennen van de dreiging) of correctief (optreden als de dreiging zich voordoet) zijn.

Bevoegden

Diegenen die een geautoriseerde / functionele toegang hebben tot (onderdelen van) het bedrijf, locatie, proces, middelen of informatie.

Bewerker

Degene die ten behoeve van de verantwoordelijke in het kader van de Wbp persoonsgegevens verwerkt, zonder aan zijn rechtstreeks gezag te zijn onderworpen.

Bot

Een bot is een geïnfecteerde computer die op afstand, met kwade bedoelingen, bestuurd kan worden. Het woord 'bot' komt van robot. Een bot is een programma dat zelfstandig 'geautomatiseerd werk' kan uitvoeren. Een bot kan onschuldig zijn, zoals zoekmachines bots gebruiken om websites in kaart te brengen. Echter bots worden ook misbruikt kwaadaardige handelingen te kunnen uitvoeren op computers. Zo kan een bot volledige toegang krijgen tot informatie op een computer of deze in een botnet gebruiken in criminele acties tegen anderen.

Botnets

Een netwerk van gekaapte computersystemen. Botnets zijn vaak grootschalige en wereldwijde verzameling van autonome draaiden software robots op zogenaamde gecompromitteerde zombie computer (bots) die op afstand kunnen worden bediend. De besturing van bots vindt bijvoorbeeld plaats via gedistribueerd Command & Control servers, Internet Relay Chat, HTTP, of peer-to-peer netwerken.

Omgaan met Cybercrime

Buffer-overflow

Een buffer-overflow is een fout in een programma of besturingssysteem die mogelijk door een kwaadwillende persoon kan worden misbruikt. Buffer-overflows worden vaak gebruikt om toegang te krijgen tot een computer, zonder dat de eigenaar van de computer daar iets van merkt. Ook wordt een buffer-overflow gebruikt om een programma op een computer of de computer zelf vast te laten lopen.

Business Impact Analyse (BIA)

Een Business Impact Analyse heeft tot doel de gevolgen te bepalen van die risico's die een lage waarschijnlijkheid van optreden kennen en een hoge mate van impact hebben op het bedrijfsproces (de calamiteitenrisico's). Omdat de aard van een calamiteit of details van een kwetsbaarheid daarbij niet van primair belang zijn, is het niet noodzakelijk voorafgaand aan een BIA een risico-inventarisatie uit te voeren.

Chatroom

Een virtuele ruimte op het internet waar mensen met elkaar communiceren.

Checksum

Een checksum (ook wel hash genoemd) is een controlereeks die gebruikt kan worden om te controleren of een bestand of bericht is gewijzigd. Ze worden tegenwoordig veel gebruikt om documenten of berichten digitaal te ondertekenen. Ze kunnen ook gebruikt worden voor de controle van de integriteit van bestanden op een computersysteem.

Client-side aanvallen

Een aanvalstactiek gericht op bezoekers van een website. Door het bezoeken van een gehackte of kwaadaardige website wordt de computer van de bezoeker besmet met malware door gebruik te maken van een kwetsbaarheid van bijvoorbeeld de browser of een mediaspeler.

Cloud Computing

Een architectuurmodel waarbij gebruikte ICT-infrastructuren, platformen, software services of data niet langer lokaal, maar via en op het internet benaderd en gebruikt worden.

Codec

Een softwarecomponent waarmee bepaalde digitale mediatypen bekeken of beluisterd kunnen worden. Omdat mediatypen veranderen door invoering van betere compressietechnieken of verbetering van de kwaliteit is het niet ongebruikelijk dat de gebruiker gevraagd wordt een nieuwe codec te installeren om een bepaald fragment te zien of te beluisteren. Criminelen maken hier handig gebruik van om mensen te verleiden malware te installeren.

Command & Control server (C&C)

Centrale computer(s) die de bots in een botnet aanstuurt.

Computercriminaliteit

Het misbruik waarbij ICT specifiek als doel en middel kan worden aangemerkt. Computercriminaliteit is high-tech crime in enge zin waarbij het misdrijven betreft die niet zonder tussenkomst of gebruik van computers of netwerken gepleegd kunnen worden (zoals computervredebreuk, hacking, verspreiding van computervirussen).

Controleerbaarheid

Een kwaliteitskenmerk voor een object of dienst in het kader van de (informatie)beveiliging. Mate waarin het mogelijk is kennis te verkrijgen over de structurering (documentatie) en de werking van een object. Tevens omvat het kwaliteitsaspect de mate waarin het mogelijk is vast te stellen dat het proces, de procedures en/of de verwerking van informatie in overeenstemming met de eisen ten aanzien van de kwaliteitseisen wordt uitgevoerd.

Cookie

Een cookie is een bestandje dat door een website op de harde schijf van een bezoeker aangemaakt kan worden. Dit bestandje kan op een later moment door dezelfde website weer uitgelezen worden. Cookies worden onder meer gebruikt ter identificatie van bezoekers van websites. Ze bevatten informatie als datum en tijd van bezoek, evenals namen van bezochte pagina's.

Crisis

Crisis is een onstabiele toestand waarbij een dreigende abrupte of aanzienlijke verandering ontstaat die dringend aandacht en actie vereist om kritieke dienstverlenings- of industriële processen te beschermen.

Cross site scripting

Een aanvalstactiek waarbij het adres van een hiervoor kwetsbare website wordt misbruikt om extra informatie te tonen of programma's uit te voeren. Er zijn diverse vormen van cross site scripting waarbij complexe aanvallen mogelijk zijn.

Data historian

Een gespecialiseerd ICS database systeem dat meet- en productiewaarden (point values) verzameld en andere informatie over het industriële proces kan vastleggen.

Datalek (of data breach)

Het onopzettelijk naar buiten komen van vertrouwelijke gegevens.

Defacement

Het onbevoegd en met kwaadaardige intentie vervangen of beschadigen van de inhoud van een bestaande webpagina. Vaak gebeurt dit door aanvallers die zichzelf op onrechtmatige wijze toegang hebben weten te verschaffen tot een webserver.

Denial of Service (DoS)

Een actie waarbij wordt geprobeerd een computer, een systeem of telecommunicatienetwerk zo te belasten of te manipuleren dat deze wordt uitgeschakeld en niet meer beschikbaar is voor (bevoegde) gebruikers. DoS houdt in dat een computer continu 'aangevallen' wordt door bijvoorbeeld e-mail of bepaald netwerkverkeer. Bij een Distributed Denial of Service (DDoS) aanval wordt door een groot aantal computers tegelijk een gecoördineerde aanval uitgevoerd.

Dieptebeveiliging (defence-in-depth)

Het geheel aan op elkaar afgestemde en gelaagde beveiligingsmaatregelen waarbij een evenwichtige balans wordt gemaakt tussen waar desbetreffende maatregelen aangrijpen (organisatorisch, personeel, fysiek of (ICT) technisch) en waarbij deze gezamenlijke maatregelen preventief, detectief en reactief optreden zodat voldoende weerstand en veerkracht ontstaat ten aanzien van dreigingen.

Omgaan met Cybercrime

Digitaal Certificaat

Een set elektronische gegevens voor het elektronisch identificeren van een persoon of ICT systeem en/of een elektronische bevestiging die gegevens voor het verifiëren van een elektronische handtekening met een bepaalde persoon verbindt en de identiteit van die persoon bevestigt.

Domain Name System (DNS)

DNS is een techniek die gebruikt wordt om de onpraktische IP addressen te koppelen aan leesbare en begrijpelijke domeinnamen. Een DNS-server vertaalt niet, omdat er geen enkele logica zit tussen de domeinnamen en IP-adressen. DNS wordt gebruikt op het internet en in bedrijfsnetwerken.

Dreiging (threat)

Een potentiële oorzaak voor het optreden van een ongewenst incident wat kan leiden tot schade aan een object, systeem of de organisatie. Dreigingen kunnen bijvoorbeeld worden gekwalificeerd als *zeer waarschijnlijk* (ZW), *waarschijnlijk* (W), *mogelijk* (Mo), *onwaarschijnlijk (O)* of *zeer onwaarschijnlijk* (Zo), afhankelijk van de kans van optreden.

Dreigingsanalyse

Bij een dreiging-gedreven aanpak worden in een dreigingsanalyse de typen opponenten (kwaadwillende personen) en de ongewenste activiteiten die ze moedwillig zouden kunnen uitvoeren tegen de bedrijfsprocessen of de organisatie onderzocht.

Drive by downloads

Het ophalen van malware zonder dat de gebruiker het weet of daar zijn toestemming voor heeft gegeven, bijvoorbeeld door te klikken op een valse foutmelding of via een kwetsbaarheid in de browser, e-mail client of besturingssysteem ('client site attack').

Dropzone

Computersysteem waar gestolen gegevens (tijdelijk) worden opgeslagen.

Elektronische handtekening

Een handtekening die bestaat uit elektronische gegevens die zijn vastgehecht aan, of logisch geassocieerd zijn met, andere elektronische gegevens en die worden gebruikt als middel voor authenticatie.

Exploit

Een kwaadaardig programma of stuk computercode waarmee misbruik kan worden gemaakt van een kwetsbaarheid in programma's of een besturingssysteem om zo niet-normaal gedrag te creëren op een computersysteem. Exploits voor bekende kwetsbaarheden zijn eenvoudig te vinden op het internet.

Fast flux

Als de netwerk- of IP-adressen die horen bij een domeinnaam van bijvoorbeeld een phishingsite of Command & Control botnet server snel wijzigen om de dienst te beschermen tegen uitschakelen, wordt gesproken van de fast flux DNS techniek.

Firmware

Firmware is de benaming voor software die standaard geïnstalleerd is op en meegeleverd wordt met bepaalde apparaten. De firmware is nodig om het apparaat te laten functioneren.

Fraude

Fraude betreft een opzettelijke handeling waarbij door het geven van een onjuiste voorstelling van zaken een gepretendeerde rechtvaardiging voor de handeling ontstaat, waardoor een onrechtmatig voordeel wordt verkregen.

Geautomatiseerd werk

Onder geautomatiseerd werk wordt verstaan een inrichting die bestemd is om langs elektronische weg gegevens op te slaan, te verwerken én over te dragen (art.80sexies, Sr.). Hieronder vallen bijvoorbeeld computer- en netwerkapparatuur, elektronische gegevensdragers of telecommunicatienetwerken, telefoon en fax mits aan <u>alle</u> drie de eigenschappen wordt voldaan.

Gebeurtenis (event)

Een (informatie)beveiliging gebeurtenis is een geïdentificeerd optreden van een object, systeem, service of (computer)netwerk welke kan duiden op een mogelijke afwijking of overtreding van het beveiligingsbeleid, het falen van beveiligingsmaatregelen of een voorgaande relevante onbekende situatie.

Gegevens

Onder gegevens wordt verstaan iedere weergave van feiten, begrippen of instructies, op een overeengekomen wijze, geschikt voor overdracht, interpretatie of verwerking door personen of geautomatiseerde werken (art.80quinquies, Sr.). Hieronder vallen dus alle op een elektronische gegevensdrager, computer of ander geautomatiseerde werken verwerkt of opgeslagen informatie.

Gegevensoverdracht

In wetsartikelen wordt naast 'overdracht van gegevens' soms toegevoegd 'of andere gegevensoverdracht door een geautomatiseerd werk'. 'Overdracht van gegevens' in samenhang met het begrip 'telecommunicatie' duidt op overdracht van gegevens op afstand, tussen personen onderling, tussen personen en computers, tussen computers onderling of (de overdracht op kort afstand) tussen computer en randapparatuur.

Gepwnd

Spreektaal – waarschijnlijk ontstaan uit het (Engelse *owned*) gaming circuit – om o.a. aan te geven dat een tegenstander volledig is vernietigd of overgenomen.

Gevolg (impact)

Beoordeling ten aanzien van de omvang van de schade aan de bedrijfsvoering of de samenleving die ontstaat in relatie tot een object. Het gevolg kan kwalitatief (zoals verwachte financiële schade) of kwantitatief (hoog, middel, laag) worden uitgedrukt. De Nationale Risicobeoordeling gebruikt de indeling *catastrofaal, zeer ernstig, ernstig, aanzienlijk* en *beperkt* gevolg.

Hacktivisme

Het inzetten/misbruiken van computers en telecommunicatienetwerken om een ideologisch of politiek doel te bereiken. Aanvallen richten zich bijvoorbeeld op het beschadigen of onbereikbaar maken van websites en internet voorzieningen van tegenstanders.

Hash-waarde

Een hash-waarde is het resultaat van een cryptografische functie. Deze zet de waarde van een invoer om in een (meestal) kleiner bereik van karaktertekens. De uitkomst is een onbegrijpelijke reeks van tekens met zeer weinig kans dat twee verschillende invoerwaarden dezelfde uitvoer geven. Het is zeer moeilijk om de oorspronkelijke invoerwaarde af te leiden. Een typische toepassing is het versleutelen van wachtwoorden of het berekenen van controlewaarden (checksums).

High-tech crime

Een paraplubegrip voor computercriminaliteit, cybercrime cyberstalking, cyberfraude, cyberhate en cyberespionage of het anderszins misbruiken van ICT of technisch geavanceerde middelen of het inzetten hiervan bij (zware en georganiseerde) criminaliteit.

Hoax

Een hoax is een verzonnen probleem waarover meestal per e-mail berichten worden verspreid. Denk bijvoorbeeld aan meldingen over niet bestaande virussen of niet op waarheid berustende mededelingen. Bijna altijd wordt gevraagd om het e-mailbericht naar zoveel mogelijk mensen door te sturen (vergelijkbaar met een kettingbrief).

Hotfix

Fouten in programma's worden meestal in een volgende versie verholpen. Soms zijn de gevolgen van een fout zo ernstig, dat niet gewacht kan worden op het uitbrengen van een nieuwe versie. Er wordt dan een vervangend programma-onderdeel uitgebracht dat alleen de fout herstelt. Dit vervangende programma-onderdeel noemt men een hotfix.

Hotspot

Een publieke locatie (hotel, tankstation, etc.) waar, al dan niet tegen betaling, draadloos toegang tot het internet verkregen kan worden.

Human Machine Interface (HMI).

Een HMI van een ICS is waar de gegevens worden verwerkt en gepresenteerd om te kunnen worden bekeken en gecontroleerd door een menselijke operator. Via de HMI is interactie met de ICS mogelijk via bedieningsknoppen en schakelfuncties.

Identificatie

Het kenbaar maken van de identiteit van een subject (een persoon of een (computer)proces). De identiteit wordt gebruikt om de toegang van het subject tot een object te beheersen. Identificatie kan op verschillende manieren plaatsvinden zoals een inlogscherm, biometrisch kenmerk of een smartcard.

Industrieel Controle Systeem

Industriële Controle Systemen (ICS) zijn automatiseringssystemen die speciaal zijn toegerust voor het bewaken, volgen of besturen van industriële processen.

Informatiebeveiliging

Het proces van vaststellen van de vereiste kwaliteit van informatie(systemen) in termen van vertrouwelijkheid, beschikbaarheid, integriteit, onweerlegbaarheid en controleerbaarheid alsmede het treffen, onderhouden en controleren van een samenhangend pakket van bijbehorende (fysieke, organisatorische en logische) beveiligingsmaatregelen.

Informatiesysteem

Een samenhangend geheel van gegevensverzamelingen, en de daarbij behorende personen, procedures, processen en programmatuur alsmede de voor het informatiesysteem getroffen voorzieningen voor opslag, verwerking en communicatie.

Integrale beveiliging

Het gehele proces van vaststellen, treffen, onderhouden en controleren van een samenhangend pakket van maatregelen op het terrein van zowel fysieke en informatiebeveiliging waarbij over alle relevante aandachtsgebieden (waaronder economische, ecologische, maatschappelijke invloeden) de risico's in oogschouw worden genomen en meegewogen.

Integriteit

Een kwaliteitskenmerk voor gegevens, een object of dienst in het kader van de (informatie)beveiliging. Het is een synoniem voor betrouwbaarheid. Een betrouwbaar gegeven is juist (rechtmatigheid), volledig (niet te veel en niet te weinig), tijdig (op tijd) en geautoriseerd (gemuteerd door een persoon die gerechtigd is de mutatie aan te brengen).

Intelligent Electronic Device (IED)

Een IED is een microprocessor gestuurd elektronische veldapparaat voor het verrichten van handelingen. IED's zijn bijvoorbeeld actuatoren, motoren of stroomonderbrekers voorzien van een kleine elektronische regeleenheid die ervoor zorgt dat het apparaat op afstand digitaal kan communiceren en worden aangestuurd.

Internet Service Provider (ISP)

Leverancier van internetdiensten, simpelweg aangeduid als 'provider'. De geleverde diensten kunnen zowel betrekking hebben op de internetverbinding zelf als op de

diensten die men op het internet kan gebruiken.

Internet Relay Chat

IRC is een elektronische babbelbox van het internet. Door in te loggen op een IRC-server kan met meerdere mensen tegelijk, of met één netgebruiker apart, worden gecommuniceerd door getypte boodschappen uit te wisselen. IRC bestaat uit zogenoemde kanalen die ieder hun eigen onderwerp hebben, zodat gerichte discussies kunnen plaatsvinden.

IP-adres

Een adres waarmee een apparaat aangesloten op een computernetwerk eenduidig (logisch) kan worden geadresseerd binnen het TCP/IP model. Het Internet Protocol-adres verbindt elke computer met een telecommunicatienetwerk of het internet door middel van een uniek IP-adres, dat gebruikt wordt voor het bepalen van bestemming en herkomst van netwerkverkeer.

Item (asset)

Alles van waarde voor de organisatie. Items kunnen bijvoorbeeld worden onderverdeeld naar data (informatie en computersystemen), applicaties/software, fysieke componenten (apparatuur, gebouwen, ...) of personen.

Jjihadistisch terrorisme

Het voorbereiden en plegen van zware gewelddaden, met als doel ongeloof en ongelovigen te bestrijden en daarmee een Godsrijk op aarde dichterbij te brengen.

Omgaan met Cybercrime

Kwaliteitskenmerken (Betrouwbaarheidseisen)

De eisen ten aanzien van beschikbaarheid, integriteit, vertrouwelijkheid, onweerlegbaarheid en controleerbaarheid die, vanuit de belangen en afhankelijkheden, gesteld worden aan een (bedrijfs)proces, object of middel. De kwaliteitseisen dienen bijvoorbeeld als randvoorwaarden voor te treffen beveiligingsmaatregelen.

Kwetsbaarheid (vulnerability)

Een kwetsbaarheid is een zwakke plek in proces, object, software of hardware welke kan worden misbruikt door één of meerdere dreigingen. Kwetsbaarheden kunnen bijvoorbeeld worden gekwalificeerd als *enorm* (E), *groot* (G), *behoorlijk* (B), *minimum* (M) of *verwaarloosbaar* (V), afhankelijk van de vatbaarheid voor de betreffende zwakte en de gevolgen daarvan.

Kwetsbaarheidsanalyse

Een kwetsbaarheidsanalyse beschouwt de bedrijfsprocessen en middelen en onderzoekt of, en zo ja welke, zwakplekken kunnen worden misbruikt door relevante dreigingen. De analyse stelt vast welke maatregelen gewenst zijn op basis van de gestelde kwaliteitseisen (bepaald in een afhankelijkheidsanalyse) en de classificatie van een dreiging (uit de dreigingsanalyse). Daarbij worden de getroffen maatregelen en/of de weerstand tegen dreigingen, onderzocht.

MAC-adres

Een Media Access Control (MAC) adres is een uniek identificatienummer dat aan een apparaat in een ethernet-netwerk is toegekend. Een MAC-adres wordt ook wel hardware-adres genoemd. Het zorgt ervoor dat apparaten in een ethernet-netwerk met elkaar kunnen communiceren. Vrijwel ieder netwerkapparaat heeft een vast, door de fabrikant bepaald MAC-adres.

Malware

Samentrekking van malicious (Engels voor kwaadaardig) en software. Verzamelnaam voor software met kwaadaardige bedoelingen zoals: virussen, wormen, Trojaanse paarden, keyloggers, spyware, adware en bots.

Man-in-the-middle aanval (MITM)

Een aanval waarbij de aanvaller zich tussen een klant (cliënt) en een dienst (service) bevindt. Hierbij doet hij zich richting de klant voor als de dienst en andersom. Als tussenpersoon kan de aanvaller nu uitgewisselde gegevens afluisteren en/of manipuleren.

Moedwillig menselijk handelen

Moedwillig menselijk handelen omvat onbevoegde beïnvloeding, verstoringen veroorzaakt door kwaadwillende opponenten en manipulatie gericht op het belemmeren, aanpassen of verstoren van een (bedrijfs)proces met gevolgen voor de directe omgeving, het (bedrijfs)proces of de geleverde diensten.

Notice and Take Down (NTD)

Notice and Take Down is een gefaseerde procedure die gebruikt wordt om servers met illegale inhoud van het internet te verwijderen. Voorbeelden van NTD's zijn die voor kinderporno- en phishingsites.

Obfuscation (versluiering)

Een techniek om de interne werking van malware te versluieren voor onderzoekers of onzichtbaar te maken voor virusscanners.

Object

Een fysiek voorwerp, een gegevensset, een computerbestand, een systeem of een ander (virtueel) afgebakende geheel (entiteit) dat als onderwerp fungeert waarop het handelen van een persoon of subject is gericht.

Onweerlegbaarheid

Een kwaliteitskenmerk voor een object of dienst in het kader van de (informatie)beveiliging. Mate waarin onbetwistbaar bewezen kan worden dat een partij een valse ontkenning geeft van deelname in het geheel of deel van een communicatiestroom.

Openbaar telecommunicatienetwerk

Een telecommunicatienetwerk dat onder meer voor de verrichting van openbare telecommunicatiediensten wordt gebruikt of een telecommunicatienetwerk waarmee aan het publiek de mogelijkheid tot overdracht van signalen tussen netwerkaansluitpunten ter beschikking gesteld wordt.[100]

Operationele beveiliging (OPSEC)

OPSEC is een proces dat kritieke informatie identificeert om te bepalen of vriendelijke (eigen) acties kunnen worden waargenomen door inlichtingensystemen van tegenstanders, bepaalt of informatie die door tegenstanders zou kunnen worden geïnterpreteerd nuttig kunnen zijn voor hen, en voert vervolgens geselecteerde (fysieke of organisatorische) maatregelen uit die exploitatie van kritische informatie door tegenstanders moet opheffen of verminderen.

Overnemen

Het kopiëren van bestaande, opgeslagen gegevens, van een geautomatiseerd werk.

Patch

Een patch (letterlijk: 'pleister') kan bestaan uit reparatiesoftware of kan wijzigingen bevatten die direct in een programma worden doorgevoerd om het desbetreffende programma te repareren of te verbeteren.

Peer-to-peer (P2P)

Een computernetwerk waarin de aangesloten computers gelijkwaardig zijn. Een dergelijk netwerk kent geen vaste werkstations en servers, maar heeft een aantal gelijkwaardige aansluitingen die tegelijkertijd functioneren als server en als werkstation voor de andere aansluitingen in het netwerk. Bestanden die via peer-to-peer netwerken worden uitgewisseld, worden in delen binnengehaald en tegelijkertijd weer gedeeld.

Phishing

Phishing ('vissen'), is een verzamelnaam voor digitale activiteiten die tot doel hebben persoonlijke informatie aan mensen te ontfutselen. Een vorm van phishing is waarbij mensen – via bijvoorbeeld e-mail - worden gelokt naar een valse website, die een kopie is van de echte website en ze daar — nietsvermoedend — te laten aanmelden. De fraudeur krijgt hierdoor de beschikking over de inlog, persoonlijke of financiële gegevens van het slachtoffer.

---

[100] Artikel 1.1 sub g en sub h Tw

Omgaan met Cybercrime

Polymorfe malware

Malware die verschillende vormen aanneemt, afhankelijk van de gebruikte software (zoals een webbrowser of besturingssysteem) van het slachtoffer.

Poort (Port)

Een poort is een gedefinieerd communicatiekanaal op een computer. Op het moment dat communicatie tussen twee computers plaatsvindt, zal op beide computers een programma actief zijn waarbij een bepaalde poort wordt gebruikt. Aan beide zijden van het communicatiekanaal "luistert" de computer op deze poorten of er iets is voor het programma. Standaard luistert een computer naar alle poorten. Met een firewall kunnen poorten van een computer worden gesloten, zodat misbruik wordt voorkomen.

Poort scan

Een scan van de poorten van een computer om zo snel een indruk te krijgen van welke diensten een computer allemaal gebruik maakt. Op basis daarvan kan een aanvaller snel bepalen naar welk soort kwetsbaarheden hij/zij gebruikt kan worden voor een aanval.

Privacy Impact Analyse (PIA)

Een Privacy Impact Analyse heeft tot doel de gevolgen te bepalen van die risico's die een hoge mate van impact hebben op de integriteit en vertrouwelijkheid van persoonsgegevens.

Proces

Met een proces wordt een primair (bedrijfs)proces bedoeld, de activiteiten die een organisatie uitvoert om het hoofddoel te bereiken. Voor het overzicht wordt waar nodig een proces opgedeeld in subprocessen. Hiermee wordt niet het (geautomatiseerde) informatieverwerking binnen een informatiesysteem bedoeld.

Programmable Logic Controller (PLC)

Een PLC is een kleine geharde industriële computer die zorgt voor het automatisering van real-time processen, zoals de aansturing van machines in de fabriek assemblagelijnen. De PLC kan complexe instructievolgordes (sequences) verwerken.

Proxy

Een proxyserver is een server die zich bevindt tussen de computer van de gebruiker en de computer die de gebruik wil benaderen. De proxy is een tussenpersoon die de opdrachten namens de gebruiker uitvoert. Proxyservers worden veel gebruikt om computers van een lokaal (bedrijfsnetwerk) gecontroleerd toegang te geven tot het internet. Een open proxy staat verbindingen van willekeurige gebruikers (IP-adressen) toe.

Rainbow table

Een rainbow table is een tabel met allerlei mogelijke wachtwoorden en de hash-waarden van deze wachtwoorden. Ze worden gebruikt om wachtwoorden te testen op veiligheid of om deze te kraken. De techniek is vele malen sneller dan een brute force-techniek, waarbij de hashes van de wachtwoorden nog moeten worden berekend.

Randapparatuur

Onder randapparatuur wordt verstaan alle uitrusting die op computersystemen (geautomatiseerde werken) kan worden aangesloten. Meestal betreft dit mobiele apparatuur of apparatuur die de functionaliteit uitbreiden zoals PDA's, mobiele telefoontoestellen, printers, modems, netwerkapparatuur, beeldschermen, invoerapparaten, multimedia apparatuur, externe harde schijven of USB geheugensticks.[101]

Ransomware

Een vorm van malware waarbij computerbestanden worden versleuteld en pas na betaling weer vrijgegeven. Slachtoffers worden naar websites gelokt waarna er door een lek in de browser een programma geïnstalleerd wordt zonder het medeweten van de gebruiker. Deze software versleutelt vervolgens bekende bestandstypes. Het slachtoffer krijgt vervolgens een bericht met e-mailadres om de sleutel aan te vragen tegen betaling van een niet onaanzienlijk geldbedrag.

Remote Terminal Unit (RTU)

Een RTU is een microprocessor gestuurd elektronische apparaat dat objecten in de fysieke wereld verbind met componenten of centrale systemen van een ICS, door het versturen van telemetrische gegevens en om ontvangen berichten om te zetten in besturingssignalen voor de aangesloten objecten. RTU's bevinden zich meestal op onderstations of afgelegen locaties en zijn aangesloten op het PCN of uitgerust met een draadloze verbinding.

Reverse proxy

Een reverse proxy is een server die als een proxyserver van buiten naar binnen toe functioneert. De proxyserver wordt bijvoorbeeld gebruikt om de belasting

vanuit het internet te controleren en vervolgens gelijkmatig te verdelen over verschillende webservers.

Risico

Een risico kan het best worden gedefinieerd als de functie van de kans op en het gevolg van een ongewenste gebeurtenis. Dit maakt het mogelijk een waarde toe te kennen aan het gevolg van een ongewenste gebeurtenis. Die waarde is afhankelijk van de ernst van het gevolg. In deze definitie wordt ruimte gelaten voor het maken van bepaalde risicoafwegingen en rekening gehouden met niet te voorziene gebeurtenissen. Het risico kan bijvoorbeeld worden geclassificeerd als *kritiek* (K), *substantieel* (S), *beperkt* (B) of *minimaal* (M) als resultante van de *kans (dreiging) x effect (kwetsbaarheid en impact).*

Risicoanalyse

De risicoanalyse is het identificeren en wegen van de kansen en gevolgen van een ongewenste gebeurtenis. De analyse is onderdeel van het risicomanagement en leidt tot inzicht in de ernst en waarschijnlijkheid van gebeurtenissen en de weerbaarheid van een organisatie tegen bedreigingen van vastgestelde belangen en uitval en verstoringen van vitale processen. De weerbaarheid wordt afgemeten aan de maatregelen die zijn genomen om de kans op verstoring te verminderen en de gevolgen beheersbaar te maken.

Risicomanagement

Het proces van continu identificeren en beoordelen van risico's en het vaststellen en aanpassen van beheersmaatregelen.

---

[101] Artikel 1.1 sub jj Tw

Omgaan met Cybercrime

Scam

De term 'scam' wordt vrij losjes gebruikt voor allerlei soorten frauduleuze handelingen die erop gericht zijn om geld van mensen afhandig te maken. Een bekende vorm zijn de 419-scams.

Security Information and Event Management

SIEM systemen bieden real-time analyse van security waarschuwingen gegenereerd door bijvoorbeeld netwerksystemen, hardware of applicaties. SIEM oplossingen verzamelen en correleren meldingen en worden gebruikt om beveiligingsgegevens te loggen en rapporten te genereren voor onder meer het afleggen van verantwoording.

Security Management System

Een Security Management Systeem is een raamwerk dat een structurele, cyclische borging van risicomanagement binnen de organisatie biedt door middel van een coherent beleid en een stelsel van richtlijnen en procedures om sturing te geven aan het omgaan met beveiligingsrisico's.

Single serve

Dit houdt in dat een kwaadaardige server controleert of een client computer eerder contact heeft gelegd. Is dit niet het geval dan wordt malware aangeboden aan de client. Als de client wel eerder contact heeft gelegd dan wordt er geen malware meer aangeboden. Opsporing wordt zo gehinderd doordat het moeilijker wordt om na te gaan wat de bron van besmetting is geweest.

Skimmen

Het onrechtmatig kopiëren van de gegevens van een elektronische betaalkaart, bijvoorbeeld een pinpas of creditcard.

Skimmen gaat gepaard met het bemachtigen van pincodes, met als uiteindelijk doel betalingen te verrichten of geld op te nemen van de rekening van het slachtoffer.

Social Engineering

Het manipuleren van mensen om ze zover te krijgen dat ze informatie geven of een actie uitvoeren, zoals het klikken op een link of het installeren van malware.

Sociale netwerken

Online Sociale netwerksites (OSN) zijn hulpmiddelen waarmee mensen hun (privé en/of zakelijke) sociale netwerk op internet kunnen onderhouden. Voorbeelden zijn Hyves, Facebook en LinkedIn.

Spam

Spam is grootschalige ongewenste berichtgeving via e-mail, mobiele telefonie (sms of mms) of via een ander elektronisch kanaal (zoals social networks, fax of bellen door een automatisch oproepsysteem) of bellen. De inhoud van het bericht is verschillend en loopt uiteen van reclame tot het verzoek voor een financiële bijdrage. Bij spam gaat het niet om de inhoud van het bericht, maar om het grote volume van e-mailberichten dat verzonden wordt.

Spear phishing

Vorm van phishing die specifiek gericht is op een bepaalde gebruiker of groepen van gebruikers, bijvoorbeeld medewerkers van een bepaalde organisatie.

Spyware

Een programma dat informatie over een gebruiker verzamelt en deze zonder dat de gebruiker daarvan op de hoogte is doorstuurt naar een derde partij.

Subject

Een persoon of (computer)proces dat handelingen kan verrichten en een relatie kan hebben met andere subjecten of objecten.

Technisch hulpmiddel

De wet geeft geen toegespitste definitie van wat onder een technisch hulpmiddel moet worden verstaan, bijvoorbeeld als het gaat om aftappen en/of opnemen van gegevens. Volgens de literatuur valt onder het begrip technisch hulpmiddel elk apparaat, waarmee het technisch mogelijk is door anderen gevoerde telecommunicatie op te nemen.[102]

Telecommunicatie

Iedere overdracht, uitzending of ontvangst van signalen van welke aard ook door middel van kabels, radiogolven, optische middelen of andere elektromagnetische middelen.

Telecommunicatiedienst

Een dienst die geheel of gedeeltelijk bestaat in de overdracht of routering van signalen over een telecommunicatienetwerk.[103]

TEMPEST (EMSEC)

Verzamelterm voor de beschrijving van technische beveiligingsmaatregelen, standaarden en instrumentatie die misbruik van elektronische straling zoals technische surveillance en afluisteren (spionage) van (niet-aangepaste) elektronische apparaten

en systemen, voorkomt dan wel minimaliseert. Tegenwoordig wordt meer gesproken over Emission Security (EMSEC) om naast TEMPEST ook andere disciplines van elektronische beveiliging mee aan te duiden.

Terrorisme

Het plegen van zwaar geweld met als doel politieke of godsdienstige standpunten aan anderen op te leggen.

Trojaans paard (Trojan horse)

Een trojan of trojan horse (Trojaans paard) is de naam voor software die geheime, kwaadaardige functies bevat. Het programma is vermomd als een legaal, onschuldig programma, maar voert daarnaast ongewenste functies uit. Die functies zijn bedoeld om bijvoorbeeld de maker of verspreider van het programma ongemerkt toegang te geven of om schade toe te brengen.

Two-factor authentication

Een manier van aanmelden (inloggen) op een computer, waarbij gebruik gemaakt wordt van twee van de drie volgende aspecten: iets dat de gebruiker weet (een wachtwoord of pincode), iets wat hij of zij heeft (een token, codegenerator of lijst met eenmalige codes) of iets wat hij of zij is (biometrische kenmerken, zoals een scan van de iris of een vingerafdruk).

---

[102] Noyon, Langemeijer en Remmelink, supplement 107, aant. 1a bij art. 139c.
[103] Artikel 1.1 sub f Tw

Omgaan met Cybercrime

Veerkracht (resilience)

De mate waarmee een object, proces, of systeem (de gevolgen van) dreigingen (dynamisch) kan opvangen zonder dat hierbij direct (significante) schade ontstaat waardoor de continuering of integriteit en betrouwbaarheid van de kritische functies in gevaar worden gebracht.

Veiligheid (safety)

Beschermen en het vrijwaren van iemand of iets van gevaar of schade als gevolg van (niet-moedwillige kwaadwillende) gebeurtenissen, zoals falen, ongelukken of externe invloeden, door het treffen van maatregelen.

Verantwoordelijke

De (rechts)persoon of organisatie die in het kader van de Wbp formeel-juridisch gezien degene is die het doel en de middelen van de verwerking van persoonsgegevens vaststelt, dan wel aan wie de verwerking naar de in het maatschappelijk verkeer geldende maatstaven worden toegerekend.

Vertrouwelijkheid (exclusiviteit)

Een kwaliteitskenmerk van gegevens in het kader van de informatiebeveiliging. Met vertrouwelijkheid (exclusiviteit) wordt bedoeld dat een gegeven alleen te benaderen is door iemand die gerechtigd is het gegeven te benaderen. Wie gerechtigd is een gegeven te benaderen wordt vastgesteld door de eigenaar van het gegeven.

Virus

Een virus is een klein programma bedoeld om dingen te doen met een systeem waar de eigenaar niet om gevraagd heeft of die men niet wilt. Soms blijft het bij 'onschuldige' pop-up schermpjes, maar vaak zijn virussen erg gevaarlijk. Virussen zijn er in vele soorten en maten.

Vitale Infrastructuur

Producten, diensten en de onderliggende processen die, als zij uitvallen of worden verstoord, maatschappelijke ontwrichting kunnen veroorzaken. Dat kan zijn omdat er sprake is van veel slachtoffers en/of grote economische schade, dan wel omdat de uitval van lange duur is en er geen reële alternatieven voorhanden zijn, terwijl de betreffende producten en diensten maatschappelijk niet kunnen worden gemist. De vitale infrastructuur is kritisch om de territoriale, fysieke, economische en ecologische veiligheid en de sociale en politieke stabiliteit van Nederland te garanderen.

Vitale Sector

Een publiek en/of private groep van organisaties en bedrijven die producten, goederen of diensten leveren en/of beheren die als kritisch zijn benoemd voor de handhaving van de vitale belangen of vitale infrastructuur van Nederland. De vitale sectoren zijn: Energie, Drinkwatervoorziening, Telecommunicatie / ICT, Voedsel, Gezondheid, Keren en beheren oppervlaktewater, Financieel, Transport, Chemische en nucleaire industrie, Openbare Orde en Veiligheid, Rechtsorde en Openbaar Bestuur.

Warez

Warez is de verzamelnaam voor gekraakte software die via websites op het internet aangeboden wordt. Soms wordt er een serienummer meegegeven. Het betreft software waarvan het copyright geschonden wordt en is dus illegaal.

Weerstand (resistance)

De mate waarmee een object, proces of systeem bestand is tegen dreigingen door middel van getroffen preventieve maatregelen.

WiFi

Wireless Fidelity, een populaire vorm van draadloos netwerk. WiFi kent een groot bereik, namelijk tussen de 30 (binnen) en de 300 (buiten) meter. Een andere vorm van draadloos netwerk is Bluetooth.

Worm

Een programma speciaal gemaakt om zichzelf te verspreiden naar zoveel mogelijk computers. Een worm verschilt van een virus; een virus heeft namelijk een bestand nodig om zichzelf te verspreiden en een worm niet. Een worm heeft niet altijd schadelijke gevolgen voor een computer, maar kan de verbinding wel langzaam maken.

Zero-day

Een zero-day aanval misbruikt een nog onbekende of niet gemelde zwakke plek in een computerprogramma. Ze zijn nog niet bekend bij de softwareontwikkelaar of er is nog geen oplossing ('patch') beschikbaar om het gat te dichten. Zero-day exploits worden gebruikt of gedeeld door hackers voordat de softwareontwikkelaar weet heeft van de kwetsbaarheid.

Zombiecomputer

Een computer geïnfecteerd met een bot. De geïnfecteerde computer vormt onderdeel van een botnet en staat als een 'zombie' ter beschikking van een internetcrimineel.

287

Omgaan met Cybercrime

E. Overzicht van organisaties

Deze bijlage geeft een selectie van instellingen, organisaties en brancheverenigingen die een rol spelen bij informatiebeveiliging of aanpak van cybercrime.

(ISC)2

(ISC)2 is een wereldwijde vereniging voor informatiebeveiliging professionals met een nadruk op kennisuitwisseling, training en certificering voor o.a. Certified Information Systems Security Professional (CISSP).
https://www.isc2.org/

Agentschap Telecom (AT)

Het AT richt zich op de continuïteit, integriteit en beschikbaarheid van elektronische netwerken en diensten. Hieronder vallen crisismanagement, frequentieverwerving en -uitgifte, monitoring en toezicht om de continuïteit te waarborgen van communicatiediensten, zoals nooddiensten, C2000, alarmeringssystemen en radionavigatie. Daarnaast houdt het AT toezicht op het aanwezig zijn van tapvoorzieningen bij service providers. Het AT is onderdeel van het ministerie van Economische Zaken, Landbouw & Innovatie.
http://www.agentschap-telecom.nl/

Algemene Inlichtingen- en Veiligheidsdienst (AIVD)

De AIVD houdt zich bezig met dreigingen die een gevaar vormen voor de democratische rechtsorde, de veiligheid of andere gewichtige belangen van de staat. Daarnaast bevordert de AIVD de beveiliging van gegevens waarvan geheimhouding door de nationale veiligheid wordt geboden en van die onderdelen van de overheid en het bedrijfsleven die van vitaal belang zijn voor de instandhouding van het maatschappelijke leven. De minister van Binnenlandse Zaken en Koninkrijksrelaties is verantwoordelijk voor de AIVD.
https://www.aivd.nl/

BREIN

De stichting onderneemt actie tegen piraterij. Gezien het grensoverschrijdende karakter van piraterij werkt BREIN daarbij nauw samen met internationale organisaties zoals MPA en IFPI en hun nationale anti-piraterij units.
http://www.anti-piracy.nl

CIO Platform Nederland

Het platform is een vereniging van CIO's en IT directeuren van private en publieke organisaties in Nederland.
http://www.cio-platform.nl/

College Bescherming Persoonsgegevens

Het CBP is de formele toezichthouder op dat persoonsgegevens zorgvuldig worden gebruikt en beveiligd. Het CBP richt zich o.a. op het gebruik van de beschikbare informatie in telecommunicatiesystemen en op publicaties op websites, met als

289

invalshoek de privacy problemen die burgers in de alledaagse praktijk op het internet ondervinden.

http://www.cbpweb.nl

CPNI.NL

Centre for Protection of the National Infrastructure is een Nederlands platform voor cybersecurity. Het is de opvolger van het NICC dat vanaf 1 januari 2011 is ondergebracht bij TNO. Het brengt partijen bij elkaar ter bestrijding van Cybercrime.

http://www.cpni.nl/

ECP-EPN

ECP-EPN is het platform in Nederland waar publiekprivaat wordt samengewerkt aan belangrijke randvoorwaarden en doorbraken rond de digitale economie en samenleving. ECP-EPN is in 1998 opgericht door het ministerie van Economische Zaken en VNO-NCW.

http://www.ecp.nl/

European Network and Information Security Agency (ENISA)

Het Europees Agentschap voor netwerk- en informatiebeveiliging is een agentschap van de Europese Unie, opgericht in 2004 en gevestigd in Iraklion op Kreta. ENISA heeft tot taak informatienetwerken en daarmee verstuurde gegevens te helpen beveiligen ter bescherming van burgers, consumenten, bedrijven en overheidsorganisaties in de Europese Unie. Het agentschap verzamelt onder meer gegevens, analyseert risico's en geeft voorlichting.

http://www.enisa.europa.eu/

European Programme for Critical Infrastructure Protection (EPCIP)

Het European Programme for Critical Infrastructure Protection is een initiatief van de Europese Commissie om de bescherming van de vitale infrastructuur in Europa te bevorderen.

http://europa.eu/legislation_summaries/justi ce_freedom_security/fight_against_terrorism/ l33260_en.htm

FIOD

De FIOD is de opsporingsdienst van de Belastingdienst onder het gezag van het Functioneel Parket van het Openbaar Ministerie. De FIOD richt zich op fiscale fraude, financiële/financieel-economische fraude, fraude met vastgoed, witwassen en fraude met specifieke goederen.

http://www.minfin.nl/Onderwerpen/Belastin gdienst_Toeslagen_en_FIOD/FIOD

FIRST

FIRST is een forum voor Incident response en Security Teams. Het is een platform waarbij aangesloten leden in vertrouwen kennis en ervaring kunnen uitwisselen. Daarnaast kan via het FIRST netwerk snel en efficiënt internationaal worden gereageerd bij incidenten.

http://www.first.org/

IB-beraad

Het Informatiebeveiligingsberaad van de Rijksoverheid. In het IB-beraad zijn alle departementen vertegenwoordigd. In dit beraad vindt op ambtelijk niveau de afstemming plaats over de gemeenschappelijke aspecten van informatiebeveiliging.

Information Security Solutions Europe

ISSE is een Europese onafhankelijke, multidisciplinaire security conferentie.
http://www.isse.eu.com/

Internet Corporation for Assigned Names and Numbers (ICANN)

ICANN is een non-profit organisatie die een aantal Internet-gerelateerde taken uitvoert, zoals het maken van top level domains, toewijzen van domeinnamen en de distributie van IP-nummers.
http://www.icann.org/

ISACA

ISACA is een wereldwijde vereniging voor informatiesysteem auditors en informatiebeveiliging managers, met een nadruk op kennisuitwisseling, training en certificering voor o.a. CISA en CISM.
http://www.isaca.nl/

IWWN

Het International Watch and Warning Network, waarin het NCSC participeert namens Nederland.

Joint Investigation Team (JIT)

Internationale onderzoeksteams van politie en opsporingsinstanties. JIT's worden vanuit Nederland meestal vertegenwoordigd door de Landelijke Eenheid van de Nationale Politie.
http://www.eurojust.europa.eu/jit.htm

Jure

Jure.nl maakt rechterlijke uitspraken online toegankelijk. Daarbij gaat het om een selectie van uitspraken welke juridisch interessant zijn of waar algemene maatschappelijke belangstelling voor is.
http://www.jure.nl/

Landelijke Eenheid

De Landelijke Eenheid (voorheen het Korps Landelijke Politiediensten, KLPD) van de Nationale Politie voert politietaken uit die een specialistisch karakter hebben of een bijzondere organisatie vergen en taken die een landelijk of internationaal belang hebben. De Landelijke Eenheid richt zich op de aanpak van zware, georganiseerde criminaliteit, bestrijden van grof geweld en terrorisme. Kerntaken zijn het leveren van recherche-expertise en recherche-informatie en het ondersteunen met specifieke hulpmiddelen, informatietechnologie en logistieke diensten. De Landelijke Eenheid heeft een landelijk Meldpunt Cybercrime, waar burgers melding kunnen maken van kinderporno en radicale en terroristische uitingen die zij op het internet tegenkomen.
http://www.politie.nl/over-de-politie/organisatie.html

Logius

Een gemeenschappelijke beheerorganisatie ten diensten van alle ministeries die publieke dienstverleners een samenhangende ICT-infrastructuur biedt zodat burgers en bedrijven betrouwbaar, snel en gemakkelijk elektronisch zaken met hen kunnen doen. Logius biedt daartoe generieke ICT-diensten voor toegang (PKIoverheid, DigiD), gegevensuitwisseling, informatiebeveiliging en standaardisatie. Organisatorisch valt Logius onder het ministerie van BZK.
http://www.logius.nl/

Omgaan met Cybercrime

Mijn digitale wereld (Digibewust)

Mijn digitale wereld is een nationale informatiewebsite over internet, e-mail en andere digitale toepassingen. De site is als gids in de digitale wereld: wat zijn de vele mogelijkheden, hoe werken deze, waar moet u op letten, waar kunt u terecht bij problemen, en welke organisaties in Nederland kunnen u verder helpen? De website is een initiatief van de Nederlandse overheid, bedrijfsleven en diverse maatschappelijke organisaties.
http://www.mijndigitalewereld.nl/

Ministerie van Binnenlandse Zaken en Koninkrijksrelaties (BZK)

BZK is verantwoordelijk voor de ontwikkeling van elektronische dienstverlening van de Rijksoverheid. BZK is om die reden verantwoordelijk voor de veiligheid van deze elektronische diensten. Dit is o.a. terug te vinden in haar rol ten aanzien van de organisaties ICTU en Logius. Daarnaast is BZK vanuit het belang van nationale veiligheid betrokken bij de beveiliging van ICT en vitale infrastructuren via o.a. de AIVD.
http://www.rijksoverheid.nl/ministeries/bzk

Ministerie van Economische Zaken, Landbouw en Innovatie (EL&I)

EL&I is verantwoordelijk voor het creëren van randvoorwaarden voor een goede werking van elektronische netwerken en – diensten en een functionerende telecom en ICT-markt met zelfregulering en preventie. Het ministerie heeft een coördinerende taak bij het kabinetsbrede ICT-beleid. Agentschap Telecom (AT) en de Onafhankelijke Post en Telecommunicatie Autoriteit (OPTA) vallen onder de verantwoordelijkheid van de minister van EL&I.
http://www.rijksoverheid.nl/ministeries/eleni

Ministerie van Veiligheid en Justitie (V&J)

V&J staat borg voor de strafrechtelijke handhaving van de wet- en regelgeving op het gebied van ICT-veiligheid door middel van opsporing en vervolging. Het ministerie bepaalt het beleid. Het Openbaar Ministerie en de verschillende politiediensten zijn verantwoordelijk voor de uitvoering ervan. Daarnaast werkt het ministerie volop mee aan de preventie van cybercrime doormiddel van voorlichting. Het OM, de Nationale Politie, de NCTV en het NCSC vallen onder de verantwoordelijkheid van de minister van Veiligheid en Justitie.
http://www.rijksoverheid.nl/ministeries/venj

Nationaal Bureau voor Verbindingsbeveiliging (NBV)

Het NBV, onderdeel van de AIVD, ondersteunt de Rijksoverheid bij de beveiliging van bijzondere informatie, zoals staatsgeheimen.
https://www.aivd.nl/organisatie/eenheden/nationaal-bureau/

Nationaal Coördinatie Centrum (NCC)

Plaats van afstemming van de bestuurlijke informatievoorziening en de bijstand van o.a. politie en brandweer bij (dreigende) verstoringen van openbare orde en/of veiligheid en crisisbeheersing. Het NCC is onderdeel van het NCTV, dat valt onder het ministerie van Veiligheid en Justitie.
http://www.nationaalcrisiscentrum.nl/

Nationaal Coördinator Terrorismebestrijding en Veiligheid

De NCTV is aangesteld om de samenwerking tussen alle instanties betrokken bij de nationale veiligheid en de bestrijding van terrorisme te verbeteren om de slagvaardigheid van de overheid te vergroten. De NCTV is verantwoordelijk voor analyse van (inlichtingen-) informatie, beleidsontwikkeling en regie over te nemen maatregelen bij terrorismebestrijding, cyber security en crisisbeheersing. Het gebruik van het internet voor radicale doeleinden wordt bestrijden onder regie van het NCTV. Het NCTV valt onder het ministerie V&J.

http://www.nctv.nl/

Nationaal Cyber Security Centrum (NCSC)

Het NCSC draagt bij aan het vergroten van de weerbaarheid van de samenleving in het digitale domein, en daarmee aan een veilige, open en stabiele informatiesamenleving door het leveren van inzicht en het bieden van handelingsperspectief. Het NCSC ondersteunt de Rijksoverheid en organisaties met vitale functies in de samenleving met expertise, advies en response op dreigingen en crisisbeheersing. Daarnaast voorziet het in informatie aan de burger, overheid en bedrijfsleven. Het NCSC is het centrale meld- en informatiepunt voor ICT dreigingen en veiligheidsincidenten van de overheid. Het centrum valt onder de NCTV van het ministerie van Veiligheid en Justitie.

https://www.ncsc.nl

Nationaal Platform Criminaliteitsbeheersing (NPC)

Het NPC is een samenwerkingsverband waarbij overheid en bedrijfsleven zich richten op de aanpak van criminaliteitsvormen waarvan het bedrijfsleven slachtoffer is. Het NPC, onder voorzitterschap van de minister van Veiligheid en Justitie, komt twee keer per jaar bijeen. Daarbij staat zowel de aanpak van criminaliteitsproblemen als de koers voor de langere termijn centraal.

http://www.rijksoverheid.nl/adres/n/nationaa l-platform-criminaliteitsbeheersing-npc.html

National High Tech Crime Unit (NHTCU)

Het Team High Tech Crime is een onderdeel van de Dienst Landelijke Recherche van de Landelijke Eenheid van de Nationale Politie. Dit gespecialiseerde team van digitale rechercheurs onderzoekt vooral vormen van cybercrime waarbij zware en georganiseerde misdaad een rol speelt of als de vorm van cybercrime een (potentieel) ontwrichtend effect heeft op de nationale veiligheid of vitale belangen. Daarnaast is het NHTCU een eerste aanspreekpunt voor buitenlandse opsporingsdiensten en daar waar een landelijke aanpak noodzakelijk is om bedreigende situaties te voorkomen, of te doen stoppen.

Nederlands Forensisch Instituut (NFI)

Het NFI verleent diensten aan opdrachtgevers binnen de strafrechtsketen, zoals het OM en de politie. Ook kan een advocaat in een strafzaak de zaakofficier of de rechter-commissaris verzoeken om het NFI een onderzoek te laten uitvoeren. Het NFI onderzoekt zaken waarin sprake is van een (vermoeden van een) misdrijf. Het NFI valt onder het ministerie van V&J.

http://www.forensischinstituut.nl

Openbaar Ministerie (OM)

Het OM is verantwoordelijk voor de bestrijding en aanpak van cybercrime en de vervolging. Het OM heeft een Meldpunt Cybercrime (www.meldpuntcybercrime.nl/), waar burgers melding kunnen maken van kinderporno en radicale en terroristische uitingen die zij op het internet tegenkomen. Bij het Landelijk Parket is een landelijk kennis- en expertisecentrum cybercrime gevormd.

http://www.om.nl/onderwerpen/cybercrime/

Omgaan met Cybercrime

Onafhankelijke Post en Telecommunicatie Autoriteit (OPTA)

De OPTA houdt toezicht op de naleving van de wetgeving op het gebied van post en elektronische communicatiediensten. Het gaat daarbij in het bijzonder om de Postwet, de Telecommunicatiewet, de op deze wetten gebaseerde lagere regelgeving en Europese regelgeving. De OPTA handhaaft onder meer de netneutraliteit, de 'cookiewet', het spamverbod en ziet toe op de meldplicht bij privacyinbreuken.
http://www.opta.nl/nl/

Platform voor Informatiebeveiliging

Het PvIB is een branchevereniging voor professionals en een kenniscentrum op het gebied van Informatiebeveiliging in Nederland. Het platform verzamelt, verbetert, verrijkt informatie, kennis en ervaring over informatiebeveiliging en draagt deze weer uit. Het PvIB verenigt alle betrokkenen en geïnteresseerden in het vakgebied Informatiebeveiliging.
http://www.pvib.nl/

Veilig Internetten

Deze website informeert over veilig internetten en geeft voorlichting en adviezen over computerbeveiliging.
http://www.veiliginternetten.nl

VNO-NCW

VNO-NCW is de grootste ondernemingsorganisatie van Nederland die zowel op nationaal als op internationaal niveau de gemeenschappelijke belangen behartigt van het Nederlandse bedrijfsleven. De bij VNO-NCW aangesloten bedrijven en (bedrijfstak)organisaties vertegenwoordigen 90 procent van de werkgelegenheid in de Nederlandse marktsector. Het VNO-NCW heeft een eigen werkgroep rondom het thema informatiebeveiliging en cybercrime.
http://www.vno-ncw.nl/

Waarschuwingsdienst.nl

Een dienst van het NCSC die als bron dient voor informatie over veilig internetten en voorlichting en adviezen geeft over computerbeveiliging. Daarnaast waarschuwt deze dienst tegen computervirussen, wormen en beveiligingslekken in software.
http://www.waarschuwingsdienst.nl/

Wetenschappelijk Onderzoeks- en Documentatiecentrum (WODC)

Het WODC is belast met het (doen) verrichten van onderzoek, het adviseren over voorgenomen beleidsprogramma's en te voeren beleid en te verrichten onderzoek alsmede het verspreiden van binnen het WODC aanwezige kennis op het terrein van Justitie en met de documentatie van (sociaal-) wetenschappelijke publicaties.
http://www.wodc.nl/

F. Gegevens voor aangifte

Deze bijlage geeft een overzicht van benodigde of gewenste gegevens voor het doen van aangifte van een gepleegd feit of het vastleggen van een cyberincident.

① Gegevens aangever en beschrijving

- Gegevens over de aangever:
  - o naam;
  - o adres en woonplaats;
  - o contactgegevens (telefoon/e-mail);
  - o beroep en functie;
  - o identiteitsbewijs;
  - o geslacht;
  - o geboortedatum.
- Gegevens van het bedrijf/organisatie:
  - o bedrijfsnaam;
  - o adres en contactgegevens;
  - o contactpersoon;
  - o omschrijving;
  - o Kamer van Koophandel nummer.
- Gegevens over de eigenaar/benadeelde;
- Overzicht van gebeurtenissen en getroffen maatregelen;
- Schatting van de geleden schade en de herstelkosten;
- Informatie over mogelijke verdachten.

② Algemene gegevens van het incident

- Tijdstip van herkenning en/of de (start en einde van de) aanval;
- Gegevens over de locatie, waar het feit is gepleegd (de plaats veiligheidsinbreuk waar het resultaat van de strafbare gedraging zichtbaar/manifest is);
- Gegevens van de Internet Service Provider of Webhosting provider

(naam, adres, contactgegevens, soort contract/dienst, inlogcodes);
- Gegevens van een daderindicatie (eventueel IP adres van de verdachte);
- Gegevens van het vermiste, beschadigde, gekopieerde onderwerp (type, model, fabrikant, serienummers, imeinummer, foto's, etc.);
- Specificatie over de aangerichte schade, zoals economische schade, verlies van (gevoelige of persoonsgegevens) gegevens, maatschappelijke impact of het totale verlies aan beschikbaarheid van de services ('down time');
- Welke systemen zijn gecompromitteerd?
- Wat is de functies van deze systemen?
- Hoe en door wie werd geconstateerd dat het systeem is gecompromitteerd?
- Welke (herstel)acties zijn ondernomen?
- Zijn er reservekopieën (back-ups) aanwezig en van wanneer?
- Is de hacker nog actief op het systeem?

③ Technische gegevens infrastructuur

Een beschrijving van de (technische) situatie:
- Soort omgeving;
- Gebruikte besturingssystemen en applicaties (incl. versienummers);
- Netwerktopologie (schema, tekening, componenten, segmentering);
- Draadloze netwerk en fysieke locatie van toegangspunten;

- Internet aansluiting (ISP, IP-adres, CallerID gegevens, bandbreedte);
- Koppelingen met andere (externe) netwerken (incl. router gegevens);
- Soorten (interne en externe) gebruikers en aantallen;
- Overzicht van alle gebruikeraccounts en hun toegangsrechten;
- Aanwezige beveiligingssystemen (firewalls, IDS, proxies, antivirus);
- Identity & Access management (wachtwoorden, tokens, RBAC);
- Netwerkbeveiliging (VPN, SSL, TLS, WiFi beveiliging);
- Overige beveiligingsmaatregelen (encryptie, PKI, SIEM, USB blokkering).

④ Technische gegevens van systemen

Van alle betrokken systemen de configuraties ten tijde van het tijdstip van herkenning en/of het zich voordoen van het incident:

- Systeemtijden en hun verschil met een onafhankelijke bekende tijdsbron. Voor een correlatie van logbestanden en het leggen van verbanden, is een tijdsynchronisatie van essentieel belang.
- Specificatie van platform (hardware) en besturingssysteem (soort, zoals Windows, Linux, Apple en versienummers/servicepacks);
- Overzicht van actieve services (webserver, fileserver, FTP, firewall, mail, etc.).
- Overzicht van de actieve systeemconfiguratie;
- Lijst van geïnstalleerde programmatuur
- Informatie over aanwezige firewall en antivirus maatregelen;
- Netwerkconfiguraties (aansluitingen, IP-adressen, WiFI SSID namen)
- Lijst van actieve processen in geheugen
- Lijst van actief aangemelde gebruikers

- Lijst van open bestanden
- Lijst van actieve netwerkverbindingen en netwerkstatus
- Lijst van gebruikersgroepen en gebruikers
- Lijst van netwerkshares en -koppelingen
- Lijst van tijdsgebonden opdrachten
- Lijst van automatische geladen programma's

⑤ Technische gegevens van het incident

Van alle gecompromitteerde systemen (netwerkcomponenten, router, firewalls, servers, werkstations, etc.):

- De begin- en eindtijd(en) van het incident;
- IP-adres(sen) betrokken bij de aanval ('source' en 'destination');
- Netwerkprotocollen betrokken bij de aanval (incl. poortnummers);
- Gebruikersnamen (incl. loginnamen, e-mail, etc.) betrokken bij de aanval;
- Lijst van toegevoegde, besmette of gewijzigde computerbestanden;
- Welke handelingen zijn verricht aan de gecompromitteerde systemen?
- Zijn er digitale sporen veiliggesteld?

⑥ Logbestanden

Logbestanden van de systemen die betrokken kunnen zijn geweest bij het cyberincident (vastgelegd op het tijdstip van herkenning en de gehele periode gedurende het incident). In het bijzonder de begin- en eindtijd(en), source en destination IP-adressen, (destination) netwerkpoorten en de netwerkpakketten headers zijn waardevol:

- Firewalls en routers (complete logs met netwerkverkeer, poorten en IP-adressen);
- IDS en SIEM;
- Volledig netwerkdataverkeer dump (b.v. vanuit IDS netwerk sensor);
- Antivirus programma's (update logs, meldingen, historie);

- Mailsysteem (log van de inkomende e-mail, inclusief de e-mail-headers, die b.v. de malware bevat, en eventueel de relevante e-mailberichten zelf);
- Proxy of gateway server (netwerkverkeer en geautoriseerde connecties);
- Servers (log van besturingssysteem activiteit op de server, security log (aanmeldingen en mislukte aanmeldingen), gemaakte connecties, gebruik van bijzondere privileges, systeemlog (foutmeldingen), etc.);
- Werkstations (log van besturingssysteem, security log, connecties, etc.).
- Webbrowser logs (internet historie, bookmarks, cookies, etc.)
- Logbestanden van de applicaties en applicatieservers die betrokken kunnen zijn geweest bij het cyberincident, zoals webservers, database servers, DNS-servers en FTP servers.

⑦ Aanvullende technische gegevens en bestanden

Afhankelijk van de verschijningsvorm en gebruikte aanvalstechnieken, helpt het als aanvullende technische gegevens en computerbestanden beschikbaar zijn. Zie voor voorbeelden van mogelijke relevante informatie onder de betreffende verschijningsvorm in hoofdstuk 4.

Denk hierbij aan:
- maken van een schermafdruk;
- lijst van besmette of gewijzigde computerbestanden;
- kopie van de geïsoleerde malware bestanden;
- image van het schone systeem (voor infectie) en het besmette systeem
- kopie van het volledig netwerkverkeer (*TCP/IP network dump*);

- DNS records (DNS database);
- lijst van bekende/geautoriseerde MAC adressen.
- lijst van WiFi netwerken, SSID's en MAC adressen toegangspunten;
- string (code) of URL's die de hacker heeft verzonden/geprobeerd;
- originele e-mailberichten/headers;
- e-mailadres van de afzender;
- historie van bezochte websites of geopende links (URL's).

⑧Volgen van de aanvaller

In sommige situaties kan het voorkomen dat de aanvaller nog actief is op het systeem.
- Kan de aanvaller worden gevolgd?
- Is het mogelijk om actief te monitoren op de acties die de aanvaller uitvoert?
- Zijn er onafhankelijke voorzieningen om de aanvaller te volgen (zoals een netwerk-tap)?

Omgaan met Cybercrime

G. Besturingssystemen

De bestandlocaties en instellingen zijn zo generiek mogelijk opgenomen in dit overzicht. Ze gelden voor de meeste versies van de betreffende platformen. De exacte locaties en instellingen kunnen echter afwijken. Dit overzicht is niet limitatief.

G.1   Microsoft Windows platform

① Opstartlocaties

Windows platformen starten programma's automatisch onder meer via:[104]

a. *Opstartmappen*. Alle Windows versies bevatten opstartmappen, waarin gebruikers programma's kunnen zetten die automatisch opgestart zullen worden;
   - C:\Documents and Settings\All Users\Start Menu\Programs\Startup
   - C:\Documents and Settings\{Username}\Start Menu\Programs\Startup
   - C:\ProgramData\Microsoft\Windows\Start Menu\Programs\Startup

b. *Registry*. De meest voorkomende registry keys zijn:
   - HKLM\Software\Microsoft\Windows\CurrentVersion\Run
   - HKLM\Software\Microsoft\Windows\CurrentVersion\RunOnce
   - HKLM\Software\Microsoft\Windows\CurrentVersion\RunOnceEx
   - HKLM\Software\Microsoft\Windows\CurrentVersion\RunServices
   - HKLM\Software\Microsoft\Windows\CurrentVersion\RunServicesOnce
   - HKLM\Software\Microsoft\Windows\CurrentVersion\Policies\Explorer\Run
   - HKLM \Software\Microsoft\Windows NT\CurrentVersion\Windows
   - HKLM\Software\Microsoft\Windows NT\CurrentVersion\Winlogon\Userinit

   Vervang HKLM (HKEY_LOCAL_MACHINE) voor HKCU (HKEY_CURRENT_USER) om de gebruikersafhankelijke instellingen te bekijken.

② Netwerkshares en koppelingen

Windows platformen delen standaard de lokale harde schijf op het netwerk. Deze netwerkshares zijn verborgen voor normale gebruikers. De exacte locatie en netwerkshares kunnen per Windows platform en versie verschillen. De voornaamste zijn:
   - \\computernaam\C$ voor de lokale harde schijf C:\
   - \\computernaam\admin$ voor Windows installatiefolder C:\Windows

---

[104] De meeste opstartlocaties kunnen allemaal in één keer worden bekeken met de systeemconfiguratie tool msconfig.exe of de tool autoruns uit de Microsoft Sysinternals Suite
http://technet.microsoft.com/en-us/sysinternals/bb842062.aspx

Omgaan met Cybercrime

③ Logbestanden

De logbestanden van het Windows platform zijn te vinden onder de systeembeheer gebeurtenissenlogboek opties of kunnen (offline) worden gelezen met speciale tools zoals Microsoft Logparser of 'Event Log Viewer'. De logbestanden zijn te vinden onder:

- o C:\windows\system32\config*.evt

④ Systeembestanden en instellingen[105]

Essentiële systeembestanden en instellingen om te controleren, zijn:[106]

o	Systeemtijd	(date /t & time /t)
o	Aangemelde gebruikers	(net sessions)
o	Open bestanden	(openfiles)
o	Netwerkconfiguratie	(ipconfig /all)
o	Netwerkverbindingen	(netstat -A)
o	Netwerk status	(nbtstat -an)
o	Netwerk routering	(route print)
o	Proces/netwerkpoort koppelingen	(netstat -anob)
o	Actieve processen in geheugen	(tlist)
o	Services	(net start)
o	Gebruikersgroepen	(net localgroup)
o	Gebruikers	(net user)
o	Gebruikersinstellingen	(net accounts)
o	Netwerkshares	(net share)
o	Netwerkkoppelingen	(net use)
o	Audit policy instellingen	(auditpol)
o	Group policy instellingen	(gplist)
o	Tijdsgebonden opdrachten	(at)
o	Automatische geladen programma's	(autorunsc)

- o Aanmeldscripts (logon scripts)
- o Security Accounts Manager (C:\Windows\system32\config of C:\Windows\SYSVOL\ntds)
- o Windows aanmeldscherm (normaal MSGINA.DLL en ingesteld onder HKLM\Software\Microsoft\Windows NT\CurrentVersion\Winlogon\GinaDLL)
- o Alle overige DLL bestanden (verificatie van integriteit bijvoorbeeld vergelijken met bekende hash-waarden, datum en tijd)
- o Gebruikers in alle groepen met bijzondere rechten, in het bijzonder de beheerders groepen (zoals Administrators, Enterprise Administrators, Domain Administrators);
- o Toegangsrechten op de Windows Registry.

---

[105] Uitgebreide toelichting kan worden gevonden in diverse literatuur, o.a. op het gebied van digitale forensische analyse van Windows platformen (47).
[106] De commando's tussen haakjes verwijzen naar instructies die op de meeste Windows platformen direct vanaf een zogenaamde command line zijn uit te voeren. Open, met administrator rechten, hiervoor de 'Command Prompt' via het menu of door het commando cmd vanaf het start menu uit te voeren. De uitvoer van een instructie kan worden bewaard door deze direct op te slaan in een tekstbestand, op de volgende wijze: commando >>resultaat.txt

G.2   Linux platform

① Opstartlocaties

Linux platformen starten programma's automatisch onder meer via:
- o   Opstartscripts in /etc/rc*.*
- o   Opstartscript /etc/rc.d/rc.local
- o   Opstartprogramma's via *Preferences* onder *Sessions* menu via het GUI
- o   Opstartfolder .config/autostart
- o   Gnome of KDE autostart instellingen

② Netwerkshares en koppelingen

Linux platformen delen niet standaard de lokale harde schijf op het netwerk.

③ Logbestanden

Logbestanden zijn op de meeste Linux platformen te vinden onder o.a.:
- o   /var/log
- o   /var/log/message   Algemene (system)meldingen
- o   /var/log/auth.log   Authenicatie logs
- o   /var/log/kern.log   Kernel logs
- o   /var/log/cron.log   Crond logs (cron job)
- o   /var/log/maillog   Mail server logs
- o   /var/log/qmail/   Qmail log directory
- o   /var/log/httpd/   Apache access en error logs directory
- o   /var/log/lighttpd   Lighttpd access en error logs directory
- o   /var/log/boot.log   System boot log
- o   /var/log/mysqld.log   MySQL/Postgress database server log file
- o   /var/log/secure   Authenticatie log
- o   /var/log/utmp   Login records bestand

④ Systeembestanden en instellingen

Essentiële systeembestanden en instellingen om te controleren zijn:
- o   Systeemtijd   (date)
- o   Netwerkconfiguratie   (ifconfig)
- o   Netwerkverbindingen   (netstat)
- o   Netwerk status   (netstat)
- o   Netwerk routering   (netstat)
- o   Services   etc/inet.d
- o   Gebruikersgroepen   etc/group
- o   Gebruikers   etc/passwd
- o   Gebruikersinstellingen   etc/passwd

Omgaan met Cybercrime

G.3   Apple MAC platform

① Opstartlocaties

Apple platformen starten programma's automatisch onder meer via:

a.   *Opstartmappen*;
   o   Hard Drive/Library/ StartupItems
   o   Hard Drive/System/Library/ StartupItems

b.   *Login items*. Deze zijn per gebruiker instelbaar onder de *System Preferences*.

② Netwerkshares en koppelingen

Apple platformen delen niet standaard de lokale harde schijf op het netwerk.

③ Logbestanden

De logbestanden zijn op de meeste Apple platformen te vinden onder de Console applicatie (bijvoorbeeld te vinden via Spotlight of in de 'Hulpprogramma's' map). Enkele nuttige logbestanden zijn:
   o   system.log voor het gehele system waaronder DNS en netwerk
   o   mail.log
   o   CrashReporter logs

H. Digitale sporen veiligstellen

Deze bijlage geeft een systeembeheerder of onderzoeker een beeld van de meest elementaire stappen voor het veilig stellen van digitale sporen. Echter het zelf verrichten van onderzoek wordt afgeraden! Hierbij kunnen belangrijke sporen worden gewist en kan er zelf sprake zijn van wederrechtelijk handelen. De te volgen procedures voor het veilig stellen van digitale sporen zijn voortdurend aan verandering onderhevig. Een digitaal rechercheur wordt geacht op de hoogte te zijn van de laatste ontwikkelingen.

Benodigde middelen: digitale fotocamera, forensische toolkit op boot CDROM/USB geheugenstick (BackTrack), gereedschapset, permanente markeerstift, veiligheidslabels (t.b.v. bewijsmateriaalverzegeling), seal bags, harddisk(s) met voldoende capaciteit en van geschikt type, extra aansluitkabels, verklaringen van overdracht/in beslag name apparatuur.

> *Kom niet (niet fysieke en niet digitaal) aan computers of andere voorwerpen als een strafrechtelijk onderzoek nodig is. Schakel in dat geval direct de autoriteiten (politie) in. Schakel bij twijfel deskundige hulp in, zoals van een particulier recherchebureau.*

Start technisch onderzoek

- Verifieer identiteit van opdrachtgever
- Verkrijg onderzoeksnaam (gebruik willekeurige niet-herleidbare namen)
- Start een nieuw *logboek* van sjabloon met onderzoeksnaam, datum, tijdstip, naam onderzoeker, etcetera
- Verifieer namen van betrokken personen en personeelsnummers
- Identificeer betrokken (gebruikers)apparatuur en ICT voorzieningen in o.a. een CMDB
- Identificeer betrokken (gebruikers) mobiele- en telefonieapparatuur
- Identificeer mogelijk betrokken centrale ICT voorzieningen
- Stel *apparatuurlijst* op met type, soort, serienummer, etcetera

Overleg en beslismomenten

- Welke autoriteiten mogen/moeten aanwezig zijn?
- Is het incident nog gaande? Is de aanvaller nog actief?
- Welke apparatuur en goederen moeten worden veiliggesteld of in beslag genomen?
- Zijn er mogelijke versleutelde of volatiele gegevens aanwezig?
- Informeren van ICT manager (ingang zetten van insluitende, stoppende of herstellende acties)
- Informeren van leidinggevende
- Informeren van betrokken persoon
- Moet er een aanvullend technisch sporenonderzoek (zoals dactyloscopie) plaatsvinden?

Omgaan met Cybercrime

Veiligstellen digitale sporen

① Plaats veiligheidsinbreuk (PVI)

- Stel de fysieke omgeving van het gebied rondom de plaats veiligheidsinbreuk veilig.
- Stuur mensen die niet betrokken zijn, weg.
- Leg de omgeving en wijze van binnentreden vast.
- Neem foto's van het systeem, inclusief de monitor, randapparatuur, toetsenbord, de voor- en achterkant, kabels en aansluitingen.
- Maak foto's van papieren, CDROM's, USB geheugensticks, etc. in de onmiddellijke omgeving.
- Inventariseer en verzamel alle papieren, CDROM's, USB geheugensticks etc. welke van belang kunnen zijn of bewijsmateriaal kunnen bevatten.

NB: Let op dat – indien mogelijke - **versleutelde** (encryptie) of **volatiele gegevens** (tijdelijke vluchtige gegevens in het computergeheugen) eerst dienen te worden onderzocht en veiliggesteld voordat verder kan worden gegaan met het uitschakelen van het systeem!

② Shutdown het systeem

- Verwijder de stekker van het systeem uit het stopcontact.

NB: Raak **niet** het toetsenbord, muis of aan/uit schakelaars aan, of raak het systeem niet op een andere wijze aan waardoor het systeem een normale shutdown procedure gaat doorlopen. Een normale shutdown (*slaapstand, standby, volledig uit*), kan logische bommen doen af gaan, bewijsmateriaal vernietigen en vluchtige gegevens verwijderen.

③ Veiligstellen van het systeem

- Het systeem dient verzegeld te worden indien het systeem intact in beslag genomen wordt voor vervoer naar een onderzoekslaboratorium.
- Label alle kabels en connectoren voordat deze worden losgekoppeld.
- Bevestig bewijsmateriaalverzegeling over aan/uit schakelaars, CDROM drives, randapparatuur en alle connectoren.

④ Voorbereiden van het systeem

- Open de systeembehuizing indien het systeem niet in beslag wordt genomen, of indien geplaatst en onderzocht in het laboratorium.
- Maak foto's van het interieur van het systeem voordat kabels worden losgekoppeld.
- Koppel alle power aansluitingen los van hard disks, CDROM en randapparatuur.
- Start het systeem en ga naar het start menu (BIOS).

⑤ Onderzoek het systeem

- Controleer het setup menu op de actuele systeem (BIOS) datum en tijd.
- Noteer de datum en tijd en vergelijk dit tegen een bekende standaard.

NB: Een vergelijking met een externe tijdsbron is essentieel voor de verdere correlatie tussen bestandstijden en ander bewijsmateriaal.

⑥ Voorbereiden van het systeem voor acquisitie

- Verander de opstartvolgorde in het systeem (BIOS) om als eerste te starten van CDROM.
- Indien mogelijk dient het systeem te worden ingesteld om alleen te op te starten van de CDROM.

⑦ Aansluiten van doel media

- Plaats een forensisch schone harddisk in het systeem als opslagdoel (aansluiten via USB is ook mogelijk).
- Sluit alleen deze doel harddisk aan. Indien mogelijk dient deze doeldisk als disk1 te worden geconfigureerd en de originele harddisk als disk2.
- Alle maatregelen om te voorkomen dat het originele systeem kan opstarten dienen te worden genomen.
- Plaats de forensische boot CDROM welke de acquisitie software bevat.
- Start het systeem van de forensische boot CDROM en controleer dat de doeldisk wordt herkend.
- Zet het systeem weer uit en sluit nu de power aansluiting van de originele harddisk weer aan.

NB: De acquisitie van de gegevens op de harde schijf kan ook plaatsvinden door de harde schijf te demonteren en via gespecialiseerde kopieerapparatuur forensische te klonen. Stappen 6 en 7 kunnen dan worden overgeslagen.

⑧ Kopiëren van media

- Start het systeem opnieuw van de forensische boot CDROM.
- Gebruik de software op deze CDROM voor het kopiëren van de originele harddisk naar de doeldisk. Als gebruik wordt gemaakt van gespecialiseerde kopieerapparatuur, wordt de originele harddisk uitgebouwd en aangesloten op deze apparatuur.
- Maak indien mogelijk een 2de kopie.

Maak een forensisch kopie met:
```
dd if=/dev/hda of=harddisk.img
bs=65536 conv=noerror,sync
```

⑨ Veiligstellen van bewijsmateriaal

- Verwijder alle harddisks van het systeem.
- Plaats deze in een antistatische elektronica zak (gebruik nooit standaard plastic *sealbags*).
- Verzegel deze zak met een bewijsmateriaalzegel en noteer hierop data, tijdstip en initialen van de onderzoeker.
- Verifieer of alle originele apparatuur en goederen aanwezig zijn aan de hand van de apparatuurlijst
- Verifieer of alle apparatuur, (in beslag genomen) goederen en (fysieke) documentatie correct is verpakt
- Verpak alle (in beslag genomen) goederen bij voorkeur samen in één doos
- Plaats alle (in beslag genomen) goederen en bewijsmateriaal achter slot en grendel (kluis)

Acquisitie (log)data van centrale ICT voorzieningen

- Exporteer de e-mailbox van de betrokken gebruiker.
- Exporteer gebruikers e-mail archief
- Maak een kopie van de gebruiker homedirectory op de file server.
- Verzamel web historie en netwerk logbestanden in relatie tot de betrokken gebruiker.

Omgaan met Cybercrime

- Verzamel logbestand van firewalls en antivirus server.
- Verzamel logbestand van inbel- of remote access servers.
- Bepaal een hash-waarde voor alle veiliggestelde/gekopieerde (log)bestanden.

Vermeld bij het veiligstellen van sporen en het onderzoeken aan materialen altijd: wie, hoe, waar, wanneer, wat en waarmee sporen zijn veiliggesteld of onderzocht.

I. Wbp controlelijsten

Deze bijlage bevat controlelijsten om te toetsen of om te voldoen aan de Wbp bij het onderzoeken van cybercrime of het monitoren van computersystemen en – netwerken.

Wbp controlelijst

1. Inventariseer de verwerkingen van persoonsgegevens binnen de organisatie.

2. Is er sprake van een verwerking van persoonsgegevens in de zin van de Wbp (art. 2, 3 en 4 Wbp).

3. Stel per verwerking vast welke partijen een rol spelen bij de verwerking, te weten:
   o wie is de verantwoordelijke;
   o is er een bewerker;
   o wie zijn de betrokkenen;
   o aan wie worden de gegevens verstrekt? (vergelijk art. 1 Wbp).

4. Stel een welbepaald en uitdrukkelijk omschreven doel (of doeleinden) van de verwerking(en) van de persoonsgegevens vast (art. 7 en 9 Wbp).

   Bij het volgen van werknemers:

   [Organisatie] verwerkt persoonsgegevens voor de interne controle en beveiliging van het bedrijfsnetwerk, de computersystemen, computerprogramma's of de communicatieapparatuur ter voorkoming van onrechtmatig gedrag en ongeautoriseerde toegang van personen die werkzaam zijn bij of voor [Organisatie].

   Bij het monitoren van externen:

   [Organisatie] controleert de activiteiten van bezoekers van haar website of het bedrijfsnetwerk ter voorkoming van onrechtmatig gedrag en ongeautoriseerde toegang tot de informatie of computerbestanden van [Organisatie].

5. Bepaal wat de rechtmatige grondslag is voor de verwerking van de persoonsgegevens. De verwerking kan worden gerechtvaardigd op grond van artikel 8 sub f Wbp. Het is hierbij wel van belang dat de maatregelen die de organisatie treft proportioneel zijn aan het doel van de verwerking.

   De persoonsgegevensverwerking is noodzakelijk voor de behartiging van het gerechtvaardigde belang van [Organisatie] en de bescherming van haar bedrijfsnetwerken en computersystemen. [Organisatie] treft hiervoor maatregelen die zij proportioneel vindt aan het doel van de persoonsgegevensverwerking.

6. Bepaal welke gegevens noodzakelijk zijn voor het doel van de verwerking (art. 11 Wbp). Houd hierbij rekening met het feit dat de gegevens toereikend en niet bovenmatig zijn in relatie tot het te verwezenlijken doel (zie ook de lijst met te registeren gegevens aan het eind van deze bijlage).

Bij het volgen van werknemers:

Naam, functie, IP-adres, username, wachtwoord, autorisaties, bezochte webpagina's, geadresseerden (e-mail verkeersinformatie) en opgevraagde bestanden (art. 32 lid 4 Vrijstellingsbesluit).

Bij het monitoren van externen:

IP-adressen van afzender en ontvanger, datum en tijdstip, log van e-mail of webserver, netwerkverkeersinformatie, etc.

7. Bepaal de bewaartermijn van de gegevens (art. 10 Wbp). De gegevens mogen niet langer worden bewaard dan noodzakelijk is voor het doel.

Bij het volgen van werknemers:

In het Vrijstellingsbesluit wordt een bewaartermijn van 6 maanden gehanteerd (art. 32 lid 6 Vrijstellingsbesluit)

Bij het monitoren van externen:

Het is aan te bevelen verwerkingen van persoonsgegevens van externen met het oog op het achterhalen van strafbare gedragingen direct te vernietigen zodra deze niet meer nodig zijn voor het onderzoek.

8. Tref passende technische en organisatorische maatregelen ten behoeve van de gegevensverwerkingen (artikel 13 en 14 Wbp).

9. Vraag instemming aan de ondernemingsraad voor de gegevensverwerkingen (art. 27 WOR).

10. Meld de gegevensverwerking aan het CBP of de functionaris van de gegevensbescherming (art. 27, 28, 32 en 62 t/m 64 Wbp). Artikel 32 van het Vrijstellingsbesluit voorziet in een vrijstelling van melding in geval het doel van de verwerking de 'interne controle en beveiliging' is en mits wordt voldaan aan alle gestelde eisen. Particuliere recherchebureaus moeten wel zijn aangemeld.

11. Voldoe aan de informatieplicht en informeer de betrokkenen over:
    o welke persoonsgegevens van hem worden verwerkt;
    o met welk doel deze gegevens worden verwerkt;
    o wie de ontvangers zijn van zijn persoonsgegevens, en
    o welke rechten hij kan uitoefenen tegen het feit dat er persoonsgegevens van hem worden verwerkt. (art. 30 lid 3, 33, 34, 35, 35 en 40 Wbp).

Te registeren gegevens

Gegevens die mogen worden vastgelegd bij een forensisch of rechercheonderzoek of het preventief monitoren voor de interne controle en beveiliging van computer- en netwerksystemen zijn (art. 33, 34 en 35 Vrijstellingsbesluit):

- gegevens ten behoeve van identificatie van en communicatie met de gebruikers binnen het netwerk, zoals gebruikersnaam, e-mailadressen, IP-adressen, datum en tijd;
- gegevens met betrekking tot bevoegdheden van de gebruiker en de netwerkbeheerder met het oog op de aangeboden faciliteiten en diensten van het netwerk, zoals functie/rol, autorisaties, logs bezochte pagina's, geadresseerden en opgevraagde (computer)bestanden;
- gegevens met betrekking tot de verrichtingen van de gebruikers en de netwerkbeheerder;
- gegevens met betrekking tot elektronische berichten afkomstig van of bestemd voor de gebruikers;
- gegevens met betrekking tot het gebruik van de programmatuur;
- technische en besturingsgegevens;
- gegevens ter bevordering van een goede werking;
- historische gegevens;
- gebruikersgegevens;
- de voor de communicatie benodigde gegevens;
- gegevens met betrekking tot de datum en het tijdstip waarop de communicatie tot stand is gebracht en beëindigd.

Informeren bij aangifte

Indien de werkgever voornemens is aangifte te doen moet de betrokkene op het moment dat daadwerkelijk tot aangifte wordt overgegaan worden geïnformeerd (art. 34 lid 1 sub b Wbp). Informeer de betrokkene tenminste:

- op het moment van vastlegging van hem betreffende gegevens, of
- wanneer de gegevens worden verstrekt aan een derde (inclusief de politie), uiterlijk op het moment van de eerste verstrekking.

Omgaan met Cybercrime

Gedragscode voor het volgen van werknemers

Aan de informatieplicht naar medewerkers kan worden voldaan door het publiceren van een gedragscode. Deze moet eenvoudig en op ieder moment voor iedereen toegankelijk zijn, bijvoorbeeld via een intranet.

Verstrek in de gedragscode informatie over:
- het toegestane gebruik van bedrijfssystemen, internet- en e-mail;
- het feit dat dit gebruik door de werkgever wordt gecontroleerd (gevolgd);
- het doel van de gegevensverwerking;
- de consequenties van het niet naleven van de afspraken over het toegestane gebruik;
- welke rechten de betrokkene kan uitoefenen tegen de verwerking van zijn persoonsgegevens;
- welke maatregelen worden getroffen in het geval afspraken over het gebruik niet worden nageleefd.

Privacy-statement voor externen

Aan de informatieplicht naar externe personen, zoals websitebezoekers, kan worden voldaan door het publiceren van een gebruikersovereenkomst of een privacy-statement. Deze moet eenvoudig en goed zichtbaar op de website toegankelijk zijn. Meld in de privacy-statement of er wordt gemonitord en of cookies worden gebruikt. Als cookies worden gebruikt moet hiervoor expliciet ook om toestemming worden gevraagd.

Verstrek in de privacy-statement informatie over:
- contactgegevens van de verantwoordelijke;
- voor welke doeleinden persoonsgegevens worden verwerkt;
- welke persoonsgegevens worden verwerkt;
- eventuele ontvangers van de gegevens;
- of informatie wordt verstrekt aan derden (waaronder de politie in geval verdenking van een strafbaar feit);
- wat de rechten van de betrokkenen zijn t.a.v. de gegevensverwerking;
- waar de betrokkene zijn rechten kan uitoefenen;
- welke cookies op de apparatuur worden geplaatst;
- dat accepteren van de voorwaarden inhoudt dat toestemming wordt verleend aan de aanbieder om gegevens vast te leggen en eventueel op te slaan in cookies.

Meldplicht datalekken

Gebruikers, klanten en abonnees moeten onverwijld - uiterlijk binnen 24 uur - in kennis worden gesteld van een inbreuk waarvan kan worden aangenomen dat die leidt tot een aanmerkelijk risico op verlies of onrechtmatige verwerking van persoonsgegevens. Daarnaast moeten de autoriteiten (CBP) worden geïnformeerd (art.34a Wbp).

Zorg voor een interne procedure:
- Wie moeten intern op de hoogte worden gebracht van de inbreuk?
- Wie bepaalt of het datalek moeten worden gemeld?
- Met welke juridische aspecten moeten rekening worden gehouden?

Bepaal of een melding noodzakelijk is:
- Is het waarschijnlijk dat zich ongunstige gevolgen kunnen voordoen?
- Moet een melding worden gedaan onder de Europese verordening?

Informeer het CBP:
- Doe de melding bij het CBP zo spoedig mogelijk – maar binnen 24 uur - nadat u van de inbreuk kennis heeft gekregen.
- Geef een argumentatie als de melding niet binnen 24 uur is gebeurd.
- Vermeld de volgende elementen:
  o de aard van de inbreuk;
  o de betrokken categorieën en aantallen betrokkenen/gegevensrecords;
  o waar meer informatie kan worden verkregen;
  o de gevolgen van de inbreuk in verband met persoonsgegevens;
  o de maatregelen die de verantwoordelijke of bewerker heeft genomen om de inbreuk aan te pakken;
  o aanbevolen maatregelen om de negatieve gevolgen te beperken.

Informeer de betrokkenen:
- wees transparant en vertel wat er, ondanks de beveiliging, is gebeurd;
- leg uit wat er is gedaan om een datalek te voorkomen of de schade te beperken;
- leg uit dat wordt gewerkt aan maatregelen om herhaling te voorkomen;
- geef aan welke stappen – zoals wachtwoorden aanpassen - men zelf kan nemen om de schade te beperken;
- bied excuses aan;
- geef aan of, en zo ja hoe, schade wordt gecompenseerd aan gedupeerden;
- geef aan waar meer informatie kan worden verkregen, zoals via een rechtstreeks telefoonnummer of website.

J. Adresgegevens

Politie en arrondissementen

Politie

Het *meldnummer* van de Nederlandse politie is **0900-8844** (lokaal tarief).

Dit nummer kan worden gebruikt om aan te geven dat u aangifte wilt doen. U krijgt dan informatie over waar u dat kan doen.

Online aangifte doen kan voor verschillende met name genoemde misdrijven op:
http://www.politie.nl/aangifte/

Op de website www.politie.nl vindt u informatie over de Nationale Politie of contactgegevens voor de politie bij u in de buurt.
http://www.politie.nl/mijn-buurt

Meld Misdaad Anoniem

Heeft u informatie over een misdrijf of een dader en u wilt hierin anoniem blijven? Bel dan Meld Misdaad Anoniem: **0800-7000**.
http://www.meldmisdaadanoniem.nl/

Openbaar Ministerie

Op www.openbaarministerie.nl vindt u informatie over de arrondissementen. Het Landelijk Parket te Rotterdam houdt zich in het bezig met georganiseerde criminaliteit en heeft een kennis- en expertisecentrum op het terrein van cybercrime, telecommunicatie en digitale opsporing
www.om.nl/onderwerpen/cybercrime/

Meldingen

Meldpunt Cybercrime

De Landelijke Eenheid van de Nationale Politie heeft een Meldpunt Cybercrime waar burgers melding kunnen maken van kinderporno en radicale en terroristische uitingen die zij op het internet tegenkomen
www.meldpuntcybercrime.nl/

Centraal Meldpunt Identiteitsfraude

Melden van identiteitsfraude kan telefonisch bij het Centraal Meld- en Informatiepunt Identiteitsfraude Informatie op werkdagen van 8:00 tot 20:00 uur op nummer **1400** (lokaal tarief). Het CMI zorgt dat de juiste instanties uw melding afhandelen.
http://www.overheid.nl/identiteitsfraude

Meldpunt Internetoplichting

Het Meldpunt Internetoplichting van de politie en het Openbaar Ministerie in samenwerking met Marktplaats maakt het voor burgers mogelijk om online melding en aangifte te doen van internetoplichting.
https://www.mijnpolitiebureau.nl/if.shtml

Nationaal Cyber Security Centrum

Het Nationaal Cyber Security Centrum is het centrale meld- en informatiepunt voor ICT dreigingen en veiligheidsincidenten van en voor de (rijks)overheid.
https://www.ncsc.nl

Omgaan met Cybercrime

Telecommunicatiestoringen
Aanbieders van openbare elektronische communicatiediensten en/of netwerken moeten verstoringen in de continuïteit of inbreuken op de bescherming van persoonsgegevens melden bij het Agentschap Telecom en OPTA. Dat kan telefonisch op **0900 70 70 701** of via http://www.meldplichttelecomwet.nl

Spam en Cookies
Een klacht over spam of cookies kan worden ingediend bij de OPTA die deze meldingen gebruikt ten behoeve van de handhaving. www.spamklacht.nl

Privacy meldingen
Een klacht of een signaal afgeven aan het CBP over mogelijke overtredingen van de privacywetgeving kan via www.mijnprivacy.nl

Meldpunt Discriminatie Internet
Meldingen over discriminatie kunnen ook worden gedaan bij de stichting Magenta via het Meldpunt Discriminatie Internet http://www.meldpunt.nl/